KB119335

영화와 의미의 탐구 ①

언어 - 신체 - 사건

나남
nanam

한국연구재단 학술명저번역총서
서양편 378

영화와 의미의 탐구 ①
언어 - 신체 - 사건

2017년 3월 15일 발행
2017년 3월 15일 1쇄

지은이_ 미하일 얌폴스키
옮긴이_ 김수환 · 이현우 · 최 선
발행자_ 趙相浩
발행처_ (주) 나남
주소_ 10881 경기도 파주시 회동길 193
전화_ (031) 955-4601 (代)
FAX_ (031) 955-4555
등록_ 제 1-71호 (1979.5.12)
홈페이지_ http://www.nanam.net
전자우편_ post@nanam.net
인쇄인_ 유성근 (삼화인쇄주식회사)

ISBN 978-89-300-8814-5
ISBN 978-89-300-8215-0 (세트)

책값은 뒤표지에 있습니다.

'한국연구재단 학술명저번역총서'는 우리 시대 기초학문의 부흥을 위해
(재) 한국연구재단과 (주) 나남이 공동으로 펼치는 서양명저 번역간행사업입니다.

영화와 의미의 탐구 ①

언어 - 신체 - 사건

미하일 얌폴스키 지음
김수환 · 이현우 · 최 선 옮김

나남
nanam

Язык - тело - случай

by Михаил Ямпольский
Copyright © Novoe Literaturnoe Obozrenie, Moscow, 2004
All Rights reserved.

Korean Translation Edition © 2017 by The National Research Foundation of Korea
Published by arrangement with Novoe Literaturnoe Obozrenie, Moscow, Russia
via Bestun Korea Agency, Seoul, Korea.
All rights reserved.

Every effort has been made to contact or trace all copyrights holders. However, in some instances we have been unable to trace the owners of copyrighted material, and we would appreciate any information that would enable us to do so. The publisher will be glad to make good any errors and omissions brought to our attention in future additions.

이 책의 한국어 판권은 베스툰 코리아 에이전시를 통하여 저작권자와 독점 계약한 (재)한국연구재단에 있습니다. 저작권법에 의해 한국 내에서 보호받는 저작물이므로 어떠한 형태로든 무단 전재와 복제를 금합니다.

영화를 통해 사유하도록 만든 소쿠로프에게
이 책을 바친다.

영화는 언제나 영화 이상이다

옮긴이 머리말

1.

이 책은 미하일 얌폴스키(Михаил Ямпольский)의 저서 *Язык – тело – случай: Кинематограф и поиски смысла*(2004)의 우리말 번역본이다. 이 책의 저자인 얌폴스키는 현대 러시아 인문학계를 선도하는 대표적 학자 중 한 사람이다. 그간 국내에 소개된 러시아의 대표적인 인문적 지성으로는 미하일 바흐친(M. Bakhtin)과 유리 로트만(Y. Lotman)을 들 수 있다. 이들의 계보를 잇는 러시아의 차세대 지성이 누구냐고 묻는다면, 아마도 그 첫 자리에 얌폴스키를 꼽아야만 할 것이다. 선배들과의 공통점이라면 특정 전문분야에 국한되지 않는 폭넓고 다양한 학문적 관심사가 되겠지만 자신의 이론적 자양분을 영화론에서 얻는다는 점에서 그는 앞선 두 사람과 구별된다.

현재 미국의 뉴욕대학에서 비교문학 및 러시아문학 전공교수로 재직하는 얌폴스키를 엄밀한 의미에서 영화학자라고 부르기는 어렵다. 학문적 이력을 영화연구로 시작했고 첫 저작이 독일권 초기 영화현상학에 관한 것[1]이기는 하지만 그의 관심사는 좁은 의미의 영화학에 국한되지 않는다. 이미지의 철학적 차원과 재현의 역사 전반을 아우르는 2000년대 이후의 저작이 보여 주듯, 학자로서 그의 행보는 영화학을 넘어선 지 이미 오래이다.[2] 그에게 영화는 연구의 궁극적 대상이기보다는 이미지의 문제를 사유하기 위한 동시대적 수단, 말하자면 그를 통해 재현의 역사 전체를 되짚어 볼 것을 강력하게 요구하는 출발점의 의미를 갖는다.

하지만 지난 30여 년간 러시아에서 영화학자라는 명칭에 걸맞은 명실상부한 활동을 보여 준 사람이 누구냐고 묻는다면, 그 또한 얌폴스키라고 답할 수밖에 없다. 그는 시카고대학에 재직하는 유리 치비얀(Y. Tsivian)과 더불어 모스크바-타르투 학파의 마지막 세대로서, 1980년대 이후 러시아 영화학의 학문적 지도를 그려 온 주인공이다. 영화 고유의 언어를 향한 학문적 접근이라는 의미에서뿐만 아니라 동시대 영화와의 비평적 상호작용의 측면에서도 얌폴스키는 독보적 역할을 수행했다. 흔히 1980~1990년대 세대를 위한 '트로이카'로 불리는 3인의 영화감독인 알렉세이 게르만(A. German), 키라

---

1) 《가시적 세계: 초기 영화현상학에 관한 에세이》(*Видимый мир. Очерки ранней кинофеноменологии*), M, 1993. 얌폴스키의 첫 저서로 기술복제예술로서의 영화에 관한 벤야민의 성찰로 시작해, 루이 델뤽, 장 엡슈타인의 포토제니론과 벨라 발라즈의 이론을 개괄한다.

2) 2000년 이후 발표한 대표 저작은 다음과 같다. 《관찰자: 시각의 역사에 관한 에세이》(*Наблюдатель: Очерки истории видения*, 2000), 《가까운 것에 관하여: 비(非)미메시스적 관점에 관한 에세이》(*О близком: Очерки немиметического зрения*, 2001), 《상징적인 것의 인상학: 정치신학, 권력의 재현과 구체제의 끝》(*Физиология символического. Возвращение Левиафана: политическая теология, репрезентация власти и конец Старого режима*, 2004), 《방직공과 환시자(幻視者): 재현의 역사 혹은 문화에서 물질적인 것과 이상적인 것에 관하여》(*Ткач и визионер*: Очерки истории репрезентации или О материальном и идеальном в культуре, 2007), 《뿌연 유리를 통하여: 비결정성에 관한 20개의 장》(*Сквоз тусклое стекло*: 20 глав о неопределенности, 2010).

무라토바(K. Muratova), 알렉산드르 소쿠로프(A. Sokurov)의 영화를 가장 먼저 '발견'하고 그들의 예술적 무게에 값하는 비평적 '응답'과 '지지'를 보내준 사람 역시 그였다. 소쿠로프 감독은 언젠가 한 러시아 방송 인터뷰에서 '비평'의 의미를 묻는 질문에 다음과 같이 대답했다.

> -비평가들과 당신의 관계는 어떠합니까?
> "저에게 엄청나게 중요한 의미를 지닙니다. 물론 그들과 저는 각자의 영역에서 작업할 뿐이며 그 어떤 교차점도 갖지 않아요. 비평이라는 것은 완전히 다른 종류의 또 다른 창작입니다. 하지만 종종 비평은 저에게 길을 제시해 주기도 합니다. 만일 그가 민감한 감각을 갖고 있으며 훌륭한 교양을 갖춘 경우라면 저에게 커다란 의미를 지닙니다."
>
> 실제로 비평이 당신에게 방향을 제시해 준 경우가 있었습니까?
> "네, 있었습니다. 그건 미하일 얌폴스키였어요. 지금은 미국에 있지만. 아, 그래요, 사실 최근 제 영화에 대한 그의 입장은 좀 바뀌었습니다. 부정적인 쪽으로요. 하지만 이 인물이 저에게 엄청나게 큰 의미를 지녔던 시절이 있었습니다. 그는 정말이지 독특한 인물입니다. 아주 특별한 예술적 직관을 지닌, 정말 뛰어나다고 볼 수밖에 없는 사람이지요. 그가 모스크바를 떠나게 됐을 때, 그건 저에게 엄청난 손실이었습니다.[3]"

사실 이런 영향관계는 상호적인 것이었다고 말해야 한다. 비평이 창작에 영향을 주었을 뿐 아니라 창작 역시 비평에 새로운 길을 제시해 주었기 때문이다. 얌폴스키에 따르면, "본질상 현상학적인 예

3) 러시아의 제1채널에서 2008년부터 방영 중인 대담 토크쇼 〈포즈네르〉(*Posner*)의 2008년 12월 22일자 방송. URL: https://www.youtube.com/watch?v=zT3QOqS43sg

술가"에 해당하는 소쿠로프는 얌폴스키로 하여금 초기의 '언어-기호적' 모델을 벗어나 '현상학적' 모델로 나아가도록 만든 결정적 동인이다. 재현 자체가 유사-신체적 성격을 획득하면서 일종의 현상학적 객체로서 현현하는 소쿠로프의 영화, 자족적 '사물'과 '몸'으로 가득 찬 그의 세계는, 고전적 영화언어의 순수서사적 구조를 극복해 보려는 얌폴스키의 이론적 여정에 가장 강력한 영감을 제공해 준 실천적 사례였다. 실제로 소쿠로프의 영화분석이 제일 큰 비중을 차지하는 이 책의 맨 앞부분에 얌폴스키는 "영화를 통해 사유하도록 만든 소쿠로프에게 이 책을 바친다"는 같은 헌사를 달아 놓았다.

2.

한편, (영화)학자로서 얌폴스키를 논할 때 반드시 덧붙여야만 하는 또 하나의 특징이 있다. 그건 그가 1970~1980년대 소비에트 내에서 동시대 서구의 이론 저작을 '검열 없이' 곧장 읽을 수 있었던 거의 유일무이한 인물이었다는 사실이다. 얌폴스키 스스로 머리말에서 밝히는 것처럼 이는 그의 특이한 이력 탓에 가능했다. 1971년 모스크바사범대학 독일어문학부를 졸업한 뒤 유대계라는 이유로 오랫동안 제대로 된 직업을 갖지 못했던 얌폴스키는 (이 기간에 프랑스어 교사로 일하면서 시간당 5루블짜리 과외를 했다) 1974년 마침내 러시아 영화예술연구소(NIIKINO)에 취직한다. 당시 연구소장은 얌폴스키가 외국어를 잘 안다는 이유로 그를 '정보 분과'에 배치했는데, 정보 분과의 주요 임무는 (외국어를 할 줄 모르는) '이론 분과'의 동료 연구원을 위해 외국어 텍스트를 번역해 비공개 특별보관용 선집을 만드는 것이었다. 당시 구조주의와 기호학에 관심을 가졌던 그에게 메츠, 바르트, 파졸리니의 책들이 첫 번째 번역과제로 주어졌다.

당연히 번역도서의 범위와 양은 점점 더 늘어났고 소비에트의 장벽하에서, 연구소에서 자기 책상 앞에 앉은 채로, 그는 점차 서구 영화학의 (숨겨진) '전문가'가 되어갔다. 당연한 말이지만 소비에트가 해체되었을 때 그는 러시아 내에서 동시대 서구의 이론서를 가장 많이 그리고 가장 깊게 읽은 사람 중 하나가 되었다.

이후에도 운명의 역설은 계속 이어졌다. 1980년대 초반부터 모스크바-타르투 기호학파 학술대회에 정기적으로 참석하던 얌폴스키는 1991년에 러시아 과학아카데미 철학연구소에 자리를 잡게 되고 거기서 발레리 포도로가(V. Podoroga), 미하일 리클린(M. Ryklin) 등과 함께 모스크바 철학자 그룹을 결성하게 된다〔몇 년 후 이 그룹의 주도로 아드 마르기넴(Ad Marginem)이라는 출판사가 설립된다. 포스트-소비에트 러시아 인문학 장에서 아주 특별한 역할을 수행했던 이 출판사의 명칭은 얌폴스키가 고안한 것이다〕. 얌폴스키는 그를 눈여겨본 서방 학자의 주선을 통해 1991년 게티센터(Getty Center)의 후원으로 처음으로 미국에 가게 되었고 이 '우연한' 행보는 이후의 삶을 예상치 못한 방향으로 틀어 놓는다. 단기연수 예정이었던 미국방문이 이듬해 뉴욕대학에 임용됨으로써 20년 넘게 이어진 것이다.

오늘날 얌폴스키는 서구 대학에 적을 둔 채로 러시아 인문학 담론 현장에 적극적으로 참여하는 이른바 포스트-소비에트 '이주(移住)지식인'의 대표자로 간주된다. 여기서 이주지식인이라는 명칭은 가령, 냉전기의 '망명지식인'과는 사뭇 다른 것이다. 그것은 정치적 함의를 담은 것이라기보다는 오히려 학문적 방법론의 특징을 가리키는 것으로, 이들의 특징은 서구 이론 담론의 다채로운 변화 추이에 발을 맞추는 가운데 그것들을 러시아/소비에트의 구체적 현실과 텍스트에 적용해 분석하려는 모종의 '매개적' 위상을 지닌다는 점이다(실제로 얌폴스키는 미국 대학에 재직하는 지난 20여 년 동안 거의 모든 책을 러시아어로 써서 모스크바에서 출간했다. 그의 책 대부분은 모스크바의 N. L. O. 출판사에서 나왔다).

이런 이중적 위상, 얌폴스키의 학문적 이력 자체에 녹아든 이중적 정체성은 이 책에서도 여실히 드러난다. 이 책에서 우리는 서구와 러시아를 공히 만날 수 있지만 그것들의 배치는 일정한 패턴을 따른다. 서구가 주로 개념을 통해, 즉 (앙드레 바쟁에서 시작해 세르주 다네에까지 이르는) 이론가의 이름을 통해 등장한다면, 러시아는 거의 전적으로 텍스트 자체, 곧 감독과 작품으로서 등장한다. 얌폴스키의 표현을 빌리면, 그에게 "본질적 의미를 지니는 것은 서구의 이론가와 러시아적 실천, 이 두 가지이다." 얌폴스키에게 서구가 철의 장막이 걷힌 후에 비로소 당도한 신천지가 아니라, 이미 오래전부터 늘 함께했던 '작업용 텍스트'였다는 사실은 앞서 밝힌 것과 같다.

3.

이 책은 지금까지 얌폴스키가 발표한 총 23편의 영화 관련 글을 연도순으로 배열한 논문 모음집이다. 바쟁의 "완전영화"(*total cinema*) 개념에 관한 첫 번째 글이 1982년에, 소쿠로프의 영화 〈러시아 방주〉에 관한 마지막 글이 2002년에 발표되었다. 약 20년간에 걸친 학문적 진화과정을 총망라한다는 점에서, 이 책은 분명 한 개인의 이론적 전기(傳記)로 간주될 만하다. 이 전기가 지니는 회고적 성격은 명백하다. 얌폴스키는 모든 글의 도입부에 일종의 후기(*postscript*)에 해당하는 짤막한 코멘트를 붙였는데 이 코멘트는 글을 썼던 당시의 문제의식뿐만 아니라 그에 대한 현재적 관점, 그러니까 그의 '변화된' 시각까지를 함께 보여 준다. 주목할 것은, 얌폴스키 스스로 밝힌 것처럼, 이 사적 전기의 줄거리가 20세기 영화학 자체의 공적 전기와 크게 다르지 않다는 점이다. 그에 따르면, "이것은 일종의 '이론적 전기'인바, 나 자신의 개인적 전기라기보다는 오히려 내가 관여해 온 모종의 영화학적 사유 자체의 전기라고 할 수 있다".

그러므로 영화뿐 아니라 영화를 둘러싼 이론적 담론에도 관심을 둔 독자가 1차적으로 이 책에서 얻게 될 중대한 소득이라면, 20세기 영화이론을 둘러싼 큰 그림일 것이다. 언어-기호적 접근에서 현상학적 접근을 거쳐 철학적 접근으로 이어지는 대략적 흐름, 그것은 지난 세기 영화라 불리는 어떤 현상을 이해하기 위한 접근법의 변천과정이다.

좀더 구체적으로 그것은 어떤 과정인가? 이를테면, 리버스 앵글이나 8자형 몽타주 혹은 딥-포커스 따위의 용어, 그러니까 1960~1970년대에 주로 잡지 〈스크린〉을 통해 전개되던 언어-구조적 담론의 단계로부터 신체나 촉각성, 인상학(*physiognomy*), 사물성 같은 개념을 둘러싸고 펼쳐지는 현상학적 영화론의 단계로 그리고 더 나아가 시네필이나 결정적 순간, 계열이나 크로노스 따위의 용어와 함께 들뢰즈나 세르주 다네의 이름으로 등장하는 마지막 사건-철학적 접근으로의 이동에 해당한다. 이 책의 각 부(部)의 제목에 해당하는 언어, 신체, 사건이라는 세 단어가 이 흐름을 간명하게 요약한다. 독자는 이 책을 통해 20세기 영화학의 압축적 개요뿐만 아니라, 그 변화의 '내적 플롯'(즉, 그러한 변화를 야기했던 내적 동인)까지를 함께 파악할 수 있다.

그런데 사실 역자로서 그 무엇보다 강조하고 싶은 이 책의 특별한 장점은 따로 있다. 앞서 지적했듯, 얌폴스키는 1980년대 이후 소비에트 영화계를 수놓았던 트로이카 감독 3인의 영화 세계를 그 누구보다 먼저 깊게 이해하고 적극적으로 발언했던 주인공이다. 그간 이러저런 경로로 국내에 꽤 알려졌다고 할 수 있는 소쿠로프를 뺀 나머지 두 명의 감독, 알렉세이 게르만과 키라 무라토바는 그들의 예술적 성취와 국제적 명성에 비해 거의 알려지지 못한 것과 다름없는 실정이다〔그들 이전, 그러니까 1960~1970년대의 또 다른 트로이카였던 안드레이 타르콥스키(A. Tarkovsky), 오타르 요셀리아니(O. Iosseliani), 세르게이 파라자노프(S. Parajanov)의 경우도 상황은 크게 다르지 않지만 그래도 이들 3인은 1980~1990년대에 국내에서 잠깐 불었던 아트시네마 붐에 힘입어 웬만큼 알려질 수 있었다〕.

이 책은 이들 세 감독의 영화세계에 관한 날카로운 분석과 비평적 해석을 '한자리'에서 만나볼 수 있는, 극히 예외적 기회에 해당한다. 이 책에는 소쿠로프, 게르만, 무라토바의 작품에 관해 분석한 글이 각각 4편, 2편, 1편씩 실렸다. 이 정도의 밀도와 수준을 갖고 20세기 후반기의 소비에트 영화세계를 논한 텍스트는—적어도 역자가 아는 한—국내는 물론 전 세계적으로 얌폴스키의 이 책이 유일하다.

요컨대, 이 책은 나름의 플롯을 지닌 20세기 영화이론사로서뿐만 아니라, 국내에선 여전히 빈 페이지로 남았다시피 한 20세기 소비에트 영화사에 관한 최상의 자료로 읽힐 수 있다. 이 책에서 우리는 쿨레쇼프나 베르토프처럼 상대적으로 익숙한 소비에트 초기 영화감독뿐 아니라 같은 시기의 좀더 덜 알려진 감독인 알렉산드르 사닌(A. Sanin)이나 에스피르 슈브(E. Shub), 나아가 블라디슬라프 스타레비치나(V. Starevich) 아르타바즈 펠레시안(A. Peleshyan) 같은 또 다른 전설적인 이름과도 만날 수 있다. 아마도 유일한 공백이라면 에이젠슈테인이 빠졌다는 점일 텐데, 이는 얌폴스키가 밝힌 바에 따르면 온전히 그 이름에 바쳐질 '미래의' 단행본을 위한 의도적 배제의 결과이다.

그러나 얌폴스키는 원래 계획했던 에이젠슈테인에 관한 책 대신에 지난 2009년, 《무라토바: 영화인류학의 경험》(*Муратова: Опыт киноантропологии*)이라는 단행본을 내놓았다. 제목에서 이미 짐작할 수 있듯, 무라토바의 영화세계를 다룬 이 책은 단지 무라토바 혹은 영화에 관한 책이 아니다. 언제나 그렇듯, 그에게 영화는 영화 자체보다 더 큰 어떤 것, 그것보다 훨씬 더 오래되고 근본적인 다른 맥락을 사유하기 위한 자극제이자 진입로가 된다.

역자 이전에 한 명의 독자로서 얌폴스키가 약속한 에이젠슈테인에 관한 단행본을 손꼽아 기다리는 이유도 거기에 있다. 에이젠슈테인이야말로 한 사람의 영화감독을 넘어서는 인물, 그저 영화라는 뉴미디어가 아니라 재현의 오랜 역사 속에서 '영화적인 것'이란 무엇인가를 온전히 사유했던 주인공이 아닌가. 영화라는 매체가 우리가 알던 것과는 현저히 달라진, 낯선 무엇이 되기 이전에 얌폴스키가 창조해 낸 '21세기 버전의 에이젠슈테인'을 만날 수 있기를 바란다.

4.

끝으로 번역에 관해 몇 마디 덧붙이기로 하자. 번역에 손을 대기 시작한 지 어언 9년, 강연 차 내한했던 얌폴스키 교수에게 이제 곧 당신의 한국어 번역본이 출간될 거라 말한 지도 어느새 7년이 흘렀다. 번역과정에서 부딪혔던 갖가지 어려움은 이루 말로 다 할 수 없을 정도이다. 그만 포기하고 싶었던 순간이 한두 번이 아니었지만 어쨌든 부족하나마 이제 세상에 내놓게 되었다. 애초에 분량을 분담하고 공역으로 시작했지만 이런저런 사정으로 인해 후반부 작업을 도맡게 되어 처음부터 끝까지 원고를 재검토하고 책임번역을 시행해야 했다. 만일 오역이나 실수가 있다면 그 책임 또한 역자에게 있음을 밝혀 둔다.

7백 쪽가량의 분량을 견딜 수 있게 만든 건 물론 텍스트 자체의 힘이었다. 얌폴스키의 날렵한 문장을 가로지르는 사유의 밀도를 따라잡지 못해, 또 어떤 때는 그가 묘사하는 영화의 장면을 구체적으로 머릿속에 그릴 수 없어 숱하게 절망하곤 했다. 하지만 20년에 걸친 그의 사유의 변화를 따르는 과정은 경탄과 매혹의 연속이었다. 번역이란 가장 완벽한 읽기의 다른 이름이라는 평범한 진리를 또 한 번 절감하는 순간이었다.

역자가 이해한 행간을 독자에게도 전달하기 위해 혹은 러시아 영화사나 영화이론과 관련된 맥락적 이해가 필요하다고 판단되는 지점에서 상당수의 '옮긴이 주'를 달았다. 읽기의 흐름을 방해하지 않고 도움을 줄 수 있기를 바란다. 번역 과정이 무한정 길어지고 주변에 도움을 청할 사람이 나타나면서 본문에 언급된 거의 모든 영화를 어떻게든 직접 구해 관람할 수 있었다. 덕분에 영화를 보지 못한 채 서둘러 출간했다면 발견하지 못했을 수많은 오역을 걸러낼 수 있었으니 이를 나름의 위안과 변명거리로 삼아야겠다.

번역과정에서 많은 분이 원고를 읽어주셨다. 두 차례에 걸친 연구재단 심사과정에서 원고를 검토해 준 익명의 심사자분들께 감사드린다. 특히, 역자가 보낸 두꺼운 제본원고를 놀랄 만큼 세심하게 읽고 수없이 많은 결정적 지적을 해 준 김호영, 유운성, 남수영 이 세 분 선생님의 우정에 머리 숙여 감사드린다. 번역 후반기에 세 분의 도움과 지지는 무엇보다 큰 힘이 되었다. 긴 시간 동안 쉽지 않은 텍스트를 꼼꼼하게 다듬어 준 나남출판사의 김민교 편집자님께도 감사의 말을 전한다.

아무쪼록 국내에 오랜만에 출간되는 러시아 영화 관련 전문서적인 이 책이 좁게는 영화이론 분야, 넓게는 러시아 현대 이론의 현주소를 보여줄 수 있는 계기가 되길 기대한다. 아울러 "영화는 언제나 영화 이상의 어떤 것"이라는 믿음을 여전히 버리지 않는 이들에게, 이 책이 건네는 말이 가닿을 수 있기를 바란다.

역자들을 대표하여
김 수 환

일러두기

1. 이 책은 미하일 얌폴스키의 저서 *Язык - тело - случай* : *Кинематограф и поиски смысла*을 우리말로 옮긴 번역서이다.
2. 본문에 나오는 외국 인명과 지명 등은 현행 외래어표기법을 따르는 것을 원칙으로 했으나 표기원칙이 정해지지 않은 것은 일반적으로 통용되거나 굳어진 표현을 사용했다.
3. 원서에 '진하게'나 '기울임'으로 표시된 부분은 강조를 의미하는 '고딕서체'로 표현하였다.
4. 가독성을 높이기 위해 원서에서 인용이 3줄을 넘어갈 경우 줄을 바꿔 인용문으로 나타냈다. 다만 내용상 그대로 두는 것이 낫다고 판단되는 경우는 제외했다.
5. 원주 이외에 **[옮긴이 주]**라고 표시된 각주는 모두 옮긴이가 추가한 것이다.
6. 본문에 나오는 영화는 한국에서 영화제나 비디오 출시 등을 통해 처음 소개되었을 당시의 제목으로 표기하는 것을 원칙으로 했다. 이는 추후 검색 등을 통해 정보를 찾고자 하는 독자를 위함이다.
7. 원서에 영어, 독일어, 프랑스어로 원어 병기가 된 경우 번역본에서도 해당 원문을 그대로 병기했다.
8. 원서에 삽입된 그림과 도식은 알아보기 쉽도록 번호를 매겼으며 원서 권말에 한꺼번에 붙은 화보는 본문에서 해당되는 부분에 넣어 알아보기 쉽도록 했다.

머리말

이 책은 지난 20년간 내가 영화에 관하여 쓴 일련의 글들을 모아 놓은 것이다. 가장 먼저 쓴 것은 1982년에 발표되었고 마지막 글은 2002년에 썼다. 하지만 나로선 20년에 걸친 작업을 결산하고자 하는 의도는 없다. 오래전에 쓴 글들을 세상에 내놓고자 하는 다른 모든 사람과 마찬가지로, 나 또한 잡지에 묻혔던 글들을 하나의 표지 아래 묶어 놓는 것이 과연 온당한가라는 회의에 시달렸다. 이러한 회의가 특별히 강하게 와 닿았던 것은 나 자신이 지난 몇 년간 현저하게 변화했으며 지금은 지난 1980년대와는 다르게 사유하기 때문이다. 수년간의 공백 이후에 처음으로 예전의 글들을 다시 읽게 되었을 때, 만약 지금의 나라면 틀림없이 다른 입장에서 이전과는 다르게 썼을 것임을 깨달았다. 물론 그렇다고 해서 예전의 작업에서의 관찰이 신빙성이 없다는 얘기는 아니다.

만일 이 책 속에서 오늘날의 나의 입장을 반영하는 새로운 글, 아직 러시아에서 출판되지 않은 것을 포함한 새로운 작업에 온전한 자리가 할애되지 않았더라면 예전 글들을 재출간할 결심을 하지 않았을 것이다. 나는 독자에게 영화와 그 본질에 관한, 수년간에 걸친 성찰의 결과를 제시하고자 한다. 더불어 이것은 일종의 '이론적 전기'인바, 나 자신의 개인적 전기라기보다는 오히려 내가 관여해 온 모종의 영화학적 사유 자체의 전기라고 할 수 있다. 이 책을 구성하는 다양한 글에서는 동일한 질문이 다양한 방식으로 제기된다. 영화에 관해 어떻게 쓸 것인가? 이론적 관점에서 볼 때 영화라는 이 현상은 무엇인가? 영화의 의미를 향한 접근법을 어떻게 찾을 것인가?

이 책은 세 부분으로 구성되었다. 한 부분에서 다른 부분으로의 이동이 어떤 점에서는 영화에 대한 나 자신의 시각의 진화를 반영하는데 그렇다고 이러한 진화가 명확한 연대기적 성격을 갖는 것은 아니다. 첫 번째 부분인 '언어와 공간'에는 주로 구조주의-기호학적 경향의 글이 모였다. 즉, 여기서 영화는 기호적/언어적 체계, 무엇보다도 재현의 '공간'을 조직화하는 체계로 간주된다.

나는 1974년, 그러니까 러시아의 영화예술연구소에 일자리를 얻게 되면서부터 전문적으로 영화와 인연을 맺기 시작했다. 당시 다시 새롭게 문을 열고 연구원들을 각 개별 분과로 배치해야만 했던 연구소장은 내가 외국어를 구사할 줄 안다는 사실을 알고서 정보 분과에 '집어넣었다'(외국어를 몰랐던 동료들은 거의 자동적으로 이론 분과에 소속되었다). 그와 같은 인력배치는 아마도 가장 합리적인 것처럼 여겨진 듯하다. 외국어를 아는 정보 분과의 연구원들은 이론 분과의 동료 연구원들을 위해서 텍스트를 번역해야만 했다. 내 관심 분야가 구조주의와 기호학이었기 때문에 연구소에 취직하자마자 영화에 관한 새로운 기호학적 문헌(메츠, 바르트, 파졸리니 등)을 번역하기 시작했다(이것들은 비공개의 '특별보관용' 선집들에 수록되었다). 그렇게 해서 나는 차츰 서방 영화기호학의 '전문가'가 되었다. 어느 날인가 연구소의 매력적인 사서였던 미하일로브나 스트라슈넨코가 우리 분과로 찾아와서는 나에게 꼭 소개해 줄 사람이 있다고 말했다. 내가 도서관 열람실에서 읽곤 하는 바로 그 책들을 그 사람이 항상 주문한다는 것이었다. 바로 그 젊은이가 후에 친구가 된 유리 치비얀[1] 이었다. 나를 처음 타르투대학으로 데려가서 모스크바-타르투 기호학파의 동아리 속으로 끌고 들어간 사람이 바로 그였다.

당시 초짜 연구자였던 나에게 이 학파의 학술대회와 세미나에 참석한다는 것은 아주 중요한 의미를 지녔다. 나는 처음에 기호학의 공리를 일종의 신성한 기록처럼 받아들였다. 한동안 나와 치비얀은 우리가 진정한 과학적 영화이론의 창조라는 신성한 임무에 참여한다고 느꼈다. 우리를 둘러싼 세계는 기호학자에게 어떻게든 자연언어의 메타체계와 관련을 맺는 다양한 기호적 체계의 집합으로 간주되었기 때문에 연구의 주된 목적은 영화의 언어를 기술하는 것, 즉 자연언어와 영화언어의 차이점과 유사점을 정의하는 것으로 여겼다. 하지만 당시에 이미 명백했던 사실은 영화언어는 자연언어와 같은 단위, 예컨대 자연언어의 음소와 같은 의미단위를 갖지 않는다는 점이었다. 영화의 기호적 메커니즘은 이와는 다른 원칙에 기반을 두는 듯했다. 그러나 우리가 이 언어의 근본으로 생각했던 것은 여전히 어떤 체계, 즉 의미론적 대립체계였다. 예컨대 레비스트로스가 역시나 기본적인 음소적 분절화를 갖지 않는 신화 속에서

---

1) **[옮긴이 주]** 유리 치비얀(Y. Tsivian, 1950~)은 모스크바 출신의 영화학자로 1990년 이후 현재까지 시카고 대학 러시아어 문학과 및 영화학과 교수로 재직 중이다. 일찍이 로트만과 공저로 *Диалог с экраном*(1994)을 출간했으며〔한국어 번역본: 이현숙 (옮김). 《스크린과의 대화》, 우물이있는집, 2005〕, 망명 이후 미국에서 *Silent witness: Russian films, 1908~1919*(1989), *Early cinema in Russia and its cultural reception*(1994), *Lines of resistance: Dziga vertov and the twenties*(2005)와 같은 저서를 발표했다. 특히, 러시아 초기 무성영화의 복원 프로젝트를 수행한 것으로 유명하다.

발견한 것과 같은 어떤 것 말이다.

나는 기호학의 도그마(원칙)를 따르고자 시도하면서 일반적으로 구조적 대립의 용어로는 기술되지 않는 현상 속에서 그러한 대립 체계를 발견하고자 애썼다. 내가 생각했던 영화에서의 근본적 대립쌍은 주체와 객체, 즉 보는 자와 보이는 것 사이의 대립이었다. 이 시기에 썼던 논문("완전 영화와 몽타주 영화", "대화와 영화적 공간의 구조", "프레임의 심도에 관하여" 등)에서 대립 체계는 집요하고도 지속적으로 나타난다. 당시 나는 영화작품의 의미가 이러한 체계에 의해 만들어지며 체계는 영화 속의 공간적 관계를 통해 거의 완전히 해명될 수 있으리라고 생각했다.

하지만 다른 한편으로 '영화적 발화(發話)'가 비록 그것이 이와 같은 단순한 대립에 의존한다 하더라도 발달된 통사론적 구조를 지니지 않는다는 사실은 명백한 것이었다. 한동안 나는 영화언어의 심각한 '빈곤함'에 관해 쓰기 시작했다. "대화와 영화적 공간의 구조"라는 논문(타르투대학의 〈기호체계 문집〉[2]에 수록되었다)에서 나는 심지어 영화의 언어적 빈곤함으로부터 뭔가 의미를 끄집어내고자 시도했다. 이 논문에서 영화작품 속에 나타나는 의미의 풍부함과 양가성은 너무나도 단순하고 '미발달된' 발화의 메커니즘들이 스스

---

2) **[옮긴이 주]** 〈기호체계 문집〉(*Труды по знаковым системам Σημειωτικη*)은 현존하는 가장 오래된 기호학 분야의 정기간행물로 1964년 창간되어 1993년까지 총 25권이 발행되었다. 몇 년간의 중단을 거쳐 1998년부터 *Sign Systems Studies*라는 이름으로 재간되어 2013년 현재 연 4회 발간된다. 편집위원으로 움베르토 에코, 줄리아 크리스테바, 윈프리드 뇌스, 보리스 우스펜스키, 뱌체슬라프 이바노프, 롤랑 포스너, 제스퍼 호프마이어 등이 참여한다. 주로 1964년부터 정기적으로 열린 학술회의(타르투 여름학교)의 성과물을 모아 출판된 이 잡지는 1960~1970년대 모스크바-타르투 학파의 성과물들을 서방 세계에 알리는 직접적 매체가 되었으며 오늘날에도 가장 유명한 기호학 관련 국제저널 가운데 하나이다.

로 내적 모순을 일으키지 않고서는 온전히 감당해낼 수 없는 너무나도 커다란 중량을 받아들이려 한 결과로 설명되었다. 이런 관점에서 볼 때, 영화의 의미는 침투 불가능한, 텍스트의 훨씬 더 어두운 어떤 지점과 관계한다(나는 훗날 《타이레시아스의 기억》이라는 책[3]에서 영화의 이 '어두운 지점'을 상호텍스트성 이론을 통해 일종의 '영화적 세미오시스의 핵심'으로 정의하고자 시도한 바 있다). '이와 같은 예기치 않은 전환은 나에게 일종의 기호학의 확장된 버전으로 여겨졌고 이에 관한 예를 제공했던 것은 유리 트이냐노프의 논문 "시어의 문제"와 바르트의 몇몇 논문(특히, 그의 "제 3의 의미")이었다. 형식주의자들, 특히 트이냐노프는 그 시기 우리에게 중요한 길잡이였다. 오포야즈[4]는 당시 나에게 기호학의 약한 버전으로 여겨졌다. 내가 중요하게 생각한 것은 형식주의자가 영화 속의 기호를 어떻게 이해하였는가 하는 점이었다. 그렇게 해서 "오포야즈 영화이론에서의 의미론적 사물"이라는 논문이 생겨났다.

내가 놀라움을 느끼며 발견한 것은 형식주의자가 영화의 기호적 본성에 관한 명확한 관점을 지니지 않았다는 사실이었다. 그러나 기호의 문제에 대한 진지한 철학적 반성이 부재하다는 점은 당시 내가 직접적으로 관여했던 기호학의 전형적 특징이었고 이제 와 돌이켜보건대 바로 그 점이 기호학의 위기를 예정 지은 것이었다. 기호가 대체 무엇인지 아무도 정확하게 알지 못했고 기호의 현전은 그

---

3) [옮긴이 주] M. Iampolski, *The memory of tiresias: Intertextuality and film*, Harsha Ram(trans.), Berkeley, 1998. 얌폴스키가 발표한 유일한 영문 저서로 '영화적 상호텍스트성' 이론의 구축을 시도한 책이다.

4) [옮긴이 주] 오포야즈(ОПОЯЗ, Opoiaz)는 시어연구회의 줄임말로 러시아 형식주의 학파의 핵심 모임의 명칭이다. 주로 페테르부르크 출신의 문학연구자가 모여 결성했는데 언어학자가 모인 모스크바 언어학회 그룹이 합쳐져 러시아 형식주의 학파를 이룬다.

자체 공리로서 당연시됐다. 러시아와 프랑스에서 기호학의 시조였던 소쉬르는 기호를 기표와 기의 간의 관계로 정의하고 기호의 지시적 기능을 완전히 무시함으로써 기호를 정의하는 문제를 비껴갔다.

한편, 영화연구에서 우리는 또 다른 무반성적 명제로부터 출발했다. 영화란 '도상적 기호'를 사용한다는 명제이다. 도상적 기호는 알다시피 지시하는 바로 그 대상을 재현하며 따라서 기표와 기의(다른 말로 '개념'의 결과) 간의 관계와는 무관하게 구축된다. 도상적 기호라는 개념 자체가 미국의 논리학자 퍼스로부터 차용된 것으로서 소쉬르 기호학에는 전혀 들어 있지 않다. 그러나 이런 것이 우리에게는 조금도 방해되지 않았다. 형식주의자들의 글을 읽으며 나는 예기치 못한 사실들을 깨닫게 되었다. 오포야즈는 기호의 개념을 알지 못했지만 그 대신에 (당시에는 완벽하게 이해하지 못했던) '의미론적 사물'이라는 개념을 사용했다. 그러나 분명한 것은 이 '의미론적 사물'이 기호는 아니라는 점이었다. 그렇게 해서 점차 나는 기호학적 도그마의 경계를 벗어나기 시작했으며 현상학의 방향, 무엇보다도 메를로퐁티의 저작들을 통해 나에게 펼쳐졌던 (나는 나중에야 후설을 읽었다) 이 새로운 방향을 향해 움직이게 되었다.

오늘날 영화기호학에 대한 나의 태도는 어떠한가? 우선 나는 그것이 나에게 가져다준 운명, 그러니까 내가 비록 '발코니'에서나마 모스크바-타르투 학파의 저작을 관찰할 수 있도록 해준 것, 그리고 나를 위대한 학자들의 은하계로 이끌어 준 것에 대해서 감사하게 생각한다. 로트만과의 만남은 나의 삶에서 가장 중요한 사건에 속한다. 나의 세대는 기호학의 '폭풍과 유행'이 이미 지나 가버린 시기, 즉 그것이 이미 일몰을 향해가던 시기에 기호학에 입문하게 되었다(내가 타르투로 간 것이 1970년대 말이었다). 아마도 이 사실이 내 경우에서는 도그마적 구조주의의 시기가 매우 짧았다는 점과 관련될 수 있을 것이다. 1980년대 초에 이미 나는 기호학 이론의 발전에 대해 불만족스러움을 느꼈다. 하지만 구조주의의 유행이—설사 그것의 목적을 달성하지 못했다하더라도—20세기에 일어난 가장 인상적인 지적 사건 중 하나라는 점은 의심할 여지가 없다. 비록 오늘날의 나는 당시의 관점으로부터 이미 동떨어졌지만 여전히 당시에 이뤄낸 결과가 의미 없는 것이라고는 생각지 않는다. 물론 그 결과가 수정될 필요가 있고 진정한 철학적 기반을 갖추어야만 한다는 점은 별개의 문제이다. 기호학은 과학주의와 철학적 기반의 부재로 인해 스스로 숨이 막혀 버렸다.

오늘날 내가 무엇보다 중요하게 여기는 것은 영화의 본질이 도상적 기호이건 아니건 기호 작용이라는 생각, 따라서 그것을 특수한 기호체계로 바라봐야만 한다는 관념과 단절하는 것이다. 물론 화면 위에서 우리 앞에 제시되는 대상은 '날것'으로서가 아니라 재현으로서 주어진다. 하이데거라면 이 경우에 **'재현되는 사물'**과 **'재현된 것'**을 구별해야 할 필요성에 대해 말할 것이다.[5] 우리는 영화관에서 '재현되는 사물', 즉 화면이 움직이는 스크린을 볼 수 있지만 그와 같은 지각은 영화의 '정상적' 지각이 될 수 없다. 그것은 '시네마토그래프-사물'에 대한 지각이다. '시네마토그래프-사물'에 특별한 방점을 찍으면서 영화의 역사적 수용 문제를 다루고자 하는 몇몇 저작은 화면 내적 세계와 시네마토그래프적 의례가 갖는 속성을 혼동하는 경향이 있다. 영화를 보기 시작하는 순간, 우리는 더 이상 스크린, 조명 등을 보지 않는다. 우리는 스크린 위의 사물을 마치 실제의 사물처럼 받아들이고 마치 진짜인 양 반응한다. 우리는 결코 우리의 의식 속에서 도상적 기호, 즉 현재 부재하는 무언가를 가리

---

5) М. Хайдеггер, *Пролегомены к истории понятия времени*, Томск, 1998, С. 47.

키는 지표로서 우리에게 주어지는 재현체와 마주하는 것이 아니다. 물론, 어떤 국면에서 우리는 우리가 단지 재현체와 관계한다는 사실을 인식하지만 이러한 기호성의 인식이 정상적 인지상태에서 결코 사물 자체를 가려 주지는 못한다. 실상 우리가 마주하는 것은 '의미론적 사물'이다. '도상적 기호'라는 개념은 이전에 우리가 생각했던 것과 같은 어떤 본질적인 의미론적 지평을 열어주지 못한다.

그러나 이것이 내가 언젠가 영화에서 발견했던 그 의미론적 대립의 체계가 더 이상 의미를 지니지 못함을 뜻하는가? 그렇지는 않다. 내가 오늘날 생각하는 바를 말하자면 그것은 단지 영화 속의 의미라는 것이 일정한 영화적 발화, 즉 어떤 상상된 도상적 '로고스' 속에서가 아니라 보이는 사물 자체 속에서 실현됨을 의미할 따름이다. 이전에 나와 내 동료들이 기술하고자 애썼던 그 공간적 코드들 역시 그 자체로 이미 중대한 의미론적 잠재력을 지니는 '의미론적 사물'을 공간 속에서 배치하는 문제에 속하는 것이다.

공간 속에서의 사물의 배치로부터 어떻게 의미가 발생하는가에 대한 최상의 관념을 제공한 것은, 물론 범주적 직관[6]에 관한 후설의 성찰일 것이다. 후설에 대한 관심은 영화와 언어의 관계에 새로운 조명을 던져 줄 수 있다.

우선, 소쉬르가 기호와 사물 간에 직접적 관련성이 부재하는 언어(랑그) 속에서 대립의 근본적 역할을 설명하고자 했다는 사실에서 시작해 보기로 하자(소쉬르는 단지 기표와 기의의 통일체만을 알았

---

6) **[옮긴이 주]** 직관은 'созерцание'의 번역어인데 이는 칸트(Immanuel Kant)와 후설(Edmund Husserl)의 용어인 'anschauung'의 러시아식 번역어이다. 우리말로는 보통 '직관'이라고 옮겨진다. 하지만 러시아어 'созерцание'와 독일어 'anschauung'이 직관이라는 뜻 이외에 '지각'(봄)이라는 뜻도 갖기에 여기서는 문맥에 따라 '직관' 혹은 '지각'이라고 옮겼다.

다). 그는 다음과 같이 적었다.

> 확증할 수 있는 언어의 가장 근원적 법칙은 하나의 항이 그 자체만으로는 결코 아무것도 의미할 수 없다는 상황이다(이것은 언어적 상징이 그것이 의미해야 하는 바와 관련되지 않는다는 사실의 직접적 결과이다). 따라서 a는 b의 도움 없이 무엇인가를 의미할 수 없게 되며(즉, 그것은 단지 b가 그것에게 가치를 부여하는 한에서만 무엇인가를 의미할 수 있다) 그 반대도 마찬가지이다. 말하자면 차이 이외에는 아무것도 없다. 이렇게 해서, 두 항 모두는 오직 그것들이 서로에 대해 지니는 차이에 의해서 가치를 지닌다.[7]

그러나 우리의 지각에 재현되는 사물이 (비록 재현의 형태로라도) (직접적으로) 주어지는 영화의 경우에는 이와 같은 상황이 전혀 적용되지 않는다. 영화는 의미를 갖기 위한 대립의 체계를 필요로 하지 않기 때문이다. 하지만 다른 한편으로 예술 텍스트에 관해서라면 — 설사 그것이 말을 사용하지 않는다 하더라도 — 언어의 특별한 조직화를 완전히 무시할 수 없다. 문제는 조형 텍스트에 관한 판단이 언제나 자연언어적 발화의 형태로 말해진다는 점 그리고 재현의 의미는 그에 관한 판단과 떨어뜨려 생각할 수 없다는 사실에 있다. 여기서 대립에 기반을 두는 언어적 체계와 우리의 지각에 직접적으로 주어지는 (따라서 대립을 필요로 하지 않는) 사물들의 체계는 서로 부합되지 못한다. 대상세계와 언어 사이의 불일치는 명백한 것이다. 후설이 이에 관하여 말하기를 표현은 대상세계보다 넓으며 그 안에는 대상세계에서 대응물을 찾을 수 없는 요소가 존재한다. 후설이 그러한 요소로 취급한 것은 발화의 이해를 보장하는 수많은

---

7) Ф. де. Соссюр, *Заметки по общей лингвистике*, М., 1990, С. 101.

단어, 예컨대 '그리고', '아니다', '혹은', '있다', '많은', '일련의' 등등이 있다. 이 단어는 사물의 세계에서 대응물을 지니지 않는다. 단어와 사물 사이의 이와 같은 비대칭은 지극히 의미심장한데 왜냐하면 발화의 진실성이란 사물들이 그것에 근거를 부여했는지의 여부를 통해 결정되기 때문이다. 만약 내가 '이 종이는 하얗다'라고 말하고 하얀색 종잇장을 가리킨다면 나는 자신의 발화를 대상적 지각 속에서 근거 지은 것이 된다. 이 점은 끊임없이 우리의 사유에 실제 세계의 이미지를 부여하는 영화와 관련해서 특별한 중요성을 지닌다.

후설은 다음과 같이 묻는다.

> … 동일한 하나의 지각에 기반을 두고 형성된 두 가지 표현, 즉 '이 하얀 종이'와 '이 종이는 하얗다' 사이의 차이에 대응하는 것은 무엇인가?[8]

즉각적으로 전제되는 것은 두 표현 모두가 동일한 시각 행위를 표현하기 때문에 그들 사이의 차이는 의미를 지니지 못한다고 추정하는 것은 잘못이라는 것이다. 후설의 견해에 따르면 이 두 표현은 대상적 지각의 근원적이고 1차적 행위에 해당할 뿐만 아니라 그가 지각의 '정초 행위'라고 부르는 것, 즉 대상적 지각에 토대하여 근거 짓는 행위를 나타낸다. 후설은 이 행위를 '지각적 정초'라고 부른다. 대상세계 안에서 대응물을 지니지 않는 발화의 요소들 속에 반영된 것이 바로 이것들이다. 대상적 지각을 기반으로 모종의 일

8) E. Husserl, *Logical Investigations*, London/Henley, 1970, p. 775. 러시아 번역본: Э. Гуссерль, *Логические исследования, Картезианские размышления и другие сочинения*, М./Минск, 2000(Прим. ред).

반적 관념이 도출되어 나온다. 왜냐하면 유사, 포함, 존재, 부정, 혼합과 같은 관념은 비록 우리의 대상적 지각에 주어지지는 않지만 일종의 2차적 지각(후설은 이를 범주적 직관이라고 불렀다)의 대상으로서 우리에게 주어지기 때문이다. 이와 같은 지각 속에서 사상은 추상적 추론으로서가 아니라 그 자신의 대상성으로서 우리에게 주어진다. 우리는 포함과 유사를 귀납적으로 도출해 낸 것이 아니라 주어진 어떤 것으로서 지각한다.

범주적 형식은 우리의 능동적 지각의 결과이지만 자의적이지는 않다.

> 그것에 의해 창조되는 새로운 대상은 1차적이고 근원적 의미 속에서 대상이 되지 않는다. 범주적 형식은 부분을 접붙이는 것이 아니라 그것을 관련시키거나 혹은 서로 결합하며 그렇게 해서 실제적인, 감지 가능한 주어진 전체가 발생한다. 그것은 공예가가 형태를 만드는 것과 같은 그런 의미에서 형식을 만드는 것이 아니다. … 범주적 형식은 1차적 대상을 손대지 않은 채 남겨 둔다. 그들은 후자에게 아무것도 할 수 없고 스스로의 의지로 그것을 변형시킬 수도 없다. 왜냐하면 만일 그렇게 된다면 그 결과는 1차적이고 실제적인 의미에서의 새로운 대상이 될 것이기 때문이다.[9]

1차적 직관 속에서 우리에게 주어지는 대상 그 자체에 기반을 둔 채, 범주적 형식은 이 대상 속에 내재한 가능성에 맞추어 요소를 결합, 분리한다. 그러나 이 가능성은 결코 범주적 작용의 자유를 제약하지 않는다.

---

9) E. Husserl, *op. cit.*, p. 820.

실제의 내용에 상응하는 범주적 형식 중 그 어느 것도 내용과 더불어 주어지지 않는다. (그것은) 결합시키고 관련지으며 일반화하고 종합할 수 있는 고도의 자유를 지닌다. 감각적으로 단일한 그룹을 복수의 하부 그룹으로 나눌 수 있는 다양한 임의의 방식이 존재한다. 우리는 나름의 방식으로 다양하게 분리된 하부 그룹을 분류할 수 있다. 우리는 그들 사이에 동일 차원의 연관성을 창조할 수 있으며 더 나아가 두 번째, 세 번째 요소를 묶어낼 수 있다. 이렇게 해서 하나의 동일한 감각적 질료를 기반으로 범주적 형식화의 다양한 가능성이 생겨난다.[10)]

내가 생각하기에 지각의 특수한 대상인 영화는 이중적 위상을 지닌다. 한편으로 그것은 우리의 1차적 직관의 대상이 된다. 하지만 다른 한편으로 그것은 언어적 형식이 아닌 완전히 특수한 또 다른 형식, 다름 아닌 정초적-범주적 형식으로서 나타난다. 그리고 바로 그것을 기반으로 영화에 관한 발화의 방식과 범주적 형식을 통해 영화 속에 기입된 의미의 형성 방식이 구축되는 것이다. 영화의 형식은 언어적인 것이 아니며 대립에 기반을 두지도 않는다. 그것은 이미 범주적 작용을 포함하는 형식이며 외적 세계의 대상은 이미 거기서 서로 접근, 분리, 대립한다. 직관을 통해 우리에게 주어지는 관계, 즉 언어에서라면 직관이 아니라 의미론적 대립의 체계로서 근거가 부여될 이 관계가 놓인 곳은 바로 이러한 범주적 작용 속이다. 여기서 중요한 것은 영화는 단 한순간도 언어적 체계, 즉 표현의 영역이 될 수 없는바, 우리의 지각에 주어지는 현상학적 대상으로 남는다는 사실을 이해하는 일이다.[11)]

---

10) E. Husserl, *op. cit.*, p. 821.

11) 이 점은 물론 문학 텍스트를 현상학적 대상으로, 즉 살아 있는 직관 속에서 독자에게 주어지는 것으로서 이해할 가능성을 배제하지 않는다. 예컨대, 바흐친은

내가 자주 숙고하는 기본적 대립 중 하나는, 예컨대 인물의 시점에 따르는 주관적 시야와 외적 시점, 즉 작가의 시점에 따르는 객관적 조망 사이의 대립이다. 이 대립에 근원적 의미를 부여하고 나아가 자신의 초기 현상학을 이 대립을 기반으로 구축했던 바흐친은 여기서 (인식) 지평과 환경을 구분했다. 그에 따르면 "인간이 세계와 결합하는 방식은 두 가지다. 그의 내부에서 (인식) 지평(кругозор)으로서, 그리고 그의 밖에서 — 환경(окружение)으로서".[12]

결국 문제가 되는 것은 영화적 시각의 코드로 변형되는 주체-대상 간의 대립이다. 이 대립이 지니는 중요성을 인정하지 않을 수 없지만 내 생각에 오늘날 그 의미는 다소 과장된 것처럼 보인다. 객관적 평면뿐 아니라 주관적 평면에서도 우리는 대상적, 육체적 세계를 외부로부터 본다. 이 평면은 다양하게 코드화되지만 그들 간의 차이는 시각 기제의 코드화로 인해 제한적인 것이 된다. 앞서 지적한 바흐친의 지평과 환경 사이의 일정한 차이를 떠올려 보라. 지평은 가치론적으로 미결정된 대상, 즉 완결성을 지니지 않은 채 마치 미래를 향해 열린 듯한 대상과 관계한다. 환경은 종결성을 특징으로 하며 과거에 정향되었다. 하지만 '객관적' 평면과 '주관적' 평면 사이에서는 결코 이와 유사한 차이를 발견할 수 없다. 현상학

끊임없이 문학적 세계, 인물 그리고 사상의 가시적 성격(видимый характер)에 관해 쓴다.

12) М. М. Бахтин, *Эстетика словесного творчеста*, М., 1979, С. 87. [옮긴이 주] '지평'과 '환경'의 개념은 '언어예술 작품에서의 작가와 주인공의 관계'에 관한 바흐친의 논의에서 나오는 개념이다. 그에 따르면, 주인공과 세계의 관계를 파악하는 상이한 두 가지 관점이 존재하는데 '지평'은 인간의 내부로부터 시작하는 방식을, '환경'은 외부 세계로부터 파악함을 뜻한다. 이런 점에서 두 개념은 각각 인물의 주관적 시야와 작가에 의한 객관적 조망에 대응될 수 있다. 이에 관한 내용은 М. М. Бахтин, *Эстетика словесного творчества*. 김희숙·박종소 (옮김), 《말의 미학》, 길, 2006, 145~147쪽을 참조하라.

적으로 주관적 평면의 풍경은 객관적 평면의 풍경과 전혀 다르지 않다. 즉, 우리는 이 두 가지 평면의 시간성 속에서 그 어떤 명백한 차이도 발견할 수 없다.

영화적 세계가 무엇보다도 먼저 가시적 사물로 이루어졌으며 그것은 직접적 직관 속에서 자신의 의미를 드러낸다는 생각은 나를 좀더 확고하게 현상학적 모델의 구축으로 이끌었으며 동시에 기호학적 방법론을 더욱 결정적으로 거부하도록 만들었다. 현상학적 정향을 지니는 논문들은 이 책의 제 2부 '얼굴과 신체'에 실렸다. 나는 이 작업에서 나의 철학적 배경을 강조하고자 했던 것이 아니라 다만 영화에 대한 나의 이해가 재정향(再定向) 되는 모습을 밝히고자 했다. 이 작업에서 나의 강조점은 지향성, 즉 현상학적 작용으로서의 직관에 놓인 것이 아니라 전적으로 사물과 몸의 세계 자체에 놓였다.

'현상학적'과 관련된 장에서는 몽타주 미학의 창시자로 알려진 쿨레쇼프의 유산을 재고해보려는 시도로부터 전형적인 몽타주 감독으로 알려진 고다르에게 바쳐진 짧은 에세이까지 다양한 논문이 포함되었다. 나는 두 경우 모두에서 그들의 몽타주적인 그리고 바로 그런 의미에서 언어중심적 사유 속에 잠재된 현상학적 모티프를 드러내려 노력했다. 다른 두 편의 논문은 1920년대 러시아 영화 — 알렉산드르 사닌의 영화 〈폴리쿠시카〉[13] 와 다큐멘터리에 관한 좌익예술전선(Леф, LEF) 의 논의들 — 에 나타난 리얼리티의 개념에 관한 것이다. 또한 이 장에는 스타레비치[14] 의 관상학에 관한 작은 논문

13) [옮긴이 주] 알렉산드르 사닌(A. Sanin, 1869~1956) 은 러시아의 감독 겸 배우로서 스타니슬랍스키 극단과 알렉산드르 극장에서 무대연출 경험을 쌓은 후 1922년 톨스토이의 동명 소설을 원작으로 〈폴리쿠시카〉를 만들었다. 〈폴리쿠시카〉는 전 세계적 평가를 받은 최초의 소비에트 영화 중 하나이다. 1922년 망명하여 파리를 비롯한 해외 여러 지역에서 활동했다.

14) [옮긴이 주] 블라디슬라프 스타레비치(V. Starevich, 1882~1965) 는 러시아 최

이 포함된다. 의미를 포착하기 위한 직접적이고 순간적 수단이라 할 수 있는 관상학은 벨라 발라즈의 영화이론의 근간에 놓였으며 이는 영화 현상학(나는 이 문제에 관해 오래전에 출간된 책《가시적 세계》[15]에서 상세히 논한 바 있다)의 초기 버전이라 할 수 있다. 그러나 이 장에서 특별한 의미를 지니는 것은 알렉산드르 소쿠로프[16]의 영화에 관한 두 편의 논문, 특히 소쿠로프 영화에 나타난 죽음의 재현 문제에 관한 논문("영화에서의 죽음")이다.

1960~1970년대 세대에게는 그들만의 '트로이카'가 있다. 안드레이 타르콥스키, 오타르 이오셀리아니[17] 그리고 세르게이 파라자노

초의 애니메이션 영화인 〈아름다운 류카니다〉(1911)를 만든 감독으로 스톱모션 인형 애니메이션 기법을 최초로 시도한 것으로 유명하다. 〈카메라맨의 복수〉(1912), 〈곤충들의 크리스마스〉(1924), 〈서울 쥐, 시골 쥐〉(1926) 등을 제작해 스톱모션인형 애니메이션의 아버지가 되었다.

15) [옮긴이 주] 《가시적 세계》(*Видимый Мир*)는 1993년에 모스크바에서 출간된 얌폴스키의 첫 번째 저서로 "초기영화 현상학 스케치"라는 부제를 달았다. 기술복제예술로서의 영화에 관한 벤야민의 성찰로 시작해 루이 델뤽, 장 엡슈타인의 포토제니론과 벨라 발라즈의 이론을 개괄한다.

16) [옮긴이 주] 알렉산드르 소쿠로프(A. Sokurov, 1951~)는 현존하는 가장 저명한 러시아 예술 영화감독 중 한 명으로, 흔히 타르콥스키로 대변되는 초월적이고 시적인 러시아 영화의 전통을 잇는다고 평가되는 대표적인 영화작가이다. 〈인간의 외로운 목소리〉(1978)로 데뷔한 이래, 〈어머니와 아들〉(1996), 독재자 3부작인 〈몰로흐〉(1999), 〈타우르스〉(2000), 〈태양〉(2004) 그리고 〈러시아 방주〉(2002), 〈아버지와 아들〉(2003), 최근작인 〈알렉산드라〉(2007), 〈파우스트〉(2011)까지 꾸준히 문제작을 내놓으면서 세계 영화계의 주목을 받는 거장이 되었다. 소쿠로프 감독과 얌폴스키의 관계는 매우 특별하다. 얌폴스키는 소쿠로프 감독이 거의 알려지지 않았던 초창기부터 그의 영화를 지지하는 뛰어난 비평을 남겨 그를 주목받는 시네아스트(*cineaste*)로 만든 주인공이다. 소쿠로프 감독은 한 러시아 방송 인터뷰(2008. 12)에서 자신에게 가장 큰 영향을 미친 비평가로 얌폴스키를 지목한 바 있다.

17) [옮긴이 주] 오타르 이오셀리아니(O. Iosseliani, 1934~)는 그루지야의 트빌리시 태생의 러시아 영화감독으로, 모스크바에서 알렉산드르 도브젠코에게 수학

프[18]가 바로 그들이다.

파라자노프는 언제나 나에게 과대평가된 인물로 여겨졌다. 타르콥스키와 이오셀리아니는 그들 시대의 분위기를 반영하는 나름의 독자적 영화시학(詩學)을 제안한 바 있다. 내가 영화와 관련된 일에 적극적으로 임하기 시작했을 무렵, 타르콥스키는 외국으로 떠나 곧 사망했고 이오셀리아니는 프랑스로 떠나 프랑스적 소재로 작업하기 시작했다.

나는 오늘날에 이르러서야 〈달의 애인들〉과 같은 작품들이 지닌 의미를 온전히 이해할 수 있게 되었다. 그것의 구조는 전적으로 우연, 즉 서로 동떨어진 줄거리 라인들의 예기치 않은 합치에 기반을 둔다.

1980년에서 1990년에 이르는 후반기는 우리에게(물론 나에게) 또 다른 '트로이카'의 이름으로 다가왔다. 알렉세이 게르만,[19] 키라 무

한 이후 1960~1970년대에 소비에트에서 몇 편의 뛰어난 영화들을 연출하고 1980년대 이후로는 프랑스로 망명하여 연출 작업을 계속한다. 〈전원〉(1992)으로 베를린영화제 국제 비평가상을 수상한 이래, '영화계의 보르헤스'라는 칭호를 안겨준 〈달의 애인들〉(1984), 〈그곳에 빛이 있었다〉(1989), 〈불한당들〉(1996), 〈안녕, 나의 집〉(1999), 52회 베를린영화제 감독상을 받은 〈월요일 아침〉(2002) 등을 연출했다.

18) **[옮긴이 주]** 세르게이 파라자노프(S. Parajanov, 1924~1990)는 아르메니아 태생의 러시아 영화감독으로, 1964년 〈잊혀진 조상들의 그림자〉로 일약 세계적 주목을 받는다. 훗날 파졸리니, 고다르, 펠리니 등에 깊은 영향을 미친 이 영화로 인해 약 20여 년에 걸친 수감에 처해졌다. 페레스트로이카 이후 1988년 〈아쉬크 케립〉(*Ашик-Кериб*)을 연출했으며 1990년 고향인 아르메니아에서 사망했다.

19) **[옮긴이 주]** 알렉세이 게르만(A. German, 1938~2013)은 레닌그라드 출생으로 1971년 작품(1986년 상영) 〈도로 검문〉(*Проверка на дорогах*)으로 소비에트 내에서의 대규모 스캔들과 함께 국제적 명성을 얻은 후 〈전쟁 없는 20일〉(1977), 〈내 친구 이반 라프쉰〉(1985) 등을 연출했다. 〈흐루스탈료프, 차 가져와!〉(1998)로 칸영화제에 진출한 바 있다. 지난 2014년, 유작인 〈신으로 사는 것은 어렵다〉가 공개되었다.

라토바[20] 그리고 알렉산드르 소쿠로프가 바로 그들이다. 이 책에는 알렉세이 게르만에 관한 두 편의 논문과 무라토바의 〈무기력 증후군〉에 관한 짤막한 글 그리고 소쿠로프에 관한 4편의 논문이 실렸다. 내가 1983년 소쿠로프와 알게 된 이래로(이때 그는 〈고통스런 무관심〉을 막 끝낸 뒤였고 나는 그에 관한 리뷰를 잡지 〈영화 예술〉[21]에 실었다) 그의 창작은 나에게 특별한 의미를 지녔다. 나는 이 만남 이전에 이미 돔키노 극장 '지하실'의 작은 홀에서 〈인간의 외로운 목소리〉(공식적으로는 이 영화는 폐기된 상태였다)와 〈모욕당한 자〉[22]를 보았다. 두 영화 모두 나에게 매우 강한 인상을 남겼다.

소쿠로프를 향한 나의 특별한 관심은 그가 지닌 감독으로서의 엄청난 재능뿐만 아니라 창작적 진화에도 기인하는바, 그의 진화는 어떤 점에서 영화에 대한 나 자신의 견해와 나란히 변화하는 것이었다(비록 감독은 언제나 자신의 원칙에 놀랄 만큼 충실하지만). 그의 창작의 진화에서 나를 매우 놀라게 했던 특징 중 하나는, 그의 영화에서 사물과 몸이 점점 더 자족적 의미를 얻는다는 사실이었다. 감독은 어느 순간부터인가 영화적 재현 자체를 변형에 처해질 수 있는

---

20) **[옮긴이 주]** 키라 무라토바(K. Muratova, 1934~)는 1963년 〈깊은 낭떠러지〉로 데뷔, 〈짧은 만남〉(1967)을 비롯한 몇 편의 작품을 연출했으며 국제적 명성을 얻은 문제작 〈무기력 증후군〉(1989) 이후에 〈세 가지 이야기〉(1997), 〈2등급 인간〉(2001), 〈체호프적 모티브들〉(2004) 등을 연출했다. 오늘날 가장 저명한 러시아 여성 감독 중 한 명이다.

21) **[옮긴이 주]** 〈영화 예술〉(*Искусство Кино*)은 1931년 창간된 러시아의 월간 영화 저널로 〈영화학 노트〉(*Киноведческие Записки*)와 더불어 러시아의 가장 대표적인 영화 잡지이다. 얌폴스키는 자신의 글을 오랫동안 주로 이들 잡지에 기고했으며 이 책에 실린 상당수 글의 출처가 이 잡지들이다.

22) **[옮긴이 주]** 원제목에 따르면 〈강등된 자〉(*Разжалованного*)로 번역하는 것이 맞다. 하지만 한국에 처음 상영될 때 〈모욕당한 자〉라는 제목으로 소개되었기 때문에 그 제목을 따랐다.

복잡한 결을 지니는 일종의 '대상'으로 바라보기 시작했다. 그렇게 해서 사진적 도상주의의 '투명함'은 사라지고 재현 자체가 유사-신체적 성격을 획득하면서 — 비록 하이데거의 '재현되는 사물'과는 완전히 다른 것이겠지만 — 일종의 현상학적 객체가 되었다. 그 결과 영화의 몸과 대상은 그 자신이 신체성과 대상성을 지니는 모종의 재현적 외장 속에 든 꼴이 되었다. 소쿠로프는 나의 개념에 따르자면 본질적으로 현상학적 예술가이다. 그의 작품을 향한 나의 매혹과 비밀을 파악하려는 계속적인 시도는 이로부터 출발한다. 이 책에 실린 글들은 여러 책과 잡지에 실린 나의 다양한 시도 중 일부에 해당할 뿐이다.

'카이로스'[23] 라는 제목을 단 제 3부에서는 이러저러한 방식으로 영화에 관해 오늘날 내가 가진 개념을 반영하는 글이 포함되었다. 그들 모두는 영화적 시간성을 향한 나의 증대된 관심의 증거이다. 예컨대 이로부터 영화에서의 시간에 관한 가장 심오한 연구가 중 하나인 앙드레 바쟁을 향한 특별한 관심이 나온다.

주로 영화의 공간을 탐구하려 했던 첫 번째 (기호학적) 장으로 부로부터 이 세 번째 부를 선명하게 구별 짓는 것이 바로 시간성을 향한 관심이다. 소쉬르 언어학이 거의 전적으로 집중했던 대상이 구조의 개념, 즉 대상의 통시적이 아닌 공시적 기술이었다는 점을 상기하면 이는 놀랍지 않다. 이런 공시성은 당연하게도 공간적 관계

23) [옮긴이 주] 카이로스(*kairos*)는 일반적으로 크로노스(*chronos*)와 대비되는 개념으로 이해되는데 크로노스가 그저 흘러가는 자연적, 연대기적 시간을 의미한다면 카이로스는 특별한 의미를 지니는 시간, 즉 구체적인 '사건'의 순간을 말한다. 만약 크로노스가 일반적 의미에서의 역사의 시간, 상황의 시간이라면 카이로스는 변화와 생성을 야기하는 특별한 체험의 시간, 그러한 사건의 시간이 된다. 이 책의 2권 3부에 실린 글 가운데 6장 "불일치의 영화"에서 카이로스에 관한 논의가 상세하게 개진된다.

속에서 가장 완벽하게 표현할 수 있다.

그러나 시간성은 거의 언제나 현상학적 맥락 속에서, 현상의 가장 중요한 자질로서 발현된다. 이 경우 외적 대상물의 세계를 공간적 차원을 지니지 않은 채 완전히 시간 속에 침잠한 내적 직관의 세계와 연결 짓는 것은 다름 아닌 시간이다. 이 점에서 하이데거가 현상학적 방법의 도움으로 시간의 존재론적 성격을 부각시켰던 것은 물론 우연이 아니다.

그러나 내가 제3부에서 분석하고자 하는 시간성은 특별한 자질을 지닌다. 문제는 일련의 상이한 시간적, 사건적 층위(그들은 예기치 않게 서로 교차한다)로 구성된 세계에 관한 것이다. 그들 서로 간 만남의 순간은 이 순간이 그것들 중 어느 하나의 시간적 층위에 속하는 것이 아닌 만큼, 일종의 정지된 시간의 순간이 된다. 나는 바로 이 순간을 그리스어 단어를 사용해 '카이로스'라고 부른다. 다름 아닌 그리스적 전통(예컨대, 소피스트와 아리스토텔레스에게서)에서 카이로스는 결정적 역할을 행했다. 한편, 아리스토텔레스에 기대어 이 단어를 이해하는 하이데거에게 카이로스는 역시 적지 않은 의미를 지녔다. 이 책의 마지막 논문(이 논문은 시기적으로도 가장 최근 것이다)인 "불일치의 영화"는 카이로스에 바쳐졌다.

제3부의 첫 번째 논문인 "담론과 서사"는 알렉세이 게르만의 영화 〈내 친구 이반 라프쉰〉의 언어에 대한 미시분석이다. 여기서는 아직 시간성에 대한 분석도, 카이로스에 대한 분석도 나타나지 않는다. 그러나 나에게 이 논문은 매우 중요하다. 나는 여기서 처음으로 텍스트의 담론적 층위와 서사적 층위를 구분했던 에밀 벤베니스트를 따라 영화를 모종의 유기적 총체가 아닌 인물과 카메라가 각기 자신의 고유한 전개 라인(아마도 이를 시간으로 해석할 수 있으리라)을 창조하는 어떤 구축물로서 바라보기 시작했기 때문이다. 말하자면,

이 논문에서 영화의 형식은 이 두 가지 라인의 만남과 분리로 이루어진 성좌, 본질상 (이 단어가 아직 언급되지는 않지만) 카이로스의 성좌로 이해된다.

언어학자에게 벤베니스트는 이단적이지만 동시에 지극히 생산적인 견해를 밝힌 바 있는데 그에 따르면 분리는 기호 세계와 실제 세계 사이에만 존재하는 것이 아니라(후설이 이미 보여 준 것처럼 그것들은 합치되지 않는다) 담론과 그 담론이 기댄 몇몇의 평행하는 언어의 가상적 존재 사이에도 존재한다. 이러한 견해는 "프로이트의 가르침에서 언어의 기능에 관한 소고"라는 논문에서 개진되었다. 벤베니스트의 지적에 따르면 환자의 발화는 비록 그가 모두에게 보편적 언어를 사용한다 하더라도 언어의 체계에 반영되지 않는 모종의 숨겨진 상징주의를 지향한다.

> 언어 자체에 내재하는 상징의 체계 저편을 향하면서 그 분석자는 환자가 말하는 것뿐 아니라 그가 누락하는 것으로부터도 만들어지는 개인적 상징의 체계를 구별해내야만 한다. 환자가 스스로에게 만들어 내는 역사를 통해서 동기를 설명해 주는 또 다른 역사가 깨어난다. 그렇게 해서 심리분석가에게 발화는 심리의 심층 구조로 소급되는 자신만의 고유한 규칙, 상징 그리고 '통사론'을 지니는 또 다른 '언어'를 연구하기 위한 수단으로 사용된다.[24]

자연언어와 달리 무의식의 언어는 동기화된 언어이며 이 동기화는 그것이 뿌리박는 사건, 역사에 대한 지식을 통해서만 드러날 수 있다. 이러한 상황은 영화에서 한층 본질적인데 영화의 기호 또한 자연언어와 달리 동기화되었기 때문이다.

---

24) Э. Бенвенит, *Общая лингвистика*, М., 1974, С. 118.

소쉬르가 언젠가 지적하기를,

> 우리의 이성에는 사건에 보다 많은 주의를 기울이려는 자연스러운 경향이 존재한다. 발전과 역사적 연속성 그리고 시간적 순차성을 전제하는 모든 대상에서 주의는 … 사건에 주어지며 상태를 무시하려는 경향을 드러낸다. … 그러나 언어에서는 다름 아닌 상태가, 오직 그것만이 의미화의 능력을 지닐 수 있다. 게다가 이 능력을 지니지 못한 언어는 더 이상 언어가 될 수 없다. 그러므로 이 영역에서는 심지어 현상의 원천이 이해된 후에라도 관찰 대상은 어떤 면에서도 이해하지 못하는 상황에 처하는 사례(이 경우 그것을 설명할 수 있다고 가정되기도 하지만)를 보게 되는 것이다.[25]

소쉬르에게서 사건은 결코 지식의 원천이 되지 못한다. 의미는 언제나 역사 외적이다. 그러나 영화에서의 '언어'(만약 그런 것에 관해 말할 수 있다면)는 프로이트의 환자의 언어에 더 가까운바, 즉 그것은 진정으로 사건 속에 뿌리박았다. 그러나 **상태**를 근거 짓는 이 **사건**이라는 것은 도대체 무엇인가?

이 질문에 대한 다면적인 고찰은 질 들뢰즈의 《의미의 논리》에서 행해졌다. 들뢰즈에 따르면, 의미는 상태에 속하는 것이 아니라 사건에 속한다. 물론 이때의 사건이란 들뢰즈의 표현을 따르자면, 물리적 세계의 사건이 아니라 무언가 신체 외적인, '사물들의 표면 위에서'(cet incorporel à la surface des choses)[26] 발생하는 것이다. 본질상 이 '사건'은 발화 자체 속에서 발생하는 것이다. 왜냐하면 의미는 '사물들 속에서도, 영혼 속에서도, 물리적 현존 속에서도, 심

---

25) Ф. де. Соссюр, *Заметки по общей лингвистике*, CC. 115~116.

26) G. Deleuze, *Logique de sens*, Paris, 1969, p. 30. 러시아 번역본: Ж. Делёз, *Логика смысла*, М., 1995(Прим. ред).

리적 현존 속에서도'[27] 발견할 수 없는 것이기 때문이다.

하지만 발화의 사건이 됨으로써 의미가 발화에만 전적으로 귀속되는 것은 아니다. 그것은 명백한 객관성을 지닌다. 이런 점에서 들뢰즈는 발화와 표현의 의미란 언제나 생생한 직관 속에서 우리에게 주어지는 대상적 세계, 현상의 세계와 그것이 맺는 관련성에 의해 결정된다고 주장했던 후설을 따른다. 우리가 살펴보았듯, 이 세계 없이는 범주적 작용에 근거를 둔 언어도 없다. 들뢰즈에 따르면, 바로 이런 이유 때문에 의미는 한편으로 후설적 의미에서의 표현 영역과 관련되며 다른 한편으로 그것은 '사물의 상태의 속성'[28]이 된다. 의미가 발화와 사물 사이의 경계에 놓이게 되는 것, 들뢰즈의 표현대로라면, 사물의 표면에 놓이는 것은 바로 이 때문이다.

의미가 발화와 대상세계 간의 상호관계를 전제하기에 그것은 언제나 최소한 두 가지 계열, 즉 대상적 계열과 발화적 계열의 현존에 의존한다. 들뢰즈의 설명에 따르면, "… 두 가지 이종적 계열은 다양한 방식으로 결정될 수 있다. 즉, 우리는 다음과 같은 계열을 살펴볼 수 있는데 사건의 계열과 사물의 계열(이 속에서 사건이 실현될 수도 그렇지 않을 수도 있다) 혹은 발화를 지시하는 계열과 사물을 지시하는 계열 …"[29]이 그것이다. 이와 같은 대응 쌍의 숫자는 원칙적으로 무한하지만 그것들 간 관계의 법칙은 명료하다. 그것들은 서로에 대해 결코 동일하지 않다. 이 계열들 사이의 비등가성(자의성)은 — 앞서 이미 인용했던 — '표현의 잉여성'에 관한 후설의 언급에서도 나타나지만 기표와 기의 간의 불일치, 곧 그들 관계의 자의성에 관한 소쉬르의 견해에서도 드러나는 것이다. 자의성의 원칙을

27) G. Deleuze, *Ibid.*, Paris, 1969, pp. 30~31.

28) *Ibid.*, p. 33.

29) *Ibid.*, p. 53.

해명하기 위해 소쉬르는 종잇장의 앞뒷면에 관한 메타포를 사용한다.[30] 종이의 앞장에 그려진 형상과 뒷장에 그려진 형상 사이에 아무런 필연적 관계가 없지만 동시에 이 두 면을 서로 분리시킬 수 없다는 사실은 충분히 납득할 만한 것이다. 소쉬르는 '누나'라는 단어와 음성 's-o-r'의 프랑스식 조합 간에는 아무런 필연적 관련성이 없다고 썼다.[31] 결국, 본질적 문제는 서로 부합하지 않는 두 가지의 계열이 존재하고 그것들 사이의 경계 지대에서 의미의 사건이 발생한다는 사실이다. 들뢰즈에 따르면, "그렇게 해서 기표는 사물의 상태의 논리적이고 이상적 속성이 되고 기의는 실제적 관계의 성격을 띠는 사물의 상태가 된다".[32]

들뢰즈의 개념은 나에게 본질적 의의를 갖는다. 영화 이외의 영역에서 나는 서로 병렬적으로 진행되면서 상호 교차하는 두 가지 계열에 관심을 기울인 바 있으며 이 문제를 다닐 하름스에 관한 책《근원으로서의 망각》[33]에서 다루었다. 영화에 관한 저작들에서 계열의 이와 같은 평행성은 다양한 양상을 취하는데 담론과 서사의 상호작용, 오리지널 영화와 리메이크된 새로운 버전 등이다. 그러나 두 계열 간의 만남이라는 이 사건은 당연히 두 가지의 서로 다른 시간적 흐름, 즉 복수의 시간성들 간의 만남이라는 양상을 띠게 되었다.

바로 이것이 내 저작들에서 영화 속의 의미라는 사건이 점점 더 선명하게 '우연한 만남'이라는 카이로스적 순간의 외양을 지니게 된

30) '언어는 종잇장에 비교할 수 있다. 사고는 앞장이고 소리는 뒷장이다. 뒷장을 자르지 않고서는 앞장을 자를 수 없다'(Ф. де. Соссюр, *Курс общей лингвистики*; Ф. де. Соссюр, *Труды по языкознанию*, М., 1977, С. 145).

31) Ф. де. Соссюр, *Курс общей лингвистики*, СС. 100~101.

32) G. Deleuze, *op. cit.*, p. 54.

33) [옮긴이 주] 20세기 러시아 작가 다닐 하름스(D. Kharms)에 관한 단행본 연구서로 1998년에 모스크바에서 출간되었다(*Беспамятство как исток*, М., 1998).

이유이다. 제 3부에 포함된 "결정적 순간"이라는 논문에서 나는 이 사건을 만남의 순간, 죽음의 순간 그리고 해석의 순간〔결정적(*critical*)이라는 개념은 여기서 '위기'뿐 아니라 '비평'도 지시한다〕으로 기술하려 시도한다. 특히, 이 결정적(비평적) 해석의 순간이 이 맥락에서는 매우 중요하다. 발화언어학에서 기표가 기의 혹은 지시체와 맺는 관련성의 비결정성이 발화적 제스처라 지칭할 수 있는 어떤 것으로 극복할 수 있다면, 정신분석학적 맥락에서는 장-클로드 밀네르가 지적하듯이 "단순한 응시로는 불충분한 지점에서 차이의 도입은 해석자의 몫이 된다". 나는 논문 "결정적 순간"에서 (루카치를 따라) 사건의 순간을 구축함에서 해석적 제스처의 필수불가결성과 더불어 모든 텍스트 내적 의미 구조에서 그것이 갖는 중요성을 논증하려 시도했다.

의미론적 사건을 일련의 시간성이 서로 만나는 순간으로 이해하면 영화의 의미론에 중대한 역사주의의 자질이 도입된다. 역사적인 것과 영화적인 것의 상호관계에 대한 분석은 나의 논문 "불일치의 영화"에 담겼는데 여기서 카이로스는 역사적 시간과의 상응으로 묘사된다. 이 국면은 두 가지 이유 때문에 오늘날의 나에게 특별히 중요하다. 첫째로, 그것은 의미를 **상태**의 결과가 아니라 역사적 구성물로서(사건은 그 본질상 시간 속에 기입되며 무엇보다 먼저 **역사적인 것**이다) 해석할 수 있도록 돕는다. 논문 "미학으로서의 시네필"에서 세르주 다네(Serge Daney)가 '바이오시네필'이라 부른 현상에 관해 특별한 고찰을 시도했는데 이 현상은 영화의 의미론적 사건을 관객의 전기적 삶, 그의 개인적 역사에 투영시키는 것을 가리킨다. 오늘날의 나에게 중요하게 대두되는 두 번째 국면은 (체계, '상태'의 기술인) 이론과 (기원, '사건'의 묘사인) 역사 사이의 전통적 이분법을 극복하는 문제와 관련되었다. 의미를 카이로스적인 구성물, 곧 역사적 사건으로 이해하는 것은 그 자체로 역사와 이론을 갈라놓는 심연을 극복할 수 있도록 돕는다는 것이 내 생각이다. 이 분리를 극복하는 과제는 의미의 역사화라는 층위뿐만 아니라 역사에 대한 개념 자체를 재규정하는 차원에도 걸렸다. 오늘날 내가 이해하는 바에 따르자면, 역사란 영화의 생산과 수용, 영화적 의도와 그것의 실현의 경험적 역사를 가리키는 것이다. 그것은 영화 속에서 시간—크로노스—을 기록하는 형식으로서의 역사이다. 그와 같은 기록의 형식에 관한 탐구는 게르만에 관한 나의 논문과 리메이크에 대한 연구("번역과 복제"), 영화에서의 죽음의 순간에 관한 논문("결정적 순간") 그리고 물론, 마지막에 실린 소쿠로프에 관한 논문("불일치의 영화")에 담겼다.

이상이 이 책의 대략적 내용이다. 첫 번째 논문과 마지막 논문 사이에 커다란 시간적 격차가 있지만 그럼에도 이 책에는 모종의 논리성(적어도 나 자신에게는)을 지닌 변화의 논리가 있다. 영화의 의미에 대한 언어중심적 모델로부터 현상학적이고 카이로스적 모델로의 이동이 바로 그것이다. 그러나 내가 강조하고 싶은 것은, 영화에 관한 내 관점의 눈에 띄는 변화에도 불구하고 사실상 언어학적 접근법과 현상학적 접근법 사이의 거리는 보기보다 그리 크지 않다는 점이다. 현상학은 기호학적 성격을 띠는 문제에 대한 직접적 반응으로서 발전했으며 카이로스의 문제는 특정한 종류의 현상학의 직접적 결과, 그러니까 영화의 언어라는 메타포를 현상학적 맥락에 비춰(후설과 들뢰즈의 영향 아래서) 재규정한 결과라고 할 수 있다. 영화 속의 의미를 찾는 나의 여정은 급격한 도약이기보다는 미로 안에서의 끝없는 이동에 더 가깝다.

지난 몇 년간 영화학 분야에서 나의 위치는 심한 변화를 겪었다. 1970~1980년대에 내가 자신을 흥미롭고 거대한 사상운동의 참여자로 느꼈다면 1990년대의 나는 기호학적 운동, 보다 정확하게는 그것의 잔재와의 연관성을 잃어버렸다. 1990년대에 들어서면서 내 동료들 사이에서 나타난 일반적 경향은 이론화를 거절한 채 순수한 역사학적 경험주의 속으로 침잠하는 것이었다. 이런 상황은 나에게 완전히 치명적인 것이었다. 나는 1990년대 초반 모스크바를 떠나 뉴욕으로 왔으며 여기서 비교문학을 가르치기 시작했다. 그러나 러시아를 떠나기 전 모스크바에서 이미 영화예술연구소를 나와 과학아카데미 철학연구소로 옮겼으며 이것은 (이제껏 쉼 없이 종사했던) 철학에 대한 보다 근본적 차원의 연구가 절대적으로 필요하다는 판단 때문이었다. 나는 차츰 기호학뿐 아니라 다분히 유령적 관계를 맺던 영화학으로부터도 거리를 두었다. 이런 한 가지 이유 때문에라도 영화를 향한 나의 부정기적 도주는 보편적 아카데미 학제에 점점 덜 어울리게 되고 말았다. 나의 최근 논문은 영화예술에 관한 현대적 사유와 큰 관련이 없지만 이 점에 대해 전혀 유감을 느끼지 않는다. 이 작업은 개인적 열정의 산물이며 영화적 의미를 추구하는 과정에서 내가 겪었던 개인적 방황을 반영한다. 이 작업의 혼란스러움 또한 온전히 나 개인에게 속하는 것이다.

논문들의 출판 원칙에 관해서도 몇 마디 해야만 하겠다. 매 논문의 끝에는 (논문이 이미 출판되었을 경우) 글의 출판연도가 적혀 있다. 많은 경우 글을 쓰고 나서 출판하기까지 오랜 시간이 흘렀기 때문에, 출판연도와 실제 글을 쓴 연도가 일치하지 않는 경우가 많다. 일련의 논문에서, 논문의 의도에 모순되지 않는 범위 내에서 약간의 첨가와 수정을 가했다. 심지어 "숏의 심도에 관하여"라는 논문에서는 기다란 후기까지 달았다. 매 논문의 앞자락에는 썼을 당시의 정황을 설명하는 짤막한 서문(고딕체)을 붙였다. 나는 자신의 작업을 결코 원본 그대로 보존되어야만 할 역사적 기념비로 보지 않는다. 게다가 이미 많은 논문이 저 '영광된 옛 시절'에 편집 과정을 통과하는 동안 훼손되고 축약된 바 있다.[34] 가령, 잡지 〈영화 예술〉에 실린 논문 "영화에서의 죽음"의 경우에는 편집자에 의해 잘려나간 상당 부분을 복구할 수 있었다. 그러나 언제나 그렇듯 유감스럽게도 원본이 보존되지 않아 사라진 조각을 모두 복구할 수는 없었다.

이 책은 '지나간 작업의 결산'이 아니다. 이 책에는 '언어로부터 신체를 거쳐 우연성으로'라는 전체 의도에 답하는 몇몇 논문이 포함되었을 뿐이다. 영화에 관한 많은 저작이 나의 다른 책들로 출판된 바 있으며(그중 《가시적 세계》와 《타이레시아스의 기억》은 온전히 영화에 관한 책이다), 다수의 논문이 정기간행물에 게재되었다. 독자는 내가 현대 러시아의 영화인과 러시아 영화의 역사에 관련된 글만을 추려냈다는 점을 알아볼 수 있을 것이다. '서구'는 주로 이론가의 이름으로서만 등장한다. 이것은 다음과 같은 사실과 관련되는데 나에게 본질적 의미를 지니는 것은 서구의 이론가와 러시아적 실천, 이 두 가지이다. 한편, 이 책에는 내가 교제를 나누었던 사람들, 대담자로서 나에게 직접적 의미를 지니는 사람들에 관한 논문들이 빠졌다. 무엇보다 먼저 작고한 알렉산드르 카이다놉스키 그리고 그와의 값진 대화를 항상 기억하는 블라지미르 코로빈이 있다. 유리 노르슈테인, 안드레이 흐르자놉스키, 게르츠 프랑크도 언급하고 싶다. 그들에게 바치는 논문을 포함시키지 않도록 한 결정은 이 책이 흉하게 길어지지 않기를 바라는 마음에서였다. 단지 하나의 명백하고 의도적 공백이 있다면 에이젠슈테인이다. 에이젠슈테인, 이 예사롭지 않은 형상은 최고로 중요하다. 나는 이 책에서 그를 의도적으로 무시했으며 이는 언젠가 그에 관한 특별한 연구서를 쓸 희망을 남겨두기 위해서였다.

마지막으로 잡지 〈영화학 노트〉의 편집진과 편집장 알렉산드라

34) **[옮긴이 주]** 소비에트 시절의 검열을 통한 삭제를 말하는 것이다.

트로쉬나에게 깊은 감사를 드리고 싶다. 그들은 그동안 나를 활동하는 영화연구자로 간주하고 내 논문들을 선뜻 출판해 줌으로써 '영화연구'라는 이 분야와 나 사이의 희미한 관계를 지탱해 주었다.

영화와 의미의 탐구 ①

언어 - 신체 - 사건

차 례

제 2부 얼굴과 신체

제 2 권 차 례

영화와 의미의 탐구 ②

제 2부 얼굴과 신체

제 1부

언어와 공간

제1장

'완전' 영화와 '몽타주' 영화

이 글은 영화언어의 발생을 고찰한 최초의 시도 중 하나이다. 나는 당시 영화언어를 몽타주적 구조와 동일시했다. 원칙적으로 지금도 내가 제시했던 영화형식의 진화에 관한 그림이 실제로 발생하는 본질적 과정을 반영한다고 생각한다. 그 과정이란 하나의 단일체가 다른 차원에서 끊임없이 복원됨에도 불구하고 분절을 늘리는 모습이다. 실제로 영화는 거의 처음부터 세계를 파편화하고 그것을 작은 조각으로 나누려 했다. 다만 그와 같은 파편화의 목적은 언제나 좀더 긴밀하고 심리적으로 모순되지 않는 영화 세계의 단일성, 당시 내가 썼던 바대로라면, '영화서사 공간'을 건설하려는 것이었다.

그러나 지금 와서 보기에 두 가지 측면이 재고될 필요가 있다. 첫째는 파편화와 몽타주적 분절을 고집스럽게 영화언어와 동일시했다는 점이다. 둘째는 이 과정에서 서사의 역할을 지나치게 과장했다는 점이다. 당시의 나에게 '언어'란 무엇보다 서사의 언어, 즉 화자의 시점과 주인공의 시점 간의 교체에 바탕을 둔 언어였다. 요컨대, 영화언어는 서사의 필요에 부응하기 위해 시점 주체들의 교체를 가정하는 구조로부터 발생한다. 그것이 진화에 대한 틀린 견해라고 말할 수는 없다(심지어 오늘날 내가 그다지 적합하지 않다고 생각하는 '영화언어'라는 용어를 거절할 경우에도 마찬가지이다). 하지만 이는 분명 일면적 견해인바, 하나의 명백한 사실을 의식적으로 무시한다. 많은 경우에 몽타주적 결합이 서사의 필요에 의해 동기화되지 않는다는 사실이 그것이다(당연히 이 경우 나는 몽타주를 롱숏이나 카메라워크로 대체하려는 경향을 띠는 영화에 관해 말하려는 게 아니다).

지금 내가 보기에 영화의 관심은 세계의 서사적 분절이 아니라, 서사의 요구에 부응하지 않는 파편화의 잉여적 형식과 연관된다. 파편화의 이러한 수수께끼 같은 과잉의 예로 알렉산드르 3세의 동상이 거꾸러지고 파괴('분절')되는 에이젠슈테인의 영화 〈10월〉의 긴 에피소드를 들 수 있다. 이 동상은 수백 개는 아니더라도 수십 개의 시점으로 촬영되었는데 거기서 몽타주에 의한 공간적 단일성의 파편화는 서사 주체들의 그 어떤 교체 없이도 극대화되었다. 물론 이 에피소드를 추상화의 형식이나 엑스터시 혹은 전제

권력의 몰락을 은유하는 것으로 해석할 수도 있다. 그러나 문제는 하나의 구체적인 에피소드의 해석이 아니다. 그 에피소드는 오직 가장 극단적 형식 속에서만 영화 일반에 본질적인 모종의 경향을 드러낸다.

오늘날의 나는 이 논문에서 서술된 파편화의 형식이란 것이 좀더 일반적인 경향의 개별 사례에 불과하다고 생각한다. 나는 차라리 이렇게 말하겠다. 서사가 볼거리(зрелище)의 단일성을 분절하는 것이 아니라 오히려 그 반대로 자신의 '완전성'(тотальность)을 상실하려는 볼거리의 경향이 서사로 하여금 영화 세계의 파편으로서 조직화되도록 만든다고 말이다.

또한 세계의 '완전한' 단일성이 어떤 '절대적 주체'의 존재에 상응한다는 본 논문의 근본적 전제 역시 상대적으로 논란의 여지가 있다. 이 '절대적 주체'라는 것은 우리 이성의 환상이거나 러시아 문화의 구성물일 뿐이다. 문제는 형식과 속성의 안정성을 특징으로 하는 모종의 단일체로서 우리에게 주어지는 사물들은 사실 실제 삶 속에서는 언제나 다양한 시점을 통해 나타난다는 점이다. 세계의 단일성은 사물에 대한 시점의 단일성을 전제하지 않는다. 각각의 사물은 언제나 오른쪽, 왼쪽 혹은 위쪽으로부터 우리에게 지각된다. 이때의 시점은 우리의 시각이나 지각 혹은 그저 우리의 '나'의 연속성과는 아무런 관계가 없다. 세계는 항상 우리에게 파편화된 단일성으로 주어진다. 이런 의미에서 나에게 파편성과 총체성(당시에 내가 쓴 대로라면 '완전성')의 분리불가능성은 모종의 언어체계의 구성 결과가 아니라, 세계 그 자체의 현상학적 속성에 해당하는 것으로 여겨진다. 비록 몇 가지 단서가 붙기는 하겠지만 틀림없이 영화도 세계 자체에 고유한 저 지향성의 형식에 '그저' 동화됨으로써 연속적 공간을 분절하는 방향으로 진화해온 것이다.

영화예술의 발생과 형성에 대한 많은 연구 덕택에 이제 영화의 기원을 먼 역사 속에서 찾는 전통은 확고하게 수립되었다. 영화에 대한 예견은 플라톤과 알렉산드리아의 헤론 혹은 클라우디우스 프톨레마이오스에게서도 찾아볼 수 있다. 영화의 전사(前事)에 관한 에세이는 (언제나 완벽하게 지켜지는 것은 아닌) 흔한 두 가지 원칙에 따라 구축된다. 그 하나가 수세기에 걸쳐 더욱더 환영적 현실의 재현을 향해 이끌려온 볼거리의 역사를 추적하는 것이라면, 다른 하나는 기술 장치의 역사, 그러니까 처음에는 사진을, 그다음에는 동영상을 출현시킨 그 기술의 점진적 과정을 추적하는 것이다.

기술의 역사와 볼거리의 역사의 명백한 불일치는 연구자들 앞에 불가피하게 다음의 질문을 제시한다. 영화의 진화와 그 형성에서 근본적 동력은 무엇인가? 영화의 전사에 관한 고전적 저작을 남긴 조르주 사둘은 그의 저명한 책 《영화의 발명》을 두 부분으로 갈라놓는데 '기술 장치들의 발명'과 '살아 있는 이미지의 초기 전시들'이다.[1] 사둘은 진화에서 기술의 우위를 인정하는 편이다. 앙드레 바쟁은 '완전 영화의 신화'[2]라는 고전적 연구에서 명백하게 볼거리에 우위를 둔다. 바쟁에 따르면 영화가 출현하기 이전의 인류 문화에는 모종의 신화가 존재했다. 그 신화는,

> 예술가의 자유로운 해석에도 또 시간의 불가역적 흐름에도 종속되지 않은 세계를 건설하고 그에 해당하는 이미지를 부여하는 통합적 리얼리즘의 신화이다. 만일 영화가 탄생한 때부터 완전 영화의 모든 속성을 갖지 못했다면, 그건 그 요람을 지키면서 그에게 모든 재능을 부여하려 애쓰던 (영화의) 수호신들이 기술적인 면에서 충분히 강해지지 못한 탓일 뿐이다.[3]

---

1) Ж. Садуль, *Всеобщая история кино*, Т. 1. М., 1958. **[옮긴이 주]** 《영화의 발명》은 사둘의 책 《영화전사》의 1권이다.

2) **[옮긴이 주]** 바쟁의 '*cinema total*'은 완전 영화, 총체 영화, 절대 영화, 토털 시네마 등 다양하게 번역될 수 있다. 그런데 '토털 시네마의 신화'라는 말이 보여 주듯, 이 개념은 언젠가 존재했던 완벽한 재현의 유토피아 혹은 영화의 진화가 지향해야 할 미래의 꿈을 가리킨다는 점에서 우리 말 "완전 영화"가 가장 적절하다고 판단했다(총체적 영화는 절대적 완성의 경지라는 어감을 살리지 못한다).

3) А. Базен, *Что такое кино?*, М., 1972, С. 51. 박상규 (옮김), 《영화란 무엇인가?》, 시각과 언어, 1998, 31쪽. 번역의 일부를 수정했다.

바쟁의 견해에 따르면 영화는 이미 영화 이전에 발생한 이 신화를 실현시키는 방향으로 발전한다. 다름 아닌 '완전 영화의 신화'라는 정언명령이 여러 기술자와 기술의 분화된 노력을 하나로 통합하는 힘의 장을 만드는 것이다.

바쟁의 이런 생각은 영화 이전의 문화에서 '시네마티즘'의 흔적을 찾아내기를 즐겼던 에이젠슈테인의 미학과 많은 점에서 합치된다. 이 점에서 특징적인 것이 그의 잘 알려진 논문 "스테레오 키노에 관하여"이다. 여기서도 역시 영화의 진화는 완전한 볼거리를 둘러싼 모종의 신화를 실현시키기 위한 수세기에 걸친 움직임으로 이해된다. 가령, 에이젠슈테인은 이렇게 쓴다.

> 인류가 이러한 요구를 실현시키기 위한 노력 속에서 그런 지향의 가장 완전하고 직접적 표현 중 하나인 스테레오 영화로 수세기에 걸쳐 '움직였다'고 단언하는 것이 가능할까? 내가 보기에는 가능하다.[4)]

에이젠슈테인에게 스테레오 영화는 현실의 완전한 재현을 향한 발걸음이었던바, 2차원 공간이 3차원-영상(음향) 공간으로 교체되는 것 역시 볼거리의 이런 보편적 진화 방향에 비춰 이해되어야만 한다.

미국의 영화학자 찰스 바는 '완전성'의 이상을 향한 영화 진화의 단계적 순차성을 이론적으로 증명하려 시도했다. 바는,

> 비록 처음 영화를 생각해 내고 발전시킨 사람들이 영화를 소리, 색채, 명암을 지니는 완전한 환상이라는 용어를 통해 사유했고 또 영화가 잠정적으로 채택했던 제한적 형식이 다분히 우연적인 것이었다는 점이 사실일지라도 — 물론 나는 그게 사실이라고 보는데 — 영화

4) С. Эйзенштейн, *Избранные произведения*, В. 6т., Т. 3, М., 1964, С. 436.

의 역사를 감독이나 관객이 그것을 받아들일 준비가 되었을 때 다음 단계가 도래하는 그럴듯하게 배치된 점진적 연속체로 볼 가능성은 여전히 존재한다. 처음에 그들은 단지 카메라 하나만을 다루는 법을 익히지만 이후 현실 속의 점점 더 많은 요소를 다룰 수 있게 된다. 그들이 이 모든 것을 처음부터 다 함께 제어할 수는 없었을 것이다. … 음향적·입체적·색채적 이미지가 충만해질수록 단순한 '개체적' 이미지보다 훨씬 더 정확한 통제를 필요로 하게 된다. 상승은 단계적으로 일어나는 것이다.[5]

요컨대, 영화의 진화란 곧 '완전 영화'라는 신화적 존재를 향해 자신을 갱신하며 모종의 꿈을 실현해 가는 과정인 것처럼 보인다. 단, 이런 이상을 완전히 실현하기에는 기술적 수단이 부족했을 뿐이라는 것이다. 마치 기술적 수단이 발전함에 따라 영화가 사전에 이미 주어진 볼거리의 이상에 접근할 가능성을 얻는 것과 같다. 그렇다면 이런 이상은 어디에 정식화(正式化)되었을까? 그것은 무엇보다도 유토피아문학, 특히 소설 속에 있다. 이미 독일 낭만주의자에게서 나타나는 현실의 완전한 재건에 관한 신화는, 가령 빌리에 드 릴라당[6]의 〈미래의 이브〉, 올더스 헉슬리[7]의 《멋진 신세계》, 레이 브래드베리[8]의 〈벨드〉, 아돌포 비오이 카사레스[9]의 《모렐의 발명》 같은

---

5) Ch. Barr, Cinemascope: Before and after, G. Mast & M. Cohem (Eds.), *Film theory and criticism: Introductory reading*, New York/Toronto, 1974, p. 126.

6) **[옮긴이 주]** 빌리에 드 릴라당(V. de L'Isle-Adam, 1838~1889)은 프랑스의 시인, 극작가, 단편소설가. 낭만적 이상주의에 관능성을 결합한 작품을 썼다. 대표작으로 희곡 《악셀》(*Axël*, 1885~1886)과 단편집 《잔인한 이야기》(*Contes cruels*, 1883)가 있다.

7) **[옮긴이 주]** 올더스 헉슬리(A. Huxley, 1894~1963)는 영국의 소설가이자 비평가로 현대문명을 비판적 시각에서 바라본 위트 있고 풍자적 작품으로 유명하다. 대표작으로 《멋진 신세계》, 《크롬 옐로》, 《연애 대위법》 등이 있다.

작품 속에 형상화되었다.[10]

'완전 영화에 대한 신화'가 신화 이상의 것이 아니라는 점은 '완전 영화'가 이미 존재한 바 있으며 이런 표현이 가능하다면 '부분' 영화와의 경쟁에서 살아남지 못하고 사라졌다는 사실만 보더라도 자명하다. 그러나 이 사실은 통상적으로 무시되었다. '완전' 영화에는 놀랄 만큼 고집스럽게 미래의 자리가 할당되곤 한다. 그것이 과거에 존재했다는 사실은 당연히 영화가 볼거리의 완전성이라는 유토피아적 이상을 향해 진화한다는 생각과 모순되는 것이다. 그래서 사둘은 '완전' 영화에 관한 모든 사항을 '1900년 박람회의 기적'이라는 제목을 단 한 챕터에 몰아넣었던 것이다. 마치 그것에 세계박람회와 함께 나타났다가 사라진 진기한 사건의 역할을 부여하려는 듯이.

그러나 실상은 전혀 달랐다. '완전' 영화의 뿌리는 18세기 후반 30여 년 동안 생겨난 특별한 종류의 환영적 볼거리의 역사로 거슬러 올라간다. 이 시대에는 연극의 환영적 장식예술이 비비엔 갈리, 세르반도니, 갈랴리, 곤자고 같은 당대의 장식예술 대가의 작품 속에서 전례 없는 부흥을 맞았다. 무대장식이 자족적 의미를 갖게 된 나머지 이제는 더 이상 배우의 자리 없이 오로지 무대장식 자체만을 위한 극장이 생겨나기에 이르렀다. 최초로 이런 발걸음을 내디

---

8) [옮긴이 주] 레이 브래드베리(R. Bradbury, 1920~2012)는 포, 비어스와 함께 미국 환상문학의 전통을 잇는 작가로 평가된다. 그의 대표작으로 《화성연대기》(1950), 《화씨 451도》(1953) 등이 있다.

9) [옮긴이 주] 아돌포 비오이 카사레스(A. Casares, 1914~1999)는 아르헨티나의 환상문학 작가이며 보르헤스와 절친한 사이로 보르헤스와 함께 《환상문학선》(1940) 등을 출간했다. 국내에는 《러시아 인형》(2003), 《모렐의 발명》(2008) 등이 번역되었다.

10) 문학에서의 '완전' 영화의 개념에 관해서는 전적으로 E. Morin, *Le cinéma ou L'homme imaginaire*, Paris, 1956, pp. 48~51을 참고할 수 있다.

딘 사람은 런던 '드루리 레인' 극장의 유명한 미술가였던 필립 자크 드 루테르부르로서, 그는 **에이도푸시콘**(Eidophusikon)이라 불리는 전례 없는 새로운 시각 장치를 고안했다.[11]

에이도푸시콘이란 관객 앞에 커다란 프레임으로 둘러싸인 화면을 설치하고 화가의 놀랄 만한 솜씨와 조명효과, 소리모방 등을 통해 마치 현실이 환영적으로 재생된 것 같은 느낌을 불러일으키는 그림들이 그 위에 펼쳐지도록 만든 극장이었다.

1781년 에이도푸시콘의 첫 프로그램에는 다른 것들과 함께 '바다 위의 폭풍과 배의 침몰'이라는 장면이 포함되었다.[12] 에이도푸시콘을 직접 본 파인은 배가 침몰하는 장면이 완전히 실제를 방불케 한 나머지, 관객이 '위험해'라는 소리를 자주 질렀다고 쓴다.[13] 이는 뤼미에르의 다가오는 기차를 본 최초 관객의 저 유명한 반응을 예고하는 것이었다. 필요한 곳이 많다.

루테르부르의 아이디어는 곧 발전되어 이어졌다. 프랑스 미술가로서 오를레앙 공 밑에서 축제를 담당했던 루이 카로지 카르몽텔은 파노라마를 발명했다. 파노라마에서는 그림들이 스크린의 평면 위에 펼쳐지는 것이 아니라 관객을 사방에서 빙 둘러싼 반투명 종이에 그려져 빛이 투과되어 비추게끔 되었다. 카르몽텔과 함께 파노라마의 창시자라는 영광을 다투는 로버트 바커 역시 1792년 런던의 레이스터 광장에 파노라마 (극장)을 개관했다. 그는 여기서 관객을 원형의 기둥 중앙의 높은 자리에 앉히고 속임수 기법으로 제작된 그림

11) 다음을 보라: М. Ямпольский, Приемы Эедофузикона, *Декоративное искусство СССР*, No. 9, 1982.

12) R. Joppien, *Die Szenenbilder Philippe Jacques de Loutherbourg: eine Untersuchung zu ihrer Stellung zwischen Malerei und Theater*, Inaugural-Dissertation, Koln, 1972, S. 318.

13) E. H. Pyne, *Wine and walnut or after dinner chit-chat*, London, 1823, p. 299.

들로 그 원형 기둥의 내벽을 완전히 뒤덮었다. 또한 1822년에는 훗날 사진 발명가의 한 사람으로 유명해진 미술가이자 마술사인 루이 다게르가 파리에서 커다란 두 개의 반투명 캔버스로 이루어진 디오라마(*diorama*)를 개관했다.[14] 디오라마는 한동안 파노라마와 공존하다가(가장 오래된 판화 중 하나에서 다게르의 디오라마 뒤로 랑굴 대령의 파노라마 원형지붕을 볼 수 있다) 결국 파노라마를 밀어냈다.

이런 장치들이 드물거나 기이한 경우라고 여긴다면 잘못된 생각이다. 세람의 지적에 따르면, "파노라마는 유럽과 아메리카의 모든 대도시에 나타났다. 가장 빈번히 상연된 것은 전쟁 장면이나 거대한 '파노라마적' 광경이었다. … 디오라마는 모든 도시에서 오늘날의 영화관만큼이나 많았다".[15]

그 이후 스테레오라마, 아우구스트 퓌르만의 '황제 파노라마', 프랑스의 '폴리오라마-파녹티움' 같은 것이 나타났다. 이런 볼거리의 종류를 더 이상 자세하게 설명할 필요는 없을 것이다.[16] 다만 이후 '완전' 영화로 직접 이행했던 몇 가지 중요한 특징에 대해서만 언급하려 한다. 파노라마와 디오라마는 관객에게 현실성의 완전한 환상을 불러일으키고자 했다. 이를 위해 관객을 사방에서 그림으로 둘러싸고 볼거리를 관람의 장소로부터 분리하는 틀을 없애려고 노력했다. 관객은 가능한 최대한도로 그림으로 둘러싸였고 거의 등장인

---

14) 테리 램시(T. Ramsaye)는 다게르가 교회 제단의 뒷면을 환영기법으로 그리면서, 제단 뒤에 커다란 꽃피는 정원이 있는 것 같은 느낌을 불러일으킬 수 있었다고 말한다. 그러니까 디오라마나 사진의 경험은 단지 그의 화법 모색의 연장이었던 것이다(T. Ramsaye, *A million and one nights*, T. 1, New York, 1926, p. 16).

15) C. W. Ceram, *Archéologie du cinéma*, Paris, 1966, pp. 64~68.

16) 여기에 관한 자세한 내용은 M. Ямпольский, *Наблюдатель: Очерки истории видения*, M., 2000, CC. 47~85 참조하라.

물이 된 듯했다. 움직임이 착각을 만들어 내는 데에 커다란 역할을 했다. 19세기의 환영적 볼거리의 대부분은 관객을 그림에 따라 움직이게 하거나, 아니면 그림이 관객을 따라 움직이도록 했다. 이를 위해 관객을 배의 모형에 앉히거나(〈그림 1〉) 기차의 객차 같은 곳에 앉도록 했다(〈그림 2〉).

〈그림 1〉 환영객실 "바다항해" (세계박람회, 파리, 1900)

이와 같은 특징은 '완전' 영화에서도 동일하게 나타난다. '완전' 영화가 실현되기까지는 긴 시간이 걸리지 않았다. 그것은 실제로 영화와 동시에 탄생했다. 1895년에 이미 허버트 웰스와 영국 영화의 개척자 중의 한 사람인 로버트 폴이 새로운 형식의 볼거리인 '타임머신'이라는 놀이기구의 특허를 신청했는데 이는 웰스의 동명 소설에 나오는 시간여행을 흉내 내도록 고안된 것이었다. 관객은 화면으로부터 가까워졌다 멀어졌다 하면서 움직임의 진동을 흉내 내는 무개화차(지붕 없는 짐차) 안에 앉아야 했다.[17] 그러나 이 기획은 상업적 이유로 실현되지 못했다.

1894년에는 시카고 주민인 체이스라는 사람이 사이클라마를 발명했다. 이것은 48m의 원형 스크린으로 그 위에 영상이 투사되도록 했다. 1897년 11월에는 라울 그리무엔 삼손의 시네코스모라마

17) R. Fielding, Hale's tours: Ultrarealism in the pre-1910 motion picture, *The American cinema*, Washington, D.C, 1973, pp. 13~14.

〈그림 2〉 트랜스시베리아 철도 움직이는 파노라마(세계박람회, 파리, 1900)

가 특허를 받았다. 이것은 1900년 파리 세계박람회에 설치되었는데 아마도 '완전' 영화 영역에서 행해진 초기 실험 중 가장 완성된 형태라 할 수 있을 것이다. 실제로 만들어진 후 **시네오라마**라고 불리며 에펠탑 옆에 설치되었다. 시네오라마는 거대한 기구의 형태로 만들어졌다. 관객은 기구의 바구니 안에 올라탔고 그들을 둘러싼 원형 스크린 위로 그들을 에워쌌다가 서서히 발밑으로 사라지는 튈르리 정원의 풍경이 사방에서 나타났다. 그리무엔 삼손은 풍선의 실제 비행 장면을 촬영하기도 했다. 1900년 4월 9일 〈피가로〉는 흥미로운 논평을 실었다.

> 시네오라마란 무엇인가? 이는 간단히 말해 살아 있는 파노라마이다. 그것은 삶의 움직임이 일반적인 영화상영에서처럼 좁은 패널로 옮겨지는 것이 아니라 원형의 파노라마 스크린으로 옮겨져, 마치 관객

자신이 수평선을 따라 목전에서 살아 움직이는 볼거리의 한가운데 자리하는 것처럼 느끼게 한다.[18]

덧붙이자면, 관객이 마치 스크린 위에서 펼쳐지는 장면에 스스로 참여하는 것처럼 느끼게 되는 것이다.

그리무엔 삼손의 시네오라마는 브뤼셀, 바르셀로나, 비아리츠, 영국 해안, 니스의 광경 등을 보여 주었다. 플롯으로는 새 시장, 투우, 부대의 상륙, 카니발 등이 사용되었다.

1896년 오귀스트 바론은 시네마토라마라는 프로젝트를 등록했다. 이것은 "움직임과 색채, 소리를 갖춘 원형의 영사 장치였다".[19] 사둘의 견해에 따르면, 시네마토라마는 보편적 영화의 거의 모든 요소를 갖추었다.

파노라마와 디오라마의 직접적 후예인 원형 영사는[20] 복잡한 설비와 거대한 자본의 투입을 요구했다. '완전' 영화의 또 다른 형태는 '극장열차'의 형태로 나타났다. 여기서 관객은 진짜 객차에 올라탔고 영화 영상은 창문 너머에서 명멸했다. 여기서도 주안점이 된 것은 관객을 벌어지는 사건의 직접적 참여자로 바꿔 놓는 것이었다.

가장 큰 인기를 누렸던 것은 1905년에 만들어진 이른바 '헤일 투어'였다. 미국에서만 이런 종류의 극장이 5백 개(!)나 존재했다. 헤

18) F. Deslandes, & J. Richard, *Histoire comparée du cinéma*, T. II, *Du cinématographe au cinéma*, 1896~1906, Tournai, 1968, p. 41에서 재인용.

19) Ж. Садуль, Указ., соч, С. 276.

20) 디오라마와 파노라마의 영향을 단지 '완전' 영화의 영역에만 환원시켜서는 안 된다. 가령 그 영향은 초기 영화에서 환영을 일으키는 배경막을 쓰거나 연극에서 진짜 세계를 의미하기 위해 그림 천을 사용했던 것 등에서 분명하게 드러난다. 디오라마와 파노라마는 환영을 불러일으키도록 만들어진 회화적 이미지에 사실성의 의미를 공고히 했다. 현실성과 조건성의 유희가 완전히 다르게 이루어지는 연극에서는 사실성의 의미가 회화적 이미지에 부분적으로만 코드화된다.

일은 진짜 기차 정거장의 형태로 만들어졌고 유니폼을 입은 검표원이 열차표를 확인했다. 객실 창문으로 그림들이 영사되었고 (객차)의 진동이 움직이는 듯한 환영을 불러일으켰다. 신문 기사에 따르면, 현실성의 환영이 너무도 완전했던 나머지 "관중은 행인에게 비키라고, 안 그러면 차에 치이게 될 거라고 자주 소리치곤 했다".[21]

나는 의도적으로 이런 잘 알려진 역사적 사실을 상당히 자세하게 언급했다. 이것은 물론 초기 '완전' 영화의 모든 형태를 망라하는 것은 아니다. 그러나 이는 과도(過度) 리얼리즘적인 '완전' 영화가 초기 영화의 가장 본질적이고 널리 퍼진 형태 중 하나였다는 사실을 설득력 있게 보여 주기에 충분하다. 그것이 비록 영화사에서는 흔히 미래의 완전한 유토피아를 예고할 뿐인 기이한 사건이나 비정상으로 간주되지만 말이다.

하지만 사실 중요한 점은 이것이 아니다. 더 중요한 사실은 따로 있다. 바로 현대 영화언어의 형성에 '완전한' 볼거리의 구조가 차지하는 역할과 위상이다. 내 생각에 완전한 볼거리는 어떤 먼 미래의 목표가 아니라 현대 영화시학의 기원으로 간주되어야만 한다.[22]

특별히 주목해야 할 한 가지 정황이 있는데 그것은 영화가 도래하면서 볼거리의 '완전한' 종류들이 거의 완전히 소멸했다는 사실이다. 루테르부르와 그의 계승자들이 만든 완전한 볼거리들은 18세기 말에서 20세기 초반까지 약 백 년 남짓 존재했다. '완전' 영화의 광

---

21) R. Fielding, *op. cit.*, p. 20.

22) 언젠가 프랑스의 저명한 예술학자 피에르 프랑카스텔은 영화의 '완전' 형식을 재의미화함으로써 영화의 발생 문제를 재고할 것을 주창한 바 있다. "영화와 — 18세기에 그토록 발전했던 — 환영 예술의 관계는 아직도 충분한 의미를 부여받지 못했다. 영화적 볼거리의 발생에서 카르몽텔, 루테르부르, 게인스보로 같은 사람의 역할을 보여 줄 필요가 있다"(P. Francastel, Espace et illusion, *Revue Internationale de filmologie*, 2-e année, T. 2, No. 5, 1949, p. 74).

범위한 유포는 사실 1900년대(1900~1910)에 일어난 제7의 예술(영화)의 폭풍 같은 진화과정에서 미미한 기간을 점할 뿐이다. '헤일 투어'의 인기가 절정에 달한 시기는 1906에서 1908년이다. 그러나 1912년 이후에는 전 세계 어디에도 헤일의 영화관은 하나도 남지 않았다. 게다가 한동안 영화와 공존했던 파노라마와 디오라마[23] 역시도 바로 1910년대에 이르러 개별적이고 다분히 시대착오적인 박물관의 형식으로 보존된 채(예를 들어, 소수의 전쟁 파노라마), 전 세계를 향한 의기양양한 행군을 마감했다.

뿐만 아니라 바로 이 시기에 이르러 영화 볼거리의 다른 환영적 요소 또한 맹렬하게 붕괴되었다. 색채, 소리모방이 사라지고 19세기 말에서 20세기 초반 그토록 전형적이었던 사진과 영화의 결합 시도 역시 약화되었다. 영화가 현실을 환영적으로 모방하는 제 요소에 대한 관심을 잃어버리는 듯했다. 색채나 입체 이미지 따위에 대한 관심의 부활은 훨씬 이후에 원칙적으로 상이한 상황에서 발생했다.

완전한 볼거리가 붕괴된 시기는 연대기적으로 볼 때 영화사에서 대개 영화언어의 생성과 관련되곤 하는 그리피스의 초기 창작 시기와 일치한다.[24] 1910년을 전후한 영화가 초기 영화의 완전한 볼거리를 말살할 만큼 강력한 것이었기 때문에 그 시학을 대략적이나마 정식화해 볼 필요가 있다.

외경적 전통은 그리피스[25](특히, 그의 1908~1913년의 '바이오그라

---

23) J. Deslandes, J. Richard, *op. cit.*, p. 154.

24) 나는 '영화언어'라는 용어를 영화의 서사를 이끌어 가고 또 그것의 시공간적 단일성을 창조하는 코드화된 기법의 총체로 이해한다.

25) 여러 나라의 많은 영화사가의 연구에 따르면 그리피스의 것으로 알려진 새로운 시도 대부분은 이미 그 이전에 다른 영화제작자들에 의해 행해진 것으로 보인다. 그러나 여기서 내 관심은 창시자가 누구인지 하는 문제가 아니다. 그리피스의 영화는 현대 영화가 기반을 두는 영화서사의 많은 기법을 체계화하고 코

프' 영화사[26] 시기 작품들)를, '영화알파벳'의 기반으로서 훗날 '영화언어'의 병기고를 가득 채우게 될 수많은 기법을 창안한 주인공으로 기술한다. 가장 대표적인 것으로 클로즈업[27]과 병렬몽타주 기법이다. 좀더 사소한 발명으로는 추격촬영의 새 기법이나 다중 슈제트 서사의 발명, 결말에 이르러 구제되는 서사구조의 도입 등이다.

이 다수의 기법은 영화알파벳의 무질서한 '철자들'을 상당히 잡다하게 모은 것처럼 보인다. 그것들의 기능은 크게 두 가지 근본 지점으로 환원된다. 그 하나가 볼거리의 심리주의의 발달이라면, 다른 하나는 '서스펜스', 즉 서사의 진행 과정 중 각별한 극적 긴장의 창조이다. '바이오그라프'사 시기의 영화를 대충만 봐도, 그리피스가 만들었다고 여겨지는 모든 기법, 실제로는 그리피스의 작업이 시작될 때 이미 영화의 내부로부터 무르익었으며 단지 그가 완성했을 뿐인 그 많은 기법의 본질이 다름 아닌 서사적 흐름의 도입이라는 사실을 알 수 있다. '바이오그라프'사의 영화(나는 이 개념을 포괄적 의미로 사용한다)는 서사적 가능성을 강조하여 작업한 영화이다. 바로 이 영역에서 '완전' 영화는 극도의 곤란을 겪었다. 실제로 모든 '완전' 영화는 어떤 형태이든 단순히 시각적인 것으로서, 원시적 형태의 '줄거리'조

드화한 결과이다.

26) '바이오그라프'사(社)는 미국의 초기 영화제작 스튜디오의 하나로서, 헨리 마빈이 이 회사의 창업자이자 총감독이다. 그리피스가 바이오그라프사의 정식 감독으로 일했던 1908년에서 1913년 사이를 가리켜 그의 '바이오그라프' 시기라 일컫는다.

27) **[옮긴이 주]** 숏(*shot*)은 러시아어에서 서구와 다르게 표현된다. 화면을 뜻하는 플란(*plan*)이라는 단어 앞에 거대한(*krupnyi*), 먼(*dalnyi*), 일반적인(*obshii*) 등의 형용사를 붙이는 식이다. 예를 들어, 클로즈업 숏(C. U. S.)은 거대한 화면(крупный план)으로, 미디엄숏(M. S.)은 중간화면(средний план)으로, 롱숏(L. S.)은 일반화면(общий план)으로 표현한다. 독자의 이해의 편의를 위해 여기서는 모두 '영어식' 표현으로 바꾸어 표기하기로 한다.

차 결여했다. '완전' 영화의 경우에 극적 흥미를 유발해야 한다는 영화의 요구는 여행을 모방하거나(이는 특히, '영화객차'에서 두드러진다) 혹은 볼거리 자체를 피상적으로 극화하는 두 가지 방식을 통해 실현될 수 있었을 뿐이다. 가령, 이미 루테르부르는 자신의 에이도푸시콘에서 〈불의 호수 가에서 군대를 일으키는 사탄과 밀턴의 판데모니움 궁의 탄생〉이라는 제목을 단 동영상을 만들면서 볼거리의 극성(劇性)을 강화하려 노력한 바 있다. 극성은 이처럼 볼거리 자체의 예외성으로부터 얻어지는 것이었다. 초기 영화에서 화재, 홍수, 화산 폭발, 전투, 장례 장면 따위의 비상한 인기가 이로써 설명된다.[28]

볼거리는 관객이 마치 사건의 **참여자**인 것처럼, 바로 지금 그 안에 존재하는 듯한 착각을 최대한 불러일으킬 수 있도록 조직되었다. 카메라는 관객보다 더 빨리 움직일 수 없었다(이 때문에 빠른 파노라마를 동기화하는 기차의 아이디어가 생겨났다). '완전' 영화의 세계는 관객-주체, 즉 사건 현장에 실제로 처하게 된 사람으로서의 관객과 강하게 연결되었고 항상 그에 정향되었기 때문에 결과적으로 그만큼 진화에서 '제한적'일 수밖에 없었다.

---

28) 초기 영화의 가시적 작품의 문제는 좀더 설명을 요한다. 사실 이 문제는 우연한 것이 아니다. 가령, 사적 대화에서 치비얀이 나에게 한 말에 따르면, 홍수가 그토록 많이 다루어진 것은 영화적 자기메타 묘사로 설명이 가능하다(1890~1900년에 수족관과 스크린 세계 간의 비교는 아주 유명했다). 영화인의 화재를 향한 집중적 관심도 흥미롭다. 1897년부터 (파리 장터에서 열린 상영식에서 비극적 화재가 발생해 수백 명의 목숨을 앗아갔다) 영화는 끊임없이 화재의 위험성과 관련되었다. 화재공포증이 얼마나 컸던지 영화를 극히 위험한 구경거리로 간주해 금지하는 캠페인이 널리 펴졌을 정도였다. 이런 상황에서 영화인의 '화재집착증'은 이상하게 보일 수도 있었다. 그런데 이는 어느 정도 다음과 같은 사실로 설명 가능한바, 이 볼거리의 전시가 불러일으킨 화재의 공포는 관객이 스크린에서 펼쳐지는 일에 관여한다는 감정을 강화하고 극장의 방문객을 아주 위험한 사건의 참여자로 바꿔 놓았던 것이다. 물론 이 문제는 '서스펜스'의 필요성에만 한정될 수 없다.

그런데 볼거리 구조의 가장 중요한 특징은 중단 없는 연속성이었다. 세계는 하나의 전체였다. 세계가 시각의 주체를 둘러싼 물리적 연속성의 세계로 받아들여졌기 때문에 세계는 쪼개질 수 없었다. '완전' 영화는 오직 에피소드-숏을 통해서만 사유할 수 있었던 것이다.

1900년을 전후한 시기에 서사영화는 분명하게 드러난 연속적 본성을 가졌다. 대부분의 영화는 하나의 에피소드-숏으로 이루어졌다. 카메라는 고정되었는데 사둘의 표현에 따르자면 '파르테르(객석)의 인간'의 자리를 차지했다(사실 더 정확하게는 고정된 채 항상 세계의 불변하는 일부분만을 '잘라내는' 집 안의 창문에 더 가까울 테지만). 만일 '완전' 영화에서 볼거리의 주체가 그것의 가상적 참여자라면, 당대의 서사영화에서 볼거리의 주체는 보이지도 않고 넘어갈 수도 없는 벽에 의해 볼거리 자체로부터 절연된 목격자에 해당했다.[29] 여기서 목격자는 모종의 이상적인 기하학적 불변 지점에 위치하며 모든 능동성은 관객으로부터 등장인물에게로 옮겨진다. '완전' 영화가 움직이는 카메라의 우위를 전제로 구축된다면, 서사영화는 고정된 카메라의 우위를 전제로 한다. 두 영화의 공통점은 볼거리의 주체의 완전한 총체성이다. 두 경우 모두에서 볼거리의 주체는 단일하고 '절대적'인바, 마치 관찰 과정 자체의 연속성을 인격화하는 듯하다. 다만 첫 번째 경우에는 가상적 참여자의 '주관적' 시각을, 두 번째 경우에는 이상적 목격자의 '객관적' 시각을 인격화하는 점이 다를 뿐이다.

그리피스의 외견상 다양한 모든 혁신은 초기 영화의 이 두 가지

---

29) 그와 같은 영화에서 '목격자'란 추상적인 '초인간적' 개념이다. 이것은 한 개인으로서의 목격자가 아니라 (거의 신적인) 모종의 눈이다. 그것은 보이지도 않고 움직이지도 않는, 기호학적으로 비개인적 퍼스펙티브에 위치한 시선이다. 사둘의 '파르테르의 인간'이라는 개념은 이런 위치를 지나치게 '인간화'한다.

유형 모두에게 공통된 특징, 곧 볼거리 주체의 '절대성'에 대립하는 방향으로 조준된다. 그 모든 혁신은 단 하나의 공통분모로 묶일 수 있는바, 세계를 파편화하려는 경향이 바로 그것이다.

클로즈업의 발생사 하나만 봐도 그러하다. 19세기 중반에 이미 클로즈업을 둘러싼 싸움이 있었다는 것은 잘 알려진 사실이다. 나다르의 거대한 사진초상화들은 몇몇 사진작가에게는 비현실적인 것으로 보였는데 그들이 생각하기에 진정한 리얼리즘이란 형상의 전체적 이미지를 통해 가능한 것이었기 때문이다.[30]

영화 〈대열차강도〉(1903)에서 포터는 저 유명한 강도들의 클로즈업을 찍었지만 그것을 영화의 결 내부로 들여놓지는 못했다. 그는 이 장면을 영화 속에 첨가했고 심지어 영사기사들에게 이 클로즈업을 영화의 앞에 넣을지 뒤에 넣을지 스스로 결정하라고 제안하기까지 했다. 노엘 버치가 지적하듯, 이런 과제는 영사기사의 능력 밖이었다. 버치는 이 무능력을 이렇게 설명한다.

> 이 기법이 아무리 선구적이었다 할지라도 우리 직선적 구성의 옹호자가 보기에는 한발 '후퇴'에 해당했다. 왜냐하면 이 기법은 당시 막 형성되기 시작한 서사적 총체성을 파괴하는 것이었기 때문이다.[31]

앞질러 말하자면 나는 버치의 이런 해석에 동의하지 않는다. 내가 보기에 클로즈업이 파괴한 것은 서사적 총체성이 아니라, 보편적이고 완전한 세계의 총체성이기 때문이다. 베리 솔트의 증언에 따르면

30) Ph. Roussin, La photographie aux Etats-Unis-entre les média et l'art, *Critique*, T. 36, No. 402, Nov., 1980, pp. 1065~1074.

31) N. Burch, Porter or ambivalence, *Screen*, Winter 1978/1979, Vol. 19, No. 4, p. 101.

영화의 시공간으로부터 분리된 이런 장면은 사실 전혀 독특한 것이 아니었다. 솔트는 이런 숏을 '엠블럼적 숏'이라고 칭하며 그것이 "영화 속에서 일어나는 어떤 행위를 보여 주는 것이 아니라 영화의 보편적 본성에 대한 지시체로 간주할 수 있다"고 쓴다.[32] 솔트는 〈위조지폐범 소굴 습격〉(알프레드 콜린즈, 1904), 〈로베르에 의해 구조된 자〉(헤퍼드, 1905) 등에 그런 숏이 있음을 보여 주었다. 솔트의 자료에 따르면, 그와 같은 '엠블럼적 숏'은 1908년까지 줄곧 인기였으며 그리피스의 '바이오그라프' 시기 영화에도 나타난다.

그리피스에 의한 클로즈업의 '발명'에 관해서도 영화사 문헌에 수차례 반복된 바 있는 아주 생생한 전설이 있다. 거기에는 어떻게 그리피스가 촬영기사 빌리 버처의 저항에도 불구하고 카메라를 배우의 얼굴 가까이로 가져가도록 명령했는지에 관해 적혀 있다. 그 뒤를 이어 '바이오그라프'의 소유주 중 한 사람인 헨리 마빈과의, 수없이 인용된 전설 같은 대화가 이어진다. 릴리안 기슈의 회고록에 적힌 대로 인용한다.

> 헨리 마빈은 몹시 화가 나 있었다.
> "우리는 배우의 몸 전체에 대해 돈을 지불합니다, 그리피스 씨. 그리고 우린 배우의 몸 전체를 보기를 원합니다."
> 그리피스는 그에게로 한 발짝 다가갔다.
> "저를 보세요, 마빈 씨. 당신은 저의 전체 모습을 보시나요? 아니에요. 당신은 저의 절반만을 봅니다. 맞지요? 그리고 제 뒤의 문도 어렴풋이 보이지요. 맞지요? 내가 스크린 위에서 보여 주려는 바로 그것을, 당신이나 다른 사람 모두가 하루에도 천 번은 볼 겁니다."[33]

---

32) B. Salt, Film form, 1900~1906, *Sight and Sound*, Summer 1978, Vol. 47, No. 3, p. 150.

33) Л. Гиш Кино, *Гриффит и я*, М., 1974, С. 52.

이 대화의 진실성을 보장하기는 어렵다. 자신의 견해가 옳다는 그리피스의 확신은 기쉬에 의해 어느 정도 과장된 것으로 보인다. 그리피스 작품 전문가인 핸더슨은 우리에게 망설이는 감독의 모습을 그려 보인다.

> 클로즈업과 관련해 한 가지 세부 사항이 그를 불안하게 했다. 카메라가 가까이로 이동했을 때 비율의 변화가 스크린에 나타난다는 점이었다. 이 비율의 변화는 클로즈업의 기법에 익숙한 현재의 관객에게는 눈에 띄는 영향을 미치지 않지만 그리피스는 여전히 배우의 눈으로 영화를 보았기 때문에 걱정했던 것이다. 그는 카메라를 움직이지 않은 채 그 어떤 크기의 변화도 없이, 관객의 시선을 주인공 혹은 확대된 장면의 특정 디테일에 집중시킬 수 있는 수단을 만들기를 원했다.[34]

결국 (촬영기사) 버처는 그리피스를 위해 마스크-비네트[35]를 만들었는데 이는 숏의 몽타주적 교체 없이 필요한 디테일을 제외한 모든 표현 공간을 검게 만들 수 있는 기법이었다. '바이오그라프'사에서 일하는 동안 그리피스가 계속해서 사용을 늘려간 마스크-비네트는 클로즈업 이행 시 동기화가 어려운 급작스러운 확대보다는 (주의 집중을 모방하는) 인지심리학에 관한 우리의 관념에 원칙적으로 더 잘 부합하는 것이다.

기쉬의 인용문에서 그리피스가 인간적 지각의 모종의 법칙에 기

---

34) R. M. Henderson, & D. W. Griffith, *The years at biograph*, London, 1971, p. 54.

35) **[옮긴이 주]** 비네트(*vignette*)란 식물(주로 포도)의 덩굴이나 줄기를 일정한 모양으로 도안화한 장식무늬의 일종을 말하는데 이미지의 특정 부분에 주의를 집중시키기 위해 주변을 온통 검게 처리하고 장식무늬에 둘러싸인 해당 부분만을 오려내어(*masking*) 드러내는 장치로, 주로 초기 무성영화에서 많이 사용되었다.

초해 자신의 주장을 편다는 사실 또한 예사롭지 않다. "그게 사람이 보는 방식입니다." 반면 초기 서사영화는 주관적 관객에게 전혀 정향되지 않았다. 초기 서사영화는 중립적 관객, 그러니까 모종의 비인격적 눈-창문을 향하는 것과 같았다. 볼거리의 절대적 주체를 '주관화'하려는 경향, 즉 모종의 구체적 인간의 인지심리학에 기대려는 경향은 서사영화의 구조 속으로 '완전' 영화 시학의 뚜렷한 요소를 도입했던바, 관객-참여자를 향한 지향, 즉 구경거리를 실제로 체험하는(객차의 떨림에 이르기까지) 주체를 향한 지향이 바로 그것이다. 특기할 만한 것은 1916년에 후고 뮌스터베르크가 출간한 영화미학에 관한 책에서 영화가 심리적 과정, 그러니까 주관적 지각의 객관화로서 규정된다는 점이다. 예컨대 그는 다음과 같이 쓴다. "클로즈업이 우리의 지각 세계에서 주의집중이라는 정신활동을 객관화했다."[36] 이에 따라 그의 관점에서 보자면 영화에서의 '현실성'은 "객관적 독립성을 지니지 못하는데 왜냐하면 우리의 관심의 주관적 유희에 종속되기 때문이다".[37]

뮌스터베르크에게 영화 속의 현실성의 위상은 규정되지 않는다. 그것은 주관성의 강력한 요소에 의해 파악된 '객관적' 현실이다. 그러나 뮌스터베르그는 아직은 주체의 시선과 영화 속의 '객관적' 숏 간의 명백한 차이를 구분할 수 있는 상태에 이르지 못했다. 마찬가지로 그리피스에게서도 시각 주체들의 교체(필시 그것은 의식하지 못한 채 일어났을 것이다)는 아직 주체의 복수성을 의미하지 않았다. 하지만 이상적 시점의 자리에 이미 실제 인간의 눈이 놓인 듯했고 모종의 심리적 현실이 육체 없는 '무언가'를 대체했다(어느새 구체적인 인간적

36) H. Münsterberg, *The film: A psychological study; the silent photoplay in 1916*, New York/Dover, 1970, p. 38.

37) *Ibid.*, p. 39.

자질을 획득하게 된 이 새로운 관찰자가 정확히 누구를 말하는지는 비록 완전히 명확하지 않지만). 그러나 두 가지 재현체계의 이 최초의 결합, 두 시학의 혼합은 그 즉시 근본적 모순을 낳았다. 한편으로 볼거리는 여전히 단일한 주체에 정향되었다. 그러나 다른 한편으로 서사영화는 주체의 이런 단일성을 잃기 시작했고 세계는 자신의 '총체성'을 잃기 시작해 볼거리의 단일하고 '절대적' 주체에 의해 평준화를 그만두게 되었다. 그 결과 발생한 복잡한 문제가 최초로 표현된 것이 바로 '포터적 상황'의 반복, 그러니까 영화의 결 내부로 클로즈업을 통합시킬 수 없게 되는, 세계의 분할이 막혀 버리는 상황이다.

이와 관련해 그리피스의 잘못된 몽타주 사용에 대한 레오니드 트라우베르그[38]의 비판이 특징적이다.

> 클로즈업을 '발명한' 그리피스의 클로즈업 사용은 거칠다고 불러야 할 정도이다. '클로즈업'들이 비례의 필수성을 완전히 망각한 채 '풀숏'[39] 속에서 잘려 나왔다. 숏들이 명암과 사진술로 볼 때 일치하지 않을 뿐만 아니라 이들은 피사체의 움직임으로나 원근법으로나 마치 일부러 그런 것처럼 일치하지 않는다(이는 그리피스의 후기 작품들에 해당한다). 새로 시작하는 감독이라면 정말이지 그에게 화를 냄이 마땅하다. … 그리피스는 틀림없이 이렇게 생각했을 것이다. 영사 과정에서 개별 숏이 움직이는 순간을 보지 못하듯이 관객은 이런 불일치를 '눈 사이로' 흘려버릴 것이다.[40]

---

38) **[옮긴이 주]** 레오니드 트라우베르그(L. Trauberg/Леонид Захарович Трауберг, 1902~1990)는 우크라이나 출신의 유대계 소비에트 영화감독으로, 1920년대 초반에 그리고리 코진체프와 함께 펙스(FEKS: the 'Factory of the Eccentric Actor')를 만든 인물이다.

39) **[옮긴이 주]** 러시아어 일반화면(전체화면)은 영어의 롱숏(*long-shot*) 또는 풀숏(*full shot*)을 가리킨다.

40) Л. Трауберг, *Дэвид Урак Гриффит*, М., 1981, С. 71.

물론, 그리피스는 그렇게 생각하지 않았다. 그 자신이 풀숏의 구조에서 클로즈업이 '튄다'는 것을 생생하게 의식했지만 다른 방식의 몽타주를 만들어 낼 수는 없었다. 왜냐하면 그의 체계에서는 공간의 단일성이 시선의 단일성에 의존했기 때문이다. 시선의 단일성을 파괴하면 어쩔 수 없이 공간적 단일성의 파괴라는 극적인 충돌로 이끌린다. 동일하게 가정할 수 있는 것은 트라우베르그가 말한 몽타주상의 '비접합성'이 두 숏 사이의 시간적(비록 완전히 조건적인 것이지만) 파열을 가리킨다는 점이다. 그 파열은 마치 시선의 주체로 하여금 허구적으로 새로운 촬영의 시점으로 '옮겨 갈' 수 있도록 허용하는 듯하다. 롱숏들 속에 클로즈업을 삽입하는 것의 심리적 복잡성은 이 숏들이 동일한 인물에 의해 한꺼번에 인지될 수 없다는 점과 관련된다. 볼거리의 단일주체가 파열됨에 따라 초기 영화의 알파요 오메가라 할 수 있는 세계의 총체성의 파열을 불러온다.

여러 가지 다른 시점으로 찍은 숏으로의 분할은 초기 영화에서 불가피한 명령으로 대두되었다. 그런데 이상하게도 이 명령은 그것을 만들어 낸 사람들 편에서 분명한 반대에 부딪혔다. 이런 분할이 반드시 필요하다는 예리한 느낌이 생겨났지만 영화제작자는 온 힘을 다해 이 필요성을 은폐하거나 다른 방식으로 충족시키려 했던 것이다.

멜리에스는 1900년대가 시작되자마자(예컨대, 1901년 〈푸른 수염〉에서) 모든 몽타주상의 접합을 디졸브[41]를 통해 실현해냈다. 이

41) [옮긴이 주] 편집기술의 하나로 '융합'(融合)을 뜻하는 디졸브(наплыв, *dissolve*)는 앞의 장면이 사라지는 동안 새 장면이 페이드인(*fade-in*)되는 것을 말한다. 두 화면을 얇게 겹친 것으로 두 화면이 깊게 겹치는 오버랩(*overlapping*)과 유사하나, 오버랩은 화면을 중첩시키는 것에 주안점을 두어 2개 화면이 합성된 상태로 머물게 되는 반면, 디졸브는 기본적으로 페이드인/아웃을 기초로 최종적으로는 1개 화면으로 종료된다. 주로 짧은 시간의 경과나 가까운 장소의 이동을 나타낼 때 많이 쓰인다.

런 식의 전환의 보다 완화된 형식이 포터의 〈어느 미국 소방관의 삶〉(1903)에서 사용된다. 미디엄숏에서 좀더 큰 숏으로 전환할 때 나타나는 이런 디졸브의 '완충' 효과는 특히 에디슨의 〈롱비치에서의 생명 구조〉(1901)[42]에서 분명하게 나타난다. 당시에 디졸브는 아직까지 영화 철자법적 기법으로 코드화되지 않았다. 아마도 틀림없이 숏의 전환 시 등장하도록 된 이 체계적 '완충의' 영향력이 시간적 파열과 단절의 의미를 창출했을 것이다. 숏들은 마치 연속해서 촬영되지 않은 것 같았지만 그 대신에 볼거리의 (관찰) 주체가 숏간의 파열 가운데서 묘사 대상에 더 가까이 접근할 수 있도록 허용했다. 초기의 디졸브는 아마도 이 시간적 단절(그것이 비록 순전히 허구적인 것이라 해도)의 신호가 될 수밖에 없었을 것이다.

흥미로운 사실은 그리피스에게서도 시점의 교체가 일련의 '완충적' 조건을 통해 수행되었다는 점이다. 윌리엄 존슨은 그리피스 초기 영화 일반, 특히 영화 〈전기〉에는 "이후에 필요하다고 여겨진 것보다 훨씬 더 많은 수의 매개적 장면이 특징적으로 나타난다"고 지적한 바 있다. 영화 〈전기〉는 "문이나 대기실, 가로수길, 거리의 모퉁이, 대문, 현관 따위의 짧고 반복되는 숏으로 가득 찼다".[43] 그런 것들을 통해 시점 교체의 급격함이 완화되고 관찰 주체의 중단 없는(연속적인) 움직임이 모방되었던 것이다.

이런 식으로 단일시점의 분열은 단일한 (비록 쪼개지기는 했지만) 응시를 모방함으로써, 즉 단일주체의 지각심리학을 통해 여전히 은폐되었다. 초기 영화에서 발생한 이 과정은 르네상스 회화에서 단수시점을 중심으로 조직화, 균일화된 공간이 복수시점을 대체한 것

42) B. Salt, *op. cit.*, p. 149.

43) W. Johnson, Early Griffith: A wider view, *Film Quarterly*, Spring, Vol. 29, No. 3, 1976, p. 5.

과 정반대의 과정이다.[44] 물론 피에르 프랑카스텔의 연구가 보여주듯이 단일한 주체를 중심으로 한 그와 같은 균일화는 결코 궁극적으로 달성된 적이 없지만 말이다.[45]

분해되는 공간을 끊임없이 이어가기 위한 또 하나의 방편이 공간을 몽타주적으로 분할하기 이전에 공간의 단일성을 보증하는 롱숏 장면을 사용하는 것이었다. 세계의 파편화를 덜 과격하게 만드는 이런 절차는 새로운 영화시학의 형성에 큰 의미를 가진다. 주체의 총체성을 모방하는 것은 분명 시각의 '주관화'를 불러왔다. 이런 과정은 모종의 '가정된' 움직임의 형성에서 잘 드러나는데 이는 생략적 성격에도 불구하고 영상을 관찰하는 주체의 총체성을 지탱하기 위해 요청된 것이다. 하지만 '눈'의 움직임은 분명 '완전' 영화의 시학에 해당한다. 초기 서사영화에 특징적인 단일한 시점의 붕괴는 '완전' 영화의 시학적 요소를 초기 서사영화의 재현체계 속으로 도입하도록 만들었다. 단일시점의 분열, 볼거리를 관찰하는 단일한 주체의 분열은 그렇게 해서 두 재현체계의 상호침투, 두 관찰 주체의 뒤섞임 속에서 실현되었던 것이다.

---

44) **[옮긴이 주]** 여기서 '복수시점'이란 이른바 알베르티(L. Alberti)의 원근법이 확립되기 이전, 특히 중세 회화의 복수시점을 가리키는 것으로 중세적 재현은 내적 시점을 표상하는 '역원근법'(*inverted perspective*)과 더불어 '시점의 복수성'을 그 특징으로 한다. 가령, 복수의 시점은 러시아 이콘의 전형적 특징인 공간의 불연속성과 시각적 인상의 축적(*summation*)을 동반한다.

45) "피에로나 벨리니의 그림을 보기만 해도, 콰트로첸토 끝 무렵에 이르러 미술가들이 단일원근법이나 균일한 공간법칙을 전혀 따르지 않았다는 사실을 충분히 알 수 있다. 그들은 자신이 이론 작업에서 설파한 방식을 단지 예외적 경우에만 각자의 작품에 엄격하게 적용했던 것이다." P. Francastel, *Études de sociologie de l'art*, Paris, 1970, p. 162. **[옮긴이 주]** 콰트로첸토란 이탈리아 르네상스 미술의 초기에 해당하는 1420~1500년경에 피렌체를 중심으로 나타난 예술을 가리킨다.

저 유명한 병렬몽타주 역시도 점차 코드화된 의미를 획득한 시공간 분할의 한 형식으로 볼 수 있다. 이런 유형의 몽타주의 형성과정 속에서, 앞서 말한 시각 주체의 단일성이라는 관성도 점차로 극복됨을 볼 수 있다. 그리고 솔트가 증언하듯, 이미 1906년의 영화 〈백발백중〉에서 병렬몽타주가 완전한 형태로 드러났기 때문에[46] 그리피스가 이 기법을 발명했다는 주장이 의심스러운 것이 사실이지만 그럼에도 불구하고 이 기법의 발명은 그리피스에게 할당되어야만 한다. 왜냐하면 다름 아닌 그의 창작에서 결국 이 기법의 코드화로 귀결되는 영화언어의 복잡한 진화과정을 가장 확실하게 추적할 수 있기 때문이다.

19세기 말 영화에 미친 연극의 영향을 연구한 미국 연구가 존 펠은 병렬몽타주 기법이 오거스틴 달리의 멜로드라마 〈가스등 불빛 아래서〉(1867)에서 처음으로 사용되었음을 밝혀냈는데 구조(救助) 장면에서 바로 이 기법을 통해 두 가지 사건의 동시성이 전달되었다(장면이 두 가지 행위장소로 분리되었는데 각각은 순차적으로 어두워졌다가 밝아졌다). 펠은 심지어 그리피스가 바로 이 멜로드라마에서 병렬몽타주를 그대로 따왔을 것이라고 가정했다.[47] 그렇지만 이를 단지 기계적 차용에 불과하다고 말할 수는 없다. 왜냐하면 연극에서는 이와 같은 '몽타주'가 단일공간의 진정한 해체를 전제하지 않기 때문이다.

톰 가닝의 흥미로운 연구 "그리피스 영화의 이해를 위한 소고"에서 병렬몽타주가 한 인물의 심리를 드러내는 데서 생겨났다는 사실을 설득력 있게 논증한다. 그리피스의 병렬몽타주가 자라난 씨앗으로 1908년

---

46) B. Salt, *op. cit.*, p. 151.

47) J. Fell, Dissolves by Gaslight: Antecedents to the motion picture in nineteenth century melodrama, *Film Quarterly*, Vol. 23, No. 3, Spring, 1970, p. 27.

의 영화 〈여러 해가 지나서〉〔테니슨의 서사시 《이녹 아든》(*Enoch Arden*)을 영화화한 것이다〕에서 사용된 몽타주 기법을 들 수 있다. 이 영화에서 여주인공의 클로즈업 이후에 그녀가 항시 생각하던 무인도에 있는 남편의 숏이 뒤따른다.

여기서 서로 멀리 떨어진 두 행위장소를 순차적으로 보여 주는 것은 두 공간이 진짜 떨어졌음을 표현하는 것이 아니다. 가닝이 〈여러 해가 지나서〉의 장면을 병렬몽타주의 기원으로 간주하면서 예리하게 강조한 바에 따르면, 이 장면 및 이와 유사한 장면들에서 몽타주적인 **분할**은 사실상 의미론적으로 인물들의 **내면적 결합** 같은 것을 의미한다. 그는 본래 병렬몽타주가 〈마지막 순간에 구출되다〉에서와 같은 서사구성의 조직화를 위해 사용된 것이 아니라, 공간적으로 서로 떨어진 두 인물의 정신적 단일성을 표현하기 위해 사용되었다고 지적했다. 이와 같은 단일성의 보증은 그들의 행위, 이를테면 기도하는 행위의 병렬을 통해 제공된다(〈깨진 목걸이〉, 〈도망치는 여자〉, 〈마지막 일〉 등).[48] 가닝은 "이런 유형의 몽타주의 도움으로 인물들의 정서적 가까움이 그들의 물리적 거리를 축소한다. 인물들의 정서적 가까움의 표현이 거의 초자연적 성격을 띠게 되는 영화도 있었다"[49] 고 지적했다.

3년 후 그리피스는 다시금 테니슨의 서사시로 돌아가 저 유명한 〈이녹 아든〉(1911)을 연출했다. 여기서 그는 공간적으로 떨어진 두 숏 사이의 단일성의 감각을 더욱 강화하면서 〈여러 해가 지나서〉의 구성을 반복한다. 애니 리는 이녹이 상륙한 해변을 거닌다. 갑자기 어떤 환영

48) T. Gunning, Note per una comprensione dei film di Griffith, *Griffithiana*, No. 5/6, Marzo Luglio, 1980, p. 19. 또한 가닝은 행위의 병렬이나 대조가 본래 동시성의 개념보다 우위에 있었다는 사실을 지적했다.

49) *Ibid.*, p. 20.

이 그녀에게 찾아온 듯 그녀의 얼굴이 일그러지고 시선이 희미해지며 두 팔을 앞으로 뻗는다〔반(半) 클로즈업〕. 그다음 우리는 파도와 바위 가운데 선 이녹과 친구들을 본다. 그리고 약간 더 지나서 애니 리가 같은 해변에서 서 있다. 그녀는 망원경으로 수평선 쪽을 바라본다. 그 다음 이녹이 해변에서 그를 구출하러 오는 배를 본다. 이 에피소드의 몽타주를 분석하면서 자크 오몽이 말하기를,

> 이 접합에서 가장 놀라운 것은 비약이 아니라 연속성이다. 서사적으로 서로 다른 이 공간들(영국과 머나먼 섬)은 영화 텍스트 속에서 단지 유사할 뿐 아니라(둘을 같은 장소에서 찍은 것은 우연이 아니다) 서로 **인접한** 공간으로 그려진다. 후자의 경우에서는 이 인접성이 애니 리의 응시와 그녀가 볼 수는 없지만 그럼에도 불구하고 그녀가 문자 그대로 우리에게 보도록 하는 것 간의 관계에서 드러난다. 전자에서는 두 장면의 유사성 및 병치를 통해 상황의 유형적 동일성이 두 장소 간의 상상적 거리를 축소시키는 듯하다.[50]

남편의 롱숏을 애니 리의 클로즈업과 연결하는 것은 이녹의 모습을 애니 리의 보는 행위와 직접적으로 관련짓는다. 몽타주적 분열이 응시의 힘에 의해 또다시 은폐되는 것이다〔한편, 테니슨의 서사시에서는 (이 장면이) 아내의 환영, 즉 야자수 아래에 선 이녹 아든의 형상이 갑자기 그녀를 찾아오는 환영으로 처리된다〕. 이전까지는 인물들의 생각이 대개 같은 숏 안에 삽입되는 방식으로 제시되었다(대개 화면 위쪽 어두운 구석에 희미한 후광에 싸여 제시된다). 본 장면보다 작은 크기로 이루어진 이런 장면은 회상이나 상상을 표현하기 위한 것이었다(제카의 〈하나의 범죄의 역사〉(1901)와 포터의 〈어느 미국 소방관

---

50) J. Aumont, Griffith, le cardre, la figure, *Le cinéma américain, Analyses de films*, Vol. 1, Paris, 1980, pp. 58~59.

의 삶〉 등을 보라[51]). 그리피스는 인물과 인물이 보는 것을 몽타주적으로 분할하면서 초기 영화에 특징적 크기의 편차 또한 유지하는데, 즉 주관적 숏이 객관적 숏보다 작게 제시된다. 이후에 크기의 편차가 최대치로 벌어지게 되면서(클로즈업에서 롱숏으로) 그것은 시각의 유형, 즉 바라봄의 주체가 교체됨을 표현하는 중요한 관례적 지표가 된다.

이렇듯 단일성의 복구를 향한 아주 강한 충동이 사실상 병렬몽타주를 기초로 만들어진 모든 구조를 관통한다. 분할은 여기서 본래적인 총체성의 파괴, 어떤 정상적인 항상성의 파괴로 받아들여졌다. 병렬몽타주는 공간을 분할하는 것이면서 동시에 공간의 단일성을 회복하는 수단으로 받아들였던바, 특히 이는 〈이녹 아든〉 같은 유형의 영화에서 이 기법의 형성을 분석해 보면 명백하게 드러난다. 또한 병렬몽타주는 주인공의 심리표현, 즉 영화 속에서 주관적 시각(*vision*)의 형성과 관련된다. 마스크-비네트가 디테일을 분할하여 지각의 과정을 모방한다면 〈이녹 아든〉과 같은 유형의 구성은 사고의 과정을 모방한다. 전체적으로 영화는 점점 더 분명하게 사고와 지각의 주관적 형식을 지향하면서 진화를 계속했다.[52]

〈이녹 아든〉의 이 장면은 병렬몽타주뿐 아니라, 어느 정도까지는 현대 영화 몽타주의 본질을 상징한다고 볼 수 있는 특정한 몽타주 형상의 기원으로 간주할 수 있다. 그 몽타주 형상이란 하나의 숏 안

---

51) B. Salt, *op. cit.*, p. 151. 회화와 영화에서 환영을 재현하는 전통에 관해서는 1부 4장 "숏의 심도에 관하여"를 보라.

52) 이미 앞서 인용한 뮌스터베르크의 저서는 이를 잘 뒷받침해 준다. 만니치의 연구가 보여 주었듯, 뮌스터베르크의 이론은 그리피스의 직접적인 영향하에서 형성되었으며 어떤 의미에서는 그리피스 미학을 이론적 차원에서 표현한 것이었다. E. Mancini, La teoria cinematografica di Hugo Münsterberg in relazione al primi film di Griffith, *Griffithiana*, No. 5/6, Marso-Luglio, 1980, pp. 62~72.

에서 인물의 얼굴이 클로즈업된 뒤, 지금 그 인물에 의해 보인다고 읽을 수밖에 없는 어떤 장면의 롱숏이 그 뒤를 잇는 것이다. 인물의 얼굴을 '바라봄'의 기호로서 코드화하고 롱숏을 '눈에 비친 것'의 기호로 코드화하는 이런 형상의 문제는 앞으로 더 논의해야 할 대상이다. 다만 여기서 지적할 것은 이 '눈에 비친 것'(비전)이 애초에는 아무런 구체적 공간성도 부여받지 못한 채 그저 관찰하는 자로부터 분리된 모종의 '보이는 것'으로서 우리에게 주어졌다는 사실이다. 그러나 앞서 분석한 그리피스의 영화 〈이녹 아든〉에서 이녹의 롱숏은 애니 리의 내면적 응시 앞에 나타난 비전으로서 실제로 **구체적인** 인물의 눈에 **보였다.** 즉, 그것은 창문을 통해 보이는 것과 같은 그런 단순한 풍경이 아니라 주관적 비전인 것이다. 앞서 살펴보았듯이 몽타주 구조의 형성과 더불어 영화 속에 도입된 주관적 시선은 여기서 처음으로 **서사에 참여하는 인물의 비전과 연결되었다. 그렇게 해서 볼거리 주체(즉, 관객)의 비전이 처음으로 서사 주체(주인공)의 비전과 결합한다.** 여기서 "이것을 보는 자는 누구인가?"라는 질문에 대한 해답이 처음으로 주어진다. 두 개의 재현체계, 즉 서사적 체계와 완전 체계가 여기서 단일한 몽타주적 형상 안에서 (비록 아직은 원시적 단계이긴 하지만) 하나로 융합된다.

그러나 관찰 과정의 표현을 위해 단일한 공간 내부에서 시점을 180도로 급격히 교체하는 것은 급격한 숏 분절만큼이나 어려움에 직면한다. 〈이녹 아든〉에서 제시된 이 몽타주 형상의 변형된 형태가 바로 공간 분절의 '완화된' 형상이다. 흥미로운 사실은 〈이녹 아든〉에서 명료하게 드러난 클로즈업과 공간적 비약의 긴밀한 연관성이 몇몇 영화사가에게는 감지되지 않는다는 점이다.[53)]

53) 가령, 루이스 제이콥스는 클로즈업과 공간의 분절 사이의 연관성을 보지 못한다. 제이콥스는 위에서 고찰된 에피소드를 두 개의 상이한, 동시에 매우 중요한 장치

사실은 다른 어떤 것도 아닌 바로 이 에피소드가 그리피스에 의해 정련된 모든 기법의 내적 통일성을 보여 주는 것임에도 말이다. 그 기법들은 완전히 서로 다른 유형의 몇몇 '발견'으로 수렴될 수 없는 것으로, 그 본질상 세계의 시공간적〔디제시스(*diegesis*)적〕 단일성(사건의 동시성, 분해된 것의 동일성 등)을 표현할 임무를 띤 몽타주적 분절의 여러 변이형인 것이다.

아마도 현대 영화언어 수단의 정련이 상호배타적인 두 특징 — 영상의 단일성을 보존하려는 지향(서사적 보수성)과 나란히 나타나는 공간의 파열을 향한 지향(공간적 과격주의의 한 종류) — 덕분에, 다름 아닌 그리피스에 의해 실현되었다고 말할 수 있을 것이다.

나는 그리피스가 병렬몽타주보다 결코 덜하지 않은 의미를 갖는 가장 중요한 몽타주 기법 중 하나를 만드는 데 참여했다는 사실을 지적하고 싶다. 비록 이 기법의 창조가 실제로 영화사에서 그리피스의 이름과 연결되지 않지만 말이다. 내가 말하려는 것은 완전히 반대의 두 방향에서 찍힌 대상을 향한 급격한 시선의 변경이다.

영어로 리버스 앵글(*reverse angle*)이라 불리는〔러시아어 표현인 '8자형'(восьмерка)은 대개 대화(장면)에만 적용된다〕 이 몽타주 형상은 솔트의 자료에 따르면, 1903년 한 영화 — 알프 콜리진의 〈가벼운 경쟁〉 — 에서만 나타난다. 이 유일성은 이 기법이 거의 우연히 사용되었다는 점을 알려준다. 전체적으로 동일한 대상의 숏 교체는 축을 따르는 근접과 이탈을 통해 실현되었다. 솔트는 1902년의 영국 영화 〈성가신 연인들〉에 나타난 촬영각 60도 교체의 단 한 가지 경우만을 기록했다.[54] 7년이 지난 후 그리피스의 영화 〈술주정뱅

— 클로즈업과 몽타주적 비약 — 의 용감한 병행편성일 뿐 그 이상은 아니라고 기술한다(L. Jacobs, *The rise of the American film*, New York, 1939, p. 193).

54) B. Salt, *op. cit.*, p. 151.

이의 재활교육〉(1909)에서 이미 완전히 의식적으로 180도 시점의 교체가 사용되었다. 여기서 처음에는 관람석에 앉은 인물들이 제시된 후, 그다음에 무대에서 벌어지는 일이 제시된다. 핸더슨은 "무대 숏은 관객의 시점에서 찍혔고 관객의 숏은 무대의 상층에서 찍혔다"[55]고 언급한다. 이런 식으로 여기서 최초로 절대적 수용자의 심급이라 할 단일한 관객 대신 두 명의 주체가 완전히 의식적으로 설정되었던 것이다.

여기서 주인공의 클로즈업은 주인공이 관찰자라는 사실을, 즉 '바라보기'의 기능이 전적으로 그에게 이전되었다는 점을 강조한다. 우리가 보듯이 〈이녹 아든〉에서의 최초의 몽타주 기법이 이미 여기서는 극히 복잡한 구조로 전환하는바, 하나의 동일한 공간이 그 단일성을 유지한 채로 여러 시점을 통해 제시되는 것이다. **단일한** 공간이 여기서 **서로 다른 여러** 관찰 주체에 의해 구성된다. 이로부터 영화의 공간적 구조가 특별한 긴장을 얻는다. 즉, 이 구조는 '완전' 영화뿐 아니라 초기 서사영화의 특징이기도 했던 단일주체의 원칙 자체와 공존할 수 없는, 모종의 심리적 잡종성을 자신 속에 흡수하게 된다. 리버스 앵글이라는 몽타주적 기법의 형성과 더불어 단일시점의 붕괴를 은폐하는 모든 종류의 완충적 중간 기법이 사라진다. 바로 이러한 이유 때문에 이 기법은 영화언어의 발전과 1910년을 전후해 나타난 영화의 근본적 변혁에서 클로즈업의 '발명'이나 병렬몽타주보다 훨씬 더 원칙적인 의미를 지닌다. 클로즈업이나 병렬몽타주는 바로 이 형상의 실현을 향한 움직임의 하나로 볼 수 있다.

이미 상술한 것들에서 볼 수 있듯이 '완전' 영화의 시학을 그와는 다른 재현적-서사적 구조 속으로 침투시키는 형태를 취한, 주관적

55) R. M. Handerson, *op. cit.*, p. 64.

시각의 형성은 일반적으로 예상하듯이 하나의 시각 주체를 다른 것으로 교체하는 결과로 나아가지 않았다. 그것은 단일주체의 붕괴, 즉 현대 영화예술의 복수주체의 형성으로 나아갔던 것이다. 요컨대, '완전' 영화는 자신의 몇몇 요소를 통해 초기 서사영화의 구조 속으로 침투함으로써 그 구조를 파괴했지만 (이 과정에서) 단일한 시각 주체에 정향된 총체적 체계로서의 그 자신 또한 붕괴시킨 것이다.

'완전' 영화를 붕괴로 이끈 원인은 무엇이며 어째서 영화는 단일 시점의 붕괴라는 돌이킬 수 없는 길로 나아간 것일까? 하나의 대상을 두 방향에서 보아야만 할 필요성, 관점을 바꾸어야 할 필요성은 왜 그토록 불가항력적인 것이었을까?

그리피스에게서 몽타주의 유래는 여러 가지로 설명된다. 가령, 미하일 블레이만은 이 현상의 기원을 자막과 이미지 기능의 재분배에서 보는데 이런 재분배는 이미지가 순수한 보여 주기의 역할을 수행하기를 멈추고 이야기의 비전을 취하게 될 때 나타난다.[56] 다시 말해 그는 몽타주의 발전을 서사의 형성과 정당하게 연결하는 것이다. 하지만 어째서 몽타주이며 왜 하필 그와 같은 몽타주인가? 에이젠슈테인은 그리피스 몽타주의 기원을 문학의 영향, 특히 '클로즈업'과 병렬적 사건 도입에 기초한 디킨스적 서사유형의 영향에서 찾는다.[57]

또 다른 그룹은 지각심리와의 유비에 기대어 설명한다. 여기서 동력은 문학적 서사의 전통이 아니라 우리의 눈과 사유의 특성이다. 가령 레오니드 트라우베르그는 "감독은 행위의 시각적 인지의 단순한 법칙을 이해했다. 아무도 2~3분 동안 한 방향을 응시하지

---

56) М. Блейман, *Гриффит и драма*, *Д. У. Гриффит*, М., 1944, СС. 17~38.

57) С. Эйзенштейн, *Избранные произведения*, В. 6т., Т. 5, М., 1968, СС. 129~180.

않는다(심지어 극장에서도 관객의 시선은 '내달린다')"고 썼다.[58] 이런 관점에서 보면 몽타주와 카메라의 능동성은 관객의 심리적 능동화의 결과에 해당하는 것으로, 현실성의 감각을 강화한다. 프랑스의 심리학자 르네 자조가 '완전' 영화는 지나치게 수동적인 현실 지각을 향한다고 지적한 것은 그 때문이다.

> 다음과 같은 사실을 명확히 할 필요가 있다. 카메라가 우리에게 정적인 전개 속에서 모든 파노라마를 즉각 제시하는 경우, 그러니까 이미 역설적으로 확장되고 완결된 탐색을 전제하는 경우보다 카메라 자체가 시각장의 탐색에 임하는 경우가 사실성의 느낌이 훨씬 강하지 않느냐는 점이다.[59]

물론 '완전' 영화는 아주 목적의식적 파노라마를 사용함에도 불구하고 훨씬 더 큰 관성을 지니는 게 사실이다. 그런데 완전 영화는 원칙상 가장 복잡한 선회를 수행하는 카메라가 아주 적극적으로 참여하는 상황에서도 기능할 수 있다. 그와 같은 (퇴화된) 변이형에서 완전 영화는 흔히 '주관적 영화'라고 불리는 것, 그러니까 관객의 눈과 카메라 렌즈의 완벽한 일치를 유지하는 가운데 '절대적 주체'로서 전제되는 서사적 주인공의 자리를 렌즈가 차지하는 영화로 수렴된다. 그와 같은 유형의 가장 잘 알려진 영화로는 로버트 몽고메리의 〈호수에서 온 귀부인〉(1946)이다. 여기서 영화의 주인공은 카메라와 완전히 일치되는 탐정인데 그는 스크린에는 잠시 거울 속에서 비쳐질 뿐이다. 영화사에서 독특한 이 실험이 두 번 다시 반복

---

58) Л. Траубург, *Дэвид Уарк Гриффит*, С. 71.

59) R. Zazzo, Espace mouvement et cinémascope, *Revue internationale de filmologie*, Vol. 5, No. 18/19, Julliet~Dec, 1954, p. 3, 209.

되지 않았다는 사실은 매우 주목할 만하다.[60]

그러나 문제는 단순히 '완전' 영화의 관성과 몽타주 영화의 기민함 사이의 대조에 있지 않다. 문제는 볼거리의 단일한 주체가 붕괴되었다는 사실에 있다. 이 붕괴의 원인을 조명해 줄 수 있는 몇 가지 흥미로운 의견을 프랑스의 영화학자 장-루이 보드리가 "기초적 장비들이 창출한 이데올로기적 효과"라는 저작에서 피력한 바 있다. 보드리는 관객 입장에서의 동일시의 두 가지 수준을 구분할 것을 제안했다. 멀게는 프로이트를 따르면서 보드리는 관객이 우주, 즉 전체 스크린 세계와 동일시되면서 동시에 인물과도 동일시된다고 생각했다. 후자의 경우에 관객은 서사적 인물의 자리를 차지하며 인물의 시선과 동일시되어 그의 눈으로 세계를 보는 듯하다. 이것이 '1차적' 동일시이다. 그러나 〈호수에서 온 귀부인〉의 운명이 설득력 있게 보여 주듯이 이것만으로는 충분하지 않다. 관객은 반드시 자신이 시각을 동일화하는 바로 그 인물(혹은 여러 인물)을 바깥에서 보아야만 하며 자신의 인격을 그 인물에게 투사해야만 한

60) '완전' 영화의 추구가 현저하게 강해지던 1920년대 말에 (이는 한편으로는 영화의 뚜렷한 연극화 경향에 대한 반응으로 설명될 수 있고 다른 한편으로는 '완전성의' 프로그램의 한 요소인 음향의 도래로서 설명될 수도 있다) 새로운 기획들이 이미 볼거리의 몽타주적 구조에 기초해 이루어졌다는 사실 역시 흥미롭다. 이 유토피아적 이념의 창조자들에 의한 세계를 향한 단일시점의 복원은 가장 망상적 장치의 건설, 심지어 물리법칙의 파괴보다도 더 있을 법하지 않은 것으로 보였다. 그래서 1931년에 알뱅이 제기했던 '완전' 영화의 가장 정신 나간 기획들 중 하나에서는 냄새를 몽타주 영화에서의 장면 교체 속도로 바꿀 수 있는 장치가 논의되었다. 알뱅은 다음과 같은 제안보다 더 나은 것을 찾을 수 없었다. "마치 소리처럼 공기 분자의 유출 없이 냄새를 퍼트릴 필요가 있다. 이런 상황에서 냄새 유포의 현재 속도는 설정된 목표에 도달하기에는 너무 약하다"(L. P. Alvin, L'Aenir du cinéma sensoriel, *Cinéa-Cinè Pour Tous*, No. 14, Avril, 1931, p. 22). 알뱅의 이 놀랄 만한 제안 속에는 '완전한' 볼거리의 관성과 몽타주 영상의 역동성 사이의 딜레마가 집약된 듯하다.

다. 보드리는 이런 동일시를 '2차적' 동일시라고 부른다.[61]

만일 프랑스 영화학자의 이러한 가정을 받아들인다면, 또 몽타주 형상의 발전과정이 보여 주듯이 영화적 볼거리가 자신의 구조 속에서 그것의 정당함을 확증한다면 주체의 지각심리학을 통해 몽타주를 설명하는 방식과 서사의 필요불가결성을 통해 설명하는 방식, 이 두 가지는 각자 독립적으로 문제의 본질을 완벽하게 해명할 수 없는 상호보완적인 것임이 판명된다. 우주동형적(2차적) 동일시가 지각의 심리학을 모델링한다면 인물과의 1차적 동일시는 서사적 동일시에 해당하는 것이다.

이것이 의미하는 바는 영화적 볼거리가 구조적으로 마치 서로 대립되는 듯한 두 가지 차원에 기초한다는 사실이다. 이는 인물의 자리에 설 필요성과 그를 외부에서 바라볼 필요성이다. 그런데 사실 그와 같은 볼거리의 구조는 이미 오래전에 널리 퍼졌음에도 여전히 '수수께끼' 같은 하나의 장치를 만들어 냈던바, 자기 자신을 밖에서 볼 수 있도록 만드는 장치, 즉 거울이 그것이다. 우리가 몽타주에서 실현되는 영화적 공간의 원칙적인 거울 구조에 관해 말할 수 있는 이유가 바로 여기에 있다.[62]

---

61) J. L. Baudry, Effects idéologiques produits par l'appareil de base, *L'Effet Cinéma*, Paris, 1978, p. 25. 또한 이 연구에 대한 주석으로 다음을 참고할 것. M. Marie, & D. Precheron et al., *Lectures du film*, Paris, 1977, pp. 132~134. 프로이트는 "대중심리와 에고 분석"에서 동일시와 욕망 대상의 선택이 빈번하게 뒤섞이는 것에 관해 적는다. 고전적 동일시의 상황에서 (가령, 오이디푸스 상황에서 아버지와의 동일시) 인간은 자신을 아버지의 자리에 놓고 아버지의 눈으로 세상을 보는 듯하다. 대상 선택의 상황에서 아버지는 에고 내부로 투입되고 일반적 상황에서는 주체 바깥에 존재하는 욕망 대상과의 동일시가 '그것 앞에서' 일어난다.

62) 나는 잡지 *Maksla Искусство* (1982/1호)에 실린 논문 "거울로서의 영화" (*Kinoka spogulis*, 이 논문은 라트비아어로 쓰였다)에서 영화적 공간의 거울 구조에 관해

영화적 공간의 거울 구조는 리버스 앵글이라는 몽타주 형상 속에, 다른 말로 하면 보는 것의 기호와 보이는 것의 기호가 번갈아 등장하는 형상 속에 구현되었다. (한편, 저 유명한 쿨레쇼프 실험[63]에서 말도 안 되는 몽타주적 단일성이 작동하는 것도 이로써 설명될 수 있다. 롱숏들과 번갈아 등장하는 배우 모주힌의 얼굴 클로즈업은 자신의 코드화된 확고한 형식 속에서 지각된다.)

'전기'(傳記) 영화 속의 영화언어의 형성은 이 원칙적인 몽타주 형상이 완성되기까지의 극적인 복잡성을 증언한다. 그리피스의 초기 실험 이전까지 모든 세계 영화는 조건적이나마 두 가지 방향으로 분류할 수 있다. 하나의 방향은 우주동형적 유형의 동일시('완전' 영화)를 구축하고 다른 하나는 서사적 유형(의 동일시)〔'예술 영화'(*film d'art*) 유형의 필름〕을 구축했다. 전체적으로 현대 영화언어의 형성과정은 이전에 따로 떨어졌던 이 두 유형의 상호침투 및 상호파괴의 과정으로 간주할 수 있다.

그 결과 오늘날의 영화인이 이용하게 된 저 복잡하고 다종적인 모순의 공간이 만들어지게 되었다. 본질적으로 이 공간은 두 개의 공간으로부터 만들어졌다. 그 하나는 바라봄의 주체(관객)를 향하고 다른 하나는 이야기(서사), 주인공, 인물을 향한다. 이 공간의 형성과정에서 주인공의 얼굴 클로즈업이 지대한 역할을 수행했다. 이미 말한 바와 같이 이 숏은 바라보는 행위를 의미한다. 이 숏의

다루었다.

63) [옮긴이 주] 쿨레쇼프 실험이란 1920년대에 쿨레쇼프가 행한 유명한 실험이다. 배우 이반 모주힌의 무표정한 얼굴 클로즈업을 스프, 관에 누운 여인의 시체, 요람에서 놀고 있는 어린아이의 숏과 각각 교체 편집함으로서 동일한 얼굴에서 각각 허기, 슬픔, 기쁨의 감정이 느껴지도록 몽타주했다. 이를 통해 그는 배우의 심리나 정서조차도 다른 숏과의 결합(몽타주)을 통해 표현할 수 있다는 가설을 실험하고자 했다.

기능은 우리에게 주인공(가끔은 그의 눈동자만)을 밖에서 보여 주는 것이 아니라 주인공이 **바라본다는** 것을 보여 주는 것이다. 이 숏에서 인물, 즉 서사의 주체는 시각의 주체, 곧 관객으로 바뀐다. 이 숏이 세계의 시공간적 진행을 차단하고 뒤따르는 롱숏에서 표현될 급격한 주체의 전환을 예비한다.

영화사에서 물건의 클로즈업 기법이 얼굴 클로즈업보다 훨씬 더 일찍 나타났다는 사실은 흥미롭다.[64] 이 현상을 설명해 주는 것은 초기 영화에서 보존된 주체의 총체성이다. 여기까지는 아직 확대경을 사용하거나〔〈할머니의 돋보기〉(스미스, 1901)〕 열쇠구멍을 통해 보거나〔〈각층에서의 장면들〉(스미스, 1902)〕 혹은 그냥 눈 가까이로 대상을 가져가는 경우에 그 대상을 크게 보여 주는 것이 논리적이다. 그런데 시각의 단일주체가 현전한다는 관점에서 얼굴 클로즈업이 동기화되는 경우는 드물었다. 따라서 얼굴 클로즈업의 진정한 확산은 그것에 바라봄의 기능이 코드화되어 정착된 순간부터 시작되었다. 당연히 얼굴 클로즈업은 흔히 말하듯이 주인공의 감정 상태를 전달하기 위해서도 사용될 수 있다. 하지만 구조적 의미에서 얼굴 클로즈업의 이 기능은 부차적인 것이다.

마지막으로 상술한 것들은 영화에서의 스크린의 역할을 새롭게 조명한다. 거의 모든 '완전' 영화의 유토피아가 스크린을 없애려는 생각에 기초한다는 사실은 특기할 만하다. 르네 바르자벨은 자신의 영화유토피아에서 이 생각을 다음과 같이 정식화했다.

> 탄생의 순간부터 영화는 중단 없는 진화를 겪었다. 그 진화는 인물들이 실물 크기 그대로 우리에게 제시될 때 … 즉, 스크린으로부터 해방될 때 완성될 것이다.[65]

---

64) B. Salt, *op. cit.*, p. 150.

모든 유형의 '완전' 영화는 스크린을 객차의 창문인 양 가장하는가 하면 그것을 테두리 없는 둥근 화폭으로 바꾸는 등, 어떻게든 스크린을 "감추려" 애쓴다.

반면 몽타주 영화는 정확히 틀지어진 직사각형에 영상을 투사하는 것에 기초한다. 미국 철학자 스탠리 카벨은 스크린의 기능을 예리하게 감지했다.

> 화폭과 마찬가지로 스크린은 무언가를 담는 것이 아니다. 거기에는 아무것도 담을 수 없다. … 스크린은 장벽이다. 은막은 대체 무엇을 가리는가? 스크린은 그가 운반하는 세상으로부터 나를 차단한다. 즉, 나를 보이지 않게 한다. 그는 이 세상을 나로부터 가린다. 즉, 그는 세상의 존재를 나로부터 차단하는 것이다.[66]

나와 세상 사이의 이 차단벽의 역할은 불가피하다. 그것은 비록 관객에게는 감지되지 않지만 항상 작용하는, 영화가 구현하는 시점들의 차별화 때문에 그러하다. 고유한 밀도를 가진 스크린의 평면은 시각의 다양한 주체들을 분리하고 서로 다른 종류이긴 하지만 합쳐져야만 하는 저 공간들을 각자 고립시킨다.

현대 영화는 볼거리의 두 가지 (재현적) 체계로 이루어진 하나의 체계로서 기능한다. 관객은 끊임없이 어떤 때는 목격자가, 어떤 때는 주인공이 된다. 여기서 세계는 언제나 다중시점으로 보인다. 부재와 현전 사이의 유희, 공간과 시점, 바라보는 것과 보이는 것의 교체가 원칙상 다종적인 복잡한 구조를 만들어 낸다. 그리고 그 구

---

65) R. Barjavel, *Cinéma total: Essai du les formes futures du cinéma*, Paris, 1944, p. 9.

66) S. Cavell, *The world viewed*, New York, 1971, p. 25.

조는 오직 '허구적 단일성으로 이끄는 복수성'이라는 범주를 통해서만 분석될 수 있다.

이 체계의 형성과정을 (이 글에서 한 것처럼) '완전' 영화의 체계가 통합되고 또 극복되는 사례를 통해 살펴볼 수 있다. 당연히 이 과정에 대한 다른 접근 역시 가능할 것이다. 하지만 어떤 경우에도 현대 영화 몽타주 형성(영화언어 형성)의 본질이 단일시점의 분할에 있다는 결론(이에 관해서는 에이젠슈테인이 많이 썼다)에서 벗어나기는 어렵다. 이러한 분할은 다수의 몽타주 형상을 탄생시켰다. 그중 몇몇은 간(間)에피소드적 몽타주에 해당하고 몇몇은 단일공간 내부에서 진행되는 단일장면의 몽타주에 해당한다. 현대 영화의 재현체계 확립에서 원칙적 의미를 지니는 것은 무엇보다 에피소드 내적 몽타주인데 그것이 영화의 시공간적 단일성의 기반을 이루기 때문이다. 에피소드 내적 몽타주의 형상은 시선의 각도 전환과 숏 크기의 상대적 변화를 통해 기술할 수 있다.

이렇게 볼 때 가장 과격한 형상은 완벽한 역각(리버스 앵글)의 경우, 그러니까 촬영 각도가 축을 따라 180도 바뀌고 클로즈업이 롱숏으로 교체되는 경우이다(이 형상의 전통적 변이형). 내가 이 형상을 현대 영화의 재현체계에서 상징적인 것으로 간주하는 이유가 거기에 있다. 다름 아닌 이 기법 속에 공간의 거울상(相)적 가역성, 그것의 비단종성과 단일성이 최대한 명확하게 표현되었다. 이런 가정은 다른 몽타주 형상의 정치한 분석을 절대 의미 없게 만들지 않는다. 가령 고전적인 '8자형'에서 100%의 '각도의 가역성은' 완전히 지켜지지 않으며 또 현대 영화에서 축으로부터 미미하게 각도를 벗어나는 형상의 사용은 극히 전형적이다. 하지만 '8자형'은 단지 1915년 이후에야 고전적 형태로 형식화되며[67] 유성영화에서 각별한 의미를 획득한다. 이 형상의 분석을 위해 나는 별도의 연구를 할애했다.[68]

위에서 언급한 유보 사항들을 염두에 두면서 아마도 이렇게 말할 수 있다. 만일 몽타주 형상의 발전을 진화의 나무로 본다면, 그 나뭇가지 하나하나가 단일세계를 분할하기 위한 새로운 방법을 보여준다고 말이다. 그러나 오늘날의 모든 영화 영상의 구조에서 맨 꼭대기에 있는 가장 본질적인 형상은 리버스 앵글, 하나의 공간 속에 정면으로 대립하는 두 개의 시점을 함께 결합하는 바로 그 형상이다. 이 형상을 정련하는 데 중심이 되었던 것은 '바라봄의 기호'로서 클로즈업의 사용이었다.

영화라는 재현체계의 본질 자체를 건드리는 이 진화는, 내가 편의상 '완충장치'라고 불렀던 것들을 통해 실현되었다. 즉, 그것은 세계의 분할을 감추면서 세계의 단일성의 감각과 단일한 시각 주체를 향한 지향을 복원해 주는 수많은 형상을 기초로 실현되었던 것이다. 새로운 '완충장치'의 개발은 앞서 살펴본 핵심적인 몽타주 형상을 형성하기 위한 진화의 길을 계속 나아가도록 했다. 이후에 더 이상 사용되지 않거나 혹은 코드화되었던(가령, 디졸브처럼) '완충장치'는 영화적 볼거리의 '완전성을 향한 지향'(혹은 서사적 지향)이 보존되는 느낌을 창출했지만 그와 더불어 결합될 수도, 깨질 수도 있는 볼거리 체계의 단일성이 파괴되는 데 일조했던 것이다.

— 1982

67) B. Salt, Film-Style and technology in the forties, *Film Quarterly*, Vol. 31, No. 1, Fall, 1977, p. 52.

68) 이어지는 2장 "대화와 영화적 공간의 구조"를 보라.

제2장

대화와 영화적 공간의 구조

리버스 몽타주 모델에 관하여

이 논문은 영화언어를 영화의 공간을 조직하는 코드의 집합으로서 기술하려는 나의 첫 시도 중 하나이다. 이 논문을 쓰던 시기에 몽타주의 공간적 코드는 서구 영화기호학의 집요한 관심의 대상이었다. 특히, 개별 영화에 나타난 공간구조를 상세히 분석하는 글을 잡지 〈스크린〉의 지면에 발표하던 프랑스와 영국에서 그러했다. 나의 특별한 관심을 끈 것은 '8자형' 몽타주(흔히 대화장면이 이렇게 촬영된다) 중에서 관객이 대화공간의 상대자의 자리를 차지하도록 하는 소규모 각도 전환의 문제였다. 이 문제는 이미 프랑스 영화학자 장피에르 우다르의 면밀한 분석대상이 된 바 있는데, 그는 이 문제를 라캉 정신분석의 용어에서 차용된 부재하는 것의 은폐 행위와 관련시켰다(이에 관해서는 논문에서 상세히 다룰 것이다). 이와 관련해 우다르는 부재의 장소를 은폐하는, 이른바 '누빔점'(шов)에 대해 이야기했다. 지극히 복잡한 우다르의 이론은 영화이론가들 사이에서 격렬한 논쟁을 불러일으켰다. 나는 각도 전환의 수수께끼를 '코드' 개념을 통해서, 그러니까 몽타주 연쇄 속에 두 개의 커다란 차원이 병치되어 나타나는 특정한 기하학적, 논리적 상황을 고찰함으로써 해결할 수 있다고 생각했다. 당시의 나는 여전히 몽타주 연쇄를 발화와 유비적인 것으로 간주했고 후자의 기본 과제는 술어 관계의 표현으로 수렴된다고 생각했다. 내 생각에 자연언어의 통사론과 영화에서의 몽타주 계열 간의 차이는 다양한 숏의 조합 가능성의 상대적 '빈곤함'과 그에 따른 개별 몽타주 형상의 의미론적 과포화에 있었다. 내가 이 논문을 썼던 당시에 나는 물론 아직은 이 '빈곤함'이 몽타주 언어의 외적 본질을 보여 주는 증거라는 점을 믿을 수 없었다. 오늘날 나에게 이 논문의 주된 관심은 오히려 이와 같은 영화에서의 '빈곤함'의 현상 자체 그리고 그 '빈곤함'으로부터 야기된 내적이고 논리적인 모순에 대한 분석에 있다.

초기 영화에서 공간은 연극의 무대 유형에 따라 구축되었다. 즉, 숏의 프레임 내에 갇힌 가시적 용량에 한정되었던 것이다. '그리피스 혁명'의 결과로 화면 전체를 조망하는 이런 정적 공간을 대체하며 몽타주 공간이 등장했다. 단편의 종합을 통해 만들어진 공간, 결코 전체가 스크린에 제시되지는 않는 메토니미적 공간이 도래한 것이다. 스크린 위에 보이는 공간은 모종의 동종적 공간연속체의 단편일 뿐이다. 이 공간연속체는 스크린 밖 사방으로 끝없이 펼쳐질 뿐 아니라 심지어는 관객석(스크린의 앞 공간)을 향해 수직으로 펼쳐지기도 한다. 유사 연극적인 조건적 행위공간이 직사각형 숏에 포함된 단편을 기초로 재구축되는 조건적인 3차원의 공간연속체로 대체된 것이다.[1] 끊임없이 '(잘린) 절벽'으로부터 가상의 총체성을 복원하면서 행위를 좇아가는 관객이 디제시스의 공간구조를 쉽게 파악할 수 있도록 대략 1908년에서 1915년 사이에 영화의 특별한 몽타주 코드가 개발되었다.[2]

이 코드의 몽타주 패러다임은 고전 내러티브 영화에 필수적인 '현실성의 환상'을 유지하기 위해 반드시 독해의 자동성과 용이함을 보장하는 몇 가지 단순한 형상의 총합으로 이루어져야만 한다.

(우리의 관심 영역인) 영화의 몽타주 공간에 대한 읽기는 다음 세 가지 숏 유형에 기초한다.[3]

---

1) 노엘 버치는 이와 관련해 '두 개의 공간', 즉 숏 내적 공간과 숏 외적 공간을 언급했다. 그는 그들의 조직과 상호관계가 영화 텍스트 구축의 기초가 된다고 보았다. 그는 숏 외부 공간의 실현 정도에 따라 그 유형을 분류할 것을 제안한다. 다음을 보라. N. Burch, *Praxis du cinéma*, Paris, 1976, pp. 9~24; P. Bonitzer, *Des Hors-champs*; P. Bonitzer, *Le regard et la voix*, Paris, 1976, pp. 9~24.

2) 내가 관심을 두는 기초적인 몽타주 코드 패러다임의 형성에 관해서는 앞의 글인 1부 1장의 "'완전' 영화와 '몽타주' 영화"를 보라.

1. **상황 숏**(*master shot* 혹은 버치의 용어로 *situation shot*): 행위가 전개되는 공간을 롱숏으로 잡는데 대개 주요 등장인물을 포함한다. 상황 숏은 관객의 기억 속에 주요 상황을 제시하고 공간에 대한 전체적 '개요'와 주인공들의 상호관계를 제시한다. 이 숏은 초기 영화의 정적인 전체화면의 직접적 유물인바, 원칙적으로 몽타주 공간에서 관객을 위한 가장 주요한 길잡이가 된다. 인물과 동일시될 수 없는 모종의 추상적 주체의 시점에서 촬영되기에 이 숏은 '객관적' 화면으로 정의될 수 있다.

2. **바라보는 인물의 숏**(*look of outward regard*): 이것은 인물의 얼굴 클로즈업 화면으로 그 인물의 시선은 카메라를 향한 정면을 포함한 숏 외적 공간을 향한다.

3. **인물의 시선 숏**(*eye-line shot*)[4]: 이 숏은 대개 숏 2에 뒤이어 나오는데 숏 2의 인물이 제외된 롱숏으로 나타난다. 만일 이 숏이 숏 2를 뒤따르게 되면 그것은 자동적으로 인물의 주관적인 시각의 숏으로 읽힌다.[5]

---

3) 나는 물론 여기서 그리고 이후에 몽타주 변이형들을 몇 가지 기본적인 '원(原)형태'로 수렴시킴으로서 그것들의 실제적 다양성을 단순화한다.

4) **[옮긴이 주]** 아이라인 숏은 먼저 '무언가를 바라보는 인물'을 보여 준 후, 그 인물이 바라보는 것(대상)을 보여 주는 것을 말한다. 이렇게 되면 관객은 자연스럽게 그 인물의 (주관적) 시선으로 바라본다는 느낌을 받는다. 바로 앞 장에서 이와 같은 몽타주숏의 출현이 초기 영화언어의 확립에서 지니는 지대한 의미를 다룬 바 있다.

5) 사실 동시대인을 그토록 놀라게 했던 레프 쿨레쇼프 실험, 이반 모주힌의 얼굴 클로즈업을 다양한 롱숏과 몽타주시켜 두 숏의 공간적 단일성의 환상을 달성했던 실험 또한 이 점으로 설명된다. 이 실험이 증명하는 한 가지는 이미 당시에(1920) 공간적인 전위 형상의 영역에서 기초적 몽타주 코드가 성립되었다는 사실이다.

숏 2와 3은 완전한 시점의 역전(180도까지)으로 읽히는 전체적 단락을 구성한다. 이 숏들의 결합이 발생시키는 몽타주 형상은 '리버스 앵글'이라는 이름으로 불린다. 전체적으로 이 단락은 두 개의 상호보충적 공간의 합으로 읽히는데 그 공간은 전 지평을 포괄하고 원형의 공간연속체를 분할 할당한다.

모든 영화 내러티브는 얼마간 이와 같은 세 가지 유형의 숏들의 교체에 기초하는데 그중 둘은 '객관적인' 화면이고 나머지 하나는 '주관적인' 화면이다. 이 3항의 형성은 우연이 아니다. 그것은 예외적으로 간결하고 경제적인 수단을 통해 영화적 내레이션에 이해가능성을 제공하는 능력을 갖는다.

'리버스 앵글'의 형상은 구성 성분 간의 극단적 대조에 기반을 두고 구축된다. 한편으로 우리가 보는 것은 영화적 시간의 흐름을 '정지'시키면서 주변 공간으로부터 절연된 채 선형적 퍼스펙티브의 예리함을 거의 제로의 지경까지 몰고 가는 얼굴 클로즈업이다. 다른 한편으로 선형적 퍼스펙티브의 법칙에 따라 구축된 숏 내적 역동성에 열린 롱숏을 보게 된다.[6] 그와 같이 극도로 급격한 낙차는 이 몽타주 형상의 독해에 용이함을 크게 보장해 준다.

숏 2와 3의 상호관계와 상호조건성은 영화의 모든 구조에 특별한

---

6) '리버스 앵글'(*reverse angle*)을 구성하는 공간의 다종성은 보충적으로 텍스트 속의 '주관적' 시각과 '객관적' 시각의 질적 차이를 지시하는바, 결국 그것은 기원상 회화에서의 동종적 차이로 소급된다(H. Damish, *Théorie du nuage: Pour une historie de la peinture*, Paris, 1972를 보라). 하지만 이는 어느 정도는 디제시스 공간에 조건적 배분을 행하는데 왜냐하면 얼굴 클로즈업은 공간적 연속체의 한 단편의 재현으로 여겨질 수 있기 때문이다. 요컨대, '리버스 앵글'은 부분적으로 디제시스 공간의 전체 용적의 가상적 실현이 된다. '디제시스'(*diegesis*)라는 용어는 아리스토텔레스가 재현의 내러티브적 (서사시적) 방식을 비극이나 희극의 드라마적 방식과 구별하기 위해 '시학'에서 도입한 것이다. 디제시스 공간이란 그 안에서 내러티브가 전개되는 공간을 말한다.

의미를 지닌다. 왜냐하면 바로 그것들이 영화 내레이션에 가장 중요한 두 가지 절차를 보증하기 때문이다.

1. 영화적 디제시스에 필수불가결한 행위장소의 3차원적 용적이 만들어진다. 이때 공간을 잡는 각도는 쉽게 변경될 수 있다. 가령, 만일 보고 있는 사람의 클로즈업 화면이 옆모습으로 주어진다면 그에 따른 관점의 역전도 완전하지 않게 90도에 그친다. 시각의 각도는 클로즈업 화면 안의 인물의 시각축에 따라 주어진다. 요컨대, 숏 2와 3의 병치는 매우 단순한 '각도측정기'를 제공하는바, 바라보는 자의 얼굴의 촬영 각도가 변형되거나 그의 시선이 향하는 방향이 바뀜에 따라 몽타주 되는 공간 단편들이 맺는 각도의 상관관계도 변화하는 것이다(90도에서 180도까지).

2. 시각 주체들의 가역성(可逆性)이 만들어진다. 이 몽타주 단락이 객관적 화면에서 주관적 화면으로의 전환을 전제하기 때문에 바로 거기에 '1인칭' 영화 내러티브로 옮겨 갈 가능성, 다시 말해 서사적 대화성의 메커니즘을 산출할 가능성이 포함된 것이다. 영화의 '충만한' 경험을 위해 극히 중요한 이중적 동일시의 효과가 바로 이에 기초한다. 관객이 인물의 시점과 연상작용을 이뤄 마치 그의 자리를 차지하는 것과 같은 '1차적 동일시' 그리고 자신을 외부 인물과 동일시하는 '2차적 동일시'[7]가 그것이다. 이 몽타주

7) 이에 관해서는 J. L. Baudry, *Effects idéologiques produits par l'appareil de base*; J. L. Baudry, *L'effect cinéma*, Paris, 1978, pp. 13～26. '리버스 앵글'의 형상이 공간의 전위를 제공하고 인물의 시각을 그 인물을 바라보는 자의 시각과 공존시키는 것을 가능하게하기 때문에 거기에는 영화 텍스트에 그토록 본질적인 거울상의 공간구조가 실현되었다고 말할 수 있다. 이에 관해서 Ю. М. Лотман, "Текст в тексте", *Труды по знаковым системам*, Вып. XIV, Тарту, 1981, С. 15; J. P. Simon, *Le filmique et le comique: Essai sur le film comique*, Paris, 1979, pp. 95～119; M. Jampolskis, *Kino ka spogulis*,

형상의 기본 속성에 기댄 영화서사가 점점 더 발전하고 복잡해짐에 따라 훨씬 더 섬세한 의미론적 양태성이 계층화된다. 결국 시간이 흐름에 따라 '리버스 앵글'의 형상은 영화 텍스트에서 주-객관적 관계의 조직화를 위한 지극히 중대한 기능을 부여받는다. 클로즈업이 바라봄의 기호가 되고 전체화면이 보이는 것의 기호가 됨으로 주로 클로즈업으로 제시되는 인물은 항상 내러티브상 적극적이고 지배적 인물, 곧 그것의 **주체**가 된다. 또한 대개 롱숏으로 제시되는 인물은 언제나 내레이션의 **객체**로서 그 안에서 부수적 위치를 차지하는 것이다. 인물들 간의 지배관계가 종종 화면의 상호관계 구조로 코드화되는 이유가 바로 여기에 있다.[8)]

요컨대, 몽타주 코드의 기반에 놓인 '리버스 앵글'의 영상은 영화 언어의 진화과정에서 점차로 복수의 기능을 부여받게 되고 이는 그 자신을 의미론적 포화 상태로 이끌게 된다. 그것은 영화 구조 내부에서 자신의 가능성 너머까지 작동하면서 다양한 차원에서 순환하는 복수의 의미의 발송자가 된다. 여기서 그것이 영화에서 갖는 다기능성은 특정한 공간 형식의 형성과 특정한 주-객 관계의 생성 사이에서 공고한 관계로 나타난다.

알프레드 테니슨의 《이녹 아든》(1908, 1911)을 옮긴 그리피스의 영화(당시 '리버스 앵글'의 형상은 막 형성 중이었다)에서 이미 애니 리

No. 1, Maksla, 1982을 보라.

8) 레이몽 벨루는 히치콕의 영화 〈새〉(1963)에서 여주인공 멜라닌의 클로즈업에서 롱숏으로의 이동이 그녀가 주체에서 객체로 변화하는 것과 같은 의미를 지니며 멜라닌이 처하게 되는 새들의 공격을 준비한다고 지적했다(R. Bellou, Les Oiseaux: analyse d'une sequence, *Cahiers du Cinéma*, No. 216, 1969, pp. 24~38). '리버스 앵글' 형상의 몇 가지 의미론적 메커니즘을 밝힌 티에리 쿤첼의 분석도 참고하라(T. Kuntzel, Savoir, pouvoir, voir., *Cahiers du Cinéma*, No. 7/8, Mai, 1975, pp. 85~97).

의 클로즈업과 조난당한 남편의 롱숏의 나란한 몽타주는 이후 몽타주 역사에서 매우 본질적 의미를 갖는 모종의 이탈로 이끈다. 뱃길로 수십, 수백 마일 떨어진 두 인물이 마치 하나의 공간에 함께 있는 것 같은 환상이 만들어졌던 것이다.[9] 처음에 그리피스 앞에는 단지 모종의 심리적 관계(실종된 남편에 대한 부인의 걱정)를 몽타주로 표현하려는 목적이 있었을 뿐이겠지만 위에 언급한 해당 몽타주 형상의 다기능성 탓에 다름 아닌 공간적 관계가 도입되었던 것이다.

마지막으로, 이 주제와 관련된 또 하나의 중요한 지적이 있는데 '리버스 앵글'의 형상이 유사 대화적 구조를 지닌다는 것이다. 비록 그것이 단 **한** 사람을 포함할 때라도 분명히 구분되는 **두** 주체, 그러니까 행위의 주체(인물)와 외적 '관찰자'(그의 편재성과 비육체성 때문에 우리는 그를 **'절대적 주체'**라고 부른다)라는 두 개의 시선이 번갈아 나옴을 전제한다.[10]

---

9) 이런 관점에서 〈이녹 아든〉에 대한 더 상세한 분석은 1부 1장 "'완전' 영화와 '몽타주' 영화"를 보라. 또한 A. N. Verdac, *Stage to screen: Theatrical method from Garrick to Griffith*, Cambridge, 1949, pp. 211~213; T. Gunning, Note per una comprensione dei film di Griffith, *Griffithiana*, No. 5/6, Marzo-Luglio, 1980, pp. 19~20; J. Armount, Griffith, Le cardre, La figure, R. Bellour (Sous la dir.), *Le cinéma américain: Analyses de films*, Paris, 1980, pp. 58~61을 보라. 같은 기법이 '인용'의 형태로 플래허티의 〈아란 섬의 사람〉(1934)에서 사용되었는데 거기서는 이미 공간적 잡종을 창조하려는 의식적 지향이 나타난다. 1934년 당시 선원의 아내의 클로즈업 화면과 배에 앉은 선원들의 전체화면의 나란한 병치는 그들의 공존 이외의 다른 방식으로 읽힐 수 없었다. R. Huss, & N. Silverstein, *The film experience: Elements of motion picture art*, New York, 1968, pp. 110~111을 보라.

10) 원칙상 '절대적 주체'의 시각은 작가, 즉 서술자의 시각과 동일시될 수 있다. 그러나 나는 그러한 동일시를 주저하는데 이는 영화적 담론에 관한 복잡한 문제를 제기하기 때문이다. 일련의 경우에서 영화는 이런저런 숏을 서술자의 '발화'로 여기도록 만드는 수많은 담론의 지표를 발견할 수 있다. 나에게는 이 논문의 틀 내에서 '절대적 주체'와 작가를 동일시하는 것은 온당치 않다고 여겨진다. 영

영화적 공간의 대화성은 스크린 위에 대화를 구현하기 위한 매우 용이한 조건을 창조하는 것처럼 보인다. 실제로 언어 대화는 여기서 공간의 특별한 구조화를 통해, 즉 스토리 보드 자체 속에서 화자 간에 극히 섬세한 관계가 창조됨으로써 강화된다.

한편, 비교적 일찍부터 제기된 바 있는 대화 재현의 필요성은 즉각적으로 일련의 의미심장한 난관들을 드러냈다. 대화를 재현하기 위한 기본적 수단은 오랫동안 롱숏(혹은 풀숏)으로 두 대화 상대자를 잡는 상황 숏에 머물렀다. 점차로 대화를 위한 몽타주 재현의 특별한 유형이 형성되었는데 러시아의 영화용어에서 그것은 '8자형'이라는 명칭을 얻었다.[11] 이 유형은 1930년대 말과 1940년대에, 즉 이른바 '할리우드'적인 '고전적' 영화모델이 팽배하던 시기에 전 세계 영화에서 규범적이고 지배적인 것이 되었다.[12]

'8자형'은 '3각형의 원칙'에 따라 촬영된다(〈도식 1〉).[13] 여기서

화에서 작가의 기능과 담론에 대한 담론적 문제는 부분적으로 3부의 1장 "담론과 서사"에서 다루어질 것이다. 또한 다음을 보라. F. Jjst, Discours cinématographique, narration: Deux façons d'envisager le problème de l'énonciation, J. Aumont et J. L. Leutrat(Sous la dir.), *Théorie du Film*, Paris, 1980.

11) 편의를 위해 여기서 우리는 '리버스 앵글'과 '8자형'을 구분하는데 전자가 (각도) 전위의 상황에서 인물의 시선축과 카메라의 시각축을 결합시키는 데 반해, 대화장면을 위해 채택되는 후자의 경우 (인물) 응시축과의 관계에 따라 카메라 축의 각도 변화가 전제된다.

12) 이 형상의 유행에 관한 사항은 다음을 보라. B. Salt, Film style and technology in the forties, *Film Quarterly*, Vol. 31, No. I, Fall, 1977, pp. 50~53. 베리 솔트의 자료에 따르면, 일련의 영화에서 '8자형'의 몫이 모든 몽타주 중에서 지대하다. 〈애리조나 황야〉(실란더, 1967)에서는 72%, 〈이브의 모든 것〉(조셉 멘키비츠, 1950)에서는 65%, 〈워터 프론트〉(카잔, 1954)에서는 63%, 〈돈 후안의 모험〉(빈센트 셔먼, 1948)에서는 62%에 해당한다.

13) 이 개념은 오늘날 가장 완전한 '기준적' 영화 문법서에서 필자가 가져온 것이다.

〈도식 1〉

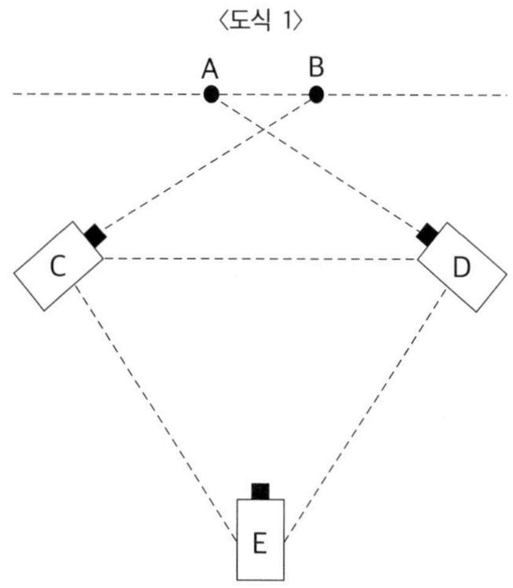

A와 B는 이야기를 나누는 인물들이며 AB는 인물들의 시선이다. C와 D, E는 촬영 중인 카메라이다. CD라인은 삼각형의 받침이자 인물들의 시선과 평행하는 선이다. 카메라 C와 D는 AB 선과의 관계에 따라 동일한 대칭각을 취한다.

'8자형'은 언제나 E의 시점에서 촬영된 상황 숏으로 시작한다. 그 이후에 카메라 C와 D로 촬영된 숏이 몽타주된다. 여기서 볼 수 있듯, 이와 같은 카메라의 배치는 몽타주 구조에서 숏 3(인물의 시각 숏)을 제외한다. 즉, 주관적 시점을 없애버리는 것이다. 본질적으로 말해 C와 D 카메라로 촬영된 숏들 또한 상황 숏이라고 말할 수 있다. 카메라에 가까이 앉은 인물, 즉 뒤에서 찍힌 인물의 머리나 어깨 혹은 등의 일부분이 시야에 들어오기 때문이다(〈그림 3〉).

요컨대, 일련의 이유로 인해 고전적 내러티브 영화는 질적으로 상이한 시각 주체들의 교체를 통해서 대화를 강화하는 것이 아니라

위의 도식도 거기서 가져왔다. D. Arijon, *Grammar of the film language*, London/New York, 1981, pp. 26~49.

〈그림 3〉

몽타주 공간의 주체의 동일성을 통해 인물들의 대화적 관계를 균일화하는 것처럼 보인다.

영화이론가의 특별한 관심을 '8자형'으로 집중시킨 사람은 프랑스의 연구가 장피에르 우다르였다. 인물의 시각축과의 관계에 따른 카메라의 각도변화를 설명하기 위해 우다르는 라캉의 제자였던 밀러가 만든 '봉합'(*suture*)14) 이라는 개념을 사용했다. 우다르에 따르면 영화 읽기에서 가장 중요한 국면은 관객이 재현의 불충분함, 즉 숏 외부 공간의 존재를 인식하는 순간이다. 관객은 이 불충분함의 사실로부터 재현 자체가 기표의 영역에 속한다는 것, 즉 그것이 연속적이지 않고 분절적 성격을 지니는 담론이며 따라서 작가를 갖는다는 결론을 도출한다. 이 작가란 곧 '부재하는 것'으로서의 '대타자'인데 라캉에 따르면 그것과의 동일시는 주체의 형성과 그 비일관성의 극복에서 가장 중요한 국면에 해당한다. 그러나 영화는 이 **부재하는 것**(*absent*)의 존재를 은폐하는 방식으로 작동하는바, 그것은 디

14) J. A. Miller, La Sature (éléments de la logique du signifiant), *Cahiers pour l'Analyse*, Janv.~Fevr., No. 1, 1966. 또한 S. Leclaire, L'analyste a sa place?, *Cahiers pour l'Analyse*, No. 1, Janv.~Fevr., 1966; A. Green, L'object (a) de J. Lacan, sa logique et la Théorie freudienne, *Cahiers pour l'Analyse*, No. 3, Mai~Juin, 1966을 보라.

제시스적 연속성의 환영을 만들어 내면서 마치 담론을 누비는 듯하다〔바로 여기서 봉합-누빔(шва)의 개념이 나온다〕. **부재하는 것**의 자리에 그것은 인물을 제공한다(시선의 역전이 필요한 이유가 이렇게 설명된다). 그러나 부재하는 것이 피와 살을 얻게 되면 그것은 부재하는 것으로서의 자질을 약화시키며 이는 다시 가상의 숏 외적 공간에 자리한 대타자의 존재를 가정하게 된다. 우다르는 봉합을 '부재하는 것의 제거와 다른 장소에서의 복권'이라고 정의했다.[15]

하지만 영화담화의 가상의 주체가 자신의 역할을 유지하기 위해서는 관객이 "가상의 지평, 즉 부재하는 것의 장소로부터 탈구된 위치"[16]를 점해야만 한다. 요컨대, 그는 담화 너머에서 낯선 것의 위상을 유지하고 '의미하는 부재로서의 의미 있는 대상'[17]을 제공하는 것이다. 담론의 주체와의 관계에서 관객의 타자성을 유지하기 위하여(즉, 인물로서 현전하는 동시에, 부재하는 것이 되기 위해), '8자형'에 특징적인 각도 변환이 사용된다. 광범위한 논란[18]을 불러일으킨 우다

15) J. P. Oudart, La Suture, *Cahiers du cinéma*, Avr., No. 211, 1969, p. 38. **[옮긴이 주]** 라캉의 봉합-누빔 개념을 영화에 도입한 장피에르 우다르(Jean-Pierre Oudart)의 논의는 이후 영화이론사에서 여러 가지 논의를 불러왔다. 봉합이론을 둘러싼 다양한 논의에 관해서는 K. Silverman, *The subject of semiotics*, chap. 5, New York, 1983과 김지영, "라캉주의 영화비평에서 봉합이론의 재고찰", 〈영어영문학〉, 제 58권 4호, 2012, 565~588쪽을 참조하라.

16) *Ibid.*

17) *Ibid.*

18) 몇 가지 주요 저작만 거명하면, 다음과 같다. D. Dayan, The tutor-code of classical cinema, *Film Quarterly*, Vol. 28, No. 1, Fall, 1974; W. Rothman, Against the system of the sature, *Film Quarterly*, Vol. 29, No. 1, Fall, 1975; S. Heath, Narrative space, *Screen*, Vol. 17, No. 3, Autumn, 1976; S. Heath, Notes on suture, *Screen*, Winter 1977/78, Vol. 18, No. 4; J. Rose, *The imaginary: The insufficient signifier*, British Film Institute Educational Advisory Service, Seminar Paper, Nov., 1975.

르의 이론[19]을 분석하는 것이 나의 과제는 아니다. 그러나 나는 '8자형'의 발생 문제는 다른 원인들, 이제껏 살펴본 '리버스 앵글'의 몽타주 형상에 뿌리를 둔 원인들을 통해 설명할 수 있다고 생각한다.

이 형상은 대화를 표현할 능력이 없다. 왜냐하면 서로 마주보는 두 사람의 대화 상대자를 촬영할 때, 화면의 역전은 불가피하게 화자의 얼굴의 단순한 교체로 이끌기 때문이다. 이 경우 두 가지 변이형이 가능하다.

1. 같은 크기의 클로즈업 화면의 교체: 이 경우 우리는 인물 관계의 일종의 '평형상태'를 대하게 된다. 그러나 '리버스 앵글'의 형상은 여기서 불가피하게 파괴되는바, 클로즈업된 얼굴은 응시의 기호로서 필히 시각의 전체화면을 요구하기 때문이다. 그 대신에 관객은 또다시 응시의 기호로서 클로즈업된 얼굴을 본다. 결국, 이런 식의 대칭적 화면의 교체는 일종의 '악순환'을 발생시킨다. 우리는 각자에게 닫힌 시각의 지표소, 시각의 전체화면을 허용하지 않는 표지의 시리즈를 얻게 된다. 이런 상황은 디제시스 공간의 몰락으로 이끈다. 인물 사이의 공간적 관계는 파괴된다.

2. 서로 다른 크기의 인물의 교체: 가령, 얼굴을 클로즈업한 인물 A가 제시되고 중간 크기 화면의 인물 B가 그 뒤를 잇는 경우가 있다. 이와 같이 '균형을 이룬' 상황에서 퍼스펙티브의 기능은 인물 A에게 주어지고 B는 시각의 대상이 된다. 그러나 카메라의 시각

---

19) 우다르는 〈카이에 뒤 시네마〉에 실린 다음의 글에서 이론의 대략적인 사항을 논했다. *La Suture*, No. 211, Avr., 1969; No. 212, Mai. 1969; Bresson et la vérité, No. 216, Oct. 1969; Travail, lecture, jouissance, Jul. 11, 1970; t. No. 22, L'effect de réel, No. 228, Mars-Avr., 1971; Notes pour une Théorie et la représentation, No. 229, Vai-Juin, 1971; 1971, Jull; t. No. 230. ; Un discours en et faut, No. 232, Oct., 1971; No. 223, Nov., 1971.

> 축이 둘 모두에서 인물의 시각축과 일치하기 때문에 카메라의 시각을 스크린의 대화 상대자들의 시각과 일치시키지 않기란 어려운 일이다. 그런 경우에 두 얼굴이 같은 거리에서 촬영되었다면 어째서 클로즈업된 한 인물의 얼굴이 다른 인물의 그것보다 더 큰지를 설명할 수 없다. 교체되는 화면의 서로 다른 크기가 디제시스 공간의 일관성을 파괴하는 것이다.

이런 경우에 생겨나는 모순을 해결하기 위한 주요한 방법은 상황 숏이다. 고전적 '8자형'은 총체적 공간의 감각을 창조하기 위해 반드시 롱숏에 의존해야만 한다.[20] 이때 일종의 완화물로 소리가 사용될 수도 있는데 소리는 이른바 '음향적 반향'의 도움으로 이와 같은 환영을 만들어 내는 데 도움을 줄 수 있다.

하지만 대개는 계속해서 반복되는 상황 숏과 소리조차 충분치가 않다. '리버스 앵글'의 몽타주 형상은 마치 시각 주체들의 포화 상태로 목이 졸린 듯하다. 원칙상 두 사람을 염두에 둔 그것은 자신 속에 세 번째 주체를 포함해야만 하는바, 즉 주체와 '절대적 주체' 외에 또 하나의 주체가 더해지는 것이다. 그러나 세 가지 시점은 '리버스 앵글'의 엄밀한 이원적 역전 구조 안에서 자신을 실현시킬 수 없다. 자신의 구조상 **대화적** 공간이 단지 **하나의** 인물의 '존재'를 위해 사용되는 형국이다.

기초적인 몽타주 코드의 가능성은 바로 여기서 명백한 한계를 드러낸다. 고전영화의 몽타주 코드는 지극히 단순한 이원적 구조에

---

20) 마누쟌은 가령, 대화의 기준적 몽타주를 이렇게 묘사한다. "대화가 진행됨에 따라 점차로 두 인물의 중간 크기 화면이 다시 도입된다. 이는 관객을 위해 그들 간의 물리적 관계를 확립시키기 위해서인데 그 이후에 다시 우리는 '8자형'으로 되돌아간다"(H. P. Manoogian, *The film-makers art*, New York/London, 1966, p. 95).

기초하는데 그것은 삼원적 체계 내에서 온전히 기능할 수 없다. 그것의 복잡성은 즉각적으로 눈사태처럼 불어난다. 구조가 복잡해짐에 따라 몽타주 코드는 더욱 단순한 공간을 만들어 내면서 반응한다. 다시 말해 더욱 적극적으로 상황 숏에 의존하게 된다. '8자형'을 구성하는 세 가지 숏 유형 모두가 어느 정도 상황 전체를 포괄하는, 즉 상황 숏들이 되는 것이다. 그것들은 보다 원시적인 시학으로 소급되고 영화언어 발전의 이전 단계로 '퇴행'하는 듯하다.

C번과 D번 카메라로 촬영된 숏은 상황 전체를 포괄할 뿐 아니라 '리버스 앵글'에 특징적인 공간적 가역성을 유지한다. 그 결과 상이한 유형의 숏 간의 독특한 '잡종화'가 발생하는데 이는 '8자형' 내부에 지극히 모순적인 자질이 뒤엉켜 공존하는 상황으로 이끈다.

C번과 D번 카메라로 촬영된 숏의 변형각은 인물의 시각축인 AB와 비교했을 때 대개 무척 작다. 하지만 카메라의 시각이 '절대적 주체'의 그것과 동일시되기에는 충분하다. 이 점에서 가장 커다란 의미를 지니는 것은 카메라 가까이에 등을 보이는(대개 포커스 밖에 위치하는) 대화 상대자의 일부분이다. 변형각과 한 인물의 등의 형상은 카메라의 시각을 인물의 시각과 갈라놓고 카메라를 '공간적 족쇄'로부터 해방시킨다. 이로써 공간적 일관성을 파괴하지 않은 채로 대화 상대자의 얼굴 크기를 변경할 가능성(이는 주객 관계의 조직화에 특히 중요하다)이 제공되는 것이다. 이 숏들에서 카메라를 향하는 얼굴은 항상 전면에 나온 인물의 등보다 작다(즉, C번 카메라에 의해 찍힌 숏에서 인물 B의 얼굴은 인물 A의 등보다 작은 것이다). 그러나 이미 살펴보았듯이 몽타주 코드에서 시각의 기능, 그것의 적극적 역할은 그 너머에 더 큰 클로즈업으로 제시되는 인물에게 주어진다. '8자형'을 구성하는 전형적 숏에서 바라보는 인물 B는 대개 부차적 화면, 즉 안쪽 깊숙한 곳에 자리한다(등을 돌린 인물이 매우 가까이

있어서 크기의 차이가 강조된다). 게다가 C번 카메라가 그것을 향해 등을 보이는 인물 A의 머리와 너무 가까이 있는 바람에 카메라의 시선축이 인물의 시선과 각도 차이가 거의 나지 않는다. 결국, (기초적인 몽타주 코드 체계에서) 바라보는 인물 B는 '8자형' 체계에서 동시에 보이는 자가 되며 보이는 인물 A는 바라보는 자가 된다. '8자형' 숏은 하나의 시각 공간 내부에, 대개 기초적 몽타주 구조의 첫 번째 프레임으로 옮겨지는 요소들을 조합함으로써 구축된다. 이때 '리버스 앵글' 형상의 서로 다른 공간으로부터 차용한 요소들의 병치는 '8자형'에서 이 요소들과 불가분 관련된, 논리적으로 서로 '합치될 수 없는' 의미론적 배음들을 합치는 결과를 낳는다.

각도 변환을 통해 촬영된 이런 숏들과 관련해 시각의 기능이 누구에게 할당되는지, 여기서 보는 자가 누구인지 답하는 것은 불가능하다. 이런 상황은 시각 주체들의 선명한 정체성을 그런 지경까지 까다롭게 만든다.

C번과 D번 카메라로 촬영된 숏은 '절대적 주체'의 시각과 동일시된다. 그러나 기초적인 몽타주 코드로부터 도입된 여분의 의미가 이 상황 숏 내에서 여전히 작동한다는 사실이 그런 동일시를 파괴한다. 인물들은 '절대적 주체'의 균등한 객체로 남을 뿐 아니라 '시각'의 획득을 위해 적극적으로 투쟁하는 것이다.

그러므로 '8자형'은 인물 간 상호관계의 매우 깨지기 쉬운 구조를 만들어 낸다. 그것은 부단한 작동을 위해 끊임없이 외적 '원조'를 필요로 한다. 영화 내레이션의 메커니즘이 위치한 불안정한 균형의 상황은 (E번 카메라로 촬영된) 순수한 상황 숏의 원조를 계속해서 필요로 한다. (여기서) 소리 또한 적지 않은 역할을 담당한다. 말하는 인물이 원칙적으로 듣는 사람을 지배하기 때문에 대화 중 말의 배분은 중대한 구조적 역할을 수행하기 시작한다. 그것은 마치 무게 중심을 잡고 평형구조를 작동시키는 듯하다.[21] 이 때문에 시각의 기능은 해당 순간에 말하는 인물에게 가상적으로 할당할 수 있다.

'8자형'의 정상적 기능은 또 하나의 본질적 국면에 달렸다. 대화 상대자의 시선 방향이 그것이다.[22] '리버스 앵글'에서 시선의 방향은 그에 따라 몽타주의 각도계가 조정되는 분기점이다. 그것은 엄밀하게 결정될 수 없는데 왜냐하면 내러티브 공간의 구조화에서 그것이 결정적 역할을 수행하기 때문이다. '8자형'은 인물들이 서로에게 시선을 향할 것을 요구하고 카메라는 완벽한 대칭각을 취할 것을 요구한다. 그것은 절대적으로 카메라를 쳐다보는 인물을 터부시한다. 사실 배우가 카메라를 쳐다보면 모든 공간구조는 위협을 받는다. 카메라를 향한 시선은 카메라 쪽으로 인물을 재발송하게 되는바, 즉 카메

21) 염두에 둬야 할 것은 상대적으로 명백한 선형적 조직화를 갖지 않는 영상 텍스트로서 영화는 어느 정도는 구조적 의미를 만드는 힘의 선분들로 관통된 공간으로 볼 수 있다는 점이다. 가령, 의미의 중요한 발생기로서 소리는 모종의 '방랑하는' 단위로서 재현의 요소들이 그것의 정착을 두고 '다투는' 형국이다. 소리는 재현 자체로부터 직접적으로 생겨나지 않고 복화술의 원칙에 따라 훨씬 더 믿을 만한 원천(가령, 입술을 움직이는 인물)에 소급되므로, 영화에서는 공간적 몽타주 구조와 소리 간의 상호영향의 '유희'가 항상 관찰된다. 그러나 영화에서의 소리가 그것이 소급되는 원천을 반드시 필요로 한다는 사실 때문에 '8자형'에서 관객에게 얼굴을 향하는 인물이 흔히 말하는 자가 된다. 그 반대의 경우 소리는 부분적으로 '실종된 것'이 되고 디제시스에 파괴적 영향을 줄 수 있다. D. Percheron, Sound in cinema and it's relationship to image and diegesis, *Yale French Studies*, No. 60, 1980, pp. 16~23; R. Altman, Moving lips: Cinema as ventriloquism, *Yale French Studies*, No. 60, 1980, pp. 67~79; R. Odin, A propos d'un couple de condepts: son in vs son off, *Linguistique et Sémiologie*, No. 6, Lyon, 1979, pp. 95~125를 보라.

22) 영화에서 시선의 구조적 역할에 관해서는 다음을 보라. N. Browne, Rhétorique du texte spéculaire, (A propos de 〈Stagecoach〉), *Communications*, No. 23, 1975, pp. 202~211; N. Browne, Narrative point of view: The rhetoric of 〈Au Hasard, Balthasar〉, *Film Quarterly*, Vol. 31, No. 1, Fall, 1977, pp. 19~31.

라가 마치 대화공간 안에 물리적으로 현존하는 제 3의 대화 상대자가 된 듯, 자신의 '절대적 주체'의 위상을 상실하게 되는 것이다.

공간적 잣대의 기능을 상실한 시선은 각자에게 닫힌 말의 발송자가 된다. 즉, 그것은 혹시라도 대화공간에 파괴적 의미를 가질지도 모를, 원치 않는 주관적 화면을 없애기 위해 사용되는 것이다.

하나의 동일한 숏이 '객관적' 비전에서 '주관적' 비전으로 미끄러져 내릴 수 있는 능력[23]은 상당히 복잡한 몽타주 구조 내부에서 시각의 주체를 규정하는 일을 상대적으로 아주 어렵게 만든다. 영화가 명확한 주관적 동일시를 제공하는, 손쉽게 구분될 수 있는 일련의 주관성의 특징을 도입하는 것은 이 때문이다. 그런 특징으로는 명확하게 표현된 투시법, 카메라의 움직임(도보나 자동차의 움직임을 흉내 내는), 재현 가능한 모든 왜곡 형태, 병, 눈물, 술 취함 등을 지시하기 위해 도입되는 모든 형식, 각종 페이드아웃 등이 있다. 바로 이런 보충적 '도구'를 도입해 찍은 숏의 경우가 흔히 주관적인 것으로 말해지곤 한다.

결국, '8자형'은 모든 보충적 속성 — 정확하게 조정된 시점과 '음향의 반향'을 지닌 상황 숏 — 과 더불어 **모순을 극복하기 위해 작동하는 복잡한 체계로서 나타난다. 그 모순은 이원적 몽타주 형상 '리버스 앵글'에 기초하는 공간 속으로 대화의 상황을 도입함으로써 생겨난다.**

이때 '8자형'의 작동에서 깨지기 쉬운 균형을 의도적으로 파괴하

23) 시각주체 규정의 불안정성은 특정 텍스트, 가령 판타지와 현실 사이에서 '명멸하는' 세계를 창조할 목적을 지닌 텍스트에서 사용할 수 있다. 예컨대 영화 〈뱀파이어〉(1932)에서 드레이어는 시종일관 시점 변경 기법을 사용한다. 드레이어는 영화 주인공인 데이비드 그레이에 의해 보인 숏들의 끝에서 체계적으로 그레이 자체의 형상을 도입하는데 이는 몽타주에서 코드화된 주관적 징표를 파괴해 버린다. M. Nash, Vampire and the Fantastic, *Screen*, Vol. 17. No. 3, Autumn, 1976, pp. 29~67.

는 일, 즉 정상적 기능체제로부터 이탈하는 일은 영화언어를 풍부하게 하기 위한 근본적 수단이 된다.

'8자형'의 광범위한 전파는 현실성의 환상을 공고히 할 것을 지향하는 고전 할리우드 영화에서 나타났다. 그러나 그중에서도 이 현실성이 공포와 긴장의 원천이 되는 경우, 가령 스릴러나 공포영화의 경우에는 '8자형'의 정상적 작동에서 이탈하는 경우가 나타났다. 이 형상의 여러 상이한 변종이 바로 히치콕에게서 발견된다.

전통적 모델에서 더욱 극단적으로 이탈한 영화에서는 '8자형'이 훨씬 더 결정적 변형을 겪는다. 어떤 점에서 일반적인 리버스 몽타주 모델로부터 얼마나 이탈했는지의 여부가 영화언어의 비전통성을 가늠하는 신호가 될 수 있다. '8자형'의 논리화하는 역할을 거부하는 영화에서 영화적 대화가 어떻게 구축되는지 사례를 통해 살펴보자.

고전영화 중에서 특별한 자리를 차지하는 것은 칼 테오도르 드레이어의 〈잔다르크의 수난〉(1927)이다. 이 영화시학의 몇몇 특징을 살펴보기로 하자. 영화의 대부분이 잔느의 심문 장면에 할애되기 때문에 영화공간은 주로 여주인공과 심문관들 사이의 대화공간으로 구조화된다.

이 대화에서 양편의 대립은 드레이어에게 커다란 의미를 지닌다. 왜냐하면 영화에서 작동하는 모든 대립의 총합이 이를 기초로 구축되기 때문이다.[24] 연출가는 주제에 대한 좁은 의미의 심리적·역사적 접근법의 틀 밖으로 나가, 그 스스로 '추상화'라고 부른 것을

---

24) 켈만에 따르면 그와 같은 대립의 '목록'은 다음과 같다. 자유와 권력의 충돌, 사랑(여기서는 신을 향한)과 전통적인 복종, 젊음(잔느는 처음에 19살이라고 주장한다)과 늙음(잔느를 지지하는 몇몇을 뺀 모든 사제), (이상을 향한 그녀의) 의무와 (삶을 향한) 사랑 그리고 최종적으로는 (그를 위해 잔느가 싸우는) 삶과 (그녀에게 반대자들이 명한) 죽음 간의 충돌이다(K. Kelman, Dreyer, *Film Culture*, No. 38, Winter, 1964/65, p. 3).

성취하고자 한다.[25] 이런 목적으로 드레이어는 역사적 사실의 디테일을 과감하게 걷어내고 단순하게 만든 의상과 무대장치에 '초역사적' 성격을 부여함으로써 그것을 스타일화했다. 그러나 영화를 '영적으로 만드는' 가장 주요한 역할은 전통적 대화구조의 혁신에 맡겨졌다. 무엇보다 감독은 디제시스에 대한 관객의 익숙함을 파괴하는데 (측량이 불가능한) 조건적인 시간 감각을 만들어 내고 화자의 명확한 공간적 위치측정 가능성을 극도로 약화시킨다. 그렇게 해서 대화 상황의 물리적 구체성의 틀이 파괴되고 대화가 어떤 정신적 힘의 상호대립으로 바뀌는 것이다.

여기서 드레이어가 기댔던 첫 번째 전략은 상황 숏을 거의 완전히 폐지하는 것이었다. 실제로는 미디엄숏이나 롱숏이 적지 않음에도 불구하고 영화는 마치 전체가 클로즈업 화면으로만 이루어진 듯한[26] 거짓 인상을 남긴다. 이런 거짓 인상은 전체화면이 사실상 복수의 대화 상대자를 포괄한 적이 없다는 점 그리고 잔느가 언제나 심문관으로부터 동떨어져 홀로 그려진다는 점 때문에 발생한다. 롱숏 화면의 이런 기능적 '불충분함'은 전체화면으로 받아들여지지 않는 결과를 낳는다.[27] 두 번째 전략은 (주변) 환경에 대한 외적

---

25) V. Petric, Deyer's concept of abstraction, *Sight and Sound*, Vol. 44, No. 2, Spring, 1975, pp. 108~122.

26) 드레이어는 이 화면들을 '이상한 클로즈업'이라 부르면서 그것들의 기능이 철저하게 점검된 것임을 지적했다. C. Dreyer, La mystique réalisée (1930), *Cahiers du cinéma*, No. 124, Oct., 1961, p. 35.

27) 버치는 영화에서 모든 화면이 크기와 관계없이 단일한 유형으로 작동함을 지적하고 여기서 '수난'의 '비정상성'을 보았다(N. Burch, Carl Theodor Dreyer: The major phase, R. Roud (Ed.), *Cinema: A critical dictionary: The major film-makers*, Vol. I, London, 1980, p. 297). 보드웰은 이 현상이 '헐벗은' 롱숏이 보충적 정보를 제공하지 않으며 따라서 클로즈업과 마찬가지로 기능한다고 설명했다〔D. Bordwell, *Film-guide to* 〈*La Passion de Jeanne d'Arc*〉,

표지를 제거하는 것과 관련된다. 배경으로 자연을 잡은 숏에서는 단순한 하늘이 지배적이고(예술감독 바름과 규로가 담당) 인테리어는 몽타주 공간 내에서 감을 잡을 수 있는 아무런 '힌트'나 장식이 없는, 표백된 벽이 지배적이다.[28] 잔느와 그녀의 상대자들의 얼굴은 항상 중립적 배경 아래에서만 나타나고 그것은 모종의 '벌거벗은' 동종적 공간 안에서 배회한다.[29]

마지막으로 드레이어는 전면에 대화 상대자의 등을 결코 제시하지 않는다. 공간 내에서 유일한 표지는 화면 크기의 상관관계와 시선의 방향뿐이다. 그러나 이 표지만으로는 부족하다. 표지의 항상적 부족함은 거의 모든 장면에서 복잡한 공간적 과제를 해결하기에는 역부족인 기초적 몽타주 코드를 활성화한다. 상황이 더욱 복잡해지는 것은 드레이어가 대개 몽타주에서 셋 이상의—때로는 더 많은—대화 상대자를 충돌시킨다는 사실이다. '리버스 앵글'의 기법은 이미 살펴본 것처럼 두 명의 대화 상대자의 현전 상황에서도 쉽게 '목이 졸리곤' 한다. 따라서 영화의 체제는 곧 공간적 미궁의

Bloomington(IN)/London, 1973, p. 24].

28) 톰슨과 보드웰은 '리버스 앵글'의 형상이 공간적 안정성을 지탱하는 과정에서 가장 주요한 요소가 되는 배경의 일관성 덕분에 기능하게 된다고 지적했다(K. Tompson, & D. Bordwell, Space and narrative in the film of Ozu, *Screen*, Vol. 17, No. 2, Summer, 1976, pp. 42~43). 몽타주 코드와 관련된 '매개변수적' 요소의 구조적 역할에 관해서는 다음을 보라. D. Chateau, & F. Jost, *Nouveau cinéma, nouvelle sémiologie: Essai d'analyse des films d'Alain Robbe-Grillet*, Paris, 1979.

29) '순수한' 배경은 숏에서 선형적 퍼스펙티브를 중립화한다. 나르보니는 드레이어 시학의 이 특징을 살펴보면서 이것이 중심적 구성을 낳는 '소실점의 내구성'을 파괴한다고 지적했다(J. Narboni, La mise en demeure, *Cahiers du Cinéma*, No. 207, Dec., 1968, pp. 38~41). 이에 덧붙일 것은 드레이어에게 자주 나타나는 숏의 구성적 대칭성의 파괴와 빛의 원천을 특정할 수 없도록 하는 '흐르는 듯한' 조명이다.

체제가 된다. 그러나 감독은 공간적 관계의 모순성을 복잡한 인간적 상호관계를 구조화하기 위해 사용한다. 디제시스 공간의 몰락은 몽타주 코드의 '부수적인' 의미론적 구성 요소의 활성화에 복무하는 바, 즉 후자가 전면화되는 것이다.

가령, 화형을 앞둔 잔느의 성찬식 장면은 다음과 같이 진행된다.

1. 화면 중앙에—성배와 성체를 든 성직자(상반신 숏). 위를 바라본다.
2. 화면 왼편에 잔느(클로즈업). 약간 위쪽을 바라본다.
3. 루아즐러(N. Loyseleur, 심판관 가운데 한 명으로 잔느의 주된 적)의 클로즈업. 화면의 왼쪽 상부에 위치한 그의 얼굴은 프레임에 의해 잘려 나갔다. 즉, 이마와 오른쪽 눈이 보이지 않는다. 약간 오른쪽을 바라본다.
4. 화면 아래쪽 왼편 구석에 잔느의 얼굴(두 번째 숏보다 훨씬 작다). 약간 위를 본다. 오른쪽 벽에 십자가가 보인다.
5. 첫 번째 화면에서와 동일한 성직자. 그러나 아래를 내려다본다.

이 장면에서 모든 표지가 화면의 크기와 시선의 방향에 집중되기 때문에 이런 불충분한 매개변수들을 갖고 인물들의 상호관계의 논리를 재구성해 보기로 하자.

첫 번째와 두 번째 숏은 서로 쉽게 연결될 수 있다. (바라봄의 기호인 클로즈업으로 잡힌) 잔느는 성직자를 바라본다. 성직자의 시선은 하늘을 향한다. 그러나 이 숏 결합에는 사소한 일탈이 존재하는데 두 번째 숏에서의 구성상의 비대칭성, 즉 잔느의 얼굴이 무슨 이유에서인가 왼편에 자리한다는 점이다. 바로 이런 변화가 두 번째 숏을 세 번째 숏과 연결하는데 이때 후자의 구성이 눈에 띄게 비대칭적이다. 숏의 왼쪽 모서리가 루아즐러의 얼굴을 잘라낸다. 잔느와 루아즐러의 관계는 크기의 동일성에서도 강조된다(이는 대화의 고전적 스토리보드에서 전통적으로 유지되는 특징이다). 그러나 이 두 숏 간의 관계 또한 일탈을 포함한다. 시선축의 불일치가 그것인데 잔느는 약간 위를 보고 루아즐러는 약간 오른쪽을 본다. 게다가 첫 번째와 두 번째 숏을 잇는 과정에서 발생하는 잔느와 성직자의 관계는 대화의 공간 속에 루아즐러를 편입시키기 어렵도록 만든다. 아울러 지적할 것은 구성적 대칭 내부에서 발생하는 (코드화되지 않는) 전위에 비해 시선축의 불일치는 훨씬 더 큰 해체적 의미를 지닌다는 사실이다. 세 번째와 네 번째 숏의 관계는 서로 다른 화면 크기 간의 상호작용에 기초한다. (클로즈업으로 잡힌) 루아즐러는 여기서 시선의 주체이고 (미디엄숏으로 잡힌) 잔느는 시선의 객체, 즉 루아즐러의 희생물이다 (벽에 걸린 십자가는 희생의 상징이다). 그러나 세 번째와 네 번째 숏 사이에 다시 시선축의 불일치가 목도된다. 다섯 번째 숏은 쉽게 네 번째 숏과 연결된다. 여기서는 재현의 크기의 근접성(대화의 기호)이 성찬식을 상징하는 (벽에 걸려 있는 같은 모양의 십자가가 이번에는 성찬식의 알레고리가 된다) 시선축의 합치에 덧붙여진다. 그러나 여기서 구성적 비대칭성 안에 가벼운 해체적 뉘앙스가 숨었다.

5개의 화면 모두는 일정한 '틈'을 지닌 채 서로 연결되었다. 그들 관계의 가벼운 일탈은 에피소드의 공간구조를 '열어 놓기' 위해, 그리고 그 안에 필요한 만큼의 참여자를 집어넣기 위해 반드시 필요하다. 여기서 3명의 인물은 성긴 관계로 얽혔다. 그러나 이때 잔느와 성직자의 관계는 잔느와 루아즐러의 그것보다 더 적은 모순을 포함한다. 결국 루아즐러는 매우 힘겹게 합쳐지고 또다시 해체되는 공간 안으로 비집고 들어가려고 애쓰는 것처럼 보인다. 그는 지배의 권리를 위해 잔느와 더불어 공고한 결합을 원하는 듯하고 세 번째와 네 번째 숏의 연결에서 거의 이를 달성한 것처럼 보인다. 그러나 '달래는 듯한' 다섯 번째 숏(뒤이어 아멘이라는 자막이 나온다)은 다시금 루아즐러를 다른 두 명의 인물만큼 완전히 진입하지 못했던 그 공간 밖으로 '끄집어낸다'. 성찬식은 끝난다. 적은 무력해졌다. 결국 잔느와 성직자 간 관계의 '약점'은 그들 상호관계의 망설이는 공간 안으로 루아즐러 얼굴의 '몽타주적 공격'으로 구현된 적대적 힘을 집어넣기 위해 사용되었던 것이다(프레임에 잘린 그의 얼굴은 인물들의 삼중 구도에서 그가 차지하는 위상을 반영한다).

1922년에 쓴 논문 "영화에서의 새로운 이념"에서 드레이어가 이미 지적한 바에 따르면, 저명한 네덜란드 감독 크리스텐젠의 가장 커다란 업적은 "원인과 결과를 동시에 표현하기 위해 클로즈업과 롱숏을 결합하는 데 성공했다는 점"이다.[30] 1927년에는 드레이어 자신이 새로운 결정론의 방식을 창조하기 위해 대화의 몽타주 공간의 코드화된 규범으로부터 일탈을 감행했다. 〈수난〉에서 숏의 연쇄는 마치 표면으로 풀려가는 어떤 공간적 수수께끼 그림처럼 감독으로 하여금 원인과 결과를 그토록 기묘하게 '뒤집도록' 허락한다. 그 결과 자막으로 된 언어적 대화 위에서 인물 간의 독특한 대화, 그 안에 구현된 힘의 대화가 발생하는 것이다.

드레이어가 사용한 이런 기법에 덧붙일 수 있는 예는 시선의 방향을 바꾸는, 클로즈업된 인물의 눈동자의 움직임이다. 가령, 잔느의 그와 같은 눈동자의 움직임은 여주인공 앞에 놓인 딜레마를 보여 주는 두 개의 상징인 꽃과 해골과 관련된다. 시선의 전환은 영화공간의 모든 위상학을 변경시킨다. 시선 변경의 모든 〈안무〉는 에이젠슈테인의 〈폭군 이반〉에서 볼 수 있는데 그의 몽타주 기법들

30) C. Dreyer, Idées nouvelles dans le cinéma, *Cahiers du Cinéma*, No. 124, Oct., 1961, p. 128.

은 많은 부분 드레이어의 스타일과 유사하다.[31)]

드레이어나 에이젠슈테인 같은 유형의 예술가는 대화적 상황을 구현함에 몽타주 '법칙'의 준수를 거부한다. 그러나 이런 일탈의 시학 자체와 그에 기초한 영화 스타일을 가능하게 하는 기반은—'리버스 앵글'의 가장 단순한 형식부터 더욱 세련된 '8자형' 형식에까지 이르는—일련의 코드화된 형상이다.

이 형상은 코드, 즉 모델로서의 의미를 보존한다. 빈번하게 위반되고 상황에 적용될 때 파편화되긴 하지만 그 복잡성은 많은 부분 그것이 지닌 '결정화 능력'을 상회한다. 이 형상은 '파편'의 형태로, 즉 의미의 자장을 재현의 불완전한 연쇄로 이끌고 영화의 내러티브 공간을 조직화하는 방식으로 계속해서 작동한다.

—1984

---

31) 드레이어 자신이 자신의 〈수난〉에 미친 〈전함 포템킨〉 몽타주의 영향을 시인한 바 있다. 아메그놀은 드레이어의 영화적 사유에 드러나는 의고성(*archaism*)의 특징을 지적하면서 그와 에이젠슈테인을 '그리피스의 진정한 정신적 자식들'이라고 불렀다(B. Amengual, Les nuits blanches de l'ame, *Cahiers du cinéma*, No. 207, Dec., 1968, p. 53). 드레이어식 몽타주의 '기이함'은 때로 영화선구자의 '서투름'을 떠올리게 한다. 그러나 〈수난〉의 몽타주를 1920년대 아방가르드 영화의 그것과 관련시킬 근거 또한 존재한다. 예를 들어, K. Bond, Léger, *Dryer, and Montage*. In *Creative Art*, Oct., 1932, pp. 135~138를 보라. 드레이어는 실로 의고주의와 아방가르드주의의 교차지점에 위치하는바, 이는 트이냐노프 이래로 잘 알려진 것처럼 서로 모순되지 않는다.

제3장

영화의 가상공간에 관하여

역시 〈타르투 문집〉[1]에 실린 이 논문은 앞선 논문에 직접적으로 연결되는 것이다. 여기서 나는 몽타주가 연결시키는 것이 퍼스펙티브를 지닌 사진적 재현들이 아니라 그런 시점주의를 탈각한 단순화된 공간의 이미지들이라는 점을 보여 주려 시도했다. 공간이 관객의 기억으로 변형되는 이 과정(몽타주는 언제나 기억에 뿌리박는다. 왜냐하면 그것은 가시적 묘사를 이미 스크린상에는 없는, 하지만 기억 속에 남은 것과 더불어 전제하기 때문이다)을 설명하기 위해, 나는 이 '복잡한' 논문의 독해를 더욱더 어렵게 만드는 일련의 기하학적 체계에 의존했다. 오늘날의 나라면 아마 관객의 의식이 가시적 공간의 지각적 특징을 거부하는 이 메커니즘을 다르게 설명했을 것이다. 문제는 칸트의 직관과 달리 영화의 공간은 우리 지각의 선험적 조건이 아니라는 점이다. 그것은 자신의 모든 대상적 구체성을 보유한 (하나의) 현상으로서 주어진다. 때문에 우리는 영화의 공간을 퍼스펙티브의 기하학을 염두에 두지 않는 우리네 삶의 경험에 상응하는 방식으로 받아들인다. 진정 경험 속에서의 공간은 단일한 부피로 다가오는 것이지, 시점이나 소실점과의 관계에 따라 조직화된 어떤 구조로서 다가오지 않는 것이다. 현상학적으로 영화의 공간은 지각적 이미지로서 우리에게 주어지는 것과 원칙적으로 다르다. 몽타주에서는 우리에게 현상학적 관조 속에서 드러나는 공간이 명백하게 부각된다. 나는 이 논문에서 현상학적으로 훨씬 더 간단하게 설명할 수 있는 상황을 복잡한 기호학적 개념의 도움으로 설명하고자 애쓴다. 하지만 이것이 이 논문의 결론이 잘못이라는 뜻은 결코 아니다. 영화의 가상공간이 '몸'을 둘러싸고 구축되며 현상학적 성격을 갖는다는 (이 논문의) 언급은 이 논문을 쓸 때 이미 내가 기호학적 '코드'와는 다른 방향을 바라보기 시작했다는 사실을 보여 준다.

---

1) **[옮긴이 주]** 〈타르투 문집〉이란 유리 로트만(Y. Lotman)이 재직했던 에스토니아의 타르투대학에서 발간하는 학술지 〈기호체계 문집〉을 말한다. 머리말 각주 2번 참조하라. 얌폴스키의 이 글은 22호(1988)에 실렸다.

스크린은 언제나 영화의 행위가 펼쳐지는 공간의 일부분만을 관객에게 제시한다. 영화에 특징적인 현실성의 환상은 그에게 제시되는 공간적 단편을 토대로 모종의 가상적 행위를 구축해낼 수 있는 관객의 능력에 달렸다. 고전적인 영화 몽타주의 가장 중요한 기능 중 하나는 몽타주숏의 분절적 단편들을 관객의 상상 속에서 하나의 연속체로 통합할 수 있게 하는 특별한 "지표들"의 창조이다. 단편들로부터 총체적 공간을 재구축하는 심리적 메커니즘은 그 기초에 **유사거울적 구조**를 가진다. 공간의 재현에서 거울의 기본 속성 중 하나는 관찰자의 '등 뒤에' 위치한 공간 영역을 거울의 시야에 포함시킬 수 있는 능력, 다르게 말해 '행위의 장소'에 대한 총체적 조망을 제공하는 능력이다. 내러티브 영화의 기본적인 몽타주 코드가 기초하는 것이 바로 이런 거울상의 가역성인바, 그에 따라 (인물 클로즈업 화면과 전체 화면으로 이루어진) 간단한 연쇄가 카메라 시점의 180도 역전으로 읽혀지는 것이다.[2)]

전통적인 내러티브 영화의 모든 에피소드 내적 몽타주 코드는 이런 리버스 형상을 기반으로 구축된다. 영화기호학은 영화적 공간과 극히 밀접하며 현저한 정도로 관객이 만들어 내는 가상공간 구축의 산물이라고 할 수 있다. 반면, 영화감독이 끊임없이 의존하는 영화의 이 가상적 공간이 갖는 성격은 이제껏 제대로 연구된 바 없다. 복잡한 심리적 구성물인 이 행위 재현의 공간은 (기존) 영화이론의 방법론적 도구를 통해 효과적으로 연구되지 않는다. 지각심리학 또한 가상공간의 '잡종'을 연구하기에 적당한 방법론적 기초를 제공해주지 못한다. 최근에 구조적 정신분석학 분야에서 그것을 기술하기 위한 몇몇 접근법이 제시되었는데[3)] 다만 정신분석학적 연구는 영화

2) 이에 관해선 앞 장(1부 2장) "대화와 영화적 공간의 구조"를 보라.

3) 이 경향의 가장 뛰어난 작업 중 하나는 J. P. Simon, *Le filmique et le comique*:

적 발화의 주체 구성 문제에 주의를 기울이면서, 간접적으로 몽타주 공간구조를 건드렸을 뿐이다. 본질적으로 말해서 영화의 가상공간 개념은 아직도 여전히 (영화의 개명기와 마찬가지로) 아무런 규정성도 갖지 못한 채 (프로이트가 말했듯, 응축과 전치 과정에 노출된) 다만 꿈의 공간과의 유비 정도로 소급될 뿐이다. 유감스럽게도 그런 식의 유비는 영화의 지각적 공간에 관해 말해 주는 바가 거의 없다.

이 장에서는 하나의 몽타주 형상이 만드는 가상공간의 공리학의 몇몇 요소를 살펴볼 것이다. 그 형상이란 시점을 180도 뒤집음으로써 만들어진 고전적인 '8자형' 형상이다. 이 몽타주 형상을 선택한 데에는 몇 가지 이유가 있다. 우선 첫째로, 이미 언급했듯이 이 형상은 고전적인 내러티브 영화를 위한 몽타주 코드 구성의 기초를 이룬다. 시점의 역전은 절대적인 공간적 총체성을 복원한다는 환상을 제공하는바, 관객은 이를 통해 마치 행위공간 '전체'를 보는 것과 같은 효과를 얻는다. 역전된 공간에는 촬영그룹과 기자재 등을 위한 자리가 없으므로, 영화 공정의 전체 메커니즘은 관객에게 비가시적인 것이 된다. 바로 여기에 영화 세계에서 현실성의 환상을 만들어 내는 데 '8자형' 몽타주가 갖는 본질적 의미가 놓였다. 게다가 이 몽타주 모델은 지극히 단순하다(이 점이 몽타주 코드에서 그것이 갖는 근본적 위상을 결정한다). 리버스 모델의 이런 단순함은 당연히 가상공간의 분석을 매우 쉽게 만든다.

물론 이런 협소한 연구 범위는 그로부터 얻어진 결론을 더 복잡한 몽타주 형상에 적용할 때 신중할 것을 요구한다.

Essai et le film comique, Paris, 1979.

1.

몽타주 디제시스의 역설은 결국 개별 숏의 공간을 지각하는 방식의 특수성에서 나온다. 이 문제를 먼저 살펴보기로 하자.

관객은 선형적 시각의 퍼스펙티브(원근법) 법칙에 따라 구축된 묘사가 펼쳐지는 스크린의 앞쪽 어두운 객석에 앉았다. 이 재현의 조건적 시점은 대개 스크린의 앞쪽 공간에 놓이는데 그것은 다시 관례적으로 관객의 시점과 합쳐진다. 카메라의 시선과 관객의 시선의 근본적 동일시는 바로 이런 합치에 기초한다. 한편 관객의 시점과 카메라의 시점 간의 이런 일치는 조건적이다. 투사의 체제에서 시각적 퍼스펙티브의 시점은 영사기의 렌즈가 위치하는 바로 그 장소에 위치한다(〈도식 2〉를 보라). 초기 영화에서 관객과 영사기 위치의 일치는 더욱 확연했다. 즉, 영사기가 극장 내부에, 관객석 좌우 열의 중간 지점에 위치했던 것이다(이런 배치는 이후에도 아마추어 영화 상영에서 유지된다). 점차로 영사기는 뒤로 빠져서 관객의 머리 위에 있는 영사실로 옮겨졌다.

영사기가 객석에서 영사실로 옮겨지는 이런 변화는 몇 가지 원인으로 설명될 수 있다. 우선 영사기라는 것은 영화의 기술을 노출하는 것이었고 이는 현실성의 환상을 파괴하는 결과를 낳았다. 또한 영사기를 따로 놓게 되면 영사기가 내는 특수한 기계음을 피할 수 있다는 장점도 있었다. 화재와의 싸움 역시 한 몫을 했다. 하지만 또 하나의 계기를 염두에 두어야 한다. 눈에 보이는 영사기는 관객의 시야에 또 다른 시점을 놓아둠으로써 결과적으로 재현을 만들어 내는 메커니즘의 시점과 관객의 시점 간의 상상적 합치를 방해했다.

영사기의 고전적 배치는 (영사기에서 나온) 광선의 빛이 관객에게 많이 느껴지도록 했다. 영화에 대한 초창기 반응에서는 오늘날의

〈도식 2〉

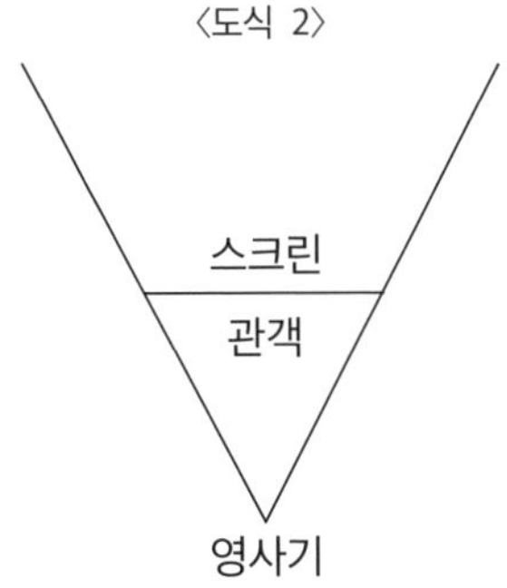

관객이 거의 느끼지 못하는 극장 안의 빛의 존재가 항상 발견된다. 이후에 이 빛은 관객의 머리 위로 올라갔고 시야에서 거의 사라졌다. 한편, 이 빛은 선형적 퍼스펙티브 기하학의 눈에 보이는 지표에 불과하다. 그것은 극장 내부에서 소실점을 물리적으로 지시한다. 몽타주의 발전이 영사기의 위치 이동과 더불어 그에 상응하는 빛의 기하학의 은폐를 동반한 것은 우연이 아닐 것이다.

몽타주 영화에서 카메라의 시선과 관객의 시선 간의 그럴듯한 동일시의 확립은 실제 공간의 도식으로부터 떨어져 나오는 것을 가능하게 했다. 아마도 영화의 실제적 지각을 기술하기 위해서는 보다 단순한 또 다른 도식에서 출발해야만 할 것이다. 복잡한 공간구조를 단순화하는 심리적 메커니즘은 영화에서 매우 커다란, 그리고 지극히 생산적인 역할을 담당한다.

따라서 (위에 말한 심리적 교정의 결과로 발생한) 개별 숏의 지적인 지각공간은 〈도식 3〉으로 수렴할 수 있다.

〈도식 3〉에서 A는 시점이다. 이는 영사기가 배치되는 장소이자 관객이 위치하는 자리이다. 이 도식에서는 영사기의 시각장이 ADE로 이루어진 삼각형에 자리한다(더 정확하게는 A가 정상의 꼭짓점이 되는 피라미드인데 스크린은 여기서 직선 단면, 즉 바닥이 될 것이다).

<도식 3>

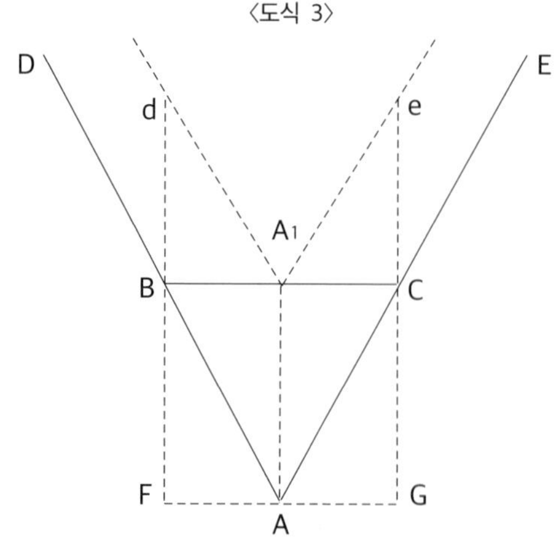

거기서 ABC로 이루어진 삼각형은 훨씬 더 큰 문제를 제기한다. 한편으로 그것은 영사기-관객의 시각장에 포함되면서 다른 한편으로는 관객석에 위치한, 그러나 디제시스로부터는 벗어난 일종의 사각지대로서 나타난다. 이런 사각지대의 존재는 영사기의 위치와 촬영 당시 카메라 위치의 불일치와 관련된다. 대개 이 불일치는 거의 주목받지 못한다. 관객은 그리고 종종 연구자는 (영사기를 통해) 투사되어 우리가 보는 것이 카메라가 촬영 당시 취했던 바로 그 시점을 통한 재현이라는 잘못된 가정에서 출발한다. 사실 촬영 당시 카메라는 A_1이라는 조건적 지점, 그러니까 스크린의 표지 자체에 위치했다. 그러나 그와 같은 배치는 심리적으로 관객에게 지극히 복잡하다. 그리고 이런 복잡성과 관련된 것이 조건적인 스크린 표지의 존재이다. 물론 공간적 허구로서의 스크린, 그것은 절대적으로 투과 가능한 투사의 장소이자 벗어나야 할 관례성이다. 그러나 동시에 그것은 회화의 캔버스를 닮은 물질적 대상, 즉 천으로서 존재한다. 관객은 자기 자신과 스크린 사이의 거리를 항상 느낀다. 이 거리의 존재를 완벽하게 벗어나는 것은 불가능하다.[4)]

만일 관객이 자신을 A지점에 위치시킨다면 구경거리를 향한 배치의 기하학은 상대적으로 단순해진다. 스크린의 끄트머리에 의해 '잘려나가기' 때문에 DB와 EC의 시점 라인은 보이지 않는다. 재현의 가시적 공간 안에 사각지대가 생기지 않는 것이다. BdeC의 모든 공간이 전부 보인다는 환상이 생겨난다. 만일 시점을 A_1으로 옮겨 놓게 되면 새로운 사각 지대인 A_1Bd와 A_1Ce의 존재를 염두에 둬야 하고 결과적으로 스크린의 표면에 제시된 공간에서 우리가 상당량의 공간 영역을 보지 못한다고 가정해야만 한다. 표면을 향한 투사는 경험상 그런 사각지대가 없다고 확신하게끔 한다. 심리적으로는 그것을 실제 우리 시각의 사각지대인 ABF와 ACG의 삼각형으로 옮겨 놓는 것이 훨씬 더 쉽다. 이런 심리적 전이는 카메라와 영사기 위치의 불일치의 대가로 실현되는 것이지만 이런 불일치는 자신을 감추면서 이런 전이를 정당화한다. 이렇듯 스크린의 물질적 표면의 존재와 관객의 시선과 영사기의 시각의 끈질긴 동일시는 관객 앞에 복잡한 심리적 과제를 부여한다. 사각지대 ABC의 말살은 관객이 A_1지점, 즉 스크린의 표면으로 이동하게 만들지만 다른 수많은 요인들이 관객을 A의 위치에 고정시킨다. 이 상황은 원칙적으로 모순 없이 해결될 수 있는 것이 아니다. 관객은 영화의 디제시스와의 관계에서

4) 영화 스크린의 물리적 속성은 많은 부분에서 화폭과 구별시킨다. 유럽 회화에서 공간적 깊이의 환상을 창조하려는 지향은 캔버스의 표현을 물감 층으로 철저하게 덮는 쪽으로 나타났다. 그래픽에서 흰 바탕의 존재는 그래픽 공간을 보다 조건적인 것으로, 즉 표면이라는 매개체의 감각과 연관된 것으로 만든다. 이런 맥락에서 스크린의 흰색은 표면성을 드러내고 매개체를 강조하는 역할을 한다. 따라서 스탠리 카벨의 다음 주장에 완전히 동의할 수는 없는 것이다. "스크린은 캔버스 같은 매개체가 아니다. 그것은 아무것도 전달하지 않는다 …"(S. Cavell, *The world viewed: Reflection on the ontology of film*, New York, 1971, p. 24).

자신의 위치를 명확하게 인식할 수 없고 무의식중에 자신을 AA_1축에 놓을 수밖에 없게 된다. 다시 말해 두 양 극점에 동시에 자리하거나 아니면 이 축상에서 끊임없이 이동하게 되는 것이다.

이와 같은 불안정한 상황은 나름대로 영화공간의 성격에 영향을 미친다. 가령, 위치 A_1은 A_1de의 각을 열 것을 요구하는데 A_1d 라인과 A_1e 라인을 직선 BC와 일치시켜야 하기 때문이다. 이 경우 공간은 펼쳐지며 변형된다.

물론 관객은 이런 변형을 감지하지 못한다. 심리적 보정의 메커니즘은 공간적 일관성의 환상을 창조한다. 그러나 이런 일관성은 명확한 기하학의 상실을 대가로 달성되는 것이다. 그것은 (아래에서 살펴보겠지만) 공간의 물리적 성격과 견고함, 안정성을 완전히 없애버리는 지경까지에 이르는 공간으로부터의 탈피를 대가로 가능해진다.

위에 설명한 대로 (각각이 자신의 유효함을 보유하면서 그것을 부정하는) 두 가지 도식의 (동시적) 부과는 영화와의 시각적 접촉에서 모순적 양태를 제공한다. 그 결과 관객은 한편으로 자신을 볼거리의 디제시스 속으로 들어가는 참여자로 느끼면서(즉, 자신을 A_1 지점에 위치시키면서), 동시에 다른 한편으로는 A 지점에 부합하는 외적 관찰자의 위치를 보유한다.

이런 메커니즘은 서로 모순에 돌입하는 두 가지 측면, 그러니까 스크린의 물질적 표면의 존재와 사진적 재현의 기하학적 구조와 관련된다. 결국, 영화의 공간적 코드가 르네상스적 시점 코드에 상응한다는 전통적 테제는 교정될 필요가 있다. 지각의 차원에서 디제시스 안에서 관객 위치의 변동은 부분적으로 엄격한 기하학적 퍼스펙티즘을 파괴한다.

선형적 퍼스펙티브의 법칙에 따라 구축된 회화의 화폭과 영화적 재현 간의 근본적 차이점이 바로 여기에 있다. 회화에서 예술가의 시점과 그의 위치는 실제로 그림의 앞 공간, 즉 캔버스 바깥에 자리한다. 반면에 영화 카메라는 그 자신과 재현의 표면 사이에 '죽은' 공간, 즉 비가시적 공간을 갖지 않는다. **르네상스 예술가의 위치에 자리하는 것은 카메라가 아니라 영사기인 것이다.**

2.

리버스 몽타주의 기본 형상은 대조적인 두 숏의 결합이다. 첫 번째 숏이 사람의 얼굴을 클로즈업하면 두 번째 숏은 롱숏, 가령 특정 장소의 풍경을 잡는 식이다(〈그림 4〉). 이 두 숏의 병치는 일련의 원인에 의해 시선의 180도 역전으로 읽힌다.[5)]

이 두 숏이 만들어 내는 공간에 대한 구체적 분석에 앞서, 나는 리버스 몽타주의 가장 이상적 모델을 먼저 논하려 한다.

무엇보다 강조할 것은 첫 번째와 두 번째 숏의 병치를 시점의 완전한 역전으로 읽어내는 것은 조건적이며 코드화된 것이라는 사실이다. 그러한 독해를 위한 그 어떤 '객관적' 이유도 없다. 첫 번째 숏이 관례적으로 드러내는 것은 두 번째 숏이 이미 (앞에서) 클로즈업으로 주어진 인물의 시각이라는 사실이다. 이런 몽타주 형상의 코드화된 성격 덕분에 우리는 이 두 숏의 결합을 시점의 완전한

5) 카메라 시각의 방향을 보여 주는 진정한 '각도 측정계'는 첫 번째 숏에서 인물의 시선이다. 전통적인 내러티브 영화에서 클로즈업된 인물은 카메라를 직접 쳐다보는 법이 거의 없었다. 그는 카메라의 시선에 대해 조금이라도 기울어진 각도로 바라봤다. 결국 진정한 전위가 180도에 미치지 못했던 것이다. 이런 기울어짐의 원인을 나는 앞장(2장) "대화와 영화적 공간의 구조"에서 다루었다. 여기서 나는 의식적으로 이런 작은 각도의 기울임에 주의를 기울이지 않지만 사실 그것은 본질적 역할을 했고 가상공간의 토폴로지를 더욱 복잡하게 만들었다.

〈그림 4〉

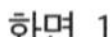

화면 1

화면 2

순환, 즉 두 개의 단편을 통해 디제시스 공간 **전체**를 (남김없이) 제시한 것으로 바라보게 된다. 시각적 습관을 통해 획득된 이런 공리적 지식의 요소는 가상공간의 성격에 대한 전통적 평가에서 결정적 역할을 했다. 직관적으로 그런 공간은 지극히 거친 도식으로 묘사된다(〈도식 4〉).

여기서 BC는 평평한 스크린이다. 투사의 상황에서 사각형 BCED와 BCGF를 의미하는 이 평행육면체가 첫 번째와 두 번째 숏의 공간에 해당한다. A 지점은 시각의 가상적 지점이다. 여기에 조건적으로 영화 카메라가 위치한다. 앞서 살펴봤듯이 〈도식 4〉는 180도 역전된 시점이 만들어 내는 공간과 부합하지 않는다. 다른 한편으로, 지각적 공간의 실제 기하학을 무시하는 이런 거친 도식은 공간적 역설을 해결하는데 극히 중요하다. 아마도 더 적당한 도식은 〈도식 5〉일 것이다.

여기서 A 지점은 첫 번째 숏을 보는 관객의 위치에 해당한다. 이 경우 BC는 스크린의 표면이 되고 A_1은 첫 번째 숏 안의 인물이 된다. 두 번째 숏이 첫 번째 숏에 등장하는 인물의 위치에서 본 것이기 때문에 관객은 A_1지점으로 옮겨 가서 그 관점으로 두 번째 숏을 보는 듯하다. 이때 DE는 두 번째 숏의 스크린 표면이 된다. 그러나 이런 기하학은 리버스 영화 몽타주의 모델이 되는 휘어진 공간에서의 시각적 지향의 실재를 반영하지 못한다. 여기서 우리가

〈도식 4〉

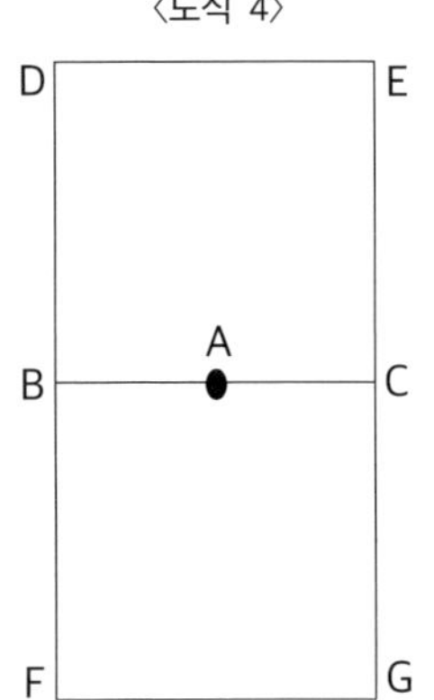

〈도식 5〉

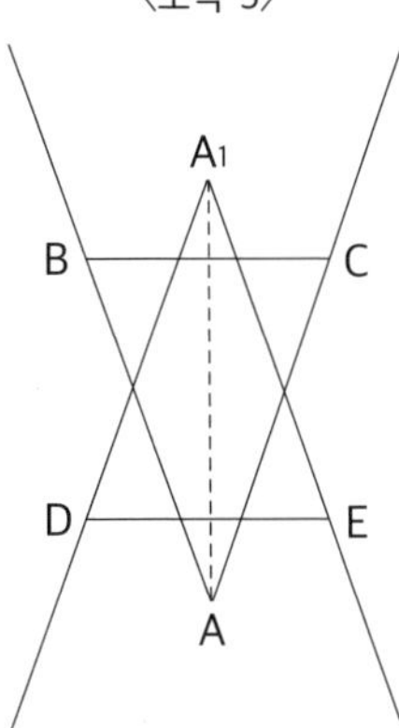

보게 되는 것은 코드화된 휘어짐 대신에 AA_1축을 따르는 시점의 급격한 도약이다. 이런 도약은 불가피하게 BC와 DE라는, 두 솟의 조건적 스크린 사이에 커다란 사각 지대를 만든다. 이 사각 지대는 가상공간을 향한 지향에서 심리적 고려가 불가능한, 크게 벌어진 균열이다. 기초적인 몽타주 코드에 의존하는, 단순화하는 보정의 메커니즘은 불가피하게 관객의 의식 속에서 스크린 BC와 DE를 하나로 압축시키는바, 관객에게 단일한 불변체로 주어지는 영화관의 물리적 스크린과 동일시될 수 있는 하나의 스크린으로 그것들을 합치는 것이다. 바로 그렇게 해서 〈도식 5〉가 〈도식 6〉으로 교정된다.

이 공간 도식은 더 간단하지만 몽타주 코드와 모순 관계에 놓여 있다. 우선 거기에는 A에서 A_1으로의 시점의 도약이 유지된다. 이 도약은 〈도식 4〉에서 두 시점을 하나(A)로 조건적으로 합치시킴으로써 제거되었던 것이다. 뿐만 아니라 이미 언급한 바 있는 사각지대 HFD와 IEG가 생겨난다. 이런 사각지대의 존재는 다시 리버스 몽타주를 보장했던 공간의 총체적 조망에 관한 코드화된 관념의 근간을 흔든다. 이런 상황을 더욱 심화시키는 것은 이 도식에서 스크

〈도식 6〉

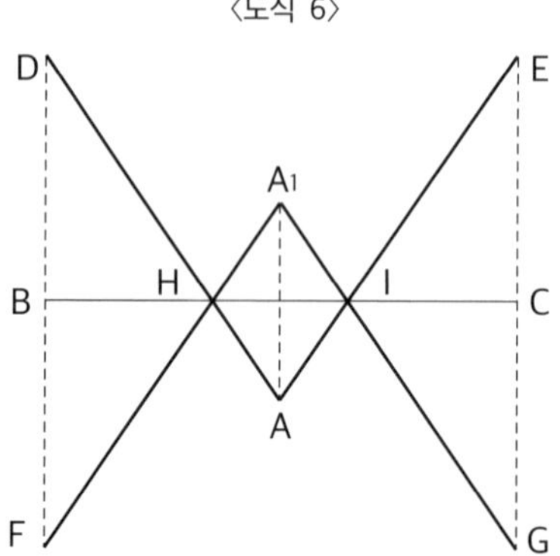

린의 상당 부분이 보이지 않는다는 사실이다. 우리의 진정한 인지적 공간의 상호침투가 야기하는 이 모든 모순은 〈도식 4〉를 통해 제거된다. 〈도식 4〉는 인지의 기하학을 반영하지는 않지만 경험적 현실과 기초적 대응을 갖는다는 이점이 있다. 바로 거기서 행위공간은 자신 속에 행위장소의 모든 용적을 포함한, 분할될 수 없는 총체적 '틀'로서 나타나기 때문이다. 경험적 습관이 영화의 지각을 지배한다. 게다가 이 도식은 단순함의 미덕, 현실성의 환상이 기초하는 저 기본적인 몽타주 코드와의 대응이라는 장점을 지닌다. 〈도식 4〉는 디제시스에서 사각 지대를 완전히 제거할 뿐 아니라 디제시스 공간에 촬영그룹과 기자재가 노출될 가능성 또한 제거해 준다.

한편, 여기서 실제 공간의 성격에 관한 공리적 지식은 지각적 경험에 의해 계속해서 침식된다. 이를 증명하는 간단한 예는 360도 패닝숏(원형 파노라마 숏)과 두 개의 몽타주숏 사이에 공간을 담아내는 방식에서 뚜렷이 감지되는 차이이다. 360도 회전하는 카메라의 회전 파노라마는 몽타주 코드에 의한 것보다 훨씬 더 넓은 공간을 포괄하기에 운동의 감각을 불러일으킨다. 그러나 관객의 의식 속에서 총체적 공간 조망의 기준으로 나타나는 것은 분명 리버스 몽타주이다. 회전 파노라마가 관객에게 거의 충격적인 작용을 미치는 이유는 그 때문이다.

리버스 몽타주 코드의 전개를 위한 결정적 지식을 제공하는 것은 극장의 경험이다. 전통적인 연극무대의 거울은 지각을 통해서는 보이지 않는 제 4의 벽에 해당한다. 이 모델과 관련된 스크린 역시도 나름의 보이지 않는 벽의 성격을 획득한다. 하나의 숏 공간에 다른 숏 공간을 덧붙이는 것이 보이지 않는 벽에 나름의 또 하나의 '직사각형' 방을 덧붙이는 극장적 코드에 상응해 읽히는 것은 이 때문이다. 그 결과 블록으로 된 집은 영화를 위한 중요한 공간적 모델이 된다. 리버스 몽타주의 공간은 평면도에서 방 2개짜리 아파트와 유사한 어떤 것이 된다(〈도식 4〉와 비교하라).

이런 건축적 기하학에서 큰 의미를 지니는 것은 영화의 행위가 전개되는 장소의 기하학뿐 아니라 관객석의 공간 자체이다. 르네상스 극장의 관객석은 보이지 않는 벽이 갈라놓은 대칭적 형상으로 무대 위의 '방'과 유사하게 만들어졌다. 즉, 벽이나 창문과 스크린 사이의 유비가 강조되면서 영화관에서도 예의 직사각형의 기하학이 유지되었다. 초기 영화이론에서 빈번하게 등장하는 스크린과 창문의 유비에 관한 사유가 이로부터 나온다. 그런 유비는 관객으로 하여금 스크린의 앞뒤 공간을 평행육면체로 생각하도록 만들었다.

선형적 퍼스펙티브로 관객에게 전달되는 영화공간과 페스펙티브 외적 단종성을 보유한 연극적 공간 간의 본질적 차이는 관객의 눈과 카메라의 눈 사이의 거짓된 유비를 통해 삭제된다. 둘 모두 퍼스펙티브 코드에 따라 공간을 자기화한다. 그러나 연극 관객과 달리 영화 관객은 이미 연극적 퍼스펙티브와는 본질적으로 다른 페스펙티브의 공간과 직면하게 된다.

한편, 〈도식 4〉의 조건성은 이미 말했듯이 지각적 '실재성'과의

〈도식 7〉

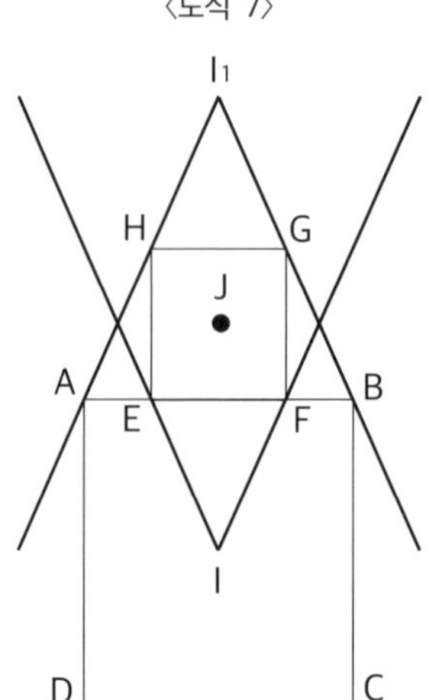

불일치로 인해 끊임없이 파괴된다. 단일 숏의 경우에서처럼 우리가 다루는 것은 각각이 다른 것의 현실성을 파괴하는 상호모순적 도식(〈도식 4〉, 〈도식 5〉, 〈도식 6〉)의 항시적 병치이다. 이 모든 것은 디제시스 공간에 모호한, 거의 추상적인 성격을 부여한다.

우선 첫 번째와 두 번째 숏의 경우, 그것들의 가장자리가 어떻게든 이어 붙여질 수 없기 때문에 온전한 평행육면체로서 구축될 수 없다는 점에서 시작하기로 하자. 그들은 상이한 공간각과 퍼스펙티브를 갖는 상이한 렌즈(가령, 첫 번째 숏은 '망원'으로, 두 번째 숏은 '와이드 앵글')로 촬영되었다. 게다가 첫 번째 숏은 그리 크지 않은 공간적 조망을 제공하는 반면, 두 번째 숏은 매우 커다란 조망을 제공한다. 그래서 평면도상으로 두 개의 공간적 평행육면체를 인접시키게 되면 〈도식 7〉과 같은 모습을 띠게 된다.

여기서 ABCD는 두 번째 숏의 공간이고 EFGH는 첫 번째 숏의 공간이다. 이들 사이의 모순을 해결하려면 EF의 라인을 AB 라인까지 늘이거나 (즉, 첫 번째 숏의 공간을 완전히 변형시키거나) 피라미드 도식으로 돌아가 카메라를 우선 I 지점에, 그다음에는 I_1 지점에 가져다 놓는 수밖에 없다. 그러나 이는 원하지 않는 공간적 도약을 발생시킬 뿐 아니라 상황을 해결 불가능한 지경까지 복잡하게 만들 것이다. ABCD의 공간이 J 지점에 있는 인물에 의해 지각되는 것처럼 보이기 때문에 이 공간을 촬영하는 카메라는 그의 '등 뒤' 먼 지점에 위치하는 I_1 지점이 아니라 J 지점에 위치해야 한다. 따라서 인물 J는 숏에서는 등을 보이는 상태가 되어야만 하는 것이다.

3.

몽타주 디제시스의 공간적 역설을 더 이상 증식시킬 필요는 없다. 언급된 것에서 이미 분명하게 드러나는 사실은 관객이 영화의 총체적이고 일관된 공간을 재건하는 과제를 수행할 수 없다는 점이다. 끊임없는 균열과 비접합, 관점의 전이, 모순되는 체계의 병치 따위가 총체적인 디제시스 공간의 믿을 만한 구성을 방해한다. 이로부터 본질적 결론이 도출되는바, **영화는 가상의 공간을 창조하는 동시에 모순의 조합을 통해 다시 가상의 공간을 파괴한다.** 이때 공간이라는 말로 우리가 이해하는 것은 모종의 모순 없는 기하학적 용적인데 그 안에서 마치 별도의 장소처럼 영화의 행위가 시간 속에서 흘러간다. 영화는 자신의 제도화 과정을 통해 총체적 공간을 파괴하는 인지적 기계와 같다. 심지어 우리는 바로 이런 총체적 행위공간의 해체가 텍스트의 갖가지 파편을 자유롭게 몽타주하고, 결합할 수 없는 것들을 결합하고, 결국에는 잘게 잘린 사진 조각들로부터 의미를 발생시키도록 만든다고 주장할 수도 있다.

아방가르드적 유형의 영화 경험과 쉽게 조응하는 이와 같은 결론은 고전적인 내러티브 영화와 모순되는 것처럼 보일 수도 있다. 사실 관객은 등장인물들을 서로 관련시켜서 나름의 인과적 공간 관계를 구축해낸다. 그러나 이 관계는 내가 보여 주려 애쓴 것처럼 **비형상적** 공간 속에서 혹은 안정된 공간적 용적의 바깥에서 구축된다.

〈도식 4〉의 허구적 역전 체계로 돌아가 보자. 이 도식의 구성을 규정하는 단순화하는 보정은 영화적 공간의 질적 변형을 야기한다. 사진적 재현에서 공간은 퍼스펙티브의 지배적 소실점과의 관계 그리고 눈과 카메라가 위치하는 지점과의 관계에 따라 구조화된다. 요컨대 그것은 퍼스펙티브와 시선의 '힘의' 라인을 따라 조직화되는 것이다. 몽타주 코드의 역전된 공간과 경험적 현실은 극장이나 방의 공간처럼 동종적이다. 〈도식 4〉에서 시각을 표지하는 A 지점은 모든 이점을 상실한다. 그것은 공간을 조직화하는 것이 아니라 그 속에 편입된다. 개별 숏들의 사진적 재현을 디제시스의 가상공간으로 코드변환할 때, 이렇듯 퍼스펙티브의 코드는 약화되고 추상적 비위계적 동종성이 발생하는 것이다.[6] 공간적 모순을 극복하는 데 바로 이런 동종성이 극히 본질적이다. 퍼스펙티브 공간에 가해진 보정 작용은 그것의 왜곡을 야기한다. 동종적 용적은 그것을 꿰뚫는 선분에 의해 중화되고 그에 따라 모순을 완화시키는 이상적 매개체가 된다.

---

6) 이와 같은 코드변환은 영화의 가상공간을 중세회화의 공간과 가깝게 한다. 라우센바흐의 다음 구절과 비교하라. "고대와 중세 시대에는 대상의 공간적 외양을 전달하기 위한 충분히 완벽한 수단이 존재했다. 그림에 두 개의 대상을 나란히 놓고서 예술가는 그들 사이의 공간이 어떻게 보일 것인가에는 전혀 관심을 두지 않았다. 대상 사이의 공간은 화가가 대상 자체의 외양을 부여할 때 따르는 법칙과는 완전히 다른 법칙에 따라 재현되는 것이 가능했던 것이다"(Б. В. Раушенибах, *Системы перспективы в изобразительном искусстве: Общая теория перспективы*, М., 1986, СС. 9~10). 영화의 가상공간에서도 대상은 그것에 공간적 용적을 부여하는 기하학으로부터 빠져나온 듯하다.

이런 공간의 코드변환 메커니즘은 디제시스 속으로 관객의 의식을 빨아들이는 데 중요하다. 관객은 긴장된 위계적 선분을 따라 디제시스 속으로 '도입된다'. 그러나 그 안으로 진입하면서 관객은 공간에서 퍼스펙티브를 제거하고 공간을 인지적이 아닌 경험적으로 상상된 것으로 장식한다. 여기서 코드의 교체는 관객의 의식이 영화 속으로 흡수되는 것에 대응된다. 만일 몽타주에 의해 퍼스펙티브 코드가 파괴되지 않는다면 관객은 영화 속으로 효과적으로 '진입할 수' 없다. 이 현상은 현실성의 환상을 조직화하는 데 몽타주가 행하는 역할을 설명해 준다. 현실성의 환상은 퍼스펙티브를 파괴할 수 있는 잠재적 모순을 갖지 못한, 가령 사진이나 단일 숏만으로는 온전히 얻어질 수 없다.

뒤집힌 공간의 허구적 도식은 하나의 중요한 심리적 원인 탓에 관객에게 모순 없는 것으로 여겨진다. 관객은 자신의 의식을 통해 관조 속에서 주어지는 공간이 아니라 기억 속에 고착된 그것의 이미지를 '몽타주한다'. 몽타주는 시간의 사슬에다 공간을 풀어헤친다. 첫 번째 숏의 공간이 이미 우리의 심리적 메커니즘에 의해 가공된 기억의 이미지가 되어 두 번째 숏의 공간 속으로 덧붙여지는 것이다. 그러나 심리학 연구자들이 밝히듯, 인간이 기억하는 것은 부피를 지닌 공간의 복사판이 아니라 심리학에서 '로쿠스'(*locus*)라는 용어로 불리는, 입자적 자극을 둘러싸고 조직된 모종의 공간적 도식이다. 기억은 로쿠스의 추상화된 도식을 보존한다. 로쿠스에 기반을 둔 기억의 방법론은 이미 고대 그리스인이 발명했다. 그리스인은 로쿠스를 특정한 경로에 따라 배치했는데 그 흔한 모델이 수많은 벽장과 조각상(像)을 지닌 사원이다. 이때 로쿠스 간의 거리는 본질적 의미를 갖지 않았다.[7] 이런 체계의 보편성은 루리야가 인용하는 저명한 기억술가(세레셉스키)의 기억 연구에서도 확증된다. 상당한 용량의 정보를 기억하기 위해서 세레셉스키는 그것을 특정한 가상의 경로를 따라 일종의 로쿠스로서 배치되는 일련의 이미지로 쪼갰다. 루리야에 따르면,

> 세레셉스키는 이 이미지들을 어떤 길을 따라 '배치했다'. 종종 그것은 어린 시절부터 그에게 선명하게 각인된, 그가 사는 도시의 길이나 그의 집 대문이었다. 때로는 모스크바 거리 중 하나가 되기도 했다. 그는 종종 그 길을 걸었는데(흔히 그것은 모스크바의 고리키 거리였다), 먼저 마야콥스키 광장에서 시작해 천천히 내려갔다. 집, 상점의 대문과 창문가에 이미지들을 '배치하면서' 종종 그는 자신도 모르게 다시 고향인 토르조크로 되돌아왔고 어린 시절의 집 앞에서 여정을 멈추었다. … 자신의 '내적 산책'을 위해 그가 고른 배경이 꿈의 평면과 유사하다는 것은 쉽게 볼 수 있다.[8]

로쿠스의 변함없는 배치를 유지한 채 부지불식간에 모스크바에서 토르조크로 건너뛸 수 있는 세레셉스키의 능력은 이 기억술적 공간의 놀라운 '신축성', 다시 말해 그것의 현저한 조건성을 잘 보여 준다. 도시의 가상적 이미지를 연구한 린치는 그것이 몇몇 요소의 조합을 통해 만들어짐을 보여 주었는데 그중 가장 중요한 것으로 길, 경계, 단락과 안내판 등이 있다.[9] 이 모든 것은 본성상 선형적인, 즉 '로쿠스'적인 성격을 지닌다. 그들 사이에서 공간은 '불분명하게' 풀어져 있는 듯하다. 로쿠스에 기초한 공간의 인지적 지도는 동적인 성격을 지니며 쉽게 변화할 수 있다.

---

7) Ф. Йейтс, *Искусство памяти*, СПб., 1997.

8) Гиппенрейтер Ю. Б., *Хрестматия по общей психологии: Психология памяти*, М., 1979, С. 200.

9) К. Линч, *Обрах города*, М., 1982, СС. 51~53.

공간적 기억을 연구한 바틀렛이 보여 준 바에 따르면, 그림이 망각되는 과정에서 로쿠스의 양이 (2~3개로) 현저하게 줄어들고 로쿠스가 원칙적으로 중앙 공간으로 이동하면서 주변적 로쿠스가 가장 먼저 기억에서 축출된다. "하나의 사물이 다른 사물에도 적용되는 경우가 매우 드문 것이 된다."[10] 로쿠스의 사이 공간은 손쉽게 변형되는데 이는 퍼스펙티브 유형의 공간구조가 기억 속에서 무너져 버림을 확증한다. 로쿠스는 중심으로 이끌리면서 움직인다.

아마도 몽타주 형상의 가상적 공간은 일련의 단편적 공간으로 만들어지는 것이 아니라 로쿠스의 상호정착에 기초한 일종의 인지적 지도로서 구축되는 것이다.

관객은 로쿠스 사이의 상호관계를 구축하려 애쓴다. 그리고 이 관계는 디제시스의 주요한 공간 지도가 된다. 여기서 영화의 가상공간을 형성하는 데 로쿠스의 결정적 역할이 나온다. 이 경우에 퍼스펙티브의 위계는 로쿠스의 상호배치로 대체되는데, 즉 이를 둘러싸고 영화의 공간이 펼쳐지는 것이다. 어떤 의미에서 로쿠스는 사진적 재현에서 가장 주요한 위계적 중심을 차지하는 퍼스펙티브의 수렴점을 대신한다.

내러티브 영화의 주요한 로쿠스는 인간이다(스타 영화배우는 단역보다 더 큰 정도로). 인간의 몸에서 로쿠스에 해당하는 것은 얼굴이며 얼굴에서는 지배적인 지점이 눈이다. 로쿠스의 위계상 그 뒤를 잇는 것은 동물과 건축물 혹은 가구 같은 일상의 소품이다. 영화의 의미론에서 이와 같은 위계는 본질적 의미를 갖는다. 왜냐하면 그것이 '몸'을 둘러싸고 의미론을 조직화하기 때문이다. 몸은 기호일 뿐만 아니라 영화의 모든 현상학적 장의 응축기이기도 하다.

---

10) Гиппенрейтер Ю. Б., Указ., соч, С. 97.

움직이는 로쿠스 또한 특별한 의미를 지닌다. 효과적인 영화 몽타주에서 퍼스펙티브 공간들의 조합뿐 아니라 다른 국면들, 가령 공간의 기호학과 관련해서는 '외부적'이라 할 수 있는 시선의 방향이라든지 움직임 같은 인지적 지도의 선형적 표식이 그토록 중요한 이유가 거기에 있다. 로쿠스의 결정적 역할은 교차하는 몽타주 공간 사이의 눈에 띄는 부조화(왼쪽 방으로 나갔던 사람이 다시 오른쪽에서 방으로 들어오는 식)가 전혀 이야기의 로쿠스를 방해하지 않는 경우, 가령 브뉘엘의 〈안달루시아의 개〉와 같은 작품에서 잘 드러난다. 인물의 움직임이 모든 공간적 모순을 압도하는 것이다. 요컨대, **원칙상 몽타주는 로쿠스들을 결합함으로써 공간의 기하학을 파괴하면서 구축되는 것이다. 이 또한 몽타주의 '조작들' 가운데 하나로 간주될 수 있다.**

4.

영화의 가상공간은 유연하게 늘일 수 있는 무정형의 조직체로서, 로쿠스로 접혀질 수 있다. 로쿠스 사이에는 일종의 공백(空洞) 지대가 존재한다. 영화의 디제시스 속에 숏 외적 공간을 통합시킬 수 있는 숏의 능력은 아마도 상상되지 않는 공간과 영화의 로쿠스 사이-공간 간의 위상학적 유사성에 기초할 것이다.[11] 감히 주장할 수 있는바, 보이는 로쿠스의 사이-공간은 위상학적으로 시각의 사각 지대나 숏 외적 공간과 동종의 의미를 지닌다. 그들 모두는 명확한 기호학을 갖지 못한 채 압축이나 팽창에 처해진다. 로쿠스의

11) 영화의 의미론에 이 공간들이 갖는 의미는 본질적인데 그 이유는 그것들이 손쉽게 변형될 수 있기 때문만이 아니라 그것들이 로쿠스를 취해 관객 앞에서 현실화될 수도 있기 때문이다. 이렇듯, 그것들은 잠재적으로 의미론적이다.

체계는 복층적 공간과 같은 어떤 것을 만들어 내는데 거기서 각각의 로쿠스는 자신만의 층에 위치하면서 다른 것들과 단지 조건적으로 관련된다. 이런 조건적 관련성은 로쿠스가 서로 가상적으로 관련될 수 있도록 매번 가상공간을 변형시킬 수 있도록 돕는다.

이런 디제시스의 구조는 사실 개별 숏의 사진적 재현보다 훨씬 더 강한 정도로 영화의 음성적 공간과 관련된다.

잘 알려진 것처럼 재현과 달리 소리는 행위의 모든 디제시스 공간을, 그러니까 '숏 내적' 공간뿐 아니라 숏 외적 공간 역시 재현한다. 소리는 재현과 마찬가지로 음성적 퍼스펙티브의 법칙에 따라 조직화된 공간을 재현한다. 거기서 시점에 상응하는 것은 마이크의 배치이다. 그것은 서로 다른 공간적 지점에서 다르게 울린다. 그러나 사방으로 펼쳐진 음성적 퍼스펙티브를 기반으로 했을 때, 청자는 디제시스 공간의 모든 배치와 관련해 자신의 위치를 특정할 수 없다. 음성적 반영의 복수성에 기대어 청자는 대개 소리의 근원과의 관계를 통해서 자신의 위치를 가늠한다. 이렇듯 소리의 근원은 로쿠스로 나타나고 사실상 가상의 소리 공간을 재구조화해 자신에게 '끌어온다'. 음성적 로쿠스들 사이에서 공간은 극히 불안정한 성격을 띠게 되고 몽타주의 개입 없이는 '상상하지 못하는' 것으로 남는다. 디제시스 공간의 조직화에서 그리고 결과적으로 현실 효과의 자극에서 소리의 역할은 많은 부분 이와 같이 총체적인 음성적 가상공간을 시각적 몽타주 공간에 덧붙이는 것으로 소급된다. 소리 공간과 시각적 몽타주 공간 간의 상대적 동형성은 그것의 뒤섞임을 보장한다. 구축된 시각 공간의 잡종성은 이런 소리 공간의 존재로부터 그 근거를 얻는다.

이런 견지에서 볼 때, 시청각적 몽타주와 종합의 문제는 총체적이고 불안정한 소리 공간에 의한 시각적 몽타주의 흡수라는 범주를 통해 형식화될 수 있을 것이다.

—1988

제4장

숏의 심도에 관하여

이 논문은 앞서 나온 글 "'완전' 영화와 '몽타주' 영화"에 연결된다. 거기서 나는 이항적 대립의 영역에서 영화의 언어를 찾아보려는 고도로 체계적인 시도를 행한 바 있다. 이 논문에서 다룰 숏의 깊이는 바쟁처럼 흔히 현상학적 지향을 가진 이론가들의 관심을 끌었다.[1] 언어학적 모델을 지향하는 이론가들은 언어적 모델이 비교적 쉽게 노출되는 몽타주에 더 큰 주의를 기울인다. 이 글에서 나는 공간의 깊이를 잠재적인 언어 현상으로서 바라보고자 시도했다. 이를 위해 공간의 깊이를 숏의 평면성과 대립시키고 이 대립 속에서 내러티브의 차원으로 기능하는 모종의 코드를 부각시켜야만 했다.

오늘날의 나라면 평면성과의 대립 안에서만 공간의 깊이가 드러나며 그것은 전적으로 서사의 차원에 복무한다고, 그렇게 자신 있게 말하지 못할 것이다. 어떤 의미에서 숏의 깊이를 이항대립의 체계로 연결하려는 그런 필요성 자체가 언어중심적인 영화학의 일정한 한계, 그러니까 일련의 현상을 그 자체로서 직접 다루지 못하고 언제나 그 안에서 이항대립적 쌍을 찾아내야만 하는 모종의 한계를 반증한다고 말할 수 있을지도 모르겠다.

최근 들어 많은 사람이 숏의 깊이에 관해 이야기한다. 점차로 이 개념 자체가 영화학의 가장 중요한 범주 중 하나로 바뀌고 바야흐로 몽타주의 범주와 더불어 영화이론에서 특권적 위치를 점하게 되었다. 숏의 심도는 본질상 1940년대 말까지 아무런 주목을 끌지

1) [옮긴이 주] 영화가 '인위적 조작 없이 현실을 투명하게 옮겨 놓아야 한다'고 주장했던 앙드레 바쟁은 '디프포커스'를 이런 투명성의 미학을 가능하게 하는 촬영기법으로 간주했다. 디프포커스(*deep-focus*)는 광각렌즈로 찍은 심도가 깊은 영화구도를 말하는데 대상의 한 부분에만 특별한 환기를 요구하지 않고 모든 대상을 균등하게 보여 주기 때문에 관객 스스로가 보고 싶은 것을 선택할 수 있다.

못하다가 갑자기 전혀 다른 지향을 갖는 이론가들의 동시다발적인 주목을 받기 시작했다. 1940년대 말에서 1950년대 초에 숏의 깊이는 영화의 몽타주 모델에 적극적으로 대립되기 시작했고 급기야 한 세대의 영화인 전체의 공통분모가 되었다. '깊이 있는' 묘사의 본질에 관한 최초의 본격적인 이론적 성찰 중 하나는 에이젠슈테인의 논문 "스테레오 키노에 관하여"(1947)이다. 거기서 깊이 있는 숏의 구성은 영화발전의 새로운 단계, 즉 새로운 변증법적 고리를 통해 몽타주 방법론의 모순을 종합적으로 해결한 것으로 간주되었다.[2] 롬의 잘 알려진 글 "깊이 있는 미장센"에서 동일한 현상은 유성영화의 배우 작업과 몽타주 영화의 유산을 이어받은 묘사적 구조 사이의 모순을 해결하는 수단으로 간주되었다. 롬은 "크기가 변하는 깊이 있는 미장센은 일정 정도 배우 연기의 몽타주를 대신한다"[3]고 적는다.

1940년대의 영화적 실천은 깊이 있는 미장센을 개발함으로써 스스로를 영화의 근원적 잠재력을 확장시킨 개척자로서 느꼈다. 이론가들이 '새로운' 범주를 발견한 것이다. 오늘날 분명해진 이 사건의 의미는 새로운 미학적 현상의 개시로 수렴되는 것이 아니다(그것은 1940년대 훨씬 이전부터 존재했다). 그것은 이전까지 어둠 속에 잠겨 있다가 불현듯 시학의 의식적 변형을 위한 본질적 요소가 된 어떤 것이 의미화되는 문턱을 반영하는 것이다. 1940년대 후반부터 숏의 깊이는 **체계적으로** 적용되기 시작했고 그렇게 예술적 체계의 주요소로 의미화되기 시작했던 것이다.

오늘날 깊이 있는 숏의 구성은 비평가가 항상 지적하는 것일 뿐

2) С. М. Эйзенштейн, *Избранные произведения*, В. 6т., Т. 3, 1964, СС. 435~484.

3) М. Ромм, *Избранные произведение*, В. 3т., Т. 1, М., 1980, С. 177.

아니라 감독이 의식적으로 관객에게 제공하는 스타일의 중요한 특질로 받아들여지곤 한다. 오늘날 러시아 현대 영화에서도 그와 같은 숏의 구성은 큰 의미를 지닌다. 몇몇 감독은 극도로 세련된 단층적 숏 구성에 너무나 명백한 주의를 기울인 나머지, 가령 니키타 미할코프나 일리야 아베르바흐처럼 서로 전혀 다른 거장을 하나의 예술적 평면에 놓도록 만드는 일종의 기호로서 여겨질 정도이다.

한편, 영화이론에서는 숏의 심도를 몽타주와 대립시키는 1950년대적 경향이 지배적이다. 사실상 이 현상의 역사는 전혀 연구된 바가 없다. 영화의 예술적 체계 내에서 깊이 있는 공간의 위상에 관한 개념은 매우 불분명하다.

이어지는 글에서 나는 깊이 있는 숏의 구성 문제를 이 현상의 기원에 관한 몇몇 새로운 측면에 주의를 기울임으로써 영화적 내러티브의 형성이라는 관점에서 살펴보고자 한다. 물론 내가 다루는 측면이 이 현상의 의미 전부를 포괄하는 것은 결코 아니다.

영화에서 깊이 있는 공간의 발달사에 관한 질문은 앙드레 바쟁의 저작에서 처음 제기된 바 있다. 깊이 있는 공간은 바쟁이 제시한 영화의 진화 이론에서 중대한 위상을 갖는데 그것은 평면적 재현으로부터 점차로 깊이 있는 재현으로 흘러가는 방식을 취한다. 후자는 무르나우의 몇몇 장면(주요하게 〈마지막 웃음〉[4] 에서) 에서 처음 실현되었고 그 이후에 1930년대 르노아르의 영화들, 마침내 〈시민 케인〉과 윌리엄 와일러의 영화들에서 체계적 성격을 갖추게 되었다.[5]

바쟁을 비판하는 사람은 이와 같은 '목적론적' 역사 개념에서 손쉽게 실체적 오류를 발견할 수 있다. 장-미트리가 그러했다. 그는

---

4) [옮긴이 주] 원제는 〈최후의 인간〉이지만 한국에 처음 소개될 때 〈마지막 웃음〉이라는 제목으로 소개되었다.

5) А. Базен, *Что такое кино?*, М., 1972, СС. 80~97.

지극히 정당하게도 깊이 있는 공간은 영화 자체의 발생 순간부터 존재했던 것이라고 지적했다. 실제로 뤼미에르의 영화 〈기차의 도착〉은 깊이를 지닌 대각선 구성의 뛰어난 사례이다. 그러나 그는 한 가지 설명하기 어려운 현상 역시 언급했다. 초기 영화에서 그토록 광범위하게 사용하던 깊이 있는 공간이 어느 순간 갑자기 사라졌고 거의 20여 년 동안 영화에서 자취를 감추었던 것이다. 미트리의 지적에 따르면,

> 지극히 예외적인 경우(스트로하임 등)를 제외하고는 이 '깊이'는 1925년에서 1940년 사이에 강력한 분절화에 밀려 사라졌다. 어째서일까? 어떤 이들은 이를 유행의 문제로 간주하고 다른 이들은 소비에트의 영향이라고도 말한다. 그러나 이와 더불어 지적할 수 있는 완전히 새로운 원인도 있을 수 있다. 그 원인은 아마 거대 조명 렌즈의 사용만으로 전부 설명될 수 없는 어떤 것일 수 있다. 차라리 이 렌즈의 사용이 다른 어떤 원인의 결과였을지도 모른다. 우리는 이미 깊이를 얻기 위해서는 조리개로 렌즈를 더 차단하면 된다고 지적했다. 하지만 이런 상황에서 동일한 질감의 사진을 얻기 위해서는 더 강한 조명을 비춰야만 한다. 1925년 전까지 이보다 더 간단한 방법은 없었다. 정색성[6] 필름의 사용은 조명 강도가 매우 센 아크등의 사용을 가능하게 했다. 즉, 아크등의 숫자를 늘리거나 강도를 높이기만 하면 되었던 것이다. 그러나 1925년부터 전정색성[7] 필름의 사용은 모든 것을 바꿔 놓았다. 붉은 색깔 및 모든 가시적 스펙트럼에 민감한 전

---

6) [옮긴이 주] 필름이 색에 대해 느끼는 성질을 감색성이라 하는데 전정색성과 정색성 그리고 청감성으로 나뉜다. 정색성(*orthochromatic*)은 청감성(청색 계통에 잘 느끼고 다른 장파장광에는 느끼지 못하는 것) 필름에 감광성 색소를 감광유제에 첨가하여 노랑까지 감광되도록 한 것으로 인쇄제판용 필름이 여기에 속한다.

7) [옮긴이 주] 전정색성(*panchromatic*)은 감광성 색소를 더하여 가시광선의 전 범위에 감광할 수 있도록 한 말한다. 일반 촬영용 필름, 칼라 인화지 그리고 파나루라 인화지 등이 여기에 속한다.

정색성 필름은 보라색에 친숙한 아크등을 허용하지 않았다(이 필름은 보라색에 특히 둔감했다). 어쩔 수 없이 필라멘트 전구에 의지할 수밖에 없었던 것이다.[8]

이 전구는 선명한 색깔을 제공하지 않았던바, 조리개를 열어야만 했고 그렇게 공간의 깊이는 사라졌던 것이다.

미트리 이후에 장-루이 코몰리가 깊이 있는 공간을 둘러싼 논의를 이어갔다. 그는 미트리의 기술적 이론을 결정적으로 비판하면서, 사실은 전정색성 필름이 정색성(*orthochromatic*) 필름보다 더 민감했다고 주장했다. 코몰리의 견해에 따르면 1931년에 "이스트만(Eastman)사(社)의 고감도 필름"의 도입은 미트리의 설명을 신뢰할 수 없도록 만든다. 코몰리는 유감스럽게도 완성하지 못한 자신의 저작에서 미트리가 지적한 현상에 대한 다른 설명을 제시한다. 그의 지적에 따르면, 영화 초창기에 현실의 환상은 공간의 그럴듯한 복제, 즉 공간의 깊이에 기반을 두었는데 그 이후에 이른바 "영화적 그럴듯함의 코드의 전환, 그러니까 순수한 현실적 인상으로부터 보다 복잡한 서사적 논리로의 이동"[9]이 발생했다. 그렇게 해서 깊이 있는 공간의 기능은 마치 내러티브의 구조를 흡수한 것과 같았다. 코몰리가 지적하는 두 번째 원인은 음향의 등장이다. 왜냐하면 음향적 시점이 부분적으로 시각적 시점의 역할을 가져왔기 때문이다.[10]

한편, 코몰리 이외에 패트릭 오글 역시 약 20여 년간에 걸친 깊

---

8) J. Mitry, L'esthétique et la psychologie du cinéma, T. 2, *Les Formes*, Paris, 1965, p. 41.

9) J. L. Comolli, Technique et idéologie(4) : Caméra, perspective et profondeur de champs, *Cahier du Cinéma*, No. 223, Nov., 1971, p. 43.

10) J. L. Comolli, Technique et idéologie(5), *Cahier du Cinéma*, No. 234/235, Janv. ~fevr., 1972, p. 100.

이 있는 공간의 공백 원인을 고찰했는데 그는 '정색성 필름에 관한' 미트리의 가설을 지지했다.11)

마지막으로, 미국 연구자 찰스 허폴이 논쟁에 가담했다. 그는 "디프포커스 표현에서 이데올로기적, 기술적 결정론"이라는 글에서 전혀 예기치 못한 결론에 도달한다. "깊이 있는 공간은 1925년 이전에도, 1925년에서 1940년 사이에도 그리고 그 이후에도 발견된다."12) 허폴은 1920년대 말과 1930년대 영화를 차례로 분석하면서 깊이 있는 공간의 일회적 용례뿐 아니라 디프포커스를 체계적으로 사용한 영화, 가령 조셉 스턴버그, 킹 비더, 하워드 혹스 혹은 보다 덜 유명한 작가로는 찰스 러글스나 레슬리 하워드 등을 지적한다.

바쟁, 미트리 혹은 코몰리 같은 권위자의 가설에 의문을 제기하려면 허폴의 연구를 참조하는 것으로 충분하다. 그러나 진짜 중요한 것은 어째서 깊이 있는 공간의 사용에 20년간의 공백이라는 전설이 생겨났는가 하는 점이다. 내가 보기에 그 원인은 다음에 있다. 위에 열거한 모든 영화이론가의 역사적 개념이 기반을 두는 것은 영화의 진화가 어느 한 가지 공간의 유형, 그러니까 평면적 공간 아니면 깊이 있는 공간에 기초한 특정한 재현체계의 교체로서 이루어졌다는 생각13)이다. 이로부터 '평면적' 영화의 시기와 '심도 있는' 영화의 시기가 교체한다는, 잘못된 가설이 생겨났다. 만일 이런저런 영화의 재현체계가 통째로 평면이나 심도에만 기초한다면

11) P. Ogle, Technological and aesthetic influences upon development of deep focus cinematography in the United States, *Screen*, Vol. 13, No. 1, Spring, 1972, pp. 45~47.

12) Ch. H. Harpole, Ideological and technological determinism in deep-space images, *Film Quarterly*, Vol. 33, No. 3, Spring, 1980, p. 15.

13) 19세기 말에 예술사가 뵐플린에 의해 만들어진 이와 같은 진화의 모델은 사실상 별다른 비판 없이 영화에 받아들여졌다.

그러한 교체는 손쉽게 미학적, 이데올로기적 체계의 교체로서 묘사될 수 있을 것이다. 즉, 평면성이나 깊이를 일정한 미학적, 이데올로기적 지향에 단의적으로 연결하기만 하면 되는 것이다.

20년간의 공백에 관한 신화가 증명해 주는 것은 영화사를 그러한 '순수한' 공간 유형의 교체로서 구축하려는 지향이다. 영화사에서 깊이 있는 숏 구성이 없었던 적이 단 한 번도 없다는 것은 의심할 여지가 없는 사실이다. 게다가 평면적 공간이나 깊이 있는 공간의 체계에 온전히 기초해 구성된 영화는 그 자체로 예외에 해당한다. 특정한 공간의 시학을 일관되게 표현하는 일련의 영화(가령, 명백히 평면성을 지향하는 드레이어의 〈잔다르크의 수난〉이나 깊이를 뚜렷하게 지향하는 〈시민 케인〉 같은)을 제외하고 전통적인 내러티브 영화는 항상 하나의 영화 속에 두 가지 공간 유형을 혼합했다.

그렇다면, 이런 사실이 의미하는 바는 고전 내러티브 영화에서는 카오스가 지배한다는 것, 평면성과 깊이는 영화이론을 위한 적절한 기준이 되지 못하며 그것은 완전히 비체계적으로 교체된다는 것일까? 나는 이 문제에 대한 완전하고 포괄적인 분석 대신에 평면성 대 깊이의 이항대립이 내러티브 영화의 시학에서 갖는 의미에 관한 하나의 가능한 설명을 제공하려 시도할 것이다.

숏의 깊이가 갖는 의미는 흔히 현실성의 환상과 연관된 것으로 설명되곤 한다. 그 논리는 다음과 같다. 숏의 공간이 깊어지면 깊어질수록 현실성의 환상은 더욱더 완전하게 경험된다. 이로부터 나올 수 있는 결론은, 바쟁의 경우에는 깊이 있는 미장센이 영화에서의 리얼리즘의 확장과 연결되며, 코몰리의 경우에는 깊이 있는 공간이 부르주아 이데올로기와 연결된다는 식이다. 평면성은 공간의 그럴듯한 깊이를 파괴하며 자연주의에 대립한다. 이로부터 가령, 노엘 버치식의 결론, 즉 초기 영화에서 부르주아 관객을 놀라게 하였던 평면성이 재현의 민중적, '프롤레타리아트적' 체계의 근간에 놓였다는 결론이 도출된다.

그러나 회화에서 **눈속임**(*trompe-l'œil*)[14]이라 불리는 그럴듯함의 환상이 공간의 깊이와 관련된다는 생각은 전혀 근거가 없는 것이다. 회화에서 그럴듯한 재현은 깊이 있는 공간뿐 아니라 극도로 평면적 공간의 창조에도 기반을 둔다.

이와 관련해 지극히 흥미로운 것은 예술사가 뵐플린의 관찰이다. 그에게 평면성과 깊이의 대립은 예술적 분석을 위한 가장 근본적 수단 중 하나이다. 뵐플린은 아주 이상한 현상을 지적했는데 그것은 깊이를 전달하는 기술을 완벽하게 습득한 르네상스의 대가들 이후에 재현의 평면적 성격이 복귀했다는 사실이다. 그가 쓰기를,

> 1500년경에 나타난 평면성을 향한 지향은 지극히 흥미롭다. … 예술이 투시법과 공간적 깊이의 수단을 점점 더 완벽하고 자유롭게 구사할 수 있게 될수록, 더욱더 결정적으로 평면적 그림을 향한 지향이, 즉 모든 내용이 하나의 두드러진 평면에 모아지는 그림을 향한 지향이 목격된다. … 15세기에 그 어떤 그림도 라파엘의 〈시스티나 성당의 마돈나〉와 같은 평면적 결정성을 전체적으로 갖지 못했다.[15]

최근 몇십 년의 연구가 확실하게 보여 준 바에 따르면, 단일한 소실점을 갖는 선형적 퍼스펙티브가 지배하는 저 유명한 콰트로첸토[16]의 공간적 코드는 사실상 일관된 체계성을 갖고 실현된 적이

---

14) **[옮긴이 주]** 트롱프뢰유는 프랑스어 trompe(속이다)와 œil(눈)의 합성어인데 영어로 하면 'trick of the eye'가 된다. 흔히 트릭아이라고 하면 '눈속임 그림'을 뜻한다.

15) Г. Вельфлин, *Основные понятия истории искусства*, М./Л., 1930, СС. 17~118.

단 한 번도 없다. 〈시스티나 성당의 마돈나〉와 같은 고귀한 르네상스의 저명한 대작들이 그에 대한 확실한 증거이다. 라파엘은 그녀를 구름 속에, 그러니까 퍼스펙티브의 코드가 실현될 가능성이 완전히 파괴된 환경 속으로 집어넣었던 것이다.

피에르 프랑카스텔 같은 예술사 분야의 거장은 르네상스 회화에 관한 고찰을 토대로 다음과 같은 결론에 이르렀다.

> 콰트로첸토 초기의 모든 예술가는 자신의 창작에서 복수의 공간 재현체계를 동시에 사용했다. … 그렇게 해서 부분들의 비합치성이 콰트로첸토 '스타일'의 가장 중요한 요소 중 하나가 된 것이다.[17]

프랑카스텔이 지적한 '부분들의 비합치성'이란 본질상 하나의 평면, 그러니까 단일한 회화 텍스트 내부에 다양한 공간 유형(깊이 있는 공간과 평면적 공간)을 뒤섞어 놓음을 뜻한다. 결국 단일한 공시적 절단면에서 본 르네상스식 유형의 회화 평면이란 고전 내러티브 영화가 몽타주의 통시적 전개의 사슬 속에서 보여 준 것과 같은, 그런 공간적 다종성이다.

여기서 당연한 질문이 떠오른다. 어째서 회화나 영화 텍스트는 명백하게 공간적 다종성을 지향하는가?

이 물음에 답하려 시도하면서 프랑카스텔이 도달한 결론은 회화에서 공간의 깊이를 전달하는 데 퍼스펙티브 코드는 불충분하다는 것이다. 그는 깊이 있는 공간의 영역에서 콰트로첸토가 달성한 주요한 성취는 결코 퍼스펙티브의 구축 영역에 있는 것이 아니라 다양한 공간 평면들의 분할에 기초한 체계의 구축에 있다고 간주했

---

16) **[옮긴이 주]** 1부 1장의 "'완전' 영화와 '몽타주' 영화"의 45번 각주를 참고하라.

17) P. Francastel, *Peinture et société*; P. Francastel, *œuvres*, T. I, 1974, p. 117.

다. 그가 쓰기를, "깊이를 전달하기 위해 콰트로첸토가 사용했던 것, 곧 평면의 분할이야말로 가장 뛰어난 체계이다".[18]

그와 같은 평면의 절단을 보여 주는 훨씬 더 명징한 예로 이른바 '베두타'[19]란 것이 있는데 이는 그를 통해 원경이 들여다보이는 화폭 깊숙이 자리한 창문을 말한다. 프랑카스텔의 설명을 들어 보자.

> 입방체로 닫힌 공간 재현의 부족함을 보충하기 위해 콰토르첸토의 예술가들은 곧 새로운 기법에 의지했는데 그것은 구성의 평면의 일부분에 창문을 내어 그를 통해 자연의 열린 풍경이 비춰 보이게끔 하는 것이었다. 거기서 스케일의 단일성이나 시각의 불변각의 준수 등은 파괴되었다.[20]

여기서 깊이의 감각은 선형적 퍼스펙티브의 법칙을 따름으로써 생겨나는 것이 아니라 상대적으로 가까운 **평면적** 장면과 그와는 절대 공간적으로 합치될 수 없는 원경 사이의 극명한 대조를 통해 달성되었다. 즉, (원경의) 전망이 **퍼스펙티브 코드의 파괴**를 통해 깊이의 감각을 만들어 냈던 것이다. 그러나 프랑카스텔이 지적하지 않은 또 하나의 중요한 측면이 있다. 창문은 일정한 풍경을 담아내낼 뿐 아니라 그림의 공간 속에 **또 다른 시각**을 들여왔다. 전망은 마치 다른 그림, 언제나 모든 점에서 인테리어 회화(내부 그림)와는 구별

---

18) *Ibid.*, p. 59.

19) **[옮긴이 주]** 이탈리아어 베두타(*veduta*)는 '전망'이나 '외관'을 뜻하는데, 실제로 존재하는 특정 도시의 풍경을 사실적으로 그린 그림(도시풍경화)을 말한다. 초기 베두타는 16세기 플랑드르 지방을 중심으로 생겨났다. 네덜란드 출신 화가 요하네스 베르메르가 그린 〈데델프트 전경〉이 17세기의 가장 대표적인 베두타로 꼽힌다.

20) P. Francastel, *Peinture et société*, p. 59.

되는 또 다른 그림을 도려내는 듯했다. 인테리어에서는 인간 형상이나 정물이 지배적이었던 반면 전망에서는 풍경이 지배적이었는데 양자는 스케일, 조명의 유형, 색채, 회화의 구조 자체가 상이했다. 전망은 화폭에 질적으로 다른 상이한 시각과 비전의 단편을 들여왔던 것이다. 두 공간의 이런 예리한 대조는 화폭에 다른 시간을 도입하고 회화적 세계의 토폴로지의 단일성을 파괴했다. '여기'와 '저기'의 대조가 발생한다. 프랑카스텔은 '공간과 시간의 단절성'[21]을 이야기했다. 그러나 이런 단절성은 이미 형식적-공간적 범주로만 그려질 수 있는 것이 아니다. 그것은 회화의 **서사성**에 흔적을 남긴다. 시공간적 전개와 파열을 만들어 내면서 그와 같은 혼종성은 시간적 전개와 파열성을 요구하는, 다름 아닌 서사적 메커니즘의 기능을 위해 필수 불가결해진다. 구조적 관계에서 그런 서사적 메커니즘은 마치 하나의 그림 안에 상이한 두 시각적 주체에 귀속되는 두 가지 시각 방식의 현전에 의존하는 듯하다. 회화에서 서사성은 공간의 조직화와 밀접하게 관련되었다. 우리가 화폭에서 더욱 확장된 플롯의 전개를 발견할수록 거기에는 더욱더 분명하게 닫힌 복수의 공간의 존재가 목도된다. 회화적 서사의 조직화를 위해 '실내와 실외', '깊이 있는 공간과 평면적인 공간' 사이의 대립이 본질적으로 중요하다. 첫 번째 대립에서는 창문이나 문과 같은 벽의 절단이 결정적 역할을 하는 반면, 두 번째 대립에서는 투명한 천상의 배경과 불투명한 배경 간의 대조가 그 역할을 한다.

현재 나의 관심을 끄는 것이 두 번째 대조이기 때문에, 나는 영화공간의 조직화에서 전망의 역할에 대한 연구의 중요성을 지적하는 데 그치기로 한다.

---

21) P. Francastel, *La figure et le lieu: L'ordre visual du Quattrocento*, Paris, 1967, p. 159.

평면성 및 깊이의 문제와 관련해 지적하지 않을 수 없는 의미심장한 사실은 퍼스펙티브의 전달 가능성이 증대되는 것과 나란히 공간적 깊이의 전달을 가로막는 일련의 절차가 발전한다는 점이다. 퍼스펙티브 코드는 그것에 의해 조직되는 공간이 상대적으로 온전히 보인다는 조건하에서만 제대로 기능할 수 있다. 매우 세련된 심도 구성을 보여 주는 17세기는 깊이를 파괴하기 위한 일련의 기법의 총체를 동시에 제공한다. 무엇보다도 인물을 천상의 구름 안에 배치하는 것 그리고 램브란트나 카라바지오에서와 같은 '어두운 인테리어' 회화가 바로 그것이다. 두 경우 모두에서 퍼스펙티브 입방체의 파괴는 모종의 '정신적' 혹은 주관적 내용의 전달과 관련이 있다. 구름 속에 자리한 마돈나나 성인들의 시각이 그에 해당할 수 있다.[22] 혹은 그것은 단지 객관적 기하학에 서정적 주관성을 '도입'하는 것일 수도 있다. 퍼스펙티브의 법칙은 우주의 객관적 존재와 연관되는바, 그들은 주관성의 모호하고 뒤틀린 개입을 참지 못한다. 16세기에서 17세기까지 주관적 감각의 회화적 전달은 흔히 기하학적 퍼스펙티브의 차가운 완전성을 파괴하는 것과 관련되었다. 어느 순간부터 회화가 두 가지 원칙에 따라 구성될 수 있음이 명확해졌다. 세계의 객관적 존재를 반영하는 방식(우주동형적 원칙)이거나 혹은 세계에 대한 인간적 비전을 반영하는 방식(인간동형적 원칙)이 그것이다. 종종 이 두 지향의 혼합이 이야기되곤 한다. 가령, 첫 번째 원칙이 레오나르도나 알베르티에게서 특징적이라면, 두 번째 원칙은 터너나 이상주의 화가에게 특징적이다. 첫 번째 원칙이 고전주의적인 것으로 간주될 수 있다면, 후자의 원칙은 낭만주의적이라 할 만하다. 여기서 '낭만적 공간'은 어느 정도는 항상

22) H. Damish, *Théorie du nuage: Pour une histoire de la peinture*, Paris, 1972를 보라.

알베르티의 선형적 코드에 따른 조직화에 대립된다.

시각적(선형적) 퍼스펙티브의 법칙에 따라 구조화된 영화적 묘사는 인간적 시각과 직접적으로 관련된 것처럼 보인다(눈은 렌즈와 유사한 법칙에 따라 세계를 반영한다). 퍼스펙티브의 수렴점은 스크린의 앞쪽 공간에 모종의 시각적 주체의 자리를 고정시키며 따라서 사진적 재현은 인간적 비전의 유사물 같은 것이 된다. 렌즈를 눈에 비유하는 메타포가 그토록 광범위하게 퍼진 것은 우연이 아니다. 그러나 그런 비유는 보기만큼 그렇게 명징한 것이 아니다. 영화숏의 깊이 있는 퍼스펙티브의 재현은 공고한 회화적 전통에 흡착하여 회화에서 코드화된 바 있는 초개성적이고 무인칭적 비전, 그러니까 세계의 '객관적' 반영이라는 의미를 획득하게 되었다. 이로부터 '영화신화'에 특징적인 교정이 나오는데, 즉 렌즈는 눈과 비슷하지만 비인간적인 눈, 즉 초시각(сверхглаз)이라는 것이다.[23] 그렇게 해서 시각적 비전의 퍼스펙티즘은 영화의미의 전통에 반영된 복잡하고 모순적 위상을 얻게 되었다. 한편으로, 영화적 재현은 객관적 비전의 모범적 예로 그려지는가 하면, 다른 한편으론 주체와 연관된 비전으로 간주된다. 따라서 영화적 비전의 주체는 **초개성적, 비인간적** 주체가 된다.

한편, 영화의 발전과 내러티브를 복잡하게 만들 필요성은 보다 주관적인 세계 비전을 전달할 수 있는 방안, 즉 이야기에 심리적 요소를 개입시키고 '서사'에 '담론'을 침투시킬 수 있는 방안을 발견해야만 할 과제 또한 부여했다. 뤼미에르의 영화에서는 비전이 완벽하게 비인칭적이다. 그와 같은 비전은 뤼미에르 영화의 깊이 있

23) 이런 신화는, 예컨대 베르토프에게서 완전하게 전개된다. 하지만 그가 유일한 경우는 아니다(가령, Ж. Эпштейн, Сверхчеловеческий глаз, *Советский Экран*, No. 28, 1925를 보라).

는 공간과 이상적으로 맞아 떨어진다. 초기 영화에서 내러티브 구조의 복잡화는 불가피하게 태어나면서부터 영화에 주어진 깊이 있는 비전을 파괴할 수 있는 방법, 다시 말해 평면적 공간을 창출할 수 있는 방법을 모색하게끔 했다. 처음에는 '주관적 공간'의 창출에서 영화는 직접적으로 회화의 예를 따랐다. 가령, 에드윈 포터는 환영의 장면을 퍼스펙티브를 상실한 독특한 공간 속에 집어넣었던 것이다. 〈어느 미국 소방관의 삶〉(1903)에서 어두운 구석에 누워 잠든 소방관과 나란히, 몸부림치는 여인, 즉 꿈과 환영이 나타난다. 역시 포터의 〈엉클 톰스 캐빈〉(1903)에서는 늘어진 톰의 몸 위로 처음에는 날개를 달고 하늘을 날고 있는 작은 이브의 형상이 나타난다. 그녀는 톰에게 함께 하늘로 올라가자고 청하는데 그녀의 형상은 불투명하게 그려진 빛을 배경으로, 즉 퍼스펙티브의 틀 밖에서 주어진다. 그다음에 톰의 머리 위 구름 속에 나타나는 것은 상징적으로 노예를 해방시킨 린콜나의 형상이다. 보다시피, 포터의 결정은 상응하는 회화의 아이코노그래피 전통을 정확하게 뒤따른다. 초기 영화에서 이와 유사한 장면은 무수히 많다.

그러나 곧 영화는 이 문제에 대한 자신만의 고유한 해결책을 내놓게 된다. 수년 동안 이른바 영화적 구두점의 여러 형식들〔페이드인, 매트,[24] 조리개(*diaphragm*) 등〕에 대해 영화이론은 아무런 주의도 기울지 않았다. 이 현상을 연구했던 크리스티앙 메츠는 그것을 비물질적인 기의(가령, 페이드인으로 표현되는 시간상의 단절)를 표현하기 위한 물리적이고 가시적인 기표인 간(間)에피소드적 이행의 형상으로 파악했다.[25]

---

24) [옮긴이 주] 매트(каше, *matte*)란 카메라 또는 인화기의 렌즈 앞에서 화면의 일부분을 가리는 장치로 합성된 영상을 만들기 위한 과정이다.

25) C. Metz, Ponctuations et démarcations dans le film de diégèse, *Turcage et*

한편, 특별한 관심을 끄는 사실은 영화 탄생 이후 첫 30~40년 동안 영화 구두점 형상이 예외적으로 몹시 폭넓게 사용되었다는 점이다. 그것은 결코 이행의 형상만으로 설명될 수 없다. 나는 이 형상의 가장 중요한 기능이 깊이 있는 공간의 파괴, 즉 선명한 퍼스펙티브의 틀을 파괴하는 것이라고 생각한다. 이런 맥락에서 암전으로 숏을 가리는, 즉 투명한 공간을 '집어삼키는' 매트의 명백한 역할이 드러난다. 여기서의 매트는 이미 초기 단계에서부터 주관적 시각(쌍안경, 확대경, 열쇠구멍 등을 통한 바라보기)을 전달하기 위해 사용되었다. 이보다 덜 동기화된 사례로 아무런 기술적 조작 없이 매트가 빈번히 사용되는 경우도 있다. 매트는 1920년대 독일 영화에서 특별히 풍부하게 사용되었다. 무르나우의 〈최후의 인간〉, 〈파우스트〉, 〈타르튀프〉 같은 영화에서는 거의 모든 숏에 이 기법이 사용되었다.[26] 내 생각에 이 현상은 독일 무성영화에서 나타났던 시각의 급격한 주관화 경향과 관련이 있다.

영화 〈노스페라투〉에서 사용된 매트는 특별한 관심을 끈다. 이 영화에서는 일부는 매트가 이용되고 일부는 그렇지 않은 비슷한 장면이 사용된다. 이 주제를 상세히 살펴볼 수는 없기에 예를 들기로 하자. 노스페라투 성에서의 첫날 밤 이후 구터는 엘렌에게 편지를 쓴다. 자막으로 제공되는 편지의 다정한 첫 번째 구절은 아무런 매트 없이 구터의 장면과 교체된다. 편지에서 근심의 뉘앙스가 생겨남에 따라 매트가 '짙어지고' 그다음 자막 이후에는 숏의 대부분을 잠식한다.

Cinéma; C. Metz, *Essais sur la signification au cinéma*, T. 2, Paris, 1972.

26) 이 현상을 지적한 베리 솔트는 이 영화들에서 매트가 전면적으로 사용된 결과로 카메라의 이동, 즉 숏에서 숏으로의 배우들의 전환이 봉쇄돼 버렸다고 지적했다. 그는 "인물들은 문자 그대로 숏 안에 붙박였다. 마치 덫에 걸린 것처럼"이라고 썼다. (이에 따라) 몽타주의 모든 구조가 변경된다(B. Salt, From Caligari to who?, *Sight and Sound*, Vol. 48, No. 2, Spring, 1979, p. 122를 보라).

> 내게 일련의 끔찍한 꿈이 찾아왔습니다. 그건 꿈일 뿐이었습니다.

다른 곳에서 엘린은 묘지 근처의 해변에서 남편을 기다린다. 그리고 다시 주기적으로 매트가 나타나고 다음의 자막이 이어진다.

> 내게 일련의 끔찍한 꿈이 찾아왔습니다. 그러나 그건 단지 꿈일 뿐이었습니다.

이것이 말해 주는 것은 에피소드의 거울과 같은 대칭 구조뿐 아니라 매트가 악몽, 환영, 비전 등과 맺는 긴밀한 관련성이다. 〈노스페라투〉의 시학 전반에서 환상과 꿈의 주제가 강화될수록 매트의 사용이 빈번해지는 것은 명백히 특징적이다. 인물의 시각이 주관적이 되면 될수록, 즉 〈노스페라투〉의 영화적 공간이 평평해지면 질수록 그 공간은 매트에 '집어삼켜 진다'. 매트는 육체성을 상실한 모종의 보이지 않는 주체, 하지만 비인칭화된 중립적 시각과는 거리가 먼 어떤 주체의 현전을 지시해 준다. 매트가 나타내는 것은 능동적으로 작용하는 '근심하는' 주체의 존재인바, 그것은 깊이 있는 숏 구성에서 나타난 비인칭적 초시각과는 근본적으로 다른 것이다. 프랑스의 영화이론가 부비에와 레트라는 무르나우의 영화와 카스파르 다비드 프리드리히의 회화에 나타난 매트를 서로 비교했다. 프리드리히의 유명한 그림 〈뤼겐 섬의 백악 절벽〉은 두 가지 버전이 있다. 첫 번째 버전에는 세 사람이 등장하는데 (20년 후에 그려진) 두 번째 버전에서는 사람이 없고 대신 바다 위로 사라져 가는 흰 절벽을 담은, 마치 매트와 같은 어둠이 등장한다. 이와 같은 회화적 매트는 부비에와 레트라의 견해에 따르면 그 자체로 모종의 시각의 존재를 말해 주는데, 그것이 너무 강하게 느껴진 나머지 '인간적 형상을 통

해 그것을 인격화할' 필요성이 탈각될 정도였다.[27]

물론 무르나우의 작품들이 1920년대 영화공간의 보편적 특성을 담아내는 것은 아니다. 하지만 그것은 진보된 무성영화에서 나타난, 체계적인 숏 심도 파괴의 사례라는 점에서 흥미롭다. 이 예를 더욱 의미심장하게 만드는 것은 바쟁 이래로 바로 그 무르나우가 디프포커스 미장센의 아버지 중 한 명으로 여겨진다는 사실이다. 바쟁의 견해를 논박하는 대신 나는 한 가지 사실만을 지적하고자 한다. 무르나우에게서 공간의 깊이를 높이려는 선명한 경향은 그것을 평면화하려는 동시적 경향과 함께 가는 것이었다. 무르나우 영화의 사례에서 분명하게 드러나는 사실은 깊이와 평면성은 상호보충적이고 상호조건적 현상이라는 점이다. 그것들은 상호보완의 관계, 곧 진정한 구조적 이원성의 관계에 놓였다.

하지만 이를 통해 세계 영화사에서 주관적 시각의 모든 숏이 매트를 통해 전달되었다거나 혹은 전달된다는 결론을 끌어내서는 곤란하다. 오히려 그 반대로, 무르나우에게 매트를 통한 묘사는 그에 앞선 영화발전 단계의 분명한 유산이었다. 본질적인 관건은 선형적 퍼스펙티브의 파괴나 다양한 형식을 통한 그것의 왜곡에 있다. 또 다른 경우에는 그와 같은 왜곡이 평면화가 아니라 반대로 공간의 과(過)심도화의 형태를 취할 수도 있다. 가령, 극도로 짧은 가시거리 렌즈로 찍힌 왜곡된 퍼스펙티브, 즉 크기가 극도로 축소된 결과를 낳는 숏 역시 주관적 관점의 숏으로 읽혀진다. 핵심은 기하학적으로 정상적 심도를 깨뜨리는 것이며 이런 파괴의 기법 중 공간의 평면화가 가장 특권적—결코 유일한 게 아니라—위치를 차지할 뿐이다.

27) M. Bouvier, & J. L. Leutrat, *Nosferatu*, Paris, 1981, p. 48.

'일반적인' 심도 구성과 변별되는 묘사에 깃든 주관화의 흔적은 인간의 보편적 현실 인지 방식의 성격과 관련되지 않는다. 시각의 주관화와 감각성이 공간의 '일반적' 인지로부터 어쩔 수 없는 이탈을 불러온다고 가정할 어떤 근거도 없다. 오히려 말해야 할 것은 그러한 주관성의 코드화된 관례성이다. 모든 언어적 관례성이 그런 것처럼 그것은 절대적 성격을 갖지 않으며 다양한 기호적 수단을 통해 표현될 수 있다.

바로 그런 이유 때문에 시각의 주관성을 표현하기 위해 매트를 사용하거나 여러 숏을 겹치는 식으로 재현의 평면성을 강조해야 할 필요성이 점차로 사라져 갔다. 대신에 시각의 주관화를 의미하는 일련의 관례적 기법의 그룹이 생겨났던 것이다. 그 예로 서사의 성격이 변화됨을 지시하는 페이드인을 보자. 그것은 가령, 영화 속에서 꿈 장면을 도입하기 위한 고전적 기법이 되었다. 이렇듯 에피소드의 경계에서 정상적 퍼스펙티브를 잠시 동안 파괴하는 기법은 관례적 표지의 역할을 수행한다.

일련의 경우에서 그와 같은 관례적 표지는 그만큼의 코드화된 성격을 띠지 않는다. 우리는 그와 같은 주관성의 관례적 표지의 몹시 흥미로운 예를 에이젠슈테인의 〈폭군 이반〉의 두 번째 시리즈에서 찾아볼 수 있다. 콜리체프와 대화하던 중 이반에게 어린 시절의 기억이 갑자기 밀려온다. 에이젠슈테인은 짙은 연기가 피어오르는 숏[28]을 통해 그 장면을 중심 내러티브로부터 분리시킨다. 비록 이 연기는 영화 구두점의 관례적 형상이 아니지만 그럼에도 곧바로 서사의 양태 변경을 지시하는 표지로 읽힌다. 결국 이는 〈폭군 이반〉에 나오는 이 연기가 (앞선) 회화적 비전의 구름에 직접 해당된다는

28) 짙은 연기 장면에 이례적 성격을 부여하기 위해 에이젠슈테인은 이 숏을 반대 방향의 앙각 숏(밑에서 위로)으로 찍었다(이 사실을 클레이만이 전해 주었다).

사실과 연관될 것이다.[29] 깊이를 상실한 공간을 이상적으로 구현하면서 그 연기는 이어지는 에피소드를 즉각 기억의 영역으로 가져간다. 에피소드의 끝자락에서 연기가 일종의 페이드인 대용으로 등장한다는 사실은 마이클 커티즈의 영화 〈카사블랑카〉(1943)에 나오는 뛰어난 에피소드를 통해서도 증명된다. 거기서 기차 계단에 선 주인공(험프리 보가트)의 회상의 끝은 뿌옇게 시야를 가리며 증기기관이 내뿜는 증기 구름을 통해 표지된다. 이와 유사한 표지의 또 하나의 예를 마르셀 카르네의 영화 〈해는 떠오른다〉에서 찾아볼 수 있다. 거기서 장롱 거울에 비치는 주인공(장 가방)의 회상은 들이치는 파도 장면을 통해 도입된다.[30] 이런 상징적 처리가 작동할 수 있는 이유는 그것이 관객에게 무의식적으로 기하학적 명료함 및 퍼스펙티브의 깊이를 탈각한 재현의 전통을 떠올리게 하기 때문이다. 에이젠슈테인의 연기와 카르네의 파도는 물론 시와 회화에서의 낭만적 전통으로 소급될 수 있을 것이다. 하지만 다름 아닌 회화에서 자연의 묘사는 퍼스펙티브의 파괴 및 주관적 시점의 도입을 위해 적극적으로

---

29) 회화에서 구름이 지니는 완전히 관습적이고 코드화된 기능을 맨 처음 지적한 이론가는 레싱이었다. "우리에게 화폭 위의 이런저런 것들이 보이지 않는 것으로 간주되어야 한다는 사실을 이해시키기 위해 회화가 사용한 수단은 가벼운 구름이었다. 거기서 이 보이지 않는 어떤 것은 그를 둘러싼 화폭의 다른 인물들로부터 가려진다. 이 구름은 아마도 호머 자신에게서 차용된 것 같다. … 이 구름은 —순수한 상형문자, 단순한 상징적 기호인바, 그것은 해방된 주인공을 진짜로 보이지 않도록 하지는 않지만 마치 관람자에게 이렇게 말하는 것 같다: 당신들은 그를 보이지 않는다고 간주해야 한답니다"(Г. Э. Лессинг, Лаокоон, *или О границах живописи и поэзии*; Г. Э. Лессинг, *Избранные призведения*, М., 1953, СС. 437~438을 보라).

30) 르그랑은 카르네 감독의 이 장면에서 단지 "프랑스 '상징주의' 아방가르드의 예기치 않은 유산"만을 보았다(G. Legrand, *Cinémanie*, Paris, 1979, p. 78). 그는 카르네가 어떤 문제와 대면했는지를, 즉 그가 거의 최초로 영화에서의 시간적 반추라는 문제와 대면했음을 이해하지 못했던 것이다.

사용되곤 했던 것이다.

시각의 주관성을 코드화하는 다른 형식은 일련의 몽타주 형상으로도 나타났다.[31] 점차로 내러티브의 양태가 변화되었음을 알리는 표지로 몽타주 코드가 지배적이 되어 갔던 것이다. 원칙적으로 말해, 고전영화에서 가장 주요한 몽타주 '세포' 중 하나인 클로즈업과 롱숏의 결합 — 이는 '응시'의 화면과 '비전'의 화면의 결합으로 해석된다 — 역시 어느 정도는 깊이 있는 공간과 평면적인 공간 사이의 대립에 기초한다. 공간의 깊이를 말살하는 얼굴 클로즈업은 언제나 얼마간 더 '깊게' 마련인 이어지는 롱숏 화면이 주관적 비전의 화면이라는 사실을 표지해 주는 것이다.

몇몇 경우에서는 내러티브 양태의 변화를 알려주는 표지로서 몽타주 접합이 아니라 숏의 깊이를 반영하는, 카메라를 향한 배우의 움직임 및 카메라의 접근과 후퇴가 사용된다. 예로 들 수 있는 것이 게르만의 영화 〈내 친구 이반 라프쉰〉이다. 이 영화는 접근 및 후퇴, 줌 렌즈의 사용 등 카메라의 움직임으로 가득 차 있는데 이는 계속해서 내러티브 체제의 변경을 나타낸다. 이와 관련해 특징적인 것은 라프쉰의 '간질발작' 장면이다. 해당 장면은 라프쉰이 의식을 회복하는 것에서 시작된다. 의식의 회복은 주관적 화면으로 전달된다. 처음에 스크린에 일그러진 원이 나타난다. 점차로 묘사가 움직이면서 선명함을 되찾는다. 숏은 라프쉰이 누워 있는 바닥으로부터 찍혀 있고 숏의 비대해진 깊이를 강조하듯 날카로운 퍼스펙티브로 보인다. 이런 평면성에서 극대화된 깊이로의 이동은 라프쉰을 현실이 아닌 회상의 차원으로 보낸다. 라프쉰은 다시 숏의 깊이를 벗어나는 클로즈업으로 자신의 뇌 타박상의 사연을 떠올린다. 점차적인

31) 1부 1장의 "'완전' 영화와 '몽타주' 영화"를 보라.

그리고 결정적인 현실로의 복귀는 다음과 같이 그려진다. 클로즈업된 라프쉰의 얼굴에 이웃의 불투명한 실루엣이 들어오는데 이는 마치 그 침투로서 회상의 흐름을 끊는 듯하다. 카메라는 즉시 뒤로 빠지고 시야와 숏의 깊이를 확장시킨다. 깊어진 숏의 확장된 공간 속으로 점차 이웃이 등장하는데 그는 카메라가 뒤로 빠지는 가운데 (본래) '카메라' 뒤편, 그러니까 스크린의 앞 공간에 자리하던 인물을 향했다. 이와 같은 응시는 결정적으로 숏의 깊이를 고정시키고 논쟁의 여지없이 영화에 현실성을 가져온다. 하지만 이번에는 재현이 '일반적인' 퍼스펙티브로(즉, 앉아 있는 사람의 관점에서) 제시된다. 이렇게 해서 짧은 장면이 진행되는 동안 평면성과 깊이의 교체는 서사의 양태를 여러 차례 변화시킨다. 처음에는 포커스의 심화가 의식의 회복을 표시하는데 그것은 이내 현실의 차원을 미끄러져 회상으로 넘어가는 것이다. 이런 '미끄러짐'은 극도의 깊이와 퍼스펙티브를 통해 표지된다. 현실로의 최종적 접근은 '정상적 상태'까지 공간을 확장하는 것으로서 제시된다.[32]

나는 영화에서 나타나는 평면적 공간과 깊이 있는 공간의 상호관계에 대해 다만 한 가지 측면만을 다루었을 뿐이다. 사실 이 관계는 훨씬 더 복잡하고 폭넓은 의미론적 잠재력을 가졌다. 하지만 영화에서의 평면성과 깊이의 변증법에 관한 위와 같은 짤막한 고찰만으로도 다음의 사실을 알 수 있다. 이 두 가지 영화공간의 속성은 구조적인 상호보충성의 관계에 놓였으며 서로 간의 대립 속에서만

32) [옮긴이 주] 숏의 심도가 내러티브 양태의 변화를 알리는 표지로서 작용하는 이런 사례는 영화적 재현의 가장 본질적인 특성 중 하나인 '담론'과 '서사' 간의 복잡한 관계의 한 측면이라고 볼 수 있다. 얌폴스키는 이 문제를 게르만의 영화 〈내 친구 이반 라프쉰〉에 대한 본격적인 분석을 다룬 3부의 1장 "담론과 서사"에서 상세히 고찰한다.

의미를 드러낸다는 사실이 그것이다. 깊이 있는 퍼스펙티브의 법칙에 따라 구축된 묘사만이 그 자체로 모종의 이데올로기를 표현한다고 가정할 만한 근거는 전혀 없다. 그런 묘사가 시각의 초개성적 주체와 맺는 관련성은 선험적 관계, 이를테면 현실의 환상을 전제하는 해당 묘사의 속성으로부터 나온, 미리 결정된 관계가 아니다. 그 관계는 관례적이고 코드화된 성격을 띤다. 이 관례성 자체가 회화의 발전과정에서 그리고 나중에는 주관적-개인적 시각을 의미화하는 과정에서, 필요에 따라 영화적 내러티브가 응답하는 과정에서 나타난 것이다. 유럽 문명의 재현적 언어에서는 흔히 몇 가지 이유로 인해 개성적 시각이 묘사의 평면적 성격과 관련되었다. 이 이분법의 순전히 기호적 성격이 무엇보다 확연히 드러나는 것은 점차 영화에서 주관적 시각이 영화공간 자체의 성격과 관련 없는 일련의 조건적 기호작용을 통해 표지되기 시작했다는 점이다. 내러티브의 요구를 동반한 '깊이 있는 것 대(對) 평면적인 것'의 대립 관계는 오랜 시간 동안 영화적 이야기의 양태성의 교체가 바로 그런 대립에 기초해 왔다는 사실에서 확증된다. 그와 같은 교체 없이 영화 내러티브는 결코 자신의 언어적 대응물이 가진 것과 같은 유연성을 획득하지 못했을 것이다.

'깊이 있는 것 대 평면적인 것'의 대립은 영화 텍스트의 내러티브 차원에 복무한다. 이 차원의 기능 메커니즘을 이해하려면 영화적 재현의 '특별한' 유형을 쪼갤 수 없는 대립의 고립된 한쪽 항에 기초하면서 깊이와 평면성을 분해할 것이 아니라, 최종적으로 그것들을 단일한 쌍으로 결합해야만 할 것이다.

— 1989

2002년의 덧붙임

오늘날의 나는 바로 이 논문에 관해 몇 가지 상념을 덧붙이고 싶다. 내가 1980년대에 다루었던 이 현상, 즉 재현적 텍스트에서의 주관적 비전에 관한 최신 연구들은 당시 내가 생각했던 것보다 훨씬 더 복잡한 본질을 가짐을 보여 주었다. 그중 무엇보다 먼저 언급해야 할 것은 프라이부르크의 예술사가 빅토르 스토이치타의 연구인 “스페인 예술의 황금시대에서 시각적 경험”이다. 스토이치타는 반종교개혁시기 회화에 나타난 재현을 대상으로 한 세밀한 분석을 통해, 주관적 시각과 객관적 시각의 이분법으로 재단될 수 없는 결론에 도달했다.

스토이치타의 저서에서 몇몇 예들 들도록 하겠다. 우선 첫째로 후안 데 후아네스(Juan De Juanes, 1507~1579 추정)의 그림 〈사원에서의 성 스테판〉(1565)(〈그림 5〉)이다. 여기서 기독교 성자는 예루살렘 사원에서 유대인들에게 그리스도의 가르침을 설파한다. 그는 손으로 유대인의 머리 위에 자리한 구름 속의 그리스도와 천사의 형상을 가리키는데 사원 벽에 비친 그 형상은 놀랄 만큼 영화 스크린을 연상시킨다. 유대인이 이 형상을 보지 못한다는 사실은 분명하다. 그럼 스테판의 이 환영이 갖는 위상은 무엇인가? 데 후아네스의 그림에서 스테판은 손에 책을 쥐었다. 그것은 〈사도행전〉인데 마침 이 성자에 바쳐진 장, 즉 스테판이 심의회를 꾸짖는 에피소드 부분이 펼쳐졌다. 관객은 책에서 다음의 구절을 읽을 수 있다. “나는 천지의 개벽과 인류의 아들을 보았다”(〈사도행전〉, 7장 56절). 이렇듯, 벽에 나타난 형상, 그리고 사실상 (그림 속의) 전 장면은 〈사도행전〉에 나오는 언어 텍스트의 기이한 시각적 전사(轉寫)로서 나타난다. 유대인들의 반응은 〈사도행전〉에 나오는 다음의 구절과 전적으

〈그림 5〉 사원에서의 성 스테판

로 일치한다. "그들은 큰 소리로 비명을 지르며 자신들의 귀를 틀어막고 하나같이 그에게 달려들었다"(〈사도행전〉, 7장 57절). 내가 보기에 여기서 스토이치타가 설득력 있게 보여 주는 것은 이 장면이 그 자체로 환영의 재현과는 간접적 관계를 가질 뿐이며 사실 그것이 본질적으로 건드리는 것은 다름 아닌 사원의 문제라는 점이다. 그가 쓰기를, "애초에 사원(*templum*)이라는 말은 '천상'을 의미했다. 이후에 이 말이 하늘에 구획된 직사각형, 명상을 위한 성역을 의미하게 되었다. 그리고 한참이 더 지난 후에야 그것은 종교적 처소를 의미하게 되었다."[33] 데 후아네스의 그림은 이렇듯 사원에 관한 두 가지 이해를 대립시킨다. 그 하나가 땅 위의 '종교적 처소'인 건축물이라면 다른 하나는 천상의 사원, 즉 천상에 자리한 신에 대한 명상의 처소이다. 당연히 이 대립은 손쉽게 신약과 구약의 대립에 포함할 수 있다.

여기서 가장 흥미로운 것은 이 환영이 그 자체로 재현이나 메타포, 그러니까 언어 텍스트의 번역의 성격을 획득한다는 사실이다. 말하자면 그것은 자신의 신비적인 직접성을 탈각한 보다 높은 차원에서 매개된 어떤 것에 해당한다. 스토이치타가 보여 준 바에 따르면, 반종교개혁 시기의 회화에서 환영의 도입은 체계적으로 재현의 매개화를 동반했는데 이는 당시 교회가 통제되지 않은, 순전히 주관적인 신비적 환영에 상당히 조심스러운 태도를 취했다는 사실과 관련이 있다. 이런 환영을 미신에 가깝도록 만든 것, 그래서 신의 영감에 따른 환영과 악마가 촉발한 환영을 명확하게 구분할 수 없도록 만든 것은 바로 이런 통제되지 않은 주관성이었던 것이다.

트렌츠키 사원이 신성한 플롯의 재현에 제한을 가한 이후(가령,

---

33) V. I. Stoichita, *Visionary experience in the golden age of Spanish art*, London, 1995.

〈그림 6〉 〈성 브르노의 환영〉

〈그림 7〉〈삼위일체〉

본질상 도달불가능성을 보유한 것으로 여겨지는 삼위일체를 묘사하는 일은 금지되었다), 회화에서는 (삼위일체나 성모상과 같은) 개인적 환영을 그림이나 이콘으로, 즉 그림으로 그린 삼위일체나 성모로 대체하는 일이 일반적인 것이 되었다. 이렇듯, 이제 신비적 환영은 도달 불가능한 비전을 '묘사하는' 그림이라는 매개된 재현으로 바뀐 것이다. 이런 종류의 특이한 재현을 보여 주는 가장 좋은 사례는 후안 리발타(Juan Ribalta, 1597~1628)의 〈성 부르노의 환영〉(1621~1622)(〈그림 6〉)이다. 거기서 환영을 보는 이의 머리 위로 구름 속에 삼위일체의 형상이 나타나는데 바로 뒤러(Albrecht Dürer, 1471~1528)의 유명한 에칭 〈삼위일체〉(1511)(〈그림 7〉)가 그것이다. 리발타의 그림은 평면성과 깊이라는 문제의 맥락에서도 흥미를 끈다. 뵐플린 이후 흔히 시야의 깊이를 억제하는 것으로 이해된 구름은 여기서 진정한 공간적 심도를 표현하는 일종의 깔때기나 터널을 만들어 놓는다. 한편, 이 터널의 입구에 자리한 삼위일체는 확연한 평면성을 드러내는바, 이는 그것의 매개성을 표지한다. 말하자면 이것이 삼위일체 자체가 아니라 그것의 평면적 재현일 뿐이라는 점을 알리는 것이다. 평면성은 이렇듯 환영의 기호가 아니라 그것의 2차성과 재현성을 드러내는 기호가 된다.

스토이치타가 지적하듯이 스페인 회화에서 성상화 및 교회 제단화는 신비적 비전의 장소였다(이로부터 예의 저 살아 있는 이콘에 관한 모티프[34]가 나온다). 테레사 수녀는 자주 그녀를 찾아왔던 그리스도의 형상이 직접적인 육체적 형태가 아니라 재현의 형태였다고 회상한 바 있다.

---

34) 이에 관해선 D. Freedberg, *The power of images*, Chicago/London, 1989, pp. 283~316을 보라.

몇몇 경우에 내가 본 것이 재현이라는 점은 명백하다. 하지만 많은 다른 경우에서는—아니다. 내게 온 그분이 너무나 선명했기에 그것은 그리스도 자신이었을 것이다. 때로는 그 형상이 너무 흐릿해서 마치 재현처럼 여겨졌지만 그래도 너무나 완벽했던 그것은 이 지상의 그림 같은 것이 아니었다. 나는 멋진 것을 무수히 봐 왔다. 지상의 그림이 조금이라도 환영처럼 보일 수 있을 것이라 생각한다면 어리석은 일이다. 그 닮음은 살아 있는 인간과 그의 초상화 사이의 닮음일 뿐이다. … 설사 내가 본 것이 재현이라 할지라도, 그건 살아 있는 재현, 죽은 인간이 아닌 살아 있는 그리스도였다.[35]

환영(비전)은 묘사, 즉 재현과 실제의 현전이 구분불가능해지는 어떤 지대에 자리한다. 마찬가지로 회화는 환영의 물리적 대응물이자 그것의 직접적인 시뮬라크르로 이해되기 시작한다. 형식의 측면에서 제단화(교회는 환영의 중심적 처소이다)는 평평한 화폭으로부터 형상이 분리되는 환영을 만들어 내는 방식으로 만들어졌다. 즉, 그것은 평면성에 본질적 역할이 부여된 속임수의 원칙을 따르기 시작했던 것이다. 이와 같은 '환영을 위한 회화'의 많은 예 중에서 스토이치타가 든 것은 현재 시카고 예술사 연구소에 소장된 수르바란(Francisco de Zurbaràn, 1598~1664)의 〈십자가 처형〉(1627)(〈그림 8〉)이다. 이 그림은 애초에 성 바울 수도원의 제단에 걸려 있었는데 종종 관람객에게 그리스도의 나무 조각상으로 여겨지곤 했다. 즉, 이미 재현의 시학 자체에 부피를 얻는 방법, 전달체에서 분리되어 (그 자체로) 환영이 '될 수 있는' 방법이 담긴 것이다. 그러나 형상이 배경으로부터 분리되어 부피를 획득하려면 반드시 배경의 평면성이 강조돼야만 하는 것이다.

나의 의도는 반종교개혁시기 회화에 나타난 환영의 재현과 관련

35) Saint Teresa of Avila, *The book of her life* (28, 7~8), Saint Teresa of Avila, Collected Works, Vol. 1, Washington, D.C., 1976, p. 240.

〈그림 8〉〈십자가 처형〉

된 모든 문제를 상세히 분석하려는 것이 아니다. 그러나 위의 예들만으로도 이 문제가 단지 '객관적인 것과 주관적인 것'의 대립, 그러니까 단지 내러티브와 시각의 양태성의 교체 문제로 수렴되지 않는다는 점을 충분히 납득할 수 있다. 결국, 우리에겐 리발타의 그림에 그려진 삼위일체가 주관적인 것 혹은 성 부르노의 내적 환영이 객관적으로 존재하는 뒤러 그림의 복사판일 뿐이라고 일의적으로 단정할 근거가 없다. 거기서 양태성은 데 후아네스 그림의 구름 속 그리스도가 그렇듯이 전혀 결정되지 않았다. 이런 그림들에서 뒤러의 복제는 단지 환영을 위한 기반으로 사용될 뿐이다. 이 복제는 관객에게 환영을 유도한다. 따라서 결국 관건은 기호학의 범주들로 형식화가 매우 어려운 다른 차원의 문제가 된다. 이 난관은 무엇보다도 (이와 같은) 묘사의 기호적 위상을 일의적으로 결정할 수 없다는 데에 있다. 그러나 이 묘사를 흥미로운 분석대상으로 만드는 것 역시 바로 이런 불가능성에 다름 아니다(유감스럽게도 스토이쉬타는 이 분석을 전혀 수행하지 않는다).

'환영의 회화'가 제기하는 문제는 결국 현상학적인 물음이다. 관건은 우리가 지금 다루는 것이 현상의 직접적 관조인가, 아니면 현상 자체는 부재하지만 그것의 의미를 전제하는 재현인가이다. 그리고 이 물음은 영화라는 것의 본질을 이해하는 과제와 직접적으로 관련된다. 왜냐하면 다름 아닌 영화에서 우리는 현전에 대한 환상, 요컨대 관조를 대하게 되지만 동시에 그것은 부재, 즉 재현 및 의미이기도 하기 때문이다. 영화의 경우에 그 둘 사이에 경계를 긋는 일이 지극히 어렵다.

환영이 제기하는 또 다른 문제는 명징성이다. '진정한' 환영을 '거짓' 환영으로부터 구분하려는 교회의 시도에서 가장 중요했던 문제 중 하나는 진실성이었다. 묘사는 환영의 진실성을 보증하는 데 결정적 역할을 한다. 이런 의미에서 후안 데 후아네스의 성 스테판은 매우 흥미롭다. 스테판이 심의회 앞에서 하는 말들은 제단 벽의 그림을 통해 공증된다. 현상학에서 묵상을 통한 이와 같은 보증의 과정은 동일시라는 이름을 얻었다. 이런 동일시는 발화 혹은 인지와 물(物) 자체, 즉 보이고 감각되고 인지되는 것, 현전하는 것과의 합치를 구축한다. 말하자면 그림은 여기서 바로 그와 같은 대상의 진리검증 기능을 수행하는 것이다.

벽의 그림을 가리키는 스테판의 제스처는 책에 나온 언어 텍스트를 재현과 합치시키는 그와 같은 동일시의 제스처이다. 그러나 여기서 재현은 심의회 위원들이 아니라 관객에게만 보이는데 왜냐하면 그것은 관객과의 관계에서만 보증의 역할을 수행하기 때문이다. 유대인에게 그리스도의 묘사는 대상이 아니라 비대상적 환영일 뿐이다. 그것은 직접적 관조의 영역에 속할 수 없고 오직 신비주의적 의식 속에서만 존재할 수 있는, 이미지의 '내적' 관조의 영역에 속할 뿐이다. 우리에게 동일시를 보장하는 그것은 심의회 위원들에게는 해당되지 않는다.

그러나 텍스트와 묘사 간의 동일시를 가리키는 제스처는 그 자체만으로는 결코 완전무결하지 않다. 그림에서 우리가 볼 수 있는 것은 〈사도행전〉의 일부분일 뿐이다. 신약의 전체 구절은 다음과 같다. "… 나는 천지개벽과 하느님 곁에 선 인류의 아들을 보았다." 데 후아네스의 그림에서 우리는 그리스도만을 볼 뿐 당연히 구약의 신은 보지 못한다. 결국 이 경우에 천상의 상징적 사원은 그리스도의 사원, 즉 신약의 사원에 국한되는 것으로 이해된다.

이렇듯 묘사는 언제나 텍스트와의 불일치, 언어적 표현과 그것의 시각적 이미지 사이에 항상 존재하는 불일치를 발견한다. 후설은 언어적 발화 속에는 모종의 '의식적 잉여', 즉 묘사를 통해 확증될 수 없는 요소가 존재한다고 말했다. 하이데거는 이 딜레마를 다음과 같이 정식화했다. "지각의 완전한 발화 속에는 의도와의 관계에서 **지향적 잉여**가 담겼다. 그 지향에서 단순한 지각을 통한 확증 가능성은 의심될 수 없다."[36)]

나는 이 후기에서 주관적 시각의 묘사와 관련된 복잡한 현상학적 문제에 깊게 파고들 생각은 없다. 단지 내가 지적하고 싶은 것은 이 문제가 어떤 가능한 영화언어의 차원에 해당하는 것이 아니라 현상학적 문제의 차원에 해당한다는 사실이다. 주지하다시피, 이 문제는 영화에서 현저한 변화를 겪는다. 이미 거기에는 메타이미지, 이콘 속의 이콘 따위는 필요치 않은 것이다. 환영(비전)과의 동일시는 영화 속에서 영화적 재현의 진실성을 확증하는 문제가 그런 것처럼 다르게 이뤄진다. 영화적 재현은 불가피하게 대상적 현실과 지향적으로 관련될 수밖에 없기 때문이다.

---

36) М. Хайдеггер, *Пролегомены к истории понятия времени*, Томск, 1998, С. 63.

제5장

체계와 본질 *

아르타바즈 펠레시안의 영화에 관하여 **

이 논문은 저명한 아르메니아의 다큐멘터리 감독 아르타바즈 펠레시안의 영화에 대한 체계적인 기호학적 읽기를 시도한 글이다. 펠레시안은 그런 읽기를 위한 훌륭한 구실을 제공해 주었는데 내 생각에 이런 기호학적 읽기는 여전히 충분하게 적합한 것으로 남았다. 펠레시안 스스로가 언어적 구조, 대립 그리고 탈문(脫文) 등의 범주 속에서 자신의 영화를 사유했던 것이다. 시 연구 영역에서 구조주의자와 '형식주의자'가 행한 탁월한 업적이 많은 도움을 주었다. 이 논문은 기호학을 영화분석에 적용한 흔히 않은 경우 중 하나로서, 당시의 나는 내가 채택한 방법론이 전혀 불편하지 않았고 이른바 질료의 저항과 끊임없는 난관에 전혀 '봉착하지' 않았다.

---

* [옮긴이 주] 러시아어 단어 '본질'(стихия)은 다양하게 번역될 수 있는 넓은 의미장을 지닌다. 여기서는 구성적 질서화에 저항하는 언어질료의 자연적 본성, 곧 말의 살아 있는 본질을 가리키는 것으로 이해가능하다.

** [옮긴이 주] 아르타바즈 펠레시안(Artavazd Peleshyan, 1938~)은 '디스턴스 몽타주'(*distance montage*)의 창안자이자 가장 중요한 러시아 다큐멘터리 감독 중 한 명이다. 1963년에서 1968년까지 러시아국립영화학교(VGIK)에서 수학했으며 학생 때 만든 〈민중의 땅〉(*The earth of people*, 1966)과 〈시작〉(*The beginning*, 1967)으로 오버하우젠 단편영화제 그랑프리를 비롯해 유수 영화제에서 수상하며 작가로서의 입지를 다져가기 시작했다. 그는 자신의 영화에서 개별 이미지 조각의 조합으로 만들어지는 의미생산 측면에서의 몽타주를 거부하고 직관과 정서를 통한 의미의 정서적 측면을 창조해내고자 했다. 주요 작품으로 〈우리〉(*We*, 1969), 〈서식 동물〉(*The inhabitants*, 1970), 〈우리 세기〉(*Our century*, 1982) 그리고 예외적으로 강렬한 컬러 화면에 삶의 갖가지 측면을 강렬하게 담아낸 〈생명〉(*The life*, 1993) 등이 있다. 그의 영화는 수많은 영화작가와 비평가에게 영감의 원천이 되었으며, 특히 고다르는 펠레시안을 일컬어 '영화의 신'이라고 칭하면서 존경을 표하기도 했다. 작품 활동 외에도 1988년에는 자신의 작품에 관한 저서 《나의 영화》(*My cinema*)를 집필하기도 했다. 지난 2007년 전주 국제영화제 특별전에서 대표작 7편이 상영되었다.

아르타바즈는 자신의 첫 영화를 이미 러시아국립영화학교 재학 시절에 찍었다. 〈산악 경찰〉(1964), 〈민중의 땅〉, 〈시작〉 등이 그것이다. 이후 〈우리〉, 〈서식 동물〉, 〈사계〉(1975), 〈우리 세기〉 등의 성숙한 걸작이 뒤를 이었다. 펠레시안의 작품을 설명하는 일은 어렵다. 이 (유사) 다큐멘터리적 필름은 본질상 전통적 의미에서의 플롯을 결여하며 중심인물 또한 없다. 펠레시안식 화면의 주제를 결정하기란 지극히 어려운 일이다. 물론 영화 〈시작〉은 혁명에, 〈서식 동물〉은 생태학에, 〈우리 세기〉는 우주 정복에 관한 이야기라고 말할 수는 있을 것이다. 그러나 그와 같은 이념의 요약은 너무나 추상적이며 거의 아무것도 말해 주지 않는다. 전체 민중을 다루면서도 그 어떤 민족적 단일성의 주제로도 결코 수렴되지 않는 영화인 〈우리〉의 경우 사정이 더욱 복잡하다. 그의 걸작 〈사계〉는 그 주제를 도저히 일반적으로 형식화할 수 없을 정도이다.

펠레시안 영화에 주제론적으로 접근하는 것이 적당치 않다는 점은 하나의 본질적 계기에서 드러난다. 그의 모든 성숙기 영화는 사실상 매우 포착하기 어려운 단 하나의 주제를 변조한 것이다. 사용된 제제는 서로 다르지만 거기에는 감독이 사랑하는 모티프가 반복되고 성격상 유사한 구조가 적용된다. 펠레시안의 창작은 특별히 긴밀한 단일체를 형성한다. 그의 영화들을 서로 묶어 주는 요소가 분리하는 것보다 더 많다.

펠레시안의 영화에서 몇몇 모티프의 일관된 반복이 보이는 일관성이 너무나 큰 나머지 그를 통해 거의 모든 작품에서 사용되는 일종의 어휘집을 만들 수 있을 정도이다. 매우 자주 사용되는 모티프로는 다음과 같다. 군중, 달려가는 사람이나 동물, 산, 폭발, 구름, 정지화면으로 굳어진 얼굴 클로즈업, 움직이는 기계, 비행기, 재난, 가축 그리고 많은 경우 양떼 무리가 등장한다. 감독은 이 모티프를 통해 다양한 주제의 텍스트를 엮어내는데 여러 영화를 거치면서 이 아르메니아 예술가의 이미지 세계를 이루는 명확한 단일체를 만들어 낸다. 현대과학의 언어로 표현하자면, 펠리시안은 정확하게 재단된 패러다임의 틀 내에서 작업한다고도 말할 수 있다.

내가 보기에 러시아의 다큐멘터리 영화 중 제재의 선택에서 펠레시안처럼 금욕적으로 제한을 두는 감독은 한 명도 없는 것 같다. 세계의 다양성을 이루는 사물 중 많은 부분은 펠레시안 영화에서 자리를 차지할 기회를 전혀 얻지 못한다. 그는 모든 일상적 디테일—개별 인간의 삶의 흐름 및 행위와 관련된 모든 것—을 제거해 버린다. 아르메니아의 이 거장은 이 점에서 삶의 개별적이고 일상적 발현에 관심을 기울이는 오늘날의 다큐멘터리 작가와 뚜렷하게 구별된다. 펠레시안이 자신의 영화를 위해 골라내는 것은 어떤 일반적인 종(種)적 의미를 지니는 것이다. 폭발하는 산, 달려드는 기차나 인간 군중은 사적 인간과의 변덕스러운 관계를 끊어 버린다. 심지어 인간의 얼굴조차도 명백하게 유형적으로 다룬다.

한편, 감독에 의해 선택된 어떤 것들은 영화 속에서 철저히 충만하게 그려진다. 가령, 〈우리 세기〉는 우주적 재앙에 관한 기록물을 이용해 몽타주 연쇄가 구성되는데 여기서 그는 아카이브 필름에 담긴 모든 변종을 샅샅이 뒤진 듯하다. 비행선과 기구들이 불타고 차례로 땅으로 추락하는가 하면, 비행기에 부딪힌 파편이 날아다니고 열차들이 충돌한다.

펠레시안은 단지 주제의 측면에서 유사한 조각들을 고르고 그것들로부터 계열을 만드는 것이 아니다. 그는 그것들을 넘칠 만큼 풍부하게 제시한다. 〈시작〉에서는 달려가는 사람들과 들뜬 군중에 대한 열 개의 변종이, 〈서식 동물〉에서는 달려가고 죽어가는 동물들의 모습을 그린 수많은 일련의 시리즈가 나타난다. 영화는 주어진 계열의 소진이라는 원칙에 따라 구축된다.

그와 같은 구성은 펠레시안의 영화를 시에 근접시킨다. 그의 모티프 패러다임은 나름의 소규모 언어이다. 사실 언어야말로 체계, 즉 상대적으로 질서 잡힌 등가물의 다발을 포함한 체계인 것이다. 실제 발화의 과정에서는 이 등가물의 잠재적 변이형 중 어느 하나가 선택된다. 산문과 구별되는 시의 특징은 텍스트에서 모든 가능한 언어적 변이형이 실현된다는 것이다. 유리 로트만이 올바르게 지적했듯이 "시는 … 발화 텍스트이다. 즉, 체계가 아니라 그것의 부분적 실현인 것이다. 하지만 시적 형상으로서 그것은 체계에 완전성을 부여하며 이미 언어로서 등장한다. 2차적 의미 패러다임은 텍스트 속에서 완전하게 실현된다. 그 구성의 기본 메커니즘은 병렬(대구법, параллелизм)이다".[1] 펠레시안에게 모티프의 반복은 시적 대구법과 유사한 것으로, 그의 영화에서 실현되는 3차원적인 '시적 세계상'은 후자의 도움을 받은 것이다. 앞서 언급한 영화의 내용을 표현하는 가장 완전한 단어는 그렇게 발견된다. 요컨대, 거기서 문제가 되는 것은 생태학이나 우주가 아니라 거의 넘칠 정도의 완전함으로 창조된 총체적인 '시적 세계상'의 건설이다.

그러나 이런 총체적인 3차원의 시적 비전은 유사한 요소의 반복적 전개에만 기초해 구축될 수 없다. 그것은 로트만이 '2차적인 시적 구조'라고 부른 것을 필요로 한다. 시에서 그런 구조는 리듬을 기초로 발생한다. 리듬은 "동일하지 않은 것을 동일하게 만들고 상이한 것 중에 유사성을 드러내기 위해 같은 장소에 상이한 요소를 반복"[2] 시키는 순환성을 주관한다. 리듬을 통해 같은 것의 반복이 조직화될 뿐 아니라 이런 외적 동일함의 허구성이 드러나기도 한

1) Ю. М. Лотман, *Анализ поэтического текста*, Л., 1972, С. 40.

2) Там же, С. 45.

다. 리듬이 자신의 의미를 완전히 얻게 되는 것은 운율을 배경으로 해서이다. 운율은 실제 리듬과 결코 완벽하게 일치될 수 없는, 모종의 이상적 체계의 구조를 말한다.

펠레시안의 영화에서 리듬은 결정적 의미를 지닌다. 감독은 이론적 선언문인 《디스턴스 몽타주》[3]에서 자기 영화의 원칙에 관해 설명한 바 있다. 거기서 무엇 때문에 그가 한 영화에서 유사한 모티프 질료뿐 아니라 완전히 동일한 숏을 몇 차례씩 반복해서 사용했는지를 설명한다. 그는 "중대한 의미론적 하중을 담은 두 개의 강한 숏을 선택한 후, 나는 그것들을 합치거나 충돌시키는 대신에 그들 사이의 거리를 만들어 내려 노력한다"[4]라고 썼다. 하지만 이와 같은 요소의 거리 두기는 명백한 리듬적 의미를 지니는 것이다. 리듬을 만들어 내기 위해 강한 요소는 마치 각자의 고유한 건축적 리듬을 만들어 내는 그리스 신전의 원주기둥처럼 분산되고 펼쳐져야 한다. 의미론적으로 동일하거나 유사한 요소의 엄격한 반복은 영화의 모든 질료가 붙들린 모종의 결정화된 구조를 만들어 낸다. 펠레시안은 "디스턴스 몽타주의 구조가 발견되었을 때 이미 거기에 부분적 변형을 가미하는 것, 이런저런 요소를 임의로 제외하는 것은 불가능했다. 이 체계는 필요에 따라 취하거나 혹은 완전히 버려야만

3) **[옮긴이 주]** 펠레시안의 독창적 개념인 '디스턴스 몽타주'(*distance montage*)는 흔히 '간격 몽타주' 혹은 '거리 몽타주'라고 옮기지만 전자는 에이젠슈테인이나 베르토프가 사용하는 간격(*interval*) 개념과 혼동할 소지가 있어 적절한 번역이라 보기 어렵고 후자는 '거리'라는 우리말의 중의적 특성 탓에 만족스럽지 않다. 그의 '디스턴스 몽타주'는 숏 내적 요소 혹은 숏 사이의 (의미론적) 간격을 지칭하는 것이 아니라 말 그대로 숏 사이의 물리적 '거리'(떨어져 있음)를 가리키는 것으로, 여기서는 오해를 피하기 위해 원어를 그대로 살린 '디스턴스 몽타주'로 옮기기로 한다.

4) А. Пелешян, *Дистанционный монтаж*: *Вопросы киноискусства*, Вып. 15, М., 1974, С. 302.

하는 것이었다"[5] 라고 강조한다. 몽타주 체계의 안정성은 실제의 리듬을 미리 결정하는 시의 운율체계를 강하게 떠올리게 한다.

언젠가 나는 펠레시안이 프랑스의 영화비평가 세르주 다네와 행한 대담을 번역할 기회가 있었다. 감독은 《디스턴스 몽타주》에서 언급된 몇 가지 사유를 발전시키고 있었다. 거기서 그는 다네와 우리를 놀라게 한 매우 기이한 생각을 피력했다. 펠레시안이 주장하기를, 그의 의식 속에서 영화는 엄격한 구조로서 존재하는바, 거기서 모든 요소의 자리는 절대적 필연성을 갖고 미리 정해졌다는 것이다. 만일 이 구조에서 특정 요소나 숏을 빼내면 그것이 부재하는 장소가 여전히 자신의 의미를 보유하게 된다. 즉, 영화에서 부재하는 요소조차도 이 구조의 프레임 내에서 계속해서 작동한다는 뜻이다. 자신의 영화에는 오직 구조적 탈문(脫文), 영화의 의미에 작용하는 의미를 지니는 공백만이 존재한다는 것이다.

오직 의식의 사실로만 존재하는 이런 결정화된 지적 구조는 시의 이상적인 운율체계와 완전히 유사하다.

시에서 이상적 운율체계의 불가능성은 언어질료가 구성적 질서화에 저항하는 자연적 본성(음성 길이의 차이, 그들 간의 상호배치 등)을 가졌다는 점과 관련된다. 따라서 말의 살아 있는 질료에 이상적 체계를 부여하는 것은 이 질료와 모순 관계에 돌입한다. 지르문스키는 이 상황을 다음과 같이 정의했다.

> 예술적 법칙은 자유로운 발화적 본성의 개인적이고 모순적인 카오스를 자신에게 복속시키고 거기에 리듬적 질서를 부여한다. 그러나 카오스는 창조물의 가벼운 표면 사이로 명멸한다. …[6]

5) Там же, С. 306.

6) В. Жирмунский, *Теория стиха*, Л., 1975, С. 19.

영화질료는 언어질료에 비해 훨씬 더 강하게 질서화에 저항한다. 체계와 (질료의) 자유로운 본질 사이의 투쟁은 여기서 거의 드라마틱한 투쟁의 성격을 띤다. (특히,) 이 투쟁은 펠레시안에게서 전면화되는바, 그것은 본질적으로 그의 영화들의 내용적 뼈대를 이룬다. 그들 중 많은 것은 다음의 모델을 따른다. 우선 흔히 강조된 음악적 리듬을 지닌 몽타주의 명확한 리듬적 윤곽이 주어진다(영화 〈시간, 앞으로!〉에서의 행진, 감독이 좋아하는 제의적 드럼의 투쟁, 로켓 발사를 재는 카운터의 비트 등이 그 예이다). 리듬은 명확한 메트로놈으로 된 몽타주 연쇄를 통해 주어지고 재앙, 폭발, 들뜬 군중의 숏이 침투하기 시작한다. 이 숏 내적 질료는 자신의 에너지를 통해 그에게 부여된 리듬 체계를 일소하는 듯하다. 카오스는 '창조물의 가벼운 표면 사이로 명멸할' 뿐 아니라 그것을 제거해 버리는 것이다. 리듬 구조(넓게는 결정화된 운율체계)와 숏 내적 카오스 간의 투쟁은 펠레시안의 모든 영화를 관통하고 그 속에서 시적 체계의 기호학적 모순이 어떤 식으로든 그려진다. 펠레시안의 영화는 은유적으로 시의 자기기술, 즉 시적 창조의 드라마를 영화 속에 투사하는 텍스트로서 정의할 수 있다.

펠레시안은 이미 살펴본 것처럼 살아 있는 영화적 질료가 숏 내적 운동의 모든 특징적 혈장(血漿)과 더불어 결코 외적 운율체계에 복속될 수 없음을 날카롭게 느낀다. 쟈코얀은 영화적 본성에 맞서는 감독의 투쟁의 느낌을 명민하게 전달한다. 그가 쓰기를, 펠레시안의 영화구는 끊임없이 반복되는 숏과 더불어 "숏을 제 자리에 되돌리려는 감독의 손에서 그것이 계속해서 빠져나가는 듯한" 인상을 준다. 숏은 계속해서 미끄러지고 결국 "감독은 불법적 기법에 의존하는 것 외에 다른 방법이 없어 마침내는 정지화면을 통해 움직임을 붙들게 되는바, 이는 지극히 감정적인, 숏의 본성에 대한 폭력으로 느껴지게 되는 것이다…".[7] 다르게 말해, 운율체계에 영화질료를 복속시키기 위해 펠레시안은 영화의 본성 자체를 파괴, 즉 그로부터 움직임을 빼앗아 버리는 것이다.

그러나 해당 영화에서 정반대의 움직임도 가능하다. 영화는 운율에서 카오스로 체계 속을 '돌파해' 들어갈 수 있다. 펠레시안이 영화 〈시작〉의 드라마투르기를 어떻게 구축하는지를 통해 이를 살펴보기로 하자.

영화는 길게 지속되는 검은색 무지 화면으로 시작한다. 숏 너머로 맷돌 가는 이들의 전투소리가 들리는데 그들이 매번 칠 때마다 급격한 점프 몽타주가 뒤따른다. 사이즈 조정 이후 풀려 나가는 이것은 테러로 신음하는 사람들을 묘사한 일련의 사진 시리즈이다. 그다음 화면에 기관총 줄 비슷한 것이 나타나고 에이젠슈테인이 〈10월〉에서 사용한 총알 같은 느낌을 주는 급격히 빨라진 사진 몽타주가 제시된다. 그다음에 다시 검은색 무지 화면이 나타나고 다시 급격한 카메라의 접근을 통한 사진이 나타난다. 또다시 총알이 발사되고 화면에는 마침내 움직임이 나타난다. 사람들이 뛰어간다. 이 순간부터 스비리도바의 음악 〈시간, 앞으로!〉의 행진이 운율측정계의 역할을 맡는다.

전시회 마지막에 사람들을 자리에서 흩어지게 만든 혁명적 폭발은 또한 강력한 에너지의 물결로 부동의 포토그램을 폭파시킨다. 처음에는 열렬하게 박동치는 몽타주로, 그다음에는 (카메라의) 급습으로 그려지는 포토그램이 그것이다. 움직임으로서의 영화가 비존재(검은색 무지화면)로부터 생겨나고 그다음에는 사진으로부터 생겨난다. 그것은 정적인 직물을 통과해 비집고 나오는바, 인간의 물결로 인해

7) Г. Закоян, *Национальная функция кино*: *Проблемы кино и телевидения*, Вып. 2, Ереван, 1984, С. 107.

위로 터져 나온 다음, 이제는 스비리도바 음악의 리듬 체계에 의해 붙잡히는 것이다. 〈시작〉은 그 자체로 영화의 시작으로 바뀐다.

이런 구조는 약간의 변형을 거친 상태로 다른 영화에서도 발견된다. 영화 〈우리〉의 서두 모음곡은 긴 검은색 무지화면(나름의 '마이너스 숏')과 산을 찍은 부동의 재현 간의 교체로 구성된다(후자는 줌렌즈의 '강타'를 통해 리드미컬하게 관객에게 다가온다). 이 모음곡은 은유적으로 처리된 바위의 폭발 및 파도와 레퀴엠 소리에 맞춰 나타나는 거대한 군중 묘사로 끝을 맺는다. 운동과 카오스로서의 영화는 시작의 부동성을 뚫고 터져 나온다. 유사한 구조가 〈서식 동물〉과 〈사계〉에서도 발견된다.

본질적으로 펠레시안의 모든 영화는 줄을 잇는 각종 물결 — 부동, 정적, 심오한 집중과 미칠 듯한 카오스적 움직임의 주기적 경련, 에너지의 융기 등 — 로서 구축된다. 이 물결은 요동치는 리듬적 체계의 형태로 그의 모든 영화의 드라마투르기를 조직한다.

숏 내적 역동성의 아주 다양한 형식이 이로부터 나온다. 펠레시안은 움직임의 가속화(특히, 〈시작〉에서)와 슬로우 비디오 화면의 폭넓은 스케일을 매우 적극적으로 사용한다. 슬로우 모션은 영화미학주의나 저급 취향의 법칙이 된 지 이미 오래인데 감독은 화면에 아름다움을 주기 위해 슬로우 모션을 사용하는 법이 결코 없다. 펠레시안에게 도약하는 말이나 풀밭을 달리는 소녀 같은(영화에서 행복을 의미하는 데 쓰이는) 평범한 슬로우화면 숏은 생각할 수 없는 일이다. 그는 전혀 미학적이지 않은 질료에 슬로우 기법을 적용한다. 여기서 말하는 것은 영화의 리듬적 윤곽에 본질적 템포의 변경에 관한 것이다. 하지만 그게 전부는 아니다. 움직임의 속도 변화는 영화의 양태, 즉 현실성과의 관계 변화를 위해 사용된다. 특히, 이 원칙은 〈사계〉에서 현란하게 표현된다.

다른 영화에서처럼 여기서도 구조는 순환적이다. 동일한 하나의 질료가 끝없이 반복된다(이 경우 영화의 제목 자체가 반복을 동기화한다). 하지만 그것은 서로 다른 양태의 음역에 할당된다. 즉, 동일한 장면들이 산악지대의 고된 일상에 대한 연대기적 기록으로도, 시적인 메타포로도 제시되는 것이다. 질료에 대한 관점의 이런 계속적인 운동은 속도 변화를 포함한 몇 가지 언어적 절차를 통해 달성된다. 영화는 폭포를 지나 양떼를 끌고 가는 사람이 등장하는 화면으로 시작한다. 화면에서는 낙수의 굉음이 들린다. 점차로 화면은 슬로우 모션으로 넘어가고 물의 소음 사이로 소음을 조금씩 잠재우며 아바코의 음악이 흘러나온다. 연대기의 양태성이 시적 메타포로 옮겨 간 것이다. 영화의 거의 모든 결정적 장면이 이런 식으로 구축되었다.

중심 장면 중 하나는 산악 터널로 거대한 양떼 무리가 지나가는 장면이다. 동물들이 어둠 속으로 사라지고 그들의 윤곽이 자동차 헤드라이트 불빛에 어렴풋이 보인다. 에피소드의 사운드트랙은 동물의 울음소리, 자동차 사이렌 소리, 목동의 외침소리, 발자국 소리 등, 각종 소음으로 가득 찼다. 가축 무리가 터널 끝에 이르렀을 때 눈이 멀 정도의 밝은 빛이 나타나고 소음은 거의 눈에 띄지 않는 슬로우 모션을 동반한 음악으로 바뀐다. 터널이 연대기적 현실로부터 시적 현실로의 이동을 보여 주는 공간적 메타포로 바뀌는 것이다. 무정형의 광선으로 가득 찬 터널의 어둠은 다른 영화들에서 사용된 검은색 사이즈 조정 화면과 유사하다. 영화에서 숏 내적 움직임의 속도가 계속해서 요동치듯이 사운드트랙 내에서 소음의 물결이 음악의 흐름과 교체되면서 끊임없이 굽이친다. 이때 음악은 숏 내적 움직임의 변화된 속도에, 소음은 '정상적인' 속도에 각각 상응한다.

사운드트랙은 펠레시안에게 상당한 정도로 꼭 필요한 음계의 교체를 제공한다. 소음은 당연히 주어진 시공간을 지닌, 실제로 일어난 구체적인 것들과 관련된다. 음악은 반대로 그로부터 추상화되었다. 기호학적 범주로 말하면 재현의 지표성이 펠레시안에 의해 끊임없이 강화되었다 약화되었다 한다고 할 수 있다. 여기서 지표성이란 재현이 주어진 구체적 시공간에 매인 정도를 말한다. 숏의 지표성의 끊임없는 파괴는 시적 세계상의 창조를 지향하는 감독의 보편 전략 중 가장 중요한 구성소이다.

펠레시안의 영화에서 사운드트랙은 또 하나의 중대한 기능을 수행한다. 분절적이고 파편적인 (특히, 복잡한 몽타주 연쇄에서) 재현과 달리, 소리는 총체적이고 연속적이다. 그것은 서사공간 전체를 포괄하는바, 원칙상 신체적 구조를 갖지 않는다(가장 특징적인 음성적 신체라 할 언어가 거의 허용되지 않는 펠레시안의 영화에서는 어쨌든 그러하다).

펠레시안 영화의 눈에 띄는 분절적 몽타주 구조를 배경으로 했을 때 사운드트랙은 특별한 의미를 얻는다. 즉, 그것은 연속적인 것과 분절적인 것 사이의 중요한 대립을 강조하면서 영화의 단일하고 비분절적 흐름을 창조하는 것이다. 이 대립은 재현적 구조 자체의 내부에서 작동한다. 가령 〈사계〉에는 두 개의 대칭적인 에피소드 구조가 존재한다. 첫 번째 에피소드 구조에서 양 떼와 사람은 함께 쓸려 내려가고, 두 번째 구조에서 양을 품에 안은 목동은 산에서 (거의 떨어지듯이) 내려간다. 두 경우 모두에서 펠레시안은 파노라마식 카메라를 사용해 확대된 화면으로 찍기를 거부했다. 그는 가까스로 밑으로 내려가는 장면을, 때로 몇 차례나 같은 숏을 반복하면서 몽타주 연쇄로 찍었다. 이때의 몽타주 연결은 움직임의 속도 변경이 아니라 화면의 각도와 크기 변경에 의해 촉발된다. 이렇듯 움직임의 연속성에 거의 눈에 띄지 않는 맥박을 삽입하면서 관객이 알아차리지 못한 채 연결이 이루어진다.

이런 비범한 몽타주를 만드는 것은 재현의 계열 안으로 사운드트랙 작업의 고유한 몽타주 절차를 도입한 결과로 볼 수 있다. 보편적 연속성으로 연결을 용해시키는 것은 다름 아닌 소리 작업에서 특징적이다.

《디스턴스 몽타주》에서 펠레시안은 자신의 영화와 음악 간의 긴밀함을 강조하면서, "시청각적 조합이 요소들의 물리적 조합이 아닌 화학적 결합을 닮을 수 있도록 애를 썼다"[8]고 지적했다. 감독은 영화의 음악/음향적 층위와 재현적 층위 사이의 고도의 이질동상성을 달성하는데 이는 그의 작품의 의미를 이해하는 데 원칙적인 중요성을 갖는다.

레비스트로스는《신화학》4부작의 첫 권《날것과 익힌 것》에서 음악적 구조와 신화적 구조의 이질동상성에 관해 상세하게 다룬다. 부분적으로 "음악과 신화론은 시간을 필요로 하는데 이는 오직 그것을 부정하기 위해서이다. 사실상, 음악과 신화론은 시간을 파괴하기 위한 도구이다. … 음악은 … 시간의 단편을 그 자신에 닫힌 공시적인 총체성으로 바꿔 놓는다. 음악 작품의 청취는 자신의 내적 조직화에 힘입어 시간의 흐름을 정지시킨다. 바람에 날린 이불보처럼 그것은 시간을 덮고 돌돌 말아버린다. … 음악은 신화를 떠올리게 한다. 신화처럼 그것은 영원한 구조와 흐르는 역사적 시간 사이의 이율배반을 극복한다".[9]

위에 살펴본, 거의 눈에 띄지 않는 몽타주 연결로 제시되는 힘겨운 하산 장면 — 그럼으로써 행위를 처음으로 되돌리는 장면 — 은 펠레시안의 연출과 음악적 창조 간의 유사성을 잘 보여 주는 증거이다. 흐름 자체, 움직임 자체가 에피소드의 시간적 전개를 부여한

8) А. Пелешян, Указ., соч, С. 301.

9) К. Леви-Стросс, *Из книги 'Мифологичные. 1. Сырое и вареное': Семиотика и искусствометрия*, М., 1972, СС. 27~28.

다. 하지만 움직임은 매번 애초의 지점으로 되돌아가 반복된다. 시간은 마치 한 장소에 머무르는 것처럼 전개된다. 연속성은 여기서 허위의 성격을 띤다.

이와 같은 텍스트 전개는 한층 몽타주적이고 드라마적 에피소드, 가령 사람들이 전력을 다해 달리는 장면에 기초한 〈시작〉과 같은 작품에서 특히 역설적인 것으로 드러난다. 그러나 운동의 계속적인 갱신은 그로부터 전진하는 성격을 앗아가 버린다. 맥락으로 움직이는 시간은 그 자리에 머물렀다. 이와 같은 시간의 추상화는 구조를 공시적 패러다임으로 느끼도록 만들기 위해 필수적이다. 레비스트로스는 텍스트에서의 반복과 평행대구는 "온전히 지각되기 위해 청자의 의식이, 만일 이렇게 표현할 수 있다면, 서사의 지평 주변을 덮을 것을 요구한다". 10)

그러나 이 '디스턴스 몽타주'의 체계는 본질상 관객의 의식 속에 전체 텍스트를 총체적으로 보존할 것을 지향한다. 즉, 관객이 '텍스트를 따라' 자유롭게 앞뒤로 움직이면서 반복되는 요소들의 몽타주 콘텍스트를 비교하고 연상하고 병치할 것을 지향하는 것이다.

이처럼 시간을 필요로 하는 음악적 작업은 펠레시안의 영화를 (유형상으로) 신화적 사유와 가깝게 한다. 레비스트로스가 지적하기를,

> 신화는 언제나 과거의 사건에 해당한다. '세계가 창조되기 이전' 혹은 '태초', 최소한 '옛날 옛적'이다. 그러나 신화의 의미는 특정한 시간에 자리한 이 사건들이 시간 외부에 존재한다는 점에 놓였다. 11)

펠레시안에게 시초, 시작, 과거의 테마와 영원성, 무시간성 및

10) Там же, С. 28.

11) К. Леви-Стросс, *Структура антропология*, М., 1985, С. 186.

반복 감각과의 지극히 신화적인 뒤섞임은 아주 특징적이다. 〈시작〉은 시초이자 근본원인으로서의 혁명과 더불어 삶의 항상성으로서의 혁명을 그려낸다. 〈사계〉는 달력의 신화에 가깝다. 〈우리〉는 총체로서의 민중의 집산과 시간의 흐름 속에서 민족적 단일성의 영원함이라는 테마에 집중한다.

펠레시안 영화에서 행위의 국면은 사실 정의내리기 어렵다. 그것은 **시간의 시작**, 현재 그리고 어쩔 수 없이 니체의 **영원회귀** 신화를 떠올리게 하는 영원성을 향한다.

한 영화 내의 공시성과 통시성의 역설적 결합은 펠레시안의 재현에 특별한 위상을 부여한다. 한편으로 그것은 모든 영화적 재현과 마찬가지로 구체적이다. 하지만 이 경우에 그것은 고도의 추상성을 특징으로 한다. 그것은 다양한 콘텍스트 속에 진입할 수 있고 그것이 속한 체계적 관계와의 대립에 따라 의미를 변화시킬 수 있다. 의미는 숏 내부에서 발생하는 것이 아니라 그 주변에서 발생하는 연상의 다발을 통해 발생한다. 하지만 숏과 그 주변 맥락과의 충돌을 통해 의미가 정련돼 나오는 에이젠슈테인의 몽타주와는 달리, 여기서는 의미가 텍스트의 보편 구조, 즉 펠레시안 신화의 보편적 구조를 드러내는 반복을 기초로 하여 발생한다.

지금껏 이야기한 모든 것들에 이어 재차 펠레시안 영화의 의미로 되돌아갈 필요가 있다. 이미 언급했듯, 그의 영화는 선명하고 단의적인 형식화에 부합하지 않는다. 펠레시안의 영화는 '읽기가' 어렵다.

그것들은 줄거리 요소들의 논리적인 완결 가능성 자체를 제거하는 식으로 구성되었다. '단순한' 플롯 의미가 어렴풋이 나타나기 시작하면, 펠레시안은 구조에서 급격한 단절을 수행하여 결정적으로 기대되는 줄거리 완결로부터 떠나버린다. 그는 묶음에서 풀림으로 이동하는 선형적인 플롯 전개를 전혀 받아들이지 않고 항상 자신의 몽타주 계열이 선명한 논리적 종결을 맞는 것을 회피한다.

이러 식의 '해결'의 거부는 가령, 〈세기〉에서 전형적이다. 영화는 로켓 발사와 관련된 에피소드인 유사줄거리적 파편들로 시작한다. 모든 몽타주 삽입장면에도 불구하고 에피소드는 처음에 연대기적 논리에 따라 구축되는 것처럼 보인다. 그리고 마침내 발사가 이루어지고 몽타주 계열 안으로 우주인들의 정지화면들로 뒤섞인 흰색 사이즈 조정 화면이 밀고 들어온다. 사건은 마치 모종의 영화적 추상화로 용해된 듯하고 결국 최종적으로 발사 숏 대신에 느린 우주 폭발, 태양의 박동이 나타나고 다시 스크린에는 플라즈마 같은 추상적 형태의 흐름이 나타난다. 여기서 문제는 발사를 우주적 격변의 비전을 통해 은유적으로 대체하는 것만이 아니다. 핵심은 모든 에피소드가 사전에 예비한 대로 결말의 모습을 관객에게 결코 주고 싶어 하지 않는다는 점에 있다. 내러티브는 예기치 않은 방향으로 흘러가 마치 새로 시작하는 듯하다. 한편 이런 추상적인 우주적 형식의 도입 자체는 에피소드의 모든 논리를 재의미화하도록 강제한다. 플롯의 완결 대신에 우리가 얻게 되는 것은 모종의 우주적 시초, 즉 우주 창조의 그림이다. 논리의 끝 지점에서 펠레시안은 시작과 시초를 제시한다. 사실상 이와 같은 논리의 역전은 거꾸로 흘러가는 시간 측정기 장면을 통해 이미 준비되었던 것이다.

서사적 의미가 복잡한 연상의 계열체를 꿰뚫는 순간 펠레시안은 움직임을 처음으로 되돌려 버린다. 이와 유사한 어떤 것이, 영화의 끝에서 〈시작〉이라는 자막이 걸렸던, 혁명에 관한 그의 영화에서 이미 행해진 적이 있다.

논리적 결말, 즉 발화의 끝에서 의미를 결정화하는 것을 거절하는 이런 전략 속에 영화 의미론에 대한 독특한 접근법이 숨었다. 그것은 부동의 세트, 그러니까 서사의 화학적 반작용의 결과로 얻어지는 결론적 결과물로서의 의미를 받아들이기를 거절하는 것이다. 결과물로서의 의미라는 전통적 이해에 펠레시안은 과정으로서의 의미라는 개념을 대립시킨다. 그의 영화에서 의미란 어떤 물화된 죽은 형식화로서 작품의 결말에 명멸하는 것이 아니다. 의미론적 물화의 경계에 닿는 순간, 감독은 시간의 흐름을 뒤로, 즉 처음으로 전복시켜 버린다.

펠레시안에게 의미란 끊임없는 생성, 발전, 성장의 결과이다. 그의 영화는 부분과 전체의 관계가 살아 있는 유기체 혹은 시나 음악극에서와 같은 자연스러운 유기적 구조를 닮았다. 그의 영화는 전개된다기보다는 '자라난다'. 그리고 이 성장의 법칙은 감독의 의지가 아니라 그 자체의 내적 구조를 통해 결정된다.

결국, 영화를 해독하는 관객의 작업은 반복, 결합, 리듬의 낙조, 계열의 열거 따위에 긴장된 주의를 기울일 수밖에 없다. 본질상 우리 앞에 있는 것은 언어의 창조 과정 자체이다. 그토록 수수께끼 같은 신화의 의미는 자신의 논리적 구조를 드러내는 반복으로부터 변이형을 선별하고 병치할 때 발생한다. 바로 그런 신화와도 같이 펠레시안의 영화는 모든 주변 세계의 풍요로움에 투사할 수 있다. 안티테제, 대조, 대립에 기초한 그것은 시적 발화의 고양된 구조를 통해 우리를 둘러싼 우주의 모순과 함께 스스로의 구조의 모순을 극복하는 것이다.

—1988

제6장

오포야즈 영화이론에서 '의미론적 사물'

나의 세대는 구조주의가 사실상 자신의 영웅적 세기를 마감할 무렵 학문과 비평을 시작했다. 구조주의의 끝은 1970년 즈음에 찾아왔고 내가 기호학의 영역으로 진입하게 된 것은 대략 1970년대 중반경의 일이다. 당시의 나는 이미 언어학자, 수학자와의 협업을 통해 만들어진 새로운 개념들을 정련하는 작업에 참여할 일이 없었다. 내가 타르투대학에 갔을 때, 작업의 이론적 단계는 사실상 이미 지나 가버린 후였다. 수학자와 언어학자는 슬그머니 사라져 버렸으며 기호학의 영역은 점차로 문헌학 일색에 안주하는 중이었다. 소쉬르는 더 이상 영감을 주는 스승이 아니었다. 구조주의는 모종의 '부드러운' 타협의 단계로 물러서는 중이었고 바로 그때 중심으로 대두했던 것이 오포야즈의 학문적 유산이었다.

형식주의자 중에서 나의 세대를 위한 중심인물은 당연히 트이냐노프였다. 그는 1970년대 후반, 언어학적이고 음운론적 극단주의에 너무 깊게 관여하는 것처럼 보였던 시클롭스키, 에이헨바움, 심지어 야콥슨을 압도할 수 있었다. '트이냐노프 독회'[1]의 출현은 기호학적 프로젝트의 결정적 단절 그리고 '오포야즈적' 유산에 의한 '기호학적 프로젝트'의 대치를 표상하는 사건이었다. 소쉬르로부터 오포야즈로 이동하는 이런 과정에서 나에게 가장 중심이 된 문제 중 하나는 다름 아닌 기호의 문제였다. 이상한 일이지만 구조주의자에게 기호는 단 한 번도 전문적인 철학적 분석의 대상이 되어 본 적이 없었다. 심지어 언어를 '기호들의 체계', 즉 기호체계로 정의했던 소쉬르조차 본질적으로는 기호에 대한 특별한 정의를 내린 바가

---

1) [옮긴이 주] 트이냐노프 독회(Тыняновские чтения)는 오포야즈(ОПОЯЗ)의 학문적 유산을 계승하고 그 의의를 되살린다는 취지로 1982년, 리가에서 제1회 독회를 개최한 이래로 현재까지 꾸준히 이어져 내려온다(오포야즈에 관해서는 머리말의 각주 4번 참조). 중추적인 참여자들로는 하버드 대학의 토드 3세(W. M. Todd III), 모스크바의 추다코바, 시카고 대학에 재직 중인 영화학자 치비얀 등이 있으며 독회에서 발표된 논문은 매년 《트이냐노프 선집》(*Тыняновский сборник*)이라는 논문집으로 간행된다.

없었다. 한편, 《일반언어학 강의》는 기호에 대한 접근에서 수세기에 걸친 과거의 전통과 극단적으로 달랐던바, 전통적 견해는 원칙적으로 기호를 언어와 관련짓지 않았다. 전통적으로 기호는 어떤 다른 것을 지칭하는 물리적인 구성물(예컨대, 불을 지칭하는 연기)로 이해되었던 것이다. 소쉬르는 기호를 어떤 물리적 구성물로 보기를 중단했다. 그가 자신의 탐구에 포함시킨 기호는 단지 서로서로에 대한 대립 속에서만 의미를 부여받는 기표와 기의 사이의 관계였다. 소쉬르는 그것을 한 장의 종이의 앞뒤 면에 비유한 바 있다. "또한 언어는 종잇장에 비유할 수 있다. 사상은 그것의 앞면이고 소리는 뒷면이다. 뒷면을 자르지 않은 채 앞면을 자를 수는 없다. 마찬가지로 언어 속에서 사상을 소리로부터, 소리를 사상으로부터 분리할 수 없다. 이는 오직 추상화를 통해서만 가능하며 그것은 순수 심리학이나 순수 음성학으로 이끌 뿐이다."[2]

기호에 대한 구조주의적 이해, 그러니까 그것을 순수한 관계로서 이해하는 것이 당시 우리에게 익숙한 것이었지만 실제로 우리가 부딪히게 된 것은 완전히 다른 형태의 기호학, 즉 기호를 전혀 관계로서 바라보지 않는 오포야즈의 이론이었다. 언제나 그렇듯이 형식주의자의 저작에서 온전하게 정의된 바 없는 영화기호의 경우에는 이 점이 특히 더 명백했다. 그들의 논의 대상은 구조주의적 기호가 아니라 모종의 '의미론적 사물'이었다. 당시 내가 중요하게 여겼던 것은 '의미론적 사물'에 대한 접근에서 과연 단일한 방법론이 존재할 수 있는지의 문제 그리고 나아가 그것의 존재론적 위상을 파악하는 일이었다.

'의미론적 사물'이 기호학의 영역 바깥에, 심지어는 전체 학문의 영역 너머에 존재한다는 사실(당시 나에게는 그렇게 여겨졌다)이 나에게 이미 어느 정도 자명해 보였음에도 불구하고 당시의 나는 이 개념[기호(학)]을 부정할 준비가 전혀 되지 않았다. 그렇지만 기호학의 '억견'(докса)을 향한 나의 헌신은 이미 무조건적인 것과는 거리가 멀게 되었다.

모든 영화이론의 근본적 물음은 스크린 위의 사물을 기호로 바꿔 놓는 것(혹은 보다 정확하게는 이를 통한 기호적 기능의 수행 조건)에 관한 질문이다. 말하자면 그것은 1차적 세미오시스의 문제이다.

2) Ф. де Соссюр, *Труды по языкознанию*, М., 1977, С. 145.

영화에 관한 자신들의 연구에서 오포야즈 그룹의 사유가 봉착했던 문제가 바로 이것이었던바, 그들은 오늘날에 이르기까지 공인된 해석을 얻지 못하는, 이 극도로 복잡한 문제를 해결해야만 할 필요성에 직면했다.

연대순으로 보아 영화에서의 1차적 세미오시스의 문제에 대한 첫 번째 해결책은 빅토르 시클롭스키에 의해서 제안되었다. 시클롭스키에 따르면, 영화를 기호적 체계로 만드는 것은 그것의 움직임(운동)이 지니는 조건성[3] 인데 이 움직임이란 우리의 의식이 포토그램을 종합한 결과일 뿐이다. 시클롭스키는 스트로보스코픽[4] 효과를 부정하는데 그는 베르그송을 따라 영화에서 움직임의 종합 과정을 눈에서 뇌로 완전히 옮겨 놓는다.[5] 베르그송이 지적하기를 영화에서는,

> 모든 형상에 고유한 움직임 중에서 추상적이고 무인칭적인 움직임, 단순한 움직임, 만약 이렇게 부르는 것이 가능하다면 움직임 일반이 분리되어 나오고 그것들이 (기계) 장치에 기록된다. 그 이후에 이러한 익명의 움직임을 개별 포즈들과 결합시킴으로서 각각의 움직임의

---

3) [옮긴이 주] 조건, 계약을 의미하는 러시아 단어 'условие'에서 파생된 단어로서, 흔히 '조건성'으로 번역할 수 있는데 맥락에 따라 영어 단어 *conventionality*에 대응되는 개념으로 사용될 경우 '관례성'으로 옮겨지기도 한다.

4) [옮긴이 주] 스트로보스코픽(*stroboscopic*) 효과(/운동)란 정지된 영상들이 빠르게 연결됨으로써 마치 움직이는 것처럼 보이는 것으로서, 움직임을 경험하는 일종의 착시 현상을 말한다. 이 현상을 나타내는 다른 용어로는 가현 운동(*apparent movement*) 또는 잔상 효과(*movement after effect*) 등이 있다. 정지된 화면을 1초에 24프레임씩 보여 주는 영화는 기본적으로 이 효과에 의존한다.

5) 오포야즈에 미친 베르그송의 영향에 관해서는 다음을 보라. J. M. Curtis, Bergson and Russian formalism, *Comparative Literature*, 1976, Vol. 28, No. 2; Р. Д. Тименчик, Тынянов и некоторые тенденции эстетической мысли 1910-х годо, в кн. Тыняновский сборник, Вторые Тыняновские чтения, Рига, 1986, С. 69.

개별성이 다시금 재건된다. 영화의 기법이 바로 이런 것이다. 그러나 그것은 또한 우리 인식의 기법이기도 하다. … 지각, 이해, 발화 일반이 그런 식으로 작동한다.6)

베르그송에 따르자면, 이렇게 해서 영화에서의 운동은 시클롭스키의 범주들 속에서라면 '인식'에 해당하는 과정에 기초하게 된다. 제논의 역설에 관한 베르그송의 분석을 인용하면서 1923년 시클롭스키는 다음과 같이 지적했다.

시네마토그래프는 움직이지 않은 채로 단지 움직이는 것처럼 보일 뿐이다. 순수한 운동, 즉 운동 그 자체는 시네마토그래프를 통해서는 결코 구현되지 못한다. 시네마토그래프는 오직 운동-기호, 다시 말해 의미론적 운동과만 관련될 수 있다.7)

이렇게 해서 시네마토그래프적 운동 자체가 영화를 기호적 체계로 바꿔 놓는다. 베르그송식의 접근의 틀 내에서 이와 같은 변형은 논리적인 것인데 왜냐하면 시네마토그래프의 메커니즘이 사유와 발화를 닮아 있기 때문이다. 베르그송적인 입장에 따라, 시클롭스키는 의식의 두 가지 형태를 대립시키는데 그중 하나가 연속성과 지속성에 정향되었다면 다른 하나는 인공적 분절의 성격을 지닌다.

인간의 운동(움직임)—이것은 연속적 양(糧)이다. 인간의 사유는 연속성에 이를 정도로 지극히 작은 조각과 자극을 형태로 나타나는 연속성이다. 예술의 세계, 연속성의 세계, 연속적인 말의 세계 그리고 시는 강세로 분절될 수 없다. 그것은 강세의 지점을 지니지 않으

6) H. Bergson, *L'évolution créatrice*, Paris, 1916, pp. 330~331.

7) В. Шкловский, *Литература и кинематограф*, Берлин, 1923, С. 25.

며 그것은 힘의 선분이 갈라진 틈새의 지점을 가질 뿐이다. … 연속적 세계는—시각적 조망의 세계이다. 분절적 세계는 인식의 세계이다. 영화는 분절적 세계의 자식이다.[8]

시클롭스키의 이와 같은 단언과 "예술의 목적은 사물에 대한 감각을 부여하는 것, 즉 인식이 아닌 시야(*vision*)를 주는 것"[9] 이라는 낯설게 하기의 이론 사이의 명백한 관련성을 알아차리기는 어렵지 않다.

이런 관점에 따르자면, 시각이 아닌 인식에 기반을 두는 영화의 의미론적 운동은 한편으론 영화를 기호적 체계로 만들어 주지만 동시에 다른 한편으론 시네마토그래프를 예술의 영역 바깥으로 내몬다. "시네마토그래프는 그것의 근원적 본성에 있어 예술의 외부에 있다."[10] 시클롭스키의 이해 속에서, '예술 외부에' 놓이게 되는 것

---

8) Там же, С. 24.

9) В. Шкловский, *О теории прозы*, М./Л., 1925, С. 12. [옮긴이 주] 해당 구절은 흔히 러시아 형식주의의 마니페스토로 간주되는 시클롭스키의 유명한 논문 "기법으로서의 예술"에 나온다. "이미지의 목적은 그 뜻을 우리에게 잘 이해시키는 것이 아니라 대상에 대한 독특한 지각을 창조하는 것, 즉 대상의 '인지'가 아니라 대상에 대한 '시야'를 창조한다." 시클롭스키에 따르면 예술은 "삶의 감각을 회복시키기 위해, 사물을 느끼기 위해, 돌을 돌로 만들기 위해" 존재한다. 예술(즉, 낯설게 하기)을 통해 대상을 관습적이고 실용적인 맥락에서 이탈시켜야만 하는 이유는 그것을 '인지'하기 위해서가 아니라 그것을 새롭게 '발견'하기 위해서이다. 바로 이런 발견을 위해 필요한 것이 낯설게 하기를 통한 새로운 시야(*vision*)인 것이다.

10) В. Шкловский, *Литература и кинематограф*, С. 25. 이러한 입장은 역설적이게도 시클롭스키를 레프(Леф) 이데올로기뿐 아니라 시네마토그래프가 지니는 기계적이고 '과학적인' 성격을 들어 그것을 예술 일반과 구분 짓고자 했던 1900~1910년대의 영화사상 경향과도 가깝게 접근시킨다. 이런 종류의 전통적인 논거는 예컨대, 이 문제에서 타협적 입장을 취했던 에이헨바움에게 전형적이다. "일반적으로, 영화는 라디오가 그런 것처럼 특별한 예술이 아니다. 영화는—배우, 감독 그리고 작가에게 일련의 새로운 가능성을 열어 준 기술적 발

은 영화적 재현 그 자체인데 말하자면 그것은 순전한 인식의 영역, 텅 빈 조건성 영역이 된다.

> 우리가 스크린에서 보는 영화 속 인물과 행위가 그렇게 보이는 것은 그것이 바로 그렇게 우리에게 인식되었기 때문이다. … 화면 위에서 움직이는 사람은 일종의 상형문자이다. 그것은 영화이미지가 아니라 영화언어, 영화적 개념이다. … 움직임을 알아본다는 것은 영화이미지를 영화상형문자로 바꾸는 것이다.[11]

시클롭스키의 경우, 영화가 미학적 영역 속에 포함되는 것은 강조점을 영화적 재현으로부터 영화의 플롯으로 급격하게 이동시킴으로서 가능해진다. 이를 위해서 '의미론적 움직임'은 '의미론적 행위'의 범주로, 더 넓게는 슈제트[12]의 범주로 옮겨진다. 하지만 이후에도 여전히 남는 중심적인 문제는 최초의 역설 자체이다. 예술이 되기 위해서 영화는 관례성을 축적해야 하지만 동시에 그것은 최초의 기호성, 관례성을 극복하고 시각적인 것에 근접해야만 한다.

> … 인간적 사유는 극한이론이 설정한 경계를 넘어서 짜이게 될 것이고

명이다"(Б. Эйхенбаум, Слово и кино, *Кино*, No. 10, 1926). 그러나 시클롭스키의 체계로부터 논리적으로 도출 가능한, 시네마토그래프의 예술적 본성에 대한 부정은 에이헨바움의 영화미학과는 쉽게 동화될 수 없는 것이다.

11) В. Шкловский, *За 60 лет: Работы о кино*, М., 1985, С. 34.

12) [옮긴이 주] 본래 슈제트(*shuzhet*)라는 용어는 러시아 형식주의 서사론에서 '파블라'(*fabula*)에 대응되는 개념으로 도입된 것이다. 흔히 '스토리'(*story*)로 영역되는 파블라가 경험적-인과율적 시간 질서에 따라 연결된 사건의 전체를 뜻한다면 슈제트는 현실적 시간 경험의 순서를 따르는 파블라를 미학적으로 재가공한 것, 즉 온갖 종류의 서사적 구성 '기법'을 사용해 예상된 파블라의 진행을 (낯설게) 변형시킨 것을 뜻한다〔흔히 플롯(*plot*)으로 영역된다〕.

> 과정으로서 사고하는 법을 배우게 될 것이며 세계를 다시금 연속적인 것으로서 받아들이게 될 것이다. 그렇게 되면 영화는 없을 것이다.[13]

낯설게 하는 시각, 즉 예술로의 이동은 그 극단에서 영화의 소멸을 불러오게 될 것이다. 언어의 영역에서라면 문제는 더욱 간단하게 해결 가능했을 것이다. 이 경우의 기호성은 애초부터 주어진 것이며 그것의 완전한 극복이라는 문제 제기는 무의미하다. 따라서 이 경우의 낯설게 하기는 모종의 악순환의 고리 속으로 포섭되지 않는다. 보는 것과 아는 것 사이의 모순은 이후에도 시클롭스키에 의해 완전히 해결되지 못했다.

유리 트이냐노프는 1927년의 논문 "영화의 기반에 관하여"에서 이 문제에 관심을 기울인 바 있다. 그는 명백하게 시클롭스키의 사유에 기대지만 단지 그것을 다르게 해석한다. 시클롭스키와의 관련성은 '의미론적 사물' 혹은 '의미론적 움직임'이라는 시클롭스키의 용어가 여전히 사용된다는 점에서 드러난다. 그러나 여기서 문제가 되는 것은 움직이지 않는 포토그램으로부터 움직임을 종합해낸다는 베르그송적 개념이 아니라 하나의 프레임 내에서 혹은 복수의 프레임 사이에 존재하는 '사물' 간의 상호관계이다. 시클롭스키가 영화에서 '가시적 사물'을 전혀 인정하지 않는 것에 비해 트이냐노프는 영화적 재현의 전(前)기호적 단계를 지시하기 위해 '가시적 사물', '가시적 인간' 따위의 벨라 발라즈의 용어를 사용한다. 하지만 물론 이후에 '가시적 사물'은 촬영 각도, 조명, 시점(/원근법)을 통한 문체론적(스타일상의) 가공, 무엇보다도 프레임의 구성 작업에 처해진다. 바로 이와 같은 문체론적 기법이 '가시적 세계를 변형시킨다'.[14] 영화는 "수백 가

13) В. Шкловский, *Литература и кинематограф*, С. 26.

14) Ю. Н. Тынянов, *Поэтика*, *История литературы*, *Кино*, М., 1977, С. 330.

지의 상이한 촬영 각도와 조명을 줄 수 있고 그렇게 해서 인간과 사물, 사물과 사물 간의 수백 가지의 상이한 관계, 수백 가지의 상이한 '장소'를 제공하게 된다".[15] '가시적 사물'은 이 다양한 관계 속으로 편입되면서 '의미론적 사물'로 변형된다. 바로 여기에 문학적 은유/환유와의 대응이 존재하는바, 그것의 근저에 놓인 것은 부분과 전체 그리고 하나의 패러다임 내부에 있는 '사물'의 상호관계에 다름 아니다. 트이냐노프에게서 모든 움직임은 영화 의미론을 만들어 내는 문체론적 기제인데 왜냐하면 그것은 '가시적 사물'의 관계를 변형시키면서, 결국은 그것들을 '의미론적 사물'로 바꿔 놓기 때문이다.

> 영화에서의 움직임은 움직이는 인간의 시점에 의한 **촬영 각도의 동기화나** 인간(제스처)의 어떤 **특이성** 혹은 인간과 사물들 간 **상호관계의 변화**로서만 존재한다. 인간(/사물)이 특정한 인간 및 사물로부터 멀어지거나 혹은 그에 근접하는 것, 즉 영화에서의 움직임이란 그것 자체로서 존재하는 것이 아니라 어떤 특정한 의미론적 기호로서 존재하는 것이다. 따라서 의미론적 기능 외부에서 프레임 내적인 움직임은 전혀 필수적이지 않다.[16]

이런 관점은 훗날 영화에서의 1차적 세미오시스 과정을 더욱더 철저하게 은유와 환유 모델을 통해 정식화하고자 했던 로만 야콥슨의 영화개념의 근간에 놓이게 된다.[17] 결국 트이냐노프는 시클롭

---

15) Там же., С. 331.

16) Там же., С. 332.

17) Р. Якобсон, *Конец кино?: Строение фильма*, М., 1984, СС. 26~27. 야콥슨이 회상하기를, '… 나는 (영화에 관한—얌폴스키) 에이헨바움과 트이냐노프의 논문들을 읽고 충격을 받았는데 전자의 글은 많은 부분에서 내 견해와 달랐다. … 시클롭스키의 논문은 내 마음에 들지 않았으며 나는 그것이 매우 피상적이라는 것을 발견했다'(R. Jakobson, *Entretien sur le cinéma avec A. Apra*

스키보다 더욱 성공적으로 영화적 문제의식을 오포야즈의 문학론 개념에 접근시킬 수 있었는데 이것을 가능케 한 것은 영화의미론의 심장부에 질료에 대한 관계를 가져다 놓는 것이었다. 트이냐노프에게서 영화의 질료는 기호적인 것이었던바, 그는 그것에다 관계(혹은 넓은 의미에서의 상호관계)와 차별화의 메커니즘을 부가했다.

1928년에 이르러 시클롭스키의 입장은 (아마도 트이냐노프의 영향으로 인해) 보다 유연해졌다. 그는 에이젠슈테인의 〈총노선〉(낡은 것과 새 것)[18]에서 질료에 대한 관계가 형성됨을 유보적으로 지적했지만 이로부터 자신의 과거 도그마를 완전히 거절하는 일은 발생하지 않았다. 같은 해에 그는 공공연한 반(反)트이냐노프적 선언이라 할 다음과 같은 언급을 했다. "정식화해 보자. 영화작품 속에서 촬영되는 대상과 프레임 간의 관계는 여전히 고정적이다."[19] 여기서 과거의 주장은 여전히 되풀이된다. "최초의 영화적 질료는 불변한다. 거기에는 예술적 행위가 없다."[20]

영화에서의 의미론적 운동을 차별화의 기능을 수행하는 여러 관계의 변화와 발전으로 이해하고 그것을 강조하고자 하는 트이냐노프의 입장은 그의 개념을 현대의 언어학에 접근시킨다. 그러나 트이냐노프의 일관된 '언어중심적' 개념은 영화 텍스트의 과도한 체계화를 대가로 얻어진 것이다. '가시적 사물'은 "촬영 각도와 조명의 일치"[21]를 조건으로 '의미론적 사물'이 된다. 트이냐노프의 지적에

---

et L. Faccini, cinéma: Théorie, lectures, Paris, 1978, p. 67).

18) В. Шкловский, *За 60 лет*, СС. 111~113. [옮긴이 주] 흔히 〈전선〉으로 번역되곤 하는데 여기서는 〈총노선〉(*General line*)으로 옮기기로 한다.

19) Там же, С. 338.

20) Там же, С. 103.

21) Ю. Н. Тынянов, Указ., соч, С. 331.

따르면 "모든 문체론적 수단은 동시에 의미론적 기제가 된다. 단지 하나의 조건이 필요할 뿐이다. 문체는 제한되어야 하고 촬영 각도와 조명은 우연한 것이 아니라 체계적인 것이어야만 한다".[22] 요소의 의미론적 상호관계는 오직 체계 내에서만 가능하다. 다양한 촬영 각도와 여러 유형의 조명의 비체계성과 그들 서로 간의 비연결성은 영화 의미론의 형성을 가로막는다. 바로 이로부터 최대치의 체계성을 지니는 언어 텍스트인 시와 영화 간의 유비관계가 도출된다.

에이헨바움은 많은 부분에서 영화에 대한 트이냐노프의 견해를 공유하면서도 초체계화라는 당위적 명제에서 벗어나보려 시도했다. 그에게 화면 위의 '사물'은 관계와 체계의 외부에서도 여전히 무언가를 의미할 수 있었다. 트이냐노프적 개념의 파토스를 공유하지 않는 다음과 같은 에이헨바움의 조심스러운 지적은 매우 전형적이다. "관객은 전체를 모른 채 디테일을 바라본다. 즉, 그는 처음에는 단지 그것의 포토제니[23]와 대상적 의미만을 포착할 뿐이다."[24] 혹은 "프레임 그 자체의 의미론이 개별적으로 등장하는 경우는 드물다. 그러나 다름 아닌 포토제니와 관련된 프레임들의 구성에서는

---

22) Там же, CC. 331~332.

23) [옮긴이 주] 포토제니(*photogénie*)는 사진이 잘 받는다는 뜻의 프랑스어 포토제닉(*photo-génique*)에서 유래한 개념으로 스크린에 하나의 영상으로서 영사되었을 때 나타나는 본질적 미를 의미한다. 무성영화 시대의 중요한 영화미학적 개념 중 하나로, 프랑스의 선구적 영화인이었던 루이 델뤽에 의해 영화예술의 본질로서 정의·도입되었다. 한편, 델뤽을 스승으로 모셨던 영화감독이자 이론가인 장 엡슈타인은 포토제니를 "회화에서의 색채와 조각에서의 볼륨과 같은 영화예술 고유의 요소"로 정의한 바 있다. 포토제니의 미학을 실현한 대표적 작품으로는 델뤽이 각본을 쓴 〈에스파냐의 축제〉(1919), 델뤽 각본·감독의 〈광열〉(狂熱, 1921), 아벨 강스 감독의 〈철로가의 백장미〉(1923) 등이 있다.

24) Б. Эйхенбаум, *Проблемы киностилистики*: *Поэтика кино*, Л./М., 1927, C. 41.

일련의 디테일이 종종 의미론적으로 독자적 의미를 지니기도 한다".[25] 에이헨바움이 **포토제니**라는 이 개념, 루이 델뤽에 의해 제안되었으나 1927년경의 소비에트 영화이론에서는 무시되었던[26] 이 개념에 주의를 기울였던 것은 그 자체로 이미 의미심장하다. 트이냐노프는 이를 인정하지 않았던 것이다. "대상은 그 자체로 포토제니적이지 않다. 그렇게 만들어 주는 것은 촬영 각도와 조명이다. 따라서 '포토제니'라는 이 개념은 '키노제니'라는 개념에 자리를 내주어야만 할 것이다."[27]

트이냐노프에게 있어서 촬영 각도와 조명이 가시적 사물들의 통일과 관계 수립을 위한 기제를 의미했음을 상기하자. 그러나 이들은 1920년대 프랑스 영화이론에서 다루어진 것과 같이 이 세계의 포토제니성을 드러내는 과정에서 완전히 다른 방식으로 핵심적 역할을 행한다. '포토제니' 개념은 1920년에 루이 델뤽에 의해 도입되었지만 그의 저작에서 온전히 설명되지 않는다. 이 개념에 관한 보다 심도 있는 연구를 개진했던 장 엡슈타인은 다음과 같은 정의를 내놓았다.

---

25) Там же, С. 103.

26) 페르쵸프의 입장이 전형적이다. '진정으로 영화적인 것은, 예컨대 포토제니로서 질료 자체 속에 숨은 것이 아니다. 그것은 감독의 의지에 따라 질료를 극복하는 것에 놓인 것이다. 우리는 이러한 (포토제니와 같은—옮긴이) 용어와 이론을 거절해야만 한다'〔В. Перцов, Миф о фотогении, *Кинофронт*, No. 2/3(5/6), 1926, С. 6〕. **[옮긴이 주]** 포토제니 개념을 둘러싼 이론적 논의에 관해서는 김수환, "영화기호학과 포토제니", 〈문학과 영상〉, 제9권 1호, 2008, 31~54쪽을 참조하라. 한편 포토제니 개념과 밀접한 관련을 갖는 두 이론가인 엡슈테인과 발라즈에 대한 상세한 연구로 김호영, 《영화이미지학》, 파주, 2014, 4장과 5장(145~220쪽)을 참조하라.

27) Ю. Н. Тынянов, Указ., соч.

> 나는 영화적 재현을 통해 자신의 도덕적 자질을 증대시키는 사물, 존재, 정신의 모든 양상을 포토제니라 부르고자 한다. 영화적 재현 속에서 힘을 얻지 못하는 모든 양상은 포토제니하지 않으며 영화예술에 해당되지 않는다.[28]

엡슈타인이 말하는 '도덕적 자질의 증대'라는 개념은 매우 불분명한 것이다. 단지 말해지는 것은 화면위의 가시적 사물에 의해서 주어지는 어떤 불분명한 의미론적 '첨가물'일 뿐이다. 이 첨가물은 화면 내부의 운동으로부터 발생하는데 이 운동은 거의 트이냐노프적인 각도에서, 그러니까 어떤 절대적 운동이 아니라 시공간적 연속체의 재구조화로서 이해된다. 다른 한편으로 — 이 점이 특히 중요한데 — 포토제니의 '의미론적' 첨가물이 사물 속으로 침투할 수 있는 것은 영화가 언어라는 사실에 기인한다.

> 영화 — 이것은 언어이다. 그리고 모든 언어가 그런 것처럼 그것은 물활적(анимaтично)이다. 즉, 그것은 자신이 지시하는 모든 대상에 삶의 외양을 부여한다. … 이 삶은 인간적 삶과는 전혀 공통점이 없다. 이 삶은 부적(符籍)의 삶에 가깝다. …[29]

사물의 활인화는 사물에게 개별성의 외관을 부여함으로써 그것을 '인격화'한다. 사물의 개별성과 인격성은 엡슈타인에게 포토제니의 가장 중요한 자질로 간주되었다. 그는 "클로즈업 된 눈, 이것은 더 이상 보통의 눈이 아니라 어떤 특정한 눈이 된다"[30]라고 적었다. 물활론의 언어로 창조된 개인화 경향은 사물의 의미론적 잠재성의 증대

28) J. Epstein, *Écrits sur le cinéma*, T. 1, Paris, 1974, p. 137.

29) *Ibid.*, p. 140.

30) *Ibid.*, p. 91.

와 병행하는 것으로서 후자와 긴밀하게 얽혀 있다. 엡슈타인의 견해에 따르면, 영화는 독특한 광학 기능의 힘으로 언어가 되는데 이 기능은 자신의 본성상 지각과 이해의 심리적 메커니즘을 복제한다.

> 영화는 심리적이다. 그것은 우리에게 정제된 것, 즉 두 번 증류된 산물로 제시된다. 나의 눈은 나에게 형식의 이데아를 부여한다. 필름 위에도 역시 형식의 이데아가 기록되지만 이 이데아는 의식의 바깥에서 기록된 것, 내 의식 없는 이데아, 잠재적이고 비밀스럽지만 마법적인 이데아이다. 화면으로부터 내가 받게 되는 것은 이데아의 이데아, 내 눈의 이데아이다. 이데아로부터 추출된 이 이데아는 객관적이며 이 대수학은 너무나도 유연한 것이어서, 이 이데아를 이데아의 제곱근이라고 부를 수 있을 것이다.[31]

이렇듯 엡슈타인은 포토제니 개념을 통해 나름대로 시클롭스키의 딜레마를 해결한다. 원칙상 그에 의해 '보이는 것-알려지는 것', '개별적인 것-기호적인 것' 사이의 대립은 상쇄되었다. 엡슈타인에 따르면 화면에서 사물의 기호성은 그것의 개별성(가시적 양상)의 증대를 불러오고 가시적인 것의 증대는 대상 속에서 증류되면서 기호성을 배가시킨다. 이를 통해 생겨나는 것은 플라톤적인 '이데아의 이데아', '이데아의 제곱근'이다.

그러나 엡슈타인의 영화의미론은 소쉬르적 유형의 언어학과는 현저하게 동떨어진 것이다. 여기서 의미는 체계성, 차별성, '관계성' 등과는 하등의 관련이 없는데, 즉 그것은 광학의 역장 안에 놓인 사물 자체의 내부로부터 발생되는 것이다. 원칙상 엡슈타인의 개념은 '자연의 언어'(*natural language*)라 불리는 것에 대한 오래된 유럽

31) *Ibid.*

적 연구 전통[32]과 관련된 것이다. 이 전통에서는 '사물' 자체의 어떤 불명료한 내재적 의미, 직관적으로 파악되는 이 의미를 기록하는 것이 특징적이다. 의미는 보편적이며 말하자면 모종의 '시각적 에스페란토어'의 자질을 지니는데, 미셸 마리의 표현을 빌리자면 그것은 "번역을 필요로 하지 않는다. 그것은 모두에게 이해 가능하며 마치 언어적 자의성 이전에 존재했던 언어의 '자연스러운' 상태와 같은 것을 획득하도록 돕는다".[33] 리처드 아벨은 포토제니를 '자유롭게 솟구치는 기표'라고 정의했다.[34]

오포야즈 이론가 중에서 오직 에이헨바움만이 포토제니 이론에서 개진된 바 있는 지식의 유사-신비주의적 개념(엡슈타인은 언젠가 영화신비론에 관해 직접 쓰기까지 했다)을 유보적으로나마 받아들일 수 있었다. 에이헨바움은 영화문체론(그리고 영화의미론)의 근간에는 대상적 세계 속에 흩뿌려진 불명료한 (자연적) 의미가 놓였다고 썼다.

> 영화의미론의 기반을 구성하는 것은 모방적이고 제스처적인 표현성의 저 자산들이다. 우리는 일상적인 삶 속에서 이것들을 습득하며

---

32) 러시아에서 이러한 전통이 부재하다는 점은 아마도 러시아 영화사상의 특수성에 기인하는 것으로서, 러시아에서는 '포토제니적'이고 '골상학적'(физиогномический)인 영화 연구의 단계가 급속하게 극복된 채 몽타주를 영화의미론의 기본적인 메커니즘으로 간주했다. 1920년대에의 영화사상에서 골상학적 경향에 관해서는 M. Ямпольский, *Видимый мир*, M, 1993, CC. 178~196을 참조하라. **[옮긴이 주]** 골상(*physiognomy*)의 개념은 벨라 발라즈의 영화 이미지 존재론에서 파생된 것으로, 그에 따르면 골상이란 이미지의 감각적 자료에 담긴 정서적 정감의 자질을 의미한다. 발라즈의 이 골상 개념은 훗날 들뢰즈가 〈시네마〉에서 '감정-이미지'를 구체화하는 이론적 근거로 도입한 바 있다.

33) J. Aumont, A. Bergala, M. Marie, & M. Vernet, *Esthétique de film*, Paris, 1983, p. 112.

34) R. Abel, *French cinema: The first wave, 1915~1929*, Princeton, 1984, p. 292.

따라서 그것들은 화면 위에서 '직접적으로' 이해된다.[35]

여기서 모방과 제스처는 폭넓은 인상학적 의미로서 제시된다. 예술로서의 영화의 임무는 이 과도하게 불명료한 의미론적 효소에 결정성을 부여하는 것이다. "사회적 현상으로서의 영화, 특정한 '언어'로서의 영화를 조직화하는 것은 결국은 표현성으로 바뀌게 될 이 효소의 사용이다."[36] 에이헨바움은 이와 같은 1차적인 의미론적 '효소'를 **자움**[37] 이라는 말로 정의했다. 자움은 명암 대조법, 촬영 각도, 초점 외 촬영 등의 문체론적 기법의 가공을 통해 영화언어가 된다. "일종의 '표현성'으로 사용된 포토제니는, 영화문체론의 기반이라 할 모방, 제스처, 사물, 각도, 숏 등의 언어가 된다."[38] 그러나 에이헨바움의 해결 방식은 모순을 배제하지 않는다. 영화언어는 한편으로 모방, 제스처, 사물의 언어가 되는데, 즉 그것은 세계의 1차적 기호성(포토제니)에 기초한다. 그러나 다른 한편으로 이 영화언어는 촬영 각도와 차원의 언어, 즉 문체론적 기법의 언어가 된다. 영화언어에 대한 최종적 형식화는 포토제니적 요소를 맥락 속으로 옮겨 놓음으로써 달성되는바, 즉 몽타주에 기반을 두는 것이다.

---

35) Б. Эйхенбаум, Проблемы киностилистики, С. 47.

36) Там же, С. 16.

37) [옮긴이 주] '자움'(заумь)은 본래 흘레브니코프나 크루체니흐 같은 러시아 미래주의 시학에서 창안된 신조어이다. 흔히 '초이성어'라고 번역되는 이 개념은 기존 언어의 틀(이성)을 벗어난 새롭고 혁신적인 시어를 가리킨다. 에이헨바움의 해당 논문을 포함하는 러시아 형식주의 영화이론 논문 번역 선집인 *Russian formalist film theory*(1981)에서 역자 허버트 이글(H. Eagle)은 이를 '*trans-sense*'로 옮기나〔아마도 이에 따라 국역본《영화, 형식과 기호》(1995)에서도 '초감각성'이라 번역한 것으로 추정된다〕 그다지 적당한 번역이 아니며 여기서는 원어를 살려 '자움'으로 옮기기로 한다.

38) Там же, С. 17.

당대의 지배적 영화이론의 관점에서는 비합리적인 것처럼 보일 수 있는 포토제니 개념을 향한 관심은 에이헨바움을 이중적 위치에 가져다 놓는다. 한편으로 그것은 에이헨바움의 견해에 낭만적인 의고주의적 색채를 부여하지만 다른 한편으로는 시클롭스키와 트이냐노프가 해결할 수 없었던 문제를 해결할 수 있도록 돕는다.

스크린 위의 사물은 모종의 1차적 의미를 보존하며 바로 여기서 부분적이나마 1차적 세미오시스의 문제를 우회할 수 있는 가능성이 도출된다. 사진은 나름의 고유한 단어로서 묘사될 수 있다. "각각의 개별 사진은 말하자면 '사전적으로' 따로 떼어진 영화단어이다."[39] 사진으로 촬영된 사물의 '단어적 성격'은 영화 텍스트의 독해가 지니는 성격에 대한 효과적인 가설을 수립하도록 도와주는데, 그에 따르면 이 독해는 그 안에서 영상이 끊임없이 '언어화되는' 내적 발화를 기반으로 달성된다. 이와 같은 언어화는, 그러나 필히 몽타주적인 사슬의 작용하에서만 실현될 수 있다. 하지만 몽타주 이전, 모든 관계의 체계 이전에 영상 속에는 불명료하고 다의적인 의미, 이런저런 방식으로 트이냐노프의 의미 이론과 시클롭스키의 낯설게 하기 이론에 작용했던 바로 그 자움이 흩뿌려졌다.

> 포토제니 — 이것은 영화의 '자움적' 본질이다. … 우리는 스크린 위, 즉 얼굴, 대상, 풍경에서, 다시 말해 슈제트와의 모든 연관성 바깥에서 그것을 관찰한다.[40]

시클롭스키도, 트이냐노프도 이 개념을 조화롭게 자신들의 영화이론의 영역 속에 포섭하는 데 성공하지 못했다. 포토제니를 향한

---

39) Там же, С. 48.

40) Б. Эйхенбаум, *Проблемы киностилистики*, С. 17.

관심 덕택에 에이헨바움의 이론은 본질상 가장 오포야즈적이면서도 다른 한편으로는 가장 이단적인 이론이 되었다.

포토제니와 자움 간의 비교가 에이헨바움 영화의미론의 중심인 까닭에 이 문제는 특별한 고찰을 필요로 한다. 유사(類似) 영화적인 공간적 용어를 통해 자움을 해석하려는 시도는 흘레브니코프로 소급되는 것인데, 그에 따르면 "언어의 단순한 육체, 즉 알파벳의 자움이란 다양한 공간 유형의 이름이다".[41] "말의 분석"(1905~1906)에서 흘레브니코프는 다양한 소리를 모종의 역동적인 기하학의 지표로 해석한 바 있다. 평면에 대한 관계에서 점과 몸체의 움직임은 광선의 메타포를 통해 체계적으로 묘사되었다.[42] 흘레브니코프에게 자움의 의미론적 메커니즘은 공간적 이미지들 속에서 의미를 개별화하기 위한 수단으로 이해되었다. 그에게 이 이미지들이 추상적 성격, 거의 수학적 성격을 띠었던 것은 당연하다. 시클롭스키가 포고진의 저작 《창작으로서의 언어》를 인용하면서 사유의 대수학주의를 개별적 비전에 이르는 길에 놓인 장벽 중 하나로 지적했던 것,[43] 그리고 그와 동일한 맥락에서 '시네마토그래프의 대수학적 성격'[44]에 관해 언급했던 것은 이런 점에서 매우 시사적이다(엡슈타인에게서의 영화의 대수학주의와 비교하라).

그러난 포고진 자신은(그의 내적 발화 개념은 에이헨바움에게 분명한 영향을 미쳤다) 다음과 같이 지적했다.

> 우리의 일상적인 지적 삶 속에서 말은 이미지와 관련되었는데(즉,

41) В. Хлебников, *Собрание произведений*, Т. 5, Л., 1933, С. 219.

42) Там же, СС. 198~202.

43) В. Шкловский, *О теории прозы*, С. 11.

44) В. Шкловский, *За 60 лет*, С. 342.

> 힘들이지 않고서 이미지를 불러오는데) 그것은 저절로 그렇게 되는 것이 아니라 오로지 자신의 '우연적'(임의적) 의미 속에서 그렇게 되는 것이다.

포고진은 형상적 사유의 바로 이런 속성을, 그것을 안정되고 논리적 사건의 연쇄를 만들어 내는 영화로 완전히 소급될 수 없도록 만드는 어떤 것으로 간주했다. 그러나 에이헨바움이 설정한 포토제니와 자움의 관련성은 영화를 스크린 위에 펼쳐지는 사건의 논리적 연쇄를 벗어난 임의적 이미지로 이루어지는 형상적 사고와 연결 지을 수 있도록 돕는다.

'류블란디야'[45]라는 자움어에 관해 오십 브릭은 다음과 같이 썼다.

> '류블란디야'라는 단어로 지칭된 현실은 반복불가능하고 유일하며 오직 거기, 마야콥스키에게서만, 즉 주어진 창작 국면에서만 존재하는 것이다. 순간적으로 불타올라서 이 현실을 비춰 주는 단어를 일상적인 단어로 만들 수는 없다. 류블란디야, 이것은 사랑의 나라가 아니다.[46]

스크린 위의 포토제니의 역설적 의미가 바로 이와 같은데, 즉 그것은 기호로 바뀌지만 그 기호는 절대적인 대상적 개체성의 기호인 것이다. 영화의 자움적 메커니즘은 닳아빠진 말과 가시적 형상 사이 그리고 일상적 언어와 시적 언어 사이의 오포야즈적 이분법을 극복할 수 있게 한다.

의미론적 개체화에 대한 명령은 자움어에서 근본적인 것이다. 미

---

45) [옮긴이 주] 류블란디야(Любландия)는 '사랑하다'를 의미하는 러시아어 '류블류'와 흔히 나라 이름 끝에 붙는 어미인 '란디야'를 이어 붙인 미래주의 시의 신조어이다.

46) О. Брик, О. Хлебникове, *День поэзии*, М., 1978, С. 231.

츠케비치의 정당한 지적에 따르면, 흘레브니코프의 〈웃음에 관한 주술〉 같은 전형적인 자움 텍스트는 '하나의 동일한 어근을 둘러싼 형태론적 교체'를 통해 단어의 의미론적 장 속에서 끊임없이 이동함으로서 구축된다.[47] 이런 관점에서 보자면 자움은 다의적 어근 의미의 역동적 한정사로 기능한다. 어근을 둘러싼 이와 같은 형태론적 운동은 영화에서의 촬영 각도 변화와 비교할 수 있다.

사물의 다면적 개념에 관한 문제는 1900~1910년경에 후설에 의해 본격적으로 제기되었다. 후설의 지적에 따르면, 우리는 사물을 보는 것과는 다르게 그것을 지각하는데 이는 우리가 관찰자에게 직접적으로 주어지는 시야의 사적 양상보다 언제나 더 넓은 것으로 드러나는 특정한 지각의 '지평' 속에서 사물을 지각하기 때문이다. 시야에는 단지 사물의 개별적이고 불충분한 외양만이 제시되는 반면 지각은 우리로 하여금 사물의 전체와 관계할 수 있도록 한다. 1929년 자신의 관찰을 결산하며 후설은 다음과 같이 적은 바 있다.

> 가령, 만약에 내가 묘사의 주제로 이 주사위의 지각을 선택했다면, 순수한 반성 속에서 내가 보게 되는 것은 대상적 단일체로서의 **바로 이** 주사위, 즉 일정한 방식으로 지각에 속하는 현상들의 복잡하고 변화무쌍한 다양성 속에서 우리에게 주어지는 주사위이다.[48]

---

47) [옮긴이 주] 〈웃음에 관한 주술〉(*Incarnation by laughter*)은 가장 유명한 미래주의 자움 실험시 중 하나이다. 흘레브니코프는 러시아어로 웃음을 뜻하는 단어의 어간 스메흐(смех)에 온갖 종류의 접두어와 접미사를 붙인 신조어들을 만들고 이 신조어-자움만으로 시 전체를 구성했다. 이렇게 함으로써 시인은 언어에 잠재된 무한한 가능성을 끄집어내고자 했다.

48) Э. Гуссерль, *Картезианские размышления*; Э. Гуссерль, *Логические исследования*: *Картезианские размышления*, Минск/М., 2000, С. 371.

그의 견해에 따르면, 모든 사물은 항상 새롭게 지각되는데 이 멈춰지지 않는 지각의 물결은 대상의 자기동일성을 강화할 수도 혹은 자기 자신과 일치하지 않는 어떤 것을 드러낼 수도 있다. 이 종합의 과정이 바로 1차적 세미오시스의 방식이며 이는 시각의 개별적 양상을 모종의 종합 속에서 축적함을 의미하는 포토제니적 자움의 사상에 현저하게 가깝다.

러시아의 현상학자 구스타프 슈페트는 1927년(에이헨바움이 영화에 관한 에세이를 출간한 연도 역시 1927년이다)에 당시 오포야즈 그룹에게도 친숙했던 '말의 내적 형식'이라는 맥락에서 이 문제에 관심을 기울인 바 있다. 슈페트는 사물과 대상을 구분했는데 후자는 사물의 다양한 양상이 이상적으로 종합된 어떤 것으로서 (개념 속에서) 모종의 정보, 곧 발화를 지향한다.

> **대상**은 사물과의 관계에서 그것의 이상적 성격과 함께 일종의 형식적 통일체로 간주될 수 있다. 즉, 그것은 일련의 형식적 다양성 그리고 이후에는 그것을 거쳐 사물의 경험적이고 감각적인 다양성을 포괄하는 어떤 것이라고 할 수 있다.[49]

슈페트의 견해에 따르자면, 의미란 대상적 내용으로부터 일련의 개별적 자질을 뽑아내는 과정에서 발생한다. 이렇게 발생되는 논리적 구축물이 바로 말의 '내적 형식'[50]이며 본질상 그것은 '의미론적

---

49) Г. Шпет, *Внутреняя форма слова*, М., 1927, С.99.

50) 슈페트는 '내적 형식'을 다음과 같이 정식화한다. '언어적으로 주어진 개념 그 자체를 말하는 것이 아니라 떼 내어질 수 없는 어떤 사유 내용을 말하는 것. 비록 대상적으로 존재하는 내용과 관련해서 하나의 형식으로서 받아들여지는 것은 사실이지만 그것 속에 형식적 국면으로서 체현되는 것은 그것의 '구성' 과 '형식화'의 규칙이다. 이 규칙이란 선별의 원칙, 방식, 기법이다'(Там же, С.103).

사물'과 다르지 않다.

영화에서 양상을 이와 같이 모종의 이상적인 대상적 전체성 속으로 종합하는 것은 사물의 다양한 양상의 축적에 기초한 특수한 유형의 몽타주의 도움을 받을 때 실현 가능하다. 바로 그러한 '자움적' 몽타주 기법에 에이젠슈테인은 특별한 관심을 기울였던바, 그는 1924년에 이미 대상의 의미론이 그에 대한 관점과 맺는 관련성에 관해 숙고한 바 있다.

> … 모든 요소는 선행하는 클로즈업 단편과 구별되는 단 하나의 시점만으로도 가장 효과적으로 제시할 수 있다. … 시점이나 광원의 선택에 어떠한 플롯상의 '정당화'도 필요하지 않은 것이다.[51]

1927년, 슈페트와 에이헨바움이 자신들의 연구를 발표했던 바로 그 해에 에이젠슈테인은 〈10월〉에서 하나의 대상을 둘러싼 기이한, 거의 '현상학적'이라 해야 할 촬영각의 안무를 실현시킨 바 있다. 물론 내가 염두에 두는 것은 동상을 쓰러뜨리는 첫 장면이다(엡슈타인에게서 포토제니의 활물적 성격과 비교하라). 에이젠슈테인으로 하여금 영화 〈10월〉의 '부분적 자움'에 관해 말할 수 있는 근거를 부여했던 것이 바로 이것이 아니었던가?[52]

---

51) С. М. Эйзенштейн, *Монтаж киноаттракционов*; С. М. Эйзенштейна, *Из творческого наследия*, М., 1985, С. 17.

52) С. М. Эйзенштейн, *Избранные произведения*, В. 6т., Т. 5, М., 1968, С. 35. 〈10월〉의 첫 장면은 총 69개의 몽타주 화면을 통해 알렉산드르 3세의 동상이 허물어지는 장면을 보여 준다. 이 에피소드에서 동상은 서로서로 중복되지 않는 10개의 상이한 촬영 각도로 제시된다. 밤 장면은 그 어떤 동기화도 없이 낮 장면으로 교체된다. 이러한 '자움적' 에피소드에서 체계를 추출해내려는 시도에 관해서는 P. Sorlin, & M. C. Ropars, *Octobre: Écriture et idéologie*, Paris, 1976, pp. 27~85을 보라.

이렇게 해서 엡슈타인에 의해 포토제니의 근간에 놓였던 움직임은 이제 자움의 의미화 기제로서 나타난다. 1925년부터 자움과 영화의 관련성에 대해 썼던 크루체니흐는 이 관계를 움직임 속에서 보았는데 그가 이해한 움직임은 의미들의 성층화 속도였다.

> 문장에서 (구성적으로) 불필요한 단어가 던져졌거나 혹은 너무 빠른 속도로 인해 문법적 구성이 망가졌을 경우 이미지는 도약하고 지성은 판타지와 행위를 따라잡지 못한다. 바로 이와 같은 것이 영화적 이미지이다. 말의 움직이는 구성, 즉 몇몇 글자가 버려졌거나 뒤바뀐 경우, 바로 그런 것이 영화적인 말, 곧 자움어이다.[53]

앞서 지적했듯, 영화의 자움적 대수학주의에서 시적 언어의 대립항을 보았던 시클롭스키는 (이 대목에서) 예기치 않게 크루체니흐를 반복하게 된다.

> 시적 언어의 다의미성과 그것의 본질적 특성이라 할 비결정성의 아우라 그리고 다양한 수단을 통한 동시적 의미화의 능력은 프레임을 현실적으로 따라잡을 수 없을 만큼 빠르게 교체했을 때 얻을 수 있다.[54]

'비결정성의 아우라', 이것은 포토제니적 자움과 유사한 어떤 것이다. '다양한 수단을 통한 동시적 의미화의 능력', 이것은 의미론적 장 안에서의 운동, 요컨대 '촬영 각의 교체'에 다름 아니다. 물론 여기서 시클롭스키는 에이헨바움이 기대는 개념인 '자움'과 '포토제니'를 피해가지만 말이다.

---

53) А. Крученых, *Фонетика театра*, М., 1925, СС. 9~10.

54) В. Шкловский, *За 60 лет*, С. 37.

영화에서의 1차적 세미오시스의 문제는 3인의 대표적인 오포야즈 이론가에 의해 각기 다른 방식으로, 때로는 완전히 상반된 입장에서 해결되었다. 영화론의 가장 근본적 문제 중 하나인 이 문제를 향한 이들 접근의 상이함은 오포야즈 영화이론의 단일한 전체성에 관한 명제를 재고하도록 만든다. 비록 상이한 입장을 근접시키려는 경향이 목도되는 것은 사실이지만(예컨대, 영화에서 질료에 대한 관계를 뒤늦게 인정한 시클롭스키의 경우나 위에 언급된 포토제니적 요소에 대한 그의 암묵적 인정과 같은 경우) 그들 각자의 근원적인 기호학적 전제 속에서 3인 모두를 아우르는 단일한 이론은 형성될 수 없었다.

오포야즈 영화론의 이론적 공통성은 '의미론적 사물'이라는 이 불투명한 개념의 문턱 너머에서만 시작될 수 있는 것이었다. 그리고 (영화에서의 의미의 발생을 아무리 서로 다른 방식으로 설명했다 하더라도) 그들은 결코 이 개념을 피해갈 수 없었다. 오늘날 우리에게는 이들 접근법이 보여 주는 상이함뿐만 아니라 해결된 문제 자체의 성격 역시 중요하다. 스크린 위에서 발생되는 저 파악하기 힘든 '의미론적 첨가물'의 수수께끼에 관한 무성한 추측에도 불구하고 오늘날까지도 여전히 그것의 본질은 온전한 정의를 비껴간다. '가시적' 사물과 '의미론적' 사물의 경계 지점을 우리는 과연 어떻게 정의내릴 수 있을까?

영화이론의 짧은 역사 전체에 걸쳐 포토제니의 문제가 반복적으로 제기되었다는 사실은 매우 의미심장하다. 포토제니는 파졸리니의 '현실 자체의 언어' 뒤에서, 바르트의 '제 3의 의미' 뒤에서 여전히 명멸한다. 다음과 같은 질문이 가능할 것이다. 영화의 의미론적 모델을 구축함에서 과연 '자움적 의미론'의 문제를 우회하는 것이 가능할 것인가? 포토제니적 개념의 신비주의를 의식적으로 거부하려 했던 오포야즈 영화론의 역사가 오늘날 우리에게 보여 주는 바는 영화적 세미오시스의 기술은 '자움적 단계'를 피해갈 수 없다는 사실이다. 아마도 질문은 다른 형식으로 제기할 수 있을 것이다. 그래픽적인 '자움'을 과학적 지식의 합리적 언어의 용어를 통해 기술한다는 것이 과연 원칙상 가능한 일일까?

— 1988

제7장

소쿠로프가 읽은 플라토노프

나는 영화언어에 대한 탐색을 목표로 했던 초기의 '기호학적' 저술들에서 영화의 객관적 시각과 주관적 시각 간의 대립에 원칙적 의미를 부여했다. 이 대립은 주어와 술어 간의 언어학적 대립에서 발전된 것이거나 아니면 담론과 서사 간의 대립에서 유추한 것으로 이해할 수 있다. 언어에 대한 기호학적 이해가 대립의 드러냄 없이는 불가능하기 때문에 주관적 시각과 객관적 시각은 모든 이론적 작업의 중심에 놓이게 된다. 영화에서 주관적 관점이 인물의 시각과 동일시된다면 객관적 관점은 무인칭 화자, 즉 인격화되지 않은 카메라와 동일시된다.

이 구조의 분석 및 그에 연관된 난관은 내 관심을 스카즈(장식체 스카즈)[1]의 문제로 이끌었다. 스카즈는 1인칭으로 이루어진다. 예컨대, 소설가 레스코프는 의심할 바 없는 스카즈의 대가이다. 문학사가, 가령 에이헨바움 같은 이는 1920년대 소설에서 장식체 스카즈의 발생을 지적했다. '장식체 스카즈'에서는 생생한 구어적 말의 흔적이 유지되는 동시에 화자의 형상이 지워져 버린다. 그럼으로써, 주관적인 것과 객관적인 것 간의 명료한 대립이 더 이상 기능하지 않게 된다. 객관적 묘사는 주관적 어조로 채색되고 서사의 양태는 이원성의 법칙에 종속되기를 멈추는 것이다. 문학에서 그와 같은 서사의 예가 바로 플라토노프이다. 플라토노프의 〈포투단 강〉을 영화화 한 알렉산드르 소쿠로프의 극영화 데뷔작을 연구하면서 내가 확신하게 된 것은 젊은 감독이 '장식체 스카즈'를 영화로 옮겨 보려는 시도, 그러니까 주관적인 것과 객관적인 것 간의 대립의 명료함을 깨뜨려 보려는 시도를 했다는 점이었다. 이 시도는 단순한 형식적 실험을 뜻하는 것이 아니다. 그것은 나 자신이 일찍이 경도되었던 기호학 진영에서 통용

---

1) [옮긴이 주] '구연서술'로 번역할 수 있는 스카즈(*skaz*)는 구어의 억양을 가상 화자의 개성화에 특별히 주목해 문어체 산문 속에서 재현하는 기법을 말한다. 일종의 이중음성(언어)적 현상이라 할 이 독특한 문체론적 기법은 고골, 레스코프, 조셴코 등의 러시아 작가가 애용했을 뿐 아니라 형식주의자와 바흐친, 벤야민을 비롯한 여러 문학이론가의 관심을 끌기도 했다.

되는 영화언어라는 개념 자체를 향한 비판이다. 주관적인 것과 객관적인 것의 근원적 대립(나의 일련의 기호학적 저술이 이 문제에 바쳐졌다)을 허무는 일은 영화언어라는 개념으로는 잘 포착되지 않는다. 이 영화를 둘러싼 나의 특별한 이론적 관심은 그로부터 나온 것이다. 내가 도달한 결론, 즉 "고전적 영화언어의 순수 서사적인 구조를 극복해보려는" 소쿠로프 영화의 노력은 내가 이후에 기호학으로부터 벗어나는 데 본질적 의미를 지녔다.

알렉산드르 소쿠로프의 영화 〈인간의 외로운 목소리〉(1978)는 안드레이 플라토노프의 산문을 영화화한 매우 성공적 사례 중 하나이다. 원작은 〈포투단 강〉[2]이라는 단편소설이다. 소쿠로프의 작품은 플라토노프의 원작과 놀랄 만큼 가까운 어조(語調)를 보여 주는데 이는 이 (영화적) 번역이 원작의 분위기, 더욱 경탄스럽게는 플라토노프의 언어에 완전히 부합하는 것이라는 느낌을 준다.

플라토노프의 산문은 영화로 옮기기가 특히 어렵다. 그 이유는 플라토노프의 창작이 독특하게 굴절된 스카즈의 전통과 긴밀히 얽힌 반면, 전통적 영화의 서사 체계는 소설적 형식을 지향한다는 점에 있다. 에이헨바움의 지적에 따르면, 18세기 중반 이후, 특히 19세기에 소설은 특수한 혼합적 형식으로 진화했던바, 그 특징은 "한편으로는 묘사 및 성격화를, 다른 한편으로는 대화를 광범위하게 사용하는 것이었다."[3] 연극적 행위의 환상을 만들어 내면서 소설은 점점 더 살아 있는 서술인 화자의 말로부터 떨어져 나와 본질상 비개성적 영화적 서술에 가까워지진다. 에이헨바움의 관찰에 따르면,

---

2) [옮긴이 주] А. Платонов, Счастливая Москва. Повести. Рассказы. Лилика, М., 1999. 최병근 (옮김), 《귀향 외》, 책세상, 2002, 81~124쪽.

3) Б. Эйхенбаум, *Лесков и современная проза*; Б. Эйхенбаум, *О литературе*, М., 1987, С. 411.

> 소설의 슈제트적 요소는 점점 더 영화에서 시나리오가 행하는 역할로 넘어간다. 이는 매우 특징적 현상인데 그것은 언어 창작을 '침묵의 언어'로 번역할 가능성을 증명해 주는 것이기 때문이다.[4]

영화가 소설의 서술체계를 자신 안에 흡수하게 되면서 이는 문학으로 하여금 구어를 모방하는 시학, 그러니까 특징적인 어조와 구어적 어휘 및 통사에 강조점을 두는 생생한 이야기의 시학으로 되돌아가도록 자극한다. 이런 경향은 1920년대에 특히 눈에 띄는 것이 되었다. 적극적으로 활동하는 대부분의 작가는 레스코프의 예술적 성취를 나름대로 변형하면서 스카즈에 주의를 기울였던 것이다.

많은 문학연구가가 지적했듯, 플라토노프는 독특한 방식으로 스카즈 전통에 참여했다.[5] 오늘날에 이르기까지 가장 뛰어난 스카즈 연구는 레스코프의 창작을 다룬 발터 벤야민의 "이야기꾼"이다. 벤야민은 에이헨바움과 마찬가지로 스카즈를 비개성적 서술(벤야민의 용어에 따르면 '정보')과 대립시키며 플라토노프의 산문에서 온전히 찾아볼 수 있는 몇몇 스카즈의 전형적 특징을 꼽는다. 스카즈와 서사시적 역사서술, 성스러운 역사 및 민담과의 관련성이 지적되고 거기서 죽음의 테마가 갖는 특별한 현실성이 강조된다. 또한 '정보'의 산업과 대비되는 스카즈의 '수공업적 성격'이 거론된다.[6] 플라

---

4) Там же, С. 413.

5) С. Бочаров, *Вещество существования*(Мир Андрея Платонова); С. Бочаров, *О художественных мирах*, 1985; М. Чудакова, *Поэтика Михаила Зощенко*, М., 1979, СС. 114~120.

6) W. Benjamin, *Der Erzähler: Betrachtungen zum Nicolai Lesskows*; W. Benjamin, *Allegorien Kultureller Erfahrung*, Leipzig, 1984, SS. 380~406. 러시아 판본: В. Беньямин, *Рассказчик: Размышления о творчестве Николая Лескова*; В. Беньямин, *Озарения*, М./Мартис, 2000, СС. 345~365(Прим. ред.) [옮긴이 주] 한국어 번역본: 최성만 (옮김), 《발터 벤야민 선집 9》,

토노프의 산문을 특별히 스카즈에 가깝게 만드는 것은 말의 독특한 사용, 즉 일반적인 것과는 전혀 다른 색다르고 개인적인 억양이다. 하지만 이 억양은 레스코프와는 전혀 다른 종류의 것이다. 플라토노프의 이야기는 지극히 개별화되었지만 동시에 1인칭으로 전달되지 않는다. 또한 인격화된 화자를 갖지도 않는다. 그것은 말하자면 극도로 개별화된 이야기, 그러니까 인물들과 완전히 동떨어지지도, 그렇다고 동시에 그들과 일치하지도 않는 '비개성적' 작가에 의해 전달되는 이야기이다. 플라토노프 자신도 소설 《체벤구르》에서 자신의 화자를 '죽은 형제' 혹은 '작은 관객'이라고 정의했다.

> 그러나 인간에겐 작은 관객이 여전히 살아 있다 — 그는 행위에도, 고통에도 동참하지 않는다. 그는 언제나 냉혈한이고 혼자이다. … 드바노프가 망각 속에서 걷고 움직이는 동안 그 속에 자리한 이 관객은 모든 것을 본다. 비록 단 한 번도 도움을 주거나 경고를 하지는 않지만 말이다. 그는 드바노프와 나란히 살지만 드바노프 자신은 아닌 것이다.[7]

플라토노프의 화자의 경우에 이 '나란한' 목격자는 불명확한 위치를 점하는데, 즉 스카즈적인 개인성이 거리를 둔 낯선 관찰자와 섞여 있는 것이다.

에이헨바움의 용어에 따르면, 이런 서술은 '장식체 스카즈'로 부를 수 있다. 거기에는 "민속적 기초와 스카즈적 어조의 흔적이 보존되었지만 그럼에도 화자 그 자신은 존재하지 않는다".[8] 규범과는 달리

길, 2012 중에서 "이야기꾼: 니콜라이 레스코프의 작품에 대한 고찰".

7) А. Платонов, *Чевенгур*; А. Платонов, Соб., соч.: В.5т., Т.2, М., 1998, С.77.

8) Б. Эйхенбаум, Указ., соч, С.421.

인격화된 화자가 부재하는 이런 식의 말은 플라토노프의 텍스트에 모종의 포착하기 힘든 이중성을 부여하며 의미의 모호함은 바로 이 점을 반영한다. 화자의 목소리는 만져질 듯 생생하고 어조는 물질적 표현성을 띤다. 텍스트 바깥 어딘가에서 거의 육체적으로 재구성된 화자의 형상이 어렴풋이 명멸하는 듯하다. 그것은 순진하고 종종 무심한가 하면 동시에 감상적이기도 한 식자(識者)의 모습인데, 그럼에도 역시 화자 자신은 아니다. 그는 저자와 섞이는 것 같지만 결코 완전히 저자가 되는 법이 없다. 플라토노프 산문의 이런 이중성을 예리하게 감지한 추다코바는 그것을 다음의 범주로 형식화했다.

> … 플라토노프의 산문에서 우리에게 제시되는 담화는 물론 책에 쓰인 말이지만 그건 새롭게 다시 쓰인 말이다. 즉, 그것은 '마치 쓰는 것처럼 말하는' 사람의 담화인 것이다 — 구체적인 환경에 기반을 두지 못하고 단지 책에서 지식을 습득한 고학생의 말인 것이다.[9]

하지만 문어적 말과 구어적 말의 이런 혼합이야말로 플라토노프 산문의 '나'가 갖는 이중성을 표현해 준다. 거기서 소설적이고 문어적이며 비개성적인 것은 구어적이고 개인적이며 스카즈적인 것과 불안한 균형을 이룬다. 플라토노프의 이야기를 영화로 옮기는 일은 이런 모순적 혼합, 그러니까 개성적인 것과 비개성적인 것, 개별적인 것과 낯설고 추상적인 것의 결합을 스크린 위에 가져오는 지극히 복잡한 과제를 부여한다. 이미 질료에 접근하는 첫 단계에서부터 이 문제가 아주 예리하게 감지되었다는 점을 소쿠로프의 작업일지가 보여 준다. 처음에 이에 대한 해결책으로 모종의 인격화된 추상적 관점을 영화 속에 도입하는 방식이 제기되었다.

---

9) М. Чудакова, Указ., соч, С. 120.

니키타나 류바는 언제 어디선가 제 3의 눈, 즉 카메라를 감지할 수 있고 놀라고 불안해하며 그에 반응할 수도 있을 것이다. … '위험'이 사라진 이후에야 그들의 예의 그 불모(不毛)의 행위, 접촉이 다시 회복된다.[10]

이것과는 다른 접근법도 제시되었다. 감독은 졸라의 관찰자 모티프에 주의를 기울이며 이렇게 쓴다. "관찰자와 관찰되는 대상은 같은 시간대에 존재하지만 그럼에도 그들 각각은 각자의 시간 속에 있다." 주체와 텍스트의 객체의 동일성이 추구되는 동시에 그들 사이에 단절이 발생하는 것이다. 심지어 영화 내에 작가의 형상을 도입하자는 아이디어도 등장했다. "직접 작가를 등장시켜 영화 속에 작가의 계열을 도입할 수도 있을 것이다."

하지만 관점의 이중성을 창조하려는 이 모든 방식은 점차 폐기되었다. 이런 원시적 방식이 균형의 복잡한 감각을 만들어 내기보다는 오히려 지적인 유희, 극단적인 경우에는 시각의 혼란스러운 미로만을 만들어 낼 뿐이라는 판단 때문이었다. 다양한 관점과 동일시되는 여러 층위를 영화 속에 축적하는 방식 대신에 감독은 다른 길을 선택했는데 그것은 관점의 장소성을 점차적으로 소거하는 방식이었다. (이렇게 해서) 영화는 잃어버린 '나'의 불투명한 세계 속으로 천천히 빨려 드는 과정, 즉 플라토노프적인 우주의 내부로 여행하는 과정을 나름대로 묘사한 어떤 것으로 변한다.

이런 빨려 들어감, 다른 세계로의 진입의 모티프는 영화에서 본질적인 자리를 차지한다. 우리는 짧은 프롤로그 이후 영화의 서두에서 적군병사를 보게 된다. 니키타 피르소프는 전쟁터로부터 집으

---

10) 이 자리를 빌려 나에게 영화 준비과정의 자료를 제공해 주고 이 책의 본문에서 사용할 수 있도록 허락해 준 소쿠로프 감독에게 감사를 전한다.

로 돌아오는 길이다. 그는 '포투단 강 위로 멀리 펼쳐진 언덕을 따라'[11] 걸어간다. 끝없이 펼쳐진 러시아적 광활함을 보여 주는 이 화면은 이야기의 느긋하고 서사시적 오프닝에 완전히 부합한다. 그 후 우리는 풍경을 배경으로 한 피르소프의 반신(半身) 숏을 보게 된다. 니키타는 천천히 눈을 감는다. 검은 화면. 풍경 숏 한가운데 다시 나타난 적군병사가 갑자기 외투를 벗어 던지고 경사면 아래로 뛰어내려 관객의 시각으로부터 벗어나 버린다. 그 이후에야 주인공의 고향 마을이 그려지기 시작한다. 눈을 감는 것, 즉 외적인 시각의 차단은 영화 텍스트 전체에 걸쳐 계속되는데 이것이 지시하는 것은 서사가 모종의 내적 음역대로 번역되는 상황이다. 주목할 것은 영화 속에는 사실상 주관적 숏이 나오지 않으며 진실로 '주관적인' 것은 오직 이 검은 화면, 본질상 시각의 부정태라 할 이 암전장면 하나뿐이라는 점이다. 영화에서 검은 화면은 여러 차례 나타난다. 니키타를 집으로 초대한 류바가 자물쇠 때문에 애를 먹는 장면에서 피르소프는 옆에 웅크리고 앉아 눈을 감는다. 검은 화면이 등장하고 다시 자물쇠를 여는 류바와 니키타가 함께 잡힌다. 본질상 시간으로부터 빠져나왔다고 할 수 있는 이 검은 화면은 느긋한 서술을 중단시키며 한순간 암흑의 쐐기를 박는다. 세 번째 경우는 첫 번째와 마찬가지로 도약을 동반하는데, 즉 검은 화면이 다른 차원, 다른 세계로의 급격한 이동과 관련되는 것이다.

영화에는 플라토노프의 단편소설 《장인의 기원》에 등장했던 에피소드가 도입된다. '무쵸바 호수의 어부'가 '죽은 채 살아보기 위해' 그리고 '그 곳에 뭐가 있는지 알아보려' 물에 빠지는 장면이 그것이다. 영화에서는 니키타와 류바의 혼인을 등록해 준 결혼등록소

11) 플라토노프의 작품은 특별히 언급되지 않는 한 다음에서 인용한다. А. Платонов, *Избранное*, М., 1966.

의 관리가 물에 빠진다. 그는 《장인의 기원》에 나온 어부의 말을 반복한다. 그가 물에 뛰어 들고 나자 검은 화면이 이어진다. 죽음이 그런 식으로 제시되는 것이다. 마지막 검은 화면은 주인공이 도시로부터 류바에게로 되돌아가는 영화의 끝부분에 나온다. 흥미로운 것은 우리가 돌아온 그들의 모습을 보지 못하고 다만 목소리를 들을 수 있을 뿐이라는 것이다. 화면에는 낯익은 류바의 창문이 나타나고 카메라는 이내 벗어나 버린다. 시간을 중단시켜 버리고 결국에는 서사를 모종의 메타포적 차원으로 번역하는 검은 화면이 명멸한다. 죽은 소의 붉은 사체가 나타나고(장티푸스에 걸린 니키타의 헛소리 장면), 곧 뒤이어 '물에 빠져 죽은 이'가 솟구쳐 오른다. 이렇게 해서 죽음 및 다른 세계로의 여행이라는 모티프와 검은 화면이 결정적으로 단단히 결합하는 것이다.

비존재로의 도약과 검은 화면은 지극히 의미심장한 국면에서 출현한다. 그것은 체계적으로 특정한 공간적 경계를 뜻하는 동시에 다른 세계로의 진입을 의미한다. 그것은 처음에 고향 마을로 돌아오는 니키타에 앞서 등장하고 두 번째로는 그가 류바의 집에 들어설 때, 그다음에는 류바를 남겨 두고 낯선 마을로 떠나갈 때, 마지막으로 그녀에게 다시 돌아올 때 나타난다. 그러나 플라토노프의 플롯에 의해 온전히 동기화된 이와 같은 극적 공간의 변화는 마치 메타포적 세계상의 변화처럼, 말하자면 죽음으로의 독특한 진입처럼 제시된다. 사랑하는 이들의 마지막 결합이 육신이 없는 목소리만으로, 즉 버려진 집에 기거하는 영혼들로서 그려지는 것은 특징적이다. 영화의 결말에 등장하는 롱 테이크는 류바의 거실 바닥을 뚫고 자라난 잡초를 보여 준다. 비록 아무런 직접적 정보는 없지만 주인공들은 죽음 속에서 결합한 것이다.

사실상 니키타와 류바의 모든 결합의 단계는 동시에 파멸로의 다가감으로 읽힐 수 있다(주인공은 장티푸스 열병과 류바의 여자 친구 세냐의 죽음을 겪는다). 그러나 죽음의 이런 압박이 특별히 강하게 느껴지는 것은 결혼식 장면에서이다. 결혼식은 쇠락한 교회에서 이뤄지는데 결혼 담당 공무원은 외형상 죽은 사람을 닮았다(그는 이후에 '죽음을 향해 다이빙한다'). 화면 안쪽 깊숙한 곳에 기이한 검은 수사가 어렴풋이 보이는데 그 또한 이야기의 결정적 국면에서 출몰하는 자이다. 니키타가 마을로 들어오기 전에, 류바를 떠날 때, 불길한 연기가 소용돌이치는 이상한 광산 장면에서 그가 등장한다.

결국, 우리 앞에 제시되는 것은 사랑과 죽음 속으로 빠져드는 이야기, 다시 말해 주관성, 다른 존재 상태, 다른 시각의 어둠 속으로 침잠하는 이야기이다. 그러나 본질적인 것은 갖가지 층위로서 제시되는 주관적 시각의 증대(매번 새로운 층위는 무언가를 향한 더 큰 침잠이다)가 결코 영화적 시각의 주관화를 동반하지 않는다는 점이다. 분명 카메라는 대부분의 에피소드에서 주관적 시점으로 이월하는 것을 열렬히 회피하면서 시종일관 담담한 외적 관찰자로 남았다.

애초에 감독이 영화 서두에서 니키타가 뛰어내리는 장면을 어떻게 찍고자 했는지를 보면 흥미롭다. 감독의 시나리오 노트를 인용하면,

> 군인은 절벽 끝에 서서 한순간 멈칫한다. 이후 뛰어내리고 카메라를 지나 아래로 날아간다. 우리는 오랫동안 그가 착지하는 소리를 듣지 못한다. 마침내 먼 곳에서 둔탁한 소리가 울려 퍼진다. 텅 빈 절벽의 가장자리, 하늘, 서서히 움직이는 파노라마. 카메라는 아래쪽에 놓여 있고 그는 마치 그것을 향해 뛰어내린 듯하다. 먼 곳까지 잡히는 매우 넓은 앵글이다. 낙하가 고속촬영으로 찍힌 것이다. …

즉, 애초에는 뚜렷한 주관적 관점이 계획되었던 것이다. 떨어지는 주인공의 눈에 비친, 변화하는 주관적 시점(하늘과 절벽의 절단면

을 따르는 파노라마 장면)이 그것이다. 하지만 영화에서 우리가 보게 되는 것은 완전히 상반된 결정이다. 니키타가 눈을 감는다. 어둠. 보일 듯 말 듯한 어스름 가운데 낙하는 완전히 중립적인 카메라에 의해 롱숏으로 찍혔다. 물에 뛰어드는 장면 역시 마찬가지 방식으로 그려진다. '주관성'은 어둠에 의해, 즉 암흑 장면과의 몽타주적인 접합을 통해 주어질 뿐 뛰어듦 자체의 묘사에는 번져 있지 않다. 물론 검은 화면과 주관성의 연결은 단지 조건적인 것에 불과하다. 현실에서 그것은 그 어떤 관점의 양태와도 연결되지 않는데, 왜냐하면 그것은 시각 자체의 부재를 가리키는 것이기 때문이다. 그러나 소쿠로프는 이런 형식 속에서 플라토노프적 스타일에 대한 성공적 대응물을 찾아낸다. 그것은 맹목(盲目)이라는 중립적 소격(疏隔)의 방식을 통해서 전달되는, 모종의 주관성을 가리키는 그 무엇이다. 그것은 객관적인 것을 통해 전달되는 것이지만 본질상 개인적 심연의 극도로 서정적 세계상인 것이다. 플라토노프 산문의 마법을 만드는 이런 외형상의 모순은 소쿠로프의 영화에서 완벽하게 표현된다. 영혼의 고통스러운 움직임이 차갑고 무심한 일상의 풍경 속에 담긴 채 우리 앞에 펼쳐지는 것이다.

소쿠로프의 화자인 '나'가 어떻게 소격화되는지를 보여 주는 또 하나의 예를 살펴보기로 하자. 영화에는 서사에서 완전히 벗어나는 수없이 많은 장면이 삽입되었다. 그중 중요한 것, 가령 집, 거리, 나무, 들판의 눈, 물 등을 묘사한 정적 장면이 있다. 서사가 나름대로 진행되는 과정에서 예기치 않게 중지되고 이런 식의 서사 외적인 '삽화'가 끼어든다. 영화이론에서 그와 같은 '탈-디제시스적' 장면은 종종 일본의 영화감독 오즈 야스지로의 창작을 연상시킨다. 그 역시 종종 자기 영화에서 텅 빈 방, 정물 혹은 사람이 빠진 풍경 등을 삽입해 서사를 중단시켰다. 크리스틴 톰슨과 데이비드 보드웰은 이런 숏을 '중간적 공간'[12]이라 불렀고 노엘 버치는 일본의 고전 시에서 차용한 시적 명칭인 '필로우숏'(*pillow-shots*)으로 부를 것을 제안했다. 이는 일본 시의 마쿠라토코바, 즉 '말 베개'의 유비이다. '말 베개'는 시 속에서 의미론적 계열의 평행성을 만들어 낸다.

> 마치 하나의 대상에서 다른 대상으로 사유가 한순간 급격하게 이동하는 듯하다. 이때 첫 번째 말은 명확해지면서 자신의 축자적 의미에서 벗어나게 된다.[13]

버치는 선불교 전통과 '필로우숏'과의 관련성을 지시하면서 그것의 기능이 살아 있는 인간을 보여 주는 숏과 인간이 없는 빈 공간을 보여 주는 숏 간의 대립에 기초한다고 언급했다.[14]

소쿠로프에게 이 텅 빈 공간은 훨씬 더 큰 정도로 죽음의 테마와 관련된다. 소쿠로프의 '필로우숏'은 사람이 없는 공간뿐 아니라 어두운 저녁거리, 저무는 해, 밤의 강가 그리고 검은 물이나 눈 덮인 풀밭 등으로 다양하게 나타난다. 거기에는 집요하게 세 가지 모티프가 나타나는데 밤, 물 그리고 겨울이 그것이다. 텅 빈 집의 모티프 또한 이에 합세한다. 처음에 이 장면은 단지 장식적이고 애가적인 성격을 띠는 서정적 일탈인 것처럼 끼어든다. 이후에 점차로 그것들이 검은 화면의 메타포적 대응물임이 인식되는데 이는 마침내 살아 있는 인간이 서사에서 빠져 버리고 목소리만이 남는 영화의 마지막 장면에서 명백해진다. '필로우숏'은 비존재의 모종의 절대적

12) K. Thompson, & D. Bordwell, Space and narrative in the films of Ozu, *Screen*, Vol. 17, No. 2, Summer, 1976, pp. 46~55.

13) И. А. Воронина, *Поэтика классическоо японского стиха*, М., 1978, С. 109.

14) N. Burch, *To the Distant Observer: Form and meaning in the Japanese cinema*, London, 1979, pp. 160~167.

관점을 뜻하는바, 물론 그것은 검은 화면보다는 훨씬 덜 극단적 형태를 취한 것이다.

텅 빈 공간은 서사의 시공간적 불일치를 강조한다. 영화에는 시간적 혼동이 존재한다. 류바와 니키타의 만남은 여름에 이루어졌는데 니키타는 한 여름날에 겨울처럼 난로를 땐다. 결혼식 장면에 앞서서 연달아 3개의 탈디제시스적 장면이 제시된다. 첫 번째는 주인공들의 첫 번째 만남이 이뤄지는 가로수 길에 내리는 가을비, 두 번째는 여름 풀밭, 세 번째는 땅 위의 눈이다. 여기서 보듯 이 장면 연쇄는 절기 변화의 순서가 의식적으로 뒤죽박죽되었기 때문에 절기의 변화를 뜻하는 기호로 간주될 수 없다. 일련의 겨울 '필로우숏'에서 보듯이 결혼등록소 장면은 십중팔구 겨울이다. 그러나 주인공들이 결혼등록소에서 집으로 돌아왔을 때 류바는 반팔 여름 블라우스를 입었다. 류바와의 육체적 접촉에 실패한 후 집을 떠나는 니키타는 한밤중에 여름 풀밭을 지나 강으로 간다(이 세계를 떠나는 모티프). 그러나 예기치 않게 돌 광산의 열기를 만나게 된다. 서사의 느슨하게 풀어진 시공간적 불일치는 벌어지는 일들에 점점 더 뚜렷한 메타포적 성격을 부여하도록 만든다. '필로우숏'은 시간의 흐름을 열어젖히고 그것을 중단시키며 더욱 결정적으로는 메타포적 층위로 넘어간다. 겨울은 더욱더 확실하게 (본질상 밤의 등가인) 죽음의 기호가 되는 것이다.

이 메타포적 계열은 서사로부터 유연하게 빠져나와 텅 빈 엠블럼적 구조로 흘러들어간다. 류바와의 첫 번째 만남은 가로수 길에서 이뤄졌다. 류바의 출현은 뚜렷하게 상징적이다. 소쿠로프는 여주인공과 태양 간의 상징적 관계를 구축하면서 그녀가 처음 등장하는 순간부터 잎을 관통하는 태양의 숏을 설정한다. 겨울과 밤 숏의 점차적 증가는 이 상징적 태양이 꺼져 가는 것으로 읽힐 수 있다.

가로수 길, 이 첫 만남의 장소 또한 기호로 작용한다. 그것은 서사의 흐름 외부에 존재하면서, 즉 최초의 '태양과 같은' 결합이 잦아드는 비극적인 이야기를 끊어내면서 끊임없이 디제시스에 출몰한다. '필로우숏'은 영화의 결에 서사의 흐름에 종속되지 않는 모종의 추상적 관점의 차원을 들여오는 것에 머물지 않는다. 그것은 완전히 상이한 재현의 체계에 귀속되는바, 무엇보다 확실하게 그것은 회화의 체계이다.[15] 말하자면 영화 속으로 새로운 텍스트적 본질이 도입되는 것인데 이는 추다코프가 지적했던 측면, 즉 플라토노프의 작품 속에서 구어적인 것 안으로 문어적인 것이 도입되는 것과 일맥상통한다.

이종(異種)의 텍스트적 본질이 영화 안에 도입되는 이런 상황은 소쿠로프가 폭넓게 사용하는 연대기와 사진의 경우에 더욱 눈에 띈다. 사진은 영화에서 여러 차례 나타난다. 사진은 영화에서 전통적으로 기억의 기능을 수행한다. 플라토노프에게 기억의 테마는 본질적이다. 종종 그의 인물들은 과거의 기억을 잃어버리는데 보차로프의 표현을 빌리면 그들은 무의식과 망각 속에 살면서 '살아 있음을 잊지 않으려 애쓴다'.[16] 〈포투단 강〉에는 니키타의 과거와 관련된 에피소드가 나오는데 그가 어릴 적에 아버지와 함께 류바의 어머니를 방문했던 기억이다. 니키타와 류바의 만남 이전에 나오는 이 에피소드는 노스탤지어에 젖었다. 주인공은 류바의 집으로 다가간다.

> 집 안은 조용했고 아무것도 알 수 없었다. 니키타는 잠시 기다렸다가 울타리의 틈으로 정원을 들여다보았다. 거기에는 늙은 쐐기풀이

15) '필로우숏'과 회화 체계 간의 관련성에 대해서는 다음을 보라. N. Burch, *op. cit*, p. 162.

16) С. Бочаров, Указ., соч, С. 256.

자라고 있었고 잡초 덤불 사이로 텅 빈 샛길이 헛간으로 나 있었다. 아마도 노파가 된 여교사와 그녀의 딸 류바는 오래전에 죽었을 것이고 소년은 의용군으로 전쟁터에 나갔을 것이다. …

회상은 플라토노프에게 늘 그렇듯이 삼인칭으로 주어진다. 그것은 서술의 흐름을 깨지 않은 채 그 안으로 들어간다. 회상은 틀림없이 망각을 의미할 늙은 쐐기풀과 텅 빈 샛길의 모티프와 관련된다.

유리 아라보프는 시나리오에서 이 에피소드의 위치와 양태를 바꾸었다. 그것은 잠든 류바를 바라보는 니키타의 회상으로 처리되었는데, 즉 둘의 만남 이후에 등장하는 것으로 바뀐 것이다.

그녀는 옷을 벗지 않고 그를 쳐다보지 않은 채 이불 속으로 들어가 땋은 머리칼을 눈 위에 얹었다. 니키타는 맞은편에 앉아서 그녀가 숨 쉬는 것을 놀라서 바라보았다. … 깨끗하고 커다란 방 창가에 소녀가 책상에 앉아서 뭔가를 쓴다.

류바를 바라보는 니키타의 숏은 회상에 불을 붙이고 이는 주관적 기억의 음역으로 들어서는 '것처럼' 보인다. 이것이 '것처럼'인 이유는 곧바로 외적 시각으로 잡은 니키타 자신이 화면에 등장하기 때문이다. 사실 서사의 '초점화'가 내부에서 외부로 이동하는 이런 현상은 영화의 회상 에피소드에서 매우 전형적이다.[17]

그러나 갑자기 누군가의 건장한 팔이 그를 방 밖으로 끌어냈고 니키

17) 회상이나 꿈 장면에서 꿈을 꾸는 자나 회상하는 자가 자기 자신의 모습을 보게 되는 논리적 모순에 대해서는 다음의 저작을 보라. Jost Fr, Discours cinématographique, narration: deux façons d'envisager le problème de l'énonciation, *Théoire du Film*, Paris, 1980, pp. 121~131.

타는 복도에 쓰러졌다. … 그들은 함께 새 집 앞에 서 있었다—어린 니키타와 젊은 아버지가.

이어서 류바의 엄마와 결혼하라고 아버지에게 조르는 아들과 아버지의 대화가 뒤따른다. 이런 식으로, 시나리오상에서는 회상이 니키타의 갑작스러운 소멸을 통해 연결된 두 부분으로 나눠졌다. 회상의 초점화가 일반적인 영화적 규범에 따라 내부에서 외부로 변경되는 것이다.

감독의 시나리오에서는 이 에피소드에 앞선 두 장면과 더불어 새로운 모티프가 추가된다. 류바가 탁자 너머에서 나타나는 것이 아니라 안락의자에 앉아 사진첩을 넘긴다. 그것은 류바의 남동생의 고등학교 앨범이다. 원래 시나리오와의 내적 연관을 유지한 채로 에피소드 구조가 더욱 복잡해진다. 영화 속에서 에피소드의 복잡성은 현저하게 증가한다.

그것은 내적 시각과 죽음의 테마를 환기하는 검은 무지 화면과 함께 도입된다. 류바는 머리채로 눈을 가리면서 자려고 눕는다. 다시 암전. 사진들이 나타난다. 남학교 학급, 소년들의 얼굴이 클로즈업된다. 서서히 페이드아웃되고 젊은이의 얼굴 그리고 다시 첫 번째 학급 사진이 보인다. 또다시 검은 화면. 이후 왼쪽을 보는 니키타가 클로즈업된다. 에피소드의 모든 이중성은 그것이 류바의 감은 눈으로 시작해서 니키타의 모습으로 끝난다는 점에 있다. 사진-기억, 즉 렌즈를 똑바로 쳐다보는 소년과 젊은이의 초상이 뜻하는 내용이 수수께끼 같은 것이 된다. 감독의 시나리오에는 나왔지만 화면에는 우리가 보는 것이 류바의 남동생이라는 사실을 알려주는 아무런 지시도 찾을 수 없다. 사진에 나온 얼굴 유형이 어렴풋하게 니키타를 떠올리게 할 뿐이다. 이 사진들이 과연 누구의 기억인지는 끝까지 열린 채로 남는다.

이후 에피소드는 전혀 예상치 못한 방식으로 전환된다. (클로즈업된) 니키타가 왼쪽을 바라본다. 카메라는 그의 얼굴을 떠나 왼쪽, 즉 자고 있는 류바를 향한다. 파노라마는 그녀의 얼굴에서 잠깐 멈춘다. 파노라마를 통해 니키타가 류바를 쳐다본다는 것이 확실해진다. 그러나 갑자기 예기치 않게 우리는 또다시 니키타를, 거울에 비친 것처럼 대칭적으로 뒤바뀐 니키타를 보게 된다. 이번에는 주인공이 오른쪽을 쳐다본다. 우리는 거울 속에서 화면이 흐릿해지는 것을 본다. 다시 선명해지자 학생복을 입은 류바가 나타난다. 그녀의 무릎에는 오래된 사진첩이 놓였다. 사진첩이 클로즈업된다.

니키타의 예기치 않은 거울상은 어떤 의미에서 그를 '정상적인' 디제시스적 공간에서 끄집어내는 것과 같다. 소쿠로프는 영화에서 거울을 적극적으로 사용한다. 류바의 집에서 니키타의 첫 장면도 거울상이었음을 기억하라. 여기서 거울의 상징론을 상세히 고찰할 수는 없지만 거울 반영이 죽음의 테마, 즉 육체로부터 영혼의 떠남이라는 테마와 맺는 명백한 관련성은 언급할 필요가 있다. 본질상 영화 속 이 작은 디테일에서 반영은 또 다른 반영을 본다. 사진첩이 자리하는 곳은 바로 이 거울상의 세계 그리고 류바의 손 안이다. 이렇게 해서 비밀은 풀린 듯하다. 암전 사이에 있는 첫 번째 사진 시리즈는 니키타가 아니라 류바의 기억인 것이다.

같은 방에서 우리는 류바의 엄마와 니키타의 아버지를 본다. 니키타 자신이 붉은 셔츠를 입고 문간에 서 있다. 우리가 환대에 감사하는 니키타 아버지의 목소리를 듣는 도중, 갑자기 니키타의 목소리가 들린다. "아버지! 어서 저 아줌마와 결혼해요. 나는 그들을 방문하고 싶단 말이에요." 하나의 묘사 내에서 니키타의 아버지와 류바의 어머니가 나누던 대화가 갑자기 예기치 않게 (분명 다른 장소, 다른 시간에 있었을) 니키타와의 대화로 옮겨 가는 이런 변화는 단순히 꿈이나 기억에서 전형적으로 나타나는 시간순서의 단절을 흉내 내는 것만이 아니다. 이런 전환은 의심할 바 없이 류바의 방에서 일어난 모든 에피소드를 니키타의 회상으로, 즉 해당 장면에서 아버지와의 대화를 기억할 수 있는 유일한 인물인 니키타의 회상으로 소급시킨다. 장면이 끝난다. 류바는 다시 선명함을 잃고 거울 반영상 속에서 흐릿해진다. 앨범의 표지가 크게 잡히고 화면에 사진들이 나타난다. 류바의 엄마를 떠올리게 하는 여인, 노파, 여인들을 둘러싼 제복 입은 남자들 그리고 갑자기 고등학생들이 나타난다. 이미 본적이 있는 소년이 다시 나타나고 전장의 장면 등이 이어진다. 그러고 나서 우리는 사진첩을 넘기는 니키타를 본다. 사진은 끊임없이 기억의 주체를 바꿔간다. 처음에 그것은 류바의 잠꼬대로 촉발된 듯했다. 그다음에는 니키타의 클로즈업을 통해 그의 의식으로 옮겨 간다. 결국에는 니키타의 회상 속에 있는 류바가 사진첩을 넘긴다. 즉, 사진들이 니키타의 기억 속에 있는 류바를 통해서 제시되는 것이다. 하지만 그다음에는 앨범이 기억의 거울을 '미끄러지듯 빠져나와' 다시 주인공의 손 안에 자리한다.

사진의 '내용'에서도 마찬가지 일이 벌어진다. 여인, 소년, 남자들은 마치 갖가지 상이한 기억을 교체하는 듯하다.

에피소드는 전체적으로 기억이 하나의 의식으로부터 다른 의식으로 미끄러지듯 옮겨 가는 유연한 느낌 혹은 서로의 심리를 반영하는 주름 잡힌 거울 세계의 공간에 인물을 가져다 놓는 복잡한 유희의 인상을 주도록 설계되었다. 니키타의 거울 반영상이 류바의 거울 반영상을 보는데 그녀는 앨범을 쥐고 다시 그 앨범은 거울로부터 '실제' 방으로 옮겨 간다.

이 에피소드는 영화의 전체 구조에서 지극히 의미심장하다. 그것은 인물들의 기억을 섞어 놓고 심리를 함께 묶음으로써 그들을 결합하는데 이때 실제 몸은 합쳐지지 않은 채로 남았다. 사진들이 니키타와 류바의 공통의 기억이라는 점은 그것이 인물들이 합쳐진 보다 높은 상위의 관점을 뜻한다는 점에서도 본질적이다. 이 합일은 각자의 기억의 신성불가침에 대한 확신을 동반한다. 가령, "어떤 경우에도 잊으면 안돼요"(류바) 나 "당신은 이제 저를 잊지 않겠죠"(류바), "아니, 내겐 그 밖에는 기억할 사람도 없어"(니키타) 와 같은 대사이다.

결혼식과 그에 뒤 이은 드라마를 이끄는 니키타의 병환은 분명 두 사람의 이별을 예견하는 기억 상실이라는 모티프와 함께 도입된다. "저녁 무렵에 그는 기억을 잃었다. 그는 시종일관 천장과 거기 붙은 죽기 직전의 파리 두 마리를 쳐다보았다. …" 등등.

플라토노프는 기억의 범주를 통해 인간의 삶과 죽음을 묘사할 줄 안다. 주인공의 기억에 기초한 단편 《아프로디테》에서 기억 속에 자리한 이미지의 강도는 세계의 물리적 현전의 정도, 즉 존재에서 죽음으로의 이동을 의미한다. 주인공인 기술자 포민과 아내 아프로디테의 만남과 사랑은 기억 속에 존재하던 여인 이미지의 갑작스러운 고착으로 그려진다.

한편 이 사건은 거의 영화적 유형의 기억 속에서 전개된다. "그는 기억 속에서 태양이 비추는 자그마한 도시를 보았다. …"(니키타와 류바의 만남에서도 등장했던 바로 그 태양의 모티프). 포민은 카페로 들어간다. 그는 사방으로 흘러넘치는 맥주 줄기와 거품을 기억하지만 뷔페 테이블 너머에 있던 여인을 기억하지 못한다. 그는 "카페에서 나올 때 그녀를 기억하지 못했다". 그 후 아프로디테는 포민의 의식 속으로 스며들고 기억의 형상과 뗄 수 없이 관련된 사랑의 감정이 생겨난다.

훗날 그는 비록 바닷물은 아니지만 역시 거품 위에서 나타난 그 형상을 미소를 띠며 나탈리아 블라디미로브나 아프로디테라고 불렀다. 전쟁 후 아내를 잃은 포민은 '바람에 날려 낡고 부서진 공간'인 집으로 되돌아온다. 포민은 이 집의 모양새를 여전히 기억하지만 시간이 지남에 따라 그것은 지워지고 잊힌다. 지금 어딘가 먼 곳 들판 위에 아프로디테의 희고 커다란 사랑스러운 육체가 누워 있는 것이 아닐까. 그것을 썩은 생명체들이 갉아먹고 물과 공기 중에 부식되어 바람이 날려 버려, 아프로디테의 삶의 모든 본질이 세상 속에 남김없이 고르게 다 사용되고 결국은 그렇게 인간이 잊히는 것이 아닐까.

죽음이 부분적일 수 있는 것처럼 망각도 파편적 성격을 지닐 수 있다. "그는 잊힌 어느 한 날의 정오를 또한 기억한다", "안녕, 아프로디테여! 나는 너를 오직 기억 속에서만 느낀다. 하지만 나는 너의 전부를, 살아 있는 전체로서 보고 싶다! …" 등등.

소쿠로프는 플라토노프의 이 체계를 받아들이되 그와 관련해 기억 이미지의 파편적 구조, 이미지의 선명성 정도, 의식과의 열린 관련성, 사랑 및 죽음 테마와의 상징적 관계 등을 정련한다. 영화 질료를 가지고 작업하면서 그는 플라토노프적 스타일의 근본적 속성을 보존하는 데 완벽하게 성공한다. 사진이라는 극도로 비개성적이고 객관적이며 비저자적 재현이 주인공들의 의사-주관적 의식의 전달자가 된다.[18] 플라토노프적인 서술태도의 이중성이 여기서 완

18) 초기작에서부터 플라토노프가 만든 인물들의 의식은 개별 주체와의 관련성을 상실하는 쪽으로, 즉 모종의 보편적이고 비개성적 의식이 되려는 방향을 향해 있다. 플라토노프의 인물 계열, 가령 단편 〈마르쿤〉의 주인공은 개별적 의식을 상실하게 된다. "나는 그래서 전에 아무것도 하지 않았다. 나를 세계로부터 닫아 버린 채 자신을 사랑했던 것이다. 이제 나는 알게 되었고 온 세계가 내게 열렸다. 나는 세계 전체를 보았고 아무도 나와 세계를 가로막지 못한다. 왜냐하면 나는 그 속에서 나를 부수고 새로 새웠으며 그로써 승리했기 때문이다. 이

벽하게 유지되는 것이다.

그리고 마지막으로 탈디제시스적 프레임과 관련을 맺는 또 하나의 본질적 층위가 있는데 그건 영화 속에 광범위하게 사용된 뉴스릴 숏이다. 영화는 자막이 달린 프롤로그로 시작하는데 거대한 나무 바퀴를 돌리는 바지선 일꾼들을 찍은 다큐멘터리 화면이 그것이다. 이 원시적 메커니즘은 소쿠로프의 창작에서 기계와 관련된 시리즈 전체를 열어 놓게 되는바, 그것은 여러 작품에 걸쳐 나타날 뿐 아니라 때로는 신성불가침의 신비한 법칙을 지니는 세계창조 메커니즘 자체를 상징하기도 한다. 이런 이유로 그것은 종종 서사의 틀을 벗어나곤 한다. 그것은 인물들의 자그마한 세계 너머에서 작동하는바, 그들의 힘이 미치지 못한다.

바퀴는 바로 그와 같은 영원하고 원형적인 운명의 상징에 해당한다(운명의 수레바퀴). 두 번째 뉴스릴은 영화의 디제시스적 세계 내부로부터 나타나는 것처럼 보인다. 첫 번째 낙하 이후에 니키타는 과거 자신의 도시, 기억의 도시에 다다른다. 집으로 다가가던 그는 무엇 때문인지 반지하의 창문을 들여다본다. 이 행동에 뒤이어 이미 언급했던 수수께끼 같은 검은 수사(다른 세계의 기호)가 등장한다. 창문 너머로 다시금 예의 그 뉴스릴, 기계 장치 앞에서 동일한 동작을 무한 반복하는 일꾼들이 보인다. 은유적 차원에서 이 에피소드 전체는 땅 속에 상징적 메커니즘을 감춘 다른 세계의 비전으로 읽힌다. 즉, 여기에서의 창문은 영화에 등장하는 뉴스릴의 층위와 픽션의 층위 간의 공간적 단절을 지시하는 기호가 되는 것이다.[19]

제야 나는 살기 시작했다. 이제야 나는 세계가 되었다"(А. Платонов, Соб., соч.: В.5т., Т.1, М., 1998, С.211).

19) 여기서 또한 지적해야 할 것은 소쿠로프의 모든 픽션 영화에서 일관되게 창문이 행하는 상징적 기능이다. 이 기능은 창문이 언제나 두 세계 간의 의미심장

뉴스릴에 나온 노동자는 분명 소쿠로프의 애호작 중 하나인 에이젠슈테인의 〈파업〉을 떠올리게 한다. 다름 아닌 에이젠슈테인에게서 소쿠로프는 기계와 동물의 전형적 대립을 가져왔다(여기서 말하는 것은 〈파업〉에 등장하는 도축 장면이다). 그러나 에이젠슈테인의 영화에서 부차적인 중요성을 갖는 이 대립[20]은 소쿠로프에게 지극히 중요하다. 그에게 기계는 이성적 단초를 구현하는 것인 반면 동물은 기억을 갖지 않는 무의식적 존재의 세계에 해당하는 것이다.[21]

〈인간의 외로운 목소리〉에서 산업적인 뉴스릴 화면은 도축 장면, 끓는 피, 가축의 사체 장면과 나란히 등장한다. 처음에 이 뉴스릴 단편은 병을 앓는 니키타의 헛소리 장면에서 등장한다. 플라토노프에게서 니키타의 헛소리는 두 가지 모티프에 기초한다. "… 아마도

한 경계로서 등장하는 〈인간의 외로운 목소리〉에서부터 전개되기 시작한다. 창문에 대한 이런 태도는 〈구하라, 지켜라〉에까지 계속 발전한다. 필자와 대화 중 소쿠로프는 영화 속 주인공들의 집 창문의 형태에 관해 이렇게 지적했다. "거실과 침실의 창문 형태는 다릅니다. 내게 이 점은 아주 중요합니다. 거실의 창문은 평평한데 그건 대지에 그리고 사각형에 더 가깝습니다. 침실 창문은 길쭉한데 그건 마치 공기의 압력에 의해 다소간 찌그러진 것과 같습니다." 정사각형은 대지의 전통적 상징임을 지적해 둔다.

20) '기계적인 것-동물적인 것'의 대립은 에이젠슈테인의 〈총노선〉(낡은 것과 새 것)에서만 원칙적 의미를 갖는다.

21) 종종 플라토노프에게 동물적 세계와 유기적 세계 간의 관계는 드라마틱하고 복잡하다. 예컨대, 단편 〈암소〉에서 동물과 증기기관은 거의 동일하게 '고통받'으며 주인공에게 같은 반응을 끌어낸다. "바샤는 가로등을 떠나 증기기관에게로 향했다. 왜냐하면 기계가 힘들어했고 그는 기계 곁에 잠시 머물기를 원했기 때문이다. 마치 그렇게 함으로써 기계와 운명을 함께하기라도 하는 듯이." — "바샤는 그것 곁에 잠시 서 있었다. 그리고 나선 그가 암소를 기억하고 사랑한다는 걸 알려주려는 듯 암소의 목을 끌어안았다." 증기기관의 바퀴 아래서 동물이 죽게 되는 것은 그 둘의 비극적 운명을 결합하는 듯하며 다음을 강조한다. 말 못하는 가축이 모종의 더 높은 이성의 이념을 구현하는 메커니즘의 바퀴 아래서 죽어간다.

파리들이 그의 뇌 속을 장악한 것 같았다. 그것들을 떨쳐낼 수가 없었다. … 파리들은 그의 뇌 속에서 들끓었다." 그리고 "병은 언제나 그를 빛나는 텅 빈 수평선, 즉 열린 바다로 이끌어 갔는데, 그는 거기서 더디고 육중한 물결 속에서 쉴 수 있었다". 두 모티프 모두는 죽음의 테마와 관련된다. 소설 《코틀로반》에는 (죽음의 계절인) 한 겨울에 파리에 얽힌 기이한 현상을 보여 주는 긴 에피소드가 있다.

> 여물로 가득 찬 헛간에 죽은 양 네댓 마리가 누워 있다. 곰이 발로 그중 한 마리를 건드리자 거기서 파리들이 날아올랐다. 죽은 양의 더운 육질 틈새 사이에 살던 파리들은 얼어 죽지 않은 채 배불리 먹으며 눈 속을 날아다닌 것이다.[22]

바다와 다른 세계로의 여행 간의 관련성은 더욱 명백하다.

시나리오상에서 작가 아라보프는 물의 이미지는 남겼지만 바다를 강으로 바꾸었다. 강변 한쪽에는 니키타가 서 있고 다른 편에는 구부정한 아버지가 서 있다. 니키타는 강을 헤엄쳐 건너려고 해보지만 강물은 말라버리고 그는 늪의 진창 속에 빠져든다.

영화에서는 소쿠로프가 강 대신에 푸줏간의 동물 사체의 모티프를 택했고 이는 《코틀로반》에 나온 죽은 양의 '육질'을 떠올리게 한다. 그러나 말라버린 강은 결정적으로 사라지지는 않는다. 앞서 말한 것처럼 류바를 떠나 한밤중에 강으로 가던 니키타는 갑자기 퇴락한 돌 광산에 이르게 된다. 하계(下界)적이고 피안적인 세계의 두 이미지로서 강과 광산이 지니는 관련성은 영화에서 강 위에 항상 안개가 끼고 갱도에서는 불길한 연기가 아래로부터 피어오르는 것에서도 강조된다. 이 메타포적 여행의 종착지는 낯선 도시와 시

---

22) А. Платонов, *Котлован: Ювенильное море*, М., 1987, С. 88.

장이다. 여기서 다시 동물의 사체, 내장 찌꺼기, 피의 모티프가 등장한다. (예술적 기교의 측면에서 볼 때 사진 앨범 장면에 결코 뒤지지 않는) 이 시장 장면이 소쿠로프의 전매특허인 부조(浮彫) 화면[23] 및 흑백 화면 그리고 뉴스릴 같은 단편으로 그려짐은 주목할 만하다. 또한 이 에피소드에 앞서서 1920년대의 대도시를 보여 주는 한 벌의 뉴스릴 화면이 나타나는 점 그리고 감독의 시나리오에서 헛소리 장면에서와 같은 동물 사체와 피가 등장한다는 점도 중요하다.

시장은 악몽의 모티프를 서사화한다. 죽은 동물은 서술 내부로 파고들어 이제는 이 에피소드 전체를 죽음의 영역으로 가져간다. 시장의 경비원은 절름발이다(절름발이는 악마를 수식하는 오랜 기호 중 하나이다). 꼭 구덩이에 빠진 시체처럼 보이는 니키타는 이 에피소드에서 시종일관 위에서 아래로 찍혔는데 이는 주인공과 땅의 관련성을 부각시킨다. 에피소드 전체는 예리한 관점, 복잡하고 심오한 구성, 디졸브, 성분 생략법 등, 한마디로 언어적 요소로 가득 차 있는바, 영화의 나머지 대부분과는 다른 이 측면은 시장 장면을 다른 세계로서 유표화한다. 바로 이 장면에서 탈디제시스적 세팅(특히, 도축 장면)이 어느 곳보다 자주 등장한다.

또한 이 '피안의' 세계의 기이함은 에피소드의 완전히 특이한 시간구조를 통해 강조된다. 여기서 시간은 마치 흐르기를 멈춘 듯이 혹은 전혀 다른 비연대기적 성격을 획득한 듯이 보인다. 예컨대, 이 점은 시장의 노파가 분명 디제시스의 공간 외부에서 울리는 뮤직 박스 음악 소리에 맞춰 춤을 추기 시작하는 장면에서 매우 잘 드러난다. 노파의 슬로우 모션 동작과 그것의 기계적 반복성은 이 에피소드를 선형적-연대기적 시간 영역으로부터 끄집어낸다.[24] 나는 특별

23) **[옮긴이 주]** 말 그대로 화면이 3차원성을 잃고 마치 평면의 부조(*relief*)처럼 나타나는 화면을 말한다.

히 이 대목에 주목하고자 하는데 왜냐하면 바로 이 대목에서 서술이, 내러티브가 일반적으로 기초하는 연대기적 선형성의 원칙과 결정적으로 결별하고 매우 정의하기 어려운 어떤 특별한 양태를 획득하기 때문이다. 바로 그런 이유로 악몽의 모티프를 서사화한 이 시장 에피소드는 기이한, 마치 소격화된 것과 같은 성격을 띤다.

점점 더 빈번하게 서사로부터 벗어나 모종의 주관적이고 불특정한 헛소리, 기억, 의식, 비존재의 공간으로 빠져드는 이 현상은 영화의 결말, 즉 니키타의 은유적 귀환을 준비한다. 우리는 뛰어 들어온 니키타의 지친 얼굴을 본다(이 역시 부조 화면으로 제시된다). 그 후 인물들은 영화로부터 완전히 사라지고 화면 밖의 목소리만이 남는다.

니키타 류바! 류바! 내가 왔어.
류 바 니키타.
니키타 아프지 않아?
류 바 아니. 아니. 난 이제 느끼지 않아요. 당신은 괜찮아요? 나랑 있어도 괜찮아요?
니키타 괜찮아. 난 이제 너와 함께 행복하게 사는 데 익숙해졌어.

고통도, 느낌도 사라지고 그 누구도 해칠 수 없는 차분한 행복이 도래한다. 그것은 이 세계, 즉 서사의 세계 너머에서 왔기에 아무도 해칠 수 없다.

이 대화를 배경으로 서사를 벗어나 조건적이고 기호적인 계열로 이동하곤 했던, 영화의 메타포적 층위 전체를 담아내는 서사 외적 세팅의 집합이 등장한다. 도시의 파노라마(필로우숏), 열린 창문,

24) 이와 완전히 유사한 경우로 도브젠코의 영화 〈대지〉에서 바실리가 죽기 전에 춤을 추는 장면이 있다. 그것은 서술에서 벗어난 모종의 정지된 시간에 해당한다.

가축의 고기, 류바의 빈 방, 류바를 비추는 방안의 거울, 바닥을 뚫고 자라난 잡초, 돌 광산, 물에 빠진 익사자, 강의 무거운 물결(슬루체프스키의 적확한 묘사에 따르면, "차갑고 무거운 물결이 강철의 빛깔로 어렴풋이 빛나는" 모습) 그리고 거대한 삶의 수레바퀴를 돌리는 선원들이 그것이다.

영화가 진행되는 내내 서사의 직물 내부에서 발생한 '변칙' 혹은 폭발이었던 것이 이제 끝에 이르러 내러티브, 역사, 이야기의 올가미에서 해방된 단일한 흐름이 된다.

영화는 서사로부터의 점진적 해방, 주관적 시각의 증대 그러나 동시에 그 주관성이 모종의 비개성적 관점(텅 빈 '필로우숏', 뉴스릴 등) 속에서 소멸되는 과정(인물의 사라짐)으로 묘사될 수 있다. 주관적인 것과 비개성적인 것이 서로 반대편에서 출발해 만나게 되는 이 움직임은 영화의 내적 드라마투르기의 근본에 놓였다. 본질상 〈인간의 외로운 목소리〉를 떠받치는 것은 플라토노프적 스타일의 이중성을 향한 영화의 드라마틱한 접근이다. 영원한 이별 안에서 최종적으로 결합하기 위해 주인공들이 거쳐 가는 고통스러운 여정은 플라토노프의 원본을 향한 감독의 움직임을 표현하는 메타포로 바뀐다. 작가와 감독의 최종적 접근은 영화가 사실상 끝나는 지점, 즉 서사가 뒤에 남겨지는 지점에서 비로소 달성된다. 어떤 의미에서 이 메타포는 언어적 직물을 표현하기 위한 최적의 언어를 찾으려는 영화예술의 추구가 불가피하게 맞이하게 된 충돌을 묘사하는 것이다.

소쿠로프의 사례가 확인해 주는 것은 플라토노프의 '장식체 스카즈'가 스크린상에 구현되기 위해서는 소설의 시학에 정향된 고전적 영화언어의 서사구조가 극복될 필요가 있었다는 점이다. 에이헨바움은 문학에서의 스카즈 형식이란 소설적 형식이 점차로 영화적 구경거리로 옮겨 가는 현상에 대한 반작용으로 출현했다고 지적한 바 있다. 1920년대에 문학은 영화에서 멀어지려고 애를 썼다. 1960년대에는 이제, 영화 자신이 1920년대 문학이 처했던 상황에 처하게 되었다. 영화는 이제 그 자신의 것이 된 소설적-서사적 입장으로부터 벗어나길 원했다. 소쿠로프의 창작은 이 경향에 동참했고 그 단초는 대략 30년 전에 이미 드러났던 것이다. 그 상황에서 소설적 형식으로부터 벗어나고자 분투했던 1920~1930년대의 문학 전통에 관심을 기울이게 되는 것은 자연스럽다. 전쟁 전에 발표한 플라토노프의 '장식체 스카즈'가 1960~1970년대의 영화에 각별히 현실적인 것은 바로 그런 이유에서이다.

— 1990

제 2부

얼굴과 신체

제 1 장

몽타주

이 짧은 글은 잡지 〈영화 예술〉이 영화학 용어 사전을 간행할 목적으로 나에게 청탁해 쓴 것이다. 나는 몽타주라는 현상을 그와 관련한 전통적인 영화학적 맥락, 예컨대 영화언어, 구조성, 요소의 병치와 같은 것들로부터 완전히 분리시켜 그에 대한 현상학적 해석을 시도해보는 짤막한 텍스트를 써본다면 재미있지 않을까라고 생각했다. 이를테면 몽타주를 순수한 구성물로 보는 것이 아니라 지각을 통해 우리에게 주어지는 그 무엇, 철학적 용어를 빌리자면, '간격'[1]으로 보는 것이다. 잉여적 물질성의 과도한 소여가 의미를 가로막는 곳에서 의미를 개시해 주는 바로 그 간격 말이다.

우리가 몽타주라고 부르는 것은 어떤 형태로든 예술에 항상 존재했다. 푸시킨과 디킨스에게서 몽타주를 찾아냈던 에이젠슈테인의 많은 '영화적' 분석은 이에 대한 설득력 있는 증거이다. 하지만 중요한 것은 예술에서 이 기법이 발견된 것이 지난 20세기, 정확하게 말하자면 제 1차 세계대전 직후였다는 사실이다. 1920년에 프루스트는 전 세계의 플로베리안에게 가장 영향력 있는 텍스트 중 하나가 된 플로베르의 스타일(문체)에 관한 짤막한 에세이를 썼다. 프루스트는 플로베르에게서 몽타주를 발견하는데 그는 이것을 《마담 보바리》를 쓴 저

1) [옮긴이 주] '간격'〔*interval*(*ecart*, *intervalle*)〕의 개념은 에이젠슈테인뿐 아니라 지가 베르토프의 몽타주론에서도 핵심적인 이론적 도구로 사용된 바 있다. 한편, 들뢰즈는 〈시네마〉에서 베르토프의 간격 이론과 뇌에 관한 베르그송의 정의('자극과 행동 사이의 간격')를 결합시킨 '간격론'을 통해 '운동-이미지'에 관한 자신의 논지를 전개한다.

자의 가장 근본적인 스타일상의 성취로 여겼다. 그러나 프루스트는 자신이 기술한 이 스타일상의 기법을 몽타주라고 부르지는 않았다. 대신에 그는 다음과 같이 썼다. "내가 보기에 《감정교육》에서 가장 경탄스러운 것은 작품의 구절이 아니라 빈 간격(*un blanc*)이다."[2] 프루스트는 이러한 간격을 과거 시제의 완료형과 불완료형이 한 구절 안에서 병치되는 것, 접속사의 사용과 행위의 생략 등에서 보았다.

프루스트에 대해 말하면서, 물론 내가 플로베르가 몽타주를 발명했다고 주장하려는 것은 아니다. 하지만 내가 생각하기에 프루스트가 그것을 다름 아닌 플로베르에게서, 완전히 새로운 형식의 연속성을 창조했던 이 작가의 간격의 형식에서 발견해낸 것은 매우 의미심장하다. 당연히 몽타주는 우리 시대에 놀랄 만한 정합성을 가지고 말 그대로 도처에서 자신을 드러내는 이 간격이 지니는 의미론적 잠재성이 발현된 한 가지 형태이다. 즉, 이것은 음운론적 대립의 간격, 레비스트로스의 신화적 구조의, 이원적 대립 속의 간격이며 하이데거의 교차배어법(*chiasmus*), 들뢰즈와 데리다의 차이와 반복 등이다.

에이젠슈테인과 같은 전범적인 몽타주 이론가 역시도 "조르주 멜리에스의 실수"라는 중요한 논문에서 결국 최종적으로 몽타주를 카메라의 우연한 멈춤, 그러니까 연속성의 내부에서 갑작스럽게 차이를 드러내 주는 시간의 간격으로 소급시킨 바 있다.[3] 그러나 몽타

---

2) M. Proust, *Essais et articles*, Paris, 1994, p. 291.

3) С. М. Эйзенштейн, *Ощибка Георга Мелье*: *Киноведческие записки*, No. 36/37, 1997/1998, СС. 75~78. [옮긴이 주] 여기서 말하는 "조르주 멜리에스의 실수"는 멜리에스의 우연한 발견의 일화를 가리킨다. 어느 날 멜리에스가 오페라 극장 앞 광장에 카메라를 세워두었는데 현상을 하자 멀쩡히 달리던 마차가 갑자기 한 순간에 영구차로 변해버린 것을 발견했다. 이는 촬영 도중 카메라가 잠시 멈추었다가 다시 작동했기 때문에 일어난 일로, 편집을 통해 환영

주의 이와 같은 유형이란 영화적 환영의 일반 원칙이 발현된 하나의 사례에 불과한바, 이 환영이란 정지된 포토그램 사이의 간격을 실재하지 않는 움직임으로 채우는 것이다.

어째서 20세기에 바로 이 간격이란 것이 거의 '도상적' 재현을 넘어설 정도로 강력한 의미전달의 구성소가 될 수 있었을까? 이 질문에 대한 대답은 다양하게 주어질 수 있겠지만 나는 이를 위해 영화로부터 다소 동떨어진, 심지어는 20세기로부터도 동떨어진 하나의 예를 사용하고자 한다. 나는 최근에 18세기 이탈리아의 법률가 체사레 베카리아가 쓴 책인 《범죄와 형벌》(1764)[4]를 연구할 일이 있었다(이 저작은 많은 반향을 불러일으켜 훗날 볼테르의 유명한 주석의 대상이 된 바 있다).

확신에 찬 사형제도의 반대자인 베카리아의 주장에 따르면 사형은 그것을 보는 청중에게 아무런 교육적 영향을 미치지 못하는데 이는 사형이 감정에 미치는 영향력이 극히 미비하기 때문이다. 이는 사형 집행의 시간이 너무 짧다는 것과 관련된다. 시간을 질질 끄는 구경거리가 죄인에게 고통이 될 수 있다는 것은 물론 별개의 문제이다.[5] 사형 집행의 순간 그 자체에 고착되지 않은 채, 과거와

의 창조가 가능함을 보여 준 최초의 사례였다.

4) **[옮긴이 주]** 중세 말부터 근대 초기의 가혹하고 비인도적 형벌제도를 보다 합리적이고 인도적인 방향으로 개혁할 것을 주장한 저서로서, 죄형법주의와 사형폐지론의 고전으로 꼽힌다. 사회계약 사상을 형사정책과 형벌이론에 도입한 베카리아의 이 저서는, 1765년 프랑스어로 번역된 이래로 유럽 각국의 형사법 개혁에 지대한 영향을 미쳤다(한국어 번역은 다음을 보라. 이수성 · 한인섭 (옮김), 《범죄와 형벌》, 지산, 2000).

5) '정신에 가장 강력한 영향력을 행사하는 것은 고통의 강도가 아니라 그것의 지속시간이다. 문제는 우리의 감정적 기제가 강력하고 짧은 인상이 아니라 약하지만 반복적인 인상에 보다 쉽고 근본적으로 반응한다는 사실이다'(C. Beccaria-Bonesana, *An essay on crimes and punishments*, Stanford, 1953, p. 99).

미래를 자유롭게 넘나드는 청중의 상상은 집약된 고통의 이미지 속에서 그것보다 훨씬 더 끔찍하고 무시무시한 장면을 부풀려내게 된다. 여기서 베카리아는 에이젠슈테인의 직접적 선조인 것처럼 보인다. 즉, 그의 관심은 관객의 심리를 겨냥한 견인 몽타주의 충격적인 작용에 놓인 것이다. 흥미로운 것은 에이젠슈테인과 베카리아가 공히 이르게 된 몽타주 사상이란 충격적 장면의 개별적 단면을 단일한 이미지 속에서 쌓아 나가는 것이라는 점이다.

《범죄와 형벌》보다 2년 뒤에 출간된 레싱의 저서 《라오콘》에서 베카리아의 견해는 보다 견고한 지적 기반을 얻는다. 여기서도 논의의 대상은 여전히 고통의 재현이지만 단지 형벌 집행 장면이 아니라 회화와 조각에서 고통의 재현을 다룬다. 레싱은 그가 '무서운 순간'(*furchtbaren moment*)이라 부르는 것, 즉 (베카리아에게서 사형 장면과 같은) 고통의 정점을 직접 보여 주지 말 것을 제안한다. 그 대신에 그는 아직은 정점에 이르지 않은 고통의 순간을 보여 줄 것을 제안한다. 언어유희의 즐거움을 부정하지 않은 채로, 그는 이러한 순간을 '결실의 순간'(*fruchtbaren moment*)이라 부른다. 이 순간은 상상의 자유로운 유희를 제공해 주는바, 즉 그것은 앞과 뒤로 움직일 수 있는, 고통에 대한 총체적인 몽타주 이미지를 구축해내는 데 필수적인 고통의 단면을 축적할 수 있는 공간을 제공해 준다(에이젠슈테인은 《라오콘》을 특별히 연구한 바 있다).[6]

6) '만약, 한편으로 예술가가 계속해서 변화하는 현실 중에서 어느 한순간만을 고를 수 있다면, 화가는 심지어 이 한순간을 특정한 하나의 관점에서 보여 준다. 다른 한편으로, 만약 그들의 작품이 단 한 번의 스쳐가는 관람을 위한 것이 아니라 주의 깊고 반복적인 조망을 위한 것이라고 한다면, 이 유일한 순간과 단일한 관점은 생산적인 것이어야만 할 것이다. 그러나 상상의 자유로운 장을 남겨 둘 수 있는 것만이 생산적인 것이 될 수 있다'(Г. Э. Лессинг, *Лаокоон*; Г. Э. Лессинг, *Избранные произведения*, М., 1953, С. 397). 결실의 순간

어째서 '결실의 순간'이 '무서운 순간'보다 더욱더 무서운지에 관해 생각해 보자. 레싱의 '결실의 순간', 이것은 자기 자신을 부정할 수 있는 능력을 지니는, 연속체 속의 어떤 한 지점, 그러니까 상상의 자유로운 움직임을 허용함으로써 단면의 축적을 가능하게 하는 정확하게 계산된 공백의 장소이다. '무서운 순간'은 그것의 극단적 성격으로 인해 관객을 자신에게 붙들어 매게 되며 이는 자신의 물질성이 지니는 모든 혐오스러움과 비참함 속에서 상상의 움직임을 차단하고 '자기 자신을 부정하기를 거절'하게 된다. 희생자의 육체성이 모든 의미론을 완전히 삼켜 버리기 때문에, 거기서 의미는 발생하지 않는다. 가령 베카리아는 고통으로 인해 희생자가 미래에 대해 생각할 수 없게 되는, 아예 생각이란 것 자체를 하지 못하게 되는 것, 다시 말해 사형 집행의 순간에 작동하는 어떤 심리적 차단작용에 관해 지적한 바 있다. 완전히 다른 맥락이지만 하이데거도 모종의 '틀-세우기',[7] 즉 의미가 자신을 드러내게 되는 열림이 불가능하도록 만드는 어떤 견고하고 억압적인 것의 현전에 관해 이야기한 바 있다.

몽타주, 이것은 (종종 해롭고, 불량하며, 숨 막히게 만드는) 물질성의

에 관해서는 다음을 보라. S. Richter, *Laocoon's body and the aesthetics of pain*, Detroit, 1992, pp. 70~72.

7) "틀-세우기가 지배하는 곳에서는 여하한 비밀스러운 것의 개시에 관련 기관, 조직의 서명이 자리한다. 기관, 조직은 심지어 자신의 근본적 자질에 대해서도 열림을 제공할 수 없으며 이러한 개시 자체에 대해서도 그러하다"(M. Хайдеггер, *Вопрос о технике*; M. Хайдеггер, *Время и бытие*, M., 1993, C. 233). **[옮긴이 주]** 러시아어로는 постав로 쓴다. 뼈대, 틀 등을 뜻하는 독일어 *gestell*을 하이데거가 *Ge-stell*로 독특하게 표기한 것으로 모든 것을 틀에 넣어 재정비하는 근대 기술(*technology*)의 본성을 가리키는 개념(흔히 *enframing*으로 영역된다)이다. 한국어로는 공작, 설비, 설치, 전면적 체계화, 몰아세움, 틀 등으로 다소 혼란스럽게 번역한다.

압박으로부터의 해방인바, 부정의 공백이자 간격의 공간이며 20세기가 의미를 사유할 수 있는 유일한 장소이다.

내가 처형당하는 육체의 고통과 압박에 대한 재현에서 예를 가져온 것은 우연이 아니다. 베카리아와 레싱이 이와 같은 충격적 소재를 선택했다는 것 자체가 그들의 현대성을 말해 준다. 에이젠슈테인에게 전투와 학살은 이미 지극히 자연스러운 몽타주의 질료였다. 제1차 세계대전 이후(즉, 몽타주의 개시 순간)부터, 인류는 대규모 살육의 넘쳐나는 재현의 물결 속에서 살았다. 영상 예술에서 수없이 복제된 바 있는 수천 가지의 레싱적 '끔찍한 순간'이 '기호계'(로트만의 용어) 속으로 밀려드는 이 현상은 프랑스의 철학자이자 신학자인 장 뤽 마리옹이 '시선의 과잉'(*le regard … se decouvre comme deborde*)[8] 이라고 부른 바 있는 모종의 감각상실 반응으로 이끈다. '끔찍한 순간'이 주는 쇼크는 베카리아가 말한 형장의 죄수처럼 지각을 마비시키고 사유할 수 있는 능력을 차단시켜 버린다. (폭력뿐 아니라 애무 혹은 약물 복용의 경우도 마찬가지이다) 자신의 끔찍한 물질성 속에서 육체는 사유할 수 있는 능력 자체가 간격, 붕괴, 수사학적 교차배어법으로, 공백으로 투사되어 버리는 그런 괴물 같은 '틀-세움'을 만들어 낸다. 바로 이 간격 속에서 물질성은 분해되어 흩어지는바, 이 분해의 부산물로 나타나는 것이 동일성, 차이, 대립과 같은 것, 곧 모든 20세기적 의미의 요리 메뉴인 것이다.

—2000

8) J. L. Marion, *Dieu sans letre*, Paris, 1991, p. 20.

제2장

스타레비치

곤충의 표정과 문화적 전통

이 논문에서 내가 다루는 것은 블라디슬라프 스타레비치의 영화에 나타나는 인형의 인상학(*physiognomy*)이다. 인상학은 오래전부터 나의 관심 대상이었다. 스타레비치에 관한 논문을 1989년에 발표한 직후, 나는 〈기호체계 문집〉에 이 소규모 연구와 직접적으로 관련된 동물 인상학, 즉 동물에게서 나타나는 표정의 표현성에 관한 논문을 발표했다. 나는 초기 서구 영화이론의 짤막한 역사를 다룬 《가시적 세계》에서 영화에서의 인상학 이론, 주요하게는 독일 쪽, 특히 벨라 발라즈의 이론을 꽤 상세히 다룬 바 있다. 당연히 인상학은 영화이론에서 아주 흥미로운데 그것은 의미의 직접적인 가시적 표현의 모델, 즉 말 그대로 표면(얼굴, 절벽, 식물, 기계 등)에 현현하면서 관객의 직접적 인지에 주어지는 표현모델을 제공해 주기 때문이다. 하지만 이 논문에서 나는 인상학을 문화적 코드의 범주 속에서 해석해보려 시도했다. 바꾸어 말해, 나는 완전히 현상학적인 질료를 선택해, 그것을 기호학적으로 해석하려고 시도했던 것이다. 인상학을 문화 속에 정초하려는 이런 지향(이런 지향은 동물의 모방 행동에 관한 가장 영향력 있는 이론인 다윈의 학설을 포함한 인상학의 모든 역사에 반하는 것이다)을 부분적으로 설명해 주는 것은 의미심장한 제재의 선택이다. 그것은 인형, 애니메이션, 발레, 동물 따위, 그러니까 명백한 모방적 자질을 전혀 지니지 않는 것들이다. 바로 이런 제재들에서 인상학적 의미의 (무의식적인) 자발성은 문화적인 코드의 결과로서 드러나게 된다.

1920년 파리 근교의 퐁트네 수 부아에서 인형극 영화 스튜디오를 연 블라디슬라프 스타레비치는 같은 해 자신이 만든 최초의 프랑스 영화 〈거미 발톱 아래서〉(1920)를 내놓는다. 은행원/거미의 정부가 된 파리의 불행한 모험담을 다룬 이 영화는 원칙상 많은 점에서 스타레비치 초기의 패러디 대작 〈카메라맨의 복수〉(1912)를 떠올리게 한다. 하지만 〈거미 발톱 아래서〉는 초창기의 경험과 구분되는 몇 가지의 본질적 특징을 지닌다. 우선 패러디되는 영화 장르가 바뀌었다. 〈카메라맨의 복수〉에서 패러디의 대상은 매우 복잡한 것이었다. 한편으로 (관객이 이사도라 덩컨을 '알아보도록' 의도된) 전통적 인물형이 등장하는 세속 심리 드라마 장르가 패러디되었다. 이와 더불어 영화에서 분명하게 감지되는 것은 초창기 유사-탐정물의 요소인데 주디 메인에 의해 사진사 혹은 또 다른 재현의 창조자가 서술자로 등장하는 영화라고 정의된 바 있는 하부 서사장르의 요소이다.[1] 마지막으로 초창기 소극 또한 다소간 패러디된다.[2] 〈거미 발톱 아래서〉는 고급 세속 멜로드라마와 함께 무엇보다도 〈팡토마〉라는 시리즈물을 패러디적으로 해석한다.[3] 〈팡토마〉[4]를 향한 눈에 띄는 지향은 스타레비치에게 프랑스적 영향이 새롭게 미쳤다는 사실뿐 아니라 패러디의 층위에서 하부 문화 요소가 증대되었음을 반영한다.

이와 더불어 스타레비치의 인형 역시 현저한 변형을 겪었다. 즉, 그것은 과거 곤충의 모습을 재현할 때 그토록 관객을 감탄시켰던 놀랄 만한 자연스러움을 잃어버리고 인간을 더 많이 닮게 되었던 것이다. 곤충의 얼굴은 뚜렷한 인간적 특성을 얻게 되었고 적극적으로

---

1) J. Mayn, Der primitive Erzahler, *Frauen und Film*, Dezember, Heft 41, 1986, S. 8. 매인은 스토리상 스타레비치의 영화와 일치하는 영화인 〈전기 작가에 의해 말해진 역사〉를 묘사한다.

2) С. Гинзбург, *Рисованный и кукольный фильм.*, М., 1957. С. 56.

3) J. Pilling, The French period 1920~1965, *Starewicz 1882~1965*, Edinburgh, 1983, p. 14.

4) **[옮긴이 주]** 〈팡토마〉(*Fantomas*)는 1913~1914년에 프랑스 감독 루이 푀이야드(L. Feuillade)가 동명 소설을 원작으로 만든 무성영화 시리즈로 원작 소설과 더불어 엄청난 인기를 끌었다.

표정을 짓기 시작했다. 프랑스에서 데뷔한 이후 인형의 표정을 향한 스타레비치의 관심은 계속해서 증대되었고 〈여우 이야기〉(1930~1931)에서 그 절정을 맞았다. 스타레비치는 몇몇 주인공을 위해 각종 다양한 얼굴 표정을 담은 150개의 마스크를 준비했다.[5] 당연히 인형의 표정에 대한 관심은 스타레비치로 하여금 차츰 곤충의 세계를 향했던 본래적 관심을 끊게 만들었는데 이는 곤충의 세계가 본성상 표정에 걸맞지 않았기 때문이다. 아마도 〈거미 발톱 아래서〉에서 확인되는 가장 놀랍고 역설적 특징은 바로 이런, 절대적으로 부자연스러운 곤충의 표정 연기일 것이다.

곤충으로 하여금 표정을 짓도록 만든 이런 이상한 결정은 특정한 문화적 전통을 배경으로 했을 때 의미를 획득한다. 18~19세기 유럽 문화에서 표정은 문화적 코드들의 세트와 연관된 것으로 예술이 요구하는 이상에 대립되었다. 가령, 빙켈만은 '고급한 미'의 자질은 그것의 '비결정성'이라고 지적한 바 있다.

> 그런 식으로 어떤 얼굴에도 존재하지 않는 이미지가 만들어진다. 즉, 그것은 아무런 감정 상태나 열정의 움직임도 표현하지 않는다. 이 모든 외적 자질은 미의 통일성을 파괴하게 될 것이다.[6]

얼굴이 갖는 자질의 조화로움을 손상시키는 표정은 이상적인 아름다움을 위협하는 요소로서 나타나는데, 즉 그것은 열정의 표현과 관련된다. 이상에 파괴적인 영향력을 행사하는 그와 같은 요소로 들 수 있는 것으로 야수성, 즉 짐승을 닮은 얼굴과 몸이 있다. 빙켈만이 언급하기를,

---

5) *Ibid.*, p. 15.

6) И. Винкельман, *История искусства древности*, Л., 1933, С. 133.

동물을 닮은 인간의 얼굴을 유럽에서 마주칠 수 있다는 사실에 동의하지 않을 수 없다. … 몇몇 부분에서 동물과의 공통점이 커질수록, 그런 얼굴 형태는 인간 얼굴의 특징으로부터 멀어진다. 그것은 부분적으로 일그러지고 부분적으로 확대된 얼굴로서 이는 말하자면 아름다움이 자리하는 모든 자질, 단순성과 통일성 그리고 조화로움을 파괴하는 것이다.[7)]

그 결과 유럽 문화에서 표정과 야수성을 관련짓는 경향이 확인되는데 이는 본질상 역설적이다. 왜냐하면 동물은 표정을 지을 수 있는 표현적 수단을 갖지 않기 때문이다.[8)] 아울러 정반대의 경향도 확인되는데 고급 예술이 조각상의 코드를 통해 읽히기 시작한 것이다. 조각상은 본성상 표정을 거부하는 예술이며 이는 특히 조각상의 고대적 견본, 가령 카노바나 토르발센의 신고전주의적 작품에서 나타난다.

찡그리는 얼굴 표정은 18세기 예술에서 광기와 체계적으로 연관되었다. 가령, 오스트리아의 조각가 프란츠 하버 메세르슈미트(1736~1783)의 작품에 나타난 찡그린 얼굴은 데카르트 이후의 문화에서 일반적으로 통용되는 분류법, 즉 열정과 그것의 표현에 관한 고도로 이성적인 분류법에 도무지 포함될 수 없는 종류의 것이었다(〈그림 9〉).[9)]

미국의 연구가 솔로몬고도는 19세기에 여성적 아름다움이 이상적인 마스크를 쓴 조각상 같은 차가움을 지향했으며 그 마스크 뒤

---

7) *Ibid.*, p. 130.

8) 이에 관한 자세한 사항은 얌폴스키, "문화 체계에서 동물인상학의 문제"(*Зоофизиогномика в системе культуры*), *Труды по знаковым системам*, Вып. 23, Тарту, 1989, СС. 63~79를 참조하라.

9) 이성적 인상학 분류법(*taxonomy*)에 관해서는 A. Greimas, & J. Fontanille, *The semiotics of passions: From states of affairs to states of feeling*, Minneapolis, 1993을 보라.

에서 '성격, 인격, 심리를 상상하는 일'은 불가능했음을 설득력 있게 보여 준 바 있다.[10] 한편, 테오필 고티에는 여성을 조각상과 비교하는 클리셰를 이용해 다음과 같이 냉소적으로 말했다.

〈그림 9〉

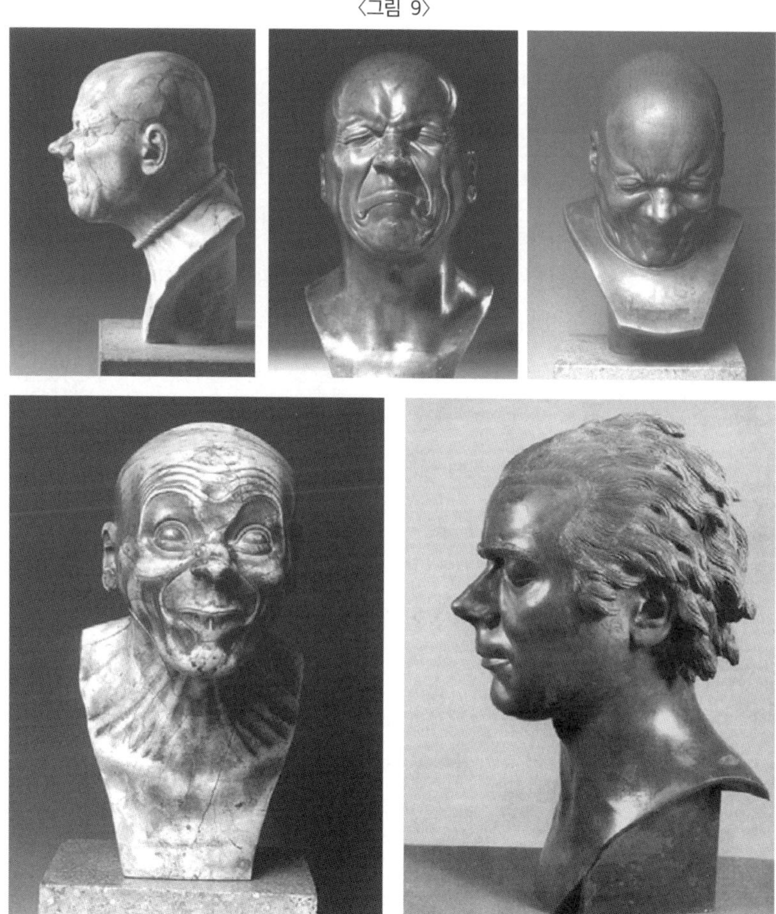

10) A. Solomon-Godeau, The legs of the countess, *October*, No. 39, Winter, 1986, p. 78.

여성, 그것은 당신이 그들을 부를 때 혹은 당신이 그들을 가까이서 보고 싶을 때 당신에게로 다가오는 조각상이다. 조각상과 비교해 여성에게는 의심할 바 없는 하나의 장점이 있다. 그녀 스스로 필요한 방향으로 몸을 움직일 수 있는 것이다. 반면 조각상은 당신이 직접 돌아야 하고 시점을 찾아내야 한다. 이것은 피곤한 일이다.[11]

움직이는 조각상은 19세기 문화에서 가장 인기 있는 모티프 중 하나였다. 흥미로운 것은 조각에 반대되는 역동적 예술인 발레가 바로 이 모티프를 통해 읽히기 시작한 점이다. 발레가 최고도의 조화로움과 이상을 구현한다는 생각은 불가피하게 그것을 조각에 접근시켰다. 조각상의 신화가 발레의 플롯에 도입되었던 것이다. 가령, 1817년에 뒤마르송은 독일의 발레리나 슈츠의 연기를 다음과 같이 묘사했다. '… 그녀는 이시스(Isis), 즉 자연의 비밀스러운 엠블럼을 재현했다.' 이시스는 누워 있는 스핑크스로 바뀌었고 여인상 석주(*caryatid*)가 뒤를 이었다. '이집트적인 스타일은 아름다운 그리스식으로 교체되었다. 그리고 슈츠는 그녀의 포즈와 동작을 통해 커다란 우아함을 전달할 수 있었다.' 플롯의 요소가 나타난 것이다. '대리석 갈라테아는 삶을 얻었고 느낄 수 있는 능력을 얻었다.'[12] 이 경우, 발레는 곧 조각 스타일의 교체로 전환된다. 벨린스키에게 발레는 '자신의 받침대, 즉 자신의 고요한 부동성을 벗어나 움직이는 조형예술이다'.[13]

조각상의 코드의 강제성은 일련의 비평가로 하여금 발레에서 조각의 성격을 증대시키고 무용의 역동성을 최소화해야 한다고 요구

---

11) T. Gautier, *Mademoiselle de maupin*, Paris, 1966, p. 211.

12) В. Красовская, *Западноевропейский балетный театр: Очерки историию Предромантизм*, Л., 1983, С. 34.

13) О. Петров, *Русская балетная критика конца XVIII-первой половины XIX века*, М., 1982, С. 157.

하도록 만들었다. 1837년에 잡지 〈모스크바 관찰자〉의 한 비평가는 당시 발레의 상황을 이렇게 평가했다.

> 거의 모든 예술에서 취향이 복원되는 이 시기에, 고대성에 관한 연구가 조각, 회화 그리고 극장에 그토록 세련된 성과물을 가져다주는 이 때에, 카노바와 토르발센이 그리스적인 것과 자웅을 겨루고 탈마가 고대의 조각상을 따라 치장하는 이때에, 이런 취향의 행복한 전복의 시기에, 단 하나, 극장의 춤만이 여전히 옛날식의 형태를 유지하면서 뒤틀린 베르니니 조각상의 강제적인 움직임을 떠올리게 한다. 그것은 다른 모든 예술의 자연스러운 단순성에 선명하게 대립한다. 그것은 세련됨의 성격을 완전히 상실하고 장터 춤사위(*balagan*)의 기계적인 예술에 가까워졌다.[14]

이런 언급은 극도로 전형적이다. 발레의 모델로 선언된 것은 카노바와 토르발센이었고 황홀경의 표정을 담은 베르니니는 미의 범주로부터 제외되었다. 모든 종류의 '강제적인 움직임'은 발레를 하급 예술의 영역, 즉 장터 춤사위의 영역으로 몰아낸다. 흥미로운 점은 이 구절이 탈리오니[15]가 참여했던 공연 〈라 실피드〉에 관한 열렬한 리뷰에서 인용되었다는 사실이다. 이 공연에서 실피드는 나비의 모습이었고 탈리오니의 의상은 날개로 장식되었다. 〈라 실피드〉는 발레리나-나비들의 묘성(昴星)과 각종 동화극에 특징적인 잠자리로 가득했다.

발레에서 특히 두드러졌던 것은 조각상의 신화가 차츰 곤충의 신

---

14) Там же, С. 150.

15) **[옮긴이 주]** 마리 탈리오니(M. Taglioni, 1804~1884)는 이탈리아의 발레리나이다. 로맨틱 발레의 대표자로 오늘날의 발레복을 최초로 입었으며 발끝으로 서는 토(*toe*) 춤을 창시했다고 알려졌다.

화와 합쳐지기 시작했다는 점이었다. 이에 한몫을 담당한 것은 동물 세계로부터 곤충을 구별하고자 했던 당시의 인상학적 지식이었다. 아마도 처음에 곤충의 인상학은 라바터[16]의 관심을 끌었던 듯하다. 라바터의 저서 《인상학론》 2권에는 여왕벌의 '얼굴'에 관한 연구가 남았는데 라바터는 거기서 "왕권의 전형적 자질, 즉 동종의 무리 앞에서의 개인의 우월성을 뜻하게 마련인 특정한 인상학적 암호"[17]를 찾아내려 했다. 동물세계로부터 여왕벌을 구별하도록 만든 것은 바로 곤충에게는 표정이 없다는 점이었다. 곤충은 '얼굴' 대신에 변치 않는 갑각질의 마스크를 지닌다.[18]

아마도 곤충에 관한 새로운 인상학적 신화가 보다 완전하게 전개된 것은 쥘 미슐레의 저서 《곤충》에서일 것이다. 미슐레는 현미경 아래에서 곤충을 관찰하는데 몰두했는데 이는 곤충이 인상, 그러니까 표정을 가졌는지를 알기 위해서였다. 미슐레가 적기를 "그것에게는 시선이 없다. 그 어떤 외적 근육도 이 마스크를 움직이지 못한다. 결국, 그것에게는 인상이 없는 것이다. … 그들 모두는 비밀과 침묵으로 가득 차 있다".[19] 하지만 비밀과 마스크, 이는 19세기

---

16) **[옮긴이 주]** 요한 라바터(J. K. Lavater, 1741~1801)는 이른바 인상학의 아버지이다. 스위스 출신의 문필가로 《인상학론》(4권)을 써 인상학을 주창했다.

17) J. C. Lavater, Essai sur la physiognomonie: Destine a faire connaitre l'Homme et a le faire aimer, *La Hayde*, Vol. 2, 1783, p. 124.

18) 라바터에 따르면, 인상학의 주요 대상은 얼굴의 **본래적 혹은 본질적** 형태인바, 그것은 **우연적이거나 일시적** 형태와 구분된다. 본래적인 형태는 무엇보다도 두개골의 구조에서 표현된다. 즉, '관상학의 기반'이라할 그것은 "언제나 안정적이며, 명백하고, 변함없으며, 식별 가능하고, 인간의 성격에서 변치 않는 어떤 것의 기호를 담고 있다"(G. Lavater, *L'Art de connaître les hommes par la physionomie*, Vol. 2, Paris, 1835, p. 33). 따라서 갑각질 마스크의 불변성은 두개골의 불변성이 그런 것처럼 **본연의 형태**의 이상적 담지체가 될 수 있었다.

19) J. Michelet, *L'insecte*, Paris, 1858, p. 124.

문화에서 미(美)의 전형적 기호와 다름이 없다. 미슐레에 따르면 표정의 부재를 보완해 주는 것은 풍부한 포즈이다. "보충하기 위해 동원되는 팬터마임은 지극히 표현적이다. 나는 감히 감동적이라고까지 말하겠다."[20]

그렇게 해서 곤충은 '표정 대(對) 제스처' 혹은 '표정 대 포즈'라는 대립 속에 놓이게 되었다. 이 대립에서 표정은 문화의 낮은 층위를 환기하면서 장터 춤사위식의 뒤틀림, 소극, 캐리커처의 기호가 된다. 바꾸어 말해 그것은 신이 변치 않는 얼굴의 구조에 부여해 준 이성과 의미에 대립하는 의미 없는 세계에 귀속되는 것이다.[21] 반대로 포즈는 발레, 조각, 비극과 같은 고급 장르에 속한다. 그러므로 팬터마임은 심지어 곤충에게서조차 '감동적인' 것이 되는 것이다.

이런 식의 코드의 보편성을 증명하는 것은 위대한 무성영화 시기에 해당 코드가 영화에도 마찬가지로 적용되었다는 사실이다. 영화를 고급 예술의 범주로 끌어들이려는 반복적 시도는 오늘날에는 상상하기 어려운 조각상의 메타포를 동반했다. 새로운 예술에 자신의 책 《영화 예술》(1915)을 헌정했던 미국 시인 린지는 그 가운데 한 장을 '움직이는 조각상'이라 붙였고 거기서 영화배우와 조각상 간의 유비를 상세하게 전개했다. 그러나 린지에게 모델이 되었던 것은 대단히 표현적인 포즈를 구현하는 고대와 르네상스기의 위대한 형상이었다.

> 상상해 보십시오. 만약 위대한 모이세이가 일어나게 된다면 그 움직임이 어떠할지? 메디치 무덤으로부터 잠자던 형상들이 깨어나는 것

20) *Ibid.*, p. 123.

21) 캐리커처와 광기의 인상학 사이의 관련성에 관해서는 A. Sheon, Caricature and the physiognomy of the insane, *Gazette des Beaux-Arts*, Ⅵ Periode, T. 88, No. 1293, October, 1976, pp. 145~150을 참조하라.

을, 혹은 저 유명한 노예들이 족쇄를 끊는 것을, 다비드가 또다시 돌을 던지는 것을 상상해 보세요. 그들의 행동은 그들의 평온만큼이나 영웅적인 것이 될까요? 진정 영화적 조각의 미켈란젤로는 불가능한 것일까요?[22]

린지는 필름과 조각의 비교를 미학적 판단의 주요 범주로 바꿔 놓는다.

새로운 영화를 평가하고자 할 때 자신에게 물어보시길. 그 움직임은 니카 사모프라키스카야의 움직임을 덮을 정도로 충분히 빠르며 신의 모습을 닮은 것이었던가? 그것을 영화드라마의 시험대로 삼으시길.[23]

4년 후 장 콕토는 그녀를 반복했다.

성공적인 조명 덕택에 영화배우는 진실로 움직이는 조각상이 되었다. 상영 이후에 군중은 작아지고 잦아든 것처럼 보인다. 우리는 마치 내부로부터 조명을 비춘 듯한, 새하얀 석고로 된 인종을 기억하게 된다.[24]

조각의 은유는 초기 영화를 고급 장르와 하급 장르로 구분 짓는 데도 기여한다. 이런 구분은 부분적으로 표정과 포즈 간의 대립을 기초로 실현되었다. 영화의 고급 장르들, 역사 드라마, 비극, 세속적 멜로드라마 등은 포즈, 제스처 그리고 '부동성'을 선호한다. 이는 혁명 이전 시기 러시아 영화에 각별히 특징적이다.[25] 거기서 얼

---

22) V. Lindsay, *The art of the moving picture*, New York, 1970, p. 123.

23) *Ibid.*, p. 124

24) J. Cocteau, *Le rappel a 1 ordre*, Paris, 1926, p. 93.

굴 클로즈업 화면은 코믹 장르보다 훨씬 덜 나타난다.[26] 다름 아닌 소극에서 가능한 모든 익살스러운 찡그림 — 이는 스크린 위에서 표정이 드러나는 기본적인 방식인데 — 의 넓은 스펙트럼이 펼쳐진다. 이때 소극은 조각상의 포즈를 거의 사용하지 않는다.

스타레비치의 인형극 영화는 영화의 장르와 형태에 관한 기존의 개략적 대립에 좀처럼 적용되지 않는다. 그의 인물들은 인형(조각상)과 곤충의 결합이었고 게다가 1920년까지 그것들은 표정을 갖지 않았다. 그리고 바로 이 점에서 그들은 고급 영화(고급 드라마)와 패러디적으로 관련될 수 있었던 것이다.

스타레비치의 주요한 도상적 원천 자료 중 하나인 그랑빌[27]의 판화(〈동물들의 사적이고 공적인 삶의 장면들〉)에서 곤충들은 언제나 상류사회에 속하며 상류사회의 미인은 대개 파리나 장수말벌로 그려진다는 점이 흥미롭다.[28] 파티용 드레스를 입은 여성의 형상은 신비스러운 곤충의 마스크를 썼다(〈그림 10〉, 〈그림 11〉). 이 메타포에 관해 폴 드 뮈세가 《풍뎅이의 고난》에 부친 서문에서 언급한 바 있다.

문제는 웃기는 것이 아니라 만족스럽게 보이는 것, 사랑에 빠지는

---

25) 러시아 영화에서 고급 예술의 기호로서의 부동성에 관해서는 Y. Tsivian, Some preparatory remarks on Russian cinema, *Silent witness: Russian films 1908~1919*, London/Pordenone, 1989, pp. 26~34을 보라.

26) 이에 관한 상세한 사항은 M. Ямпольский, Из истории крупного плана, *Кино (Рига)*, No. 11, 1985, CC. 26~27을 보라.

27) **[옮긴이 주]** 그랑빌(J. Granville, 1803~1847)은 프랑스의 풍자화가로, 일그러진 거울에 비친 것처럼 머리가 커다란 주인공과 인간의 몸에 동물의 얼굴을 덧붙인 세밀 풍자 석판화를 그렸다. 루이스 캐럴의 〈이상한 나라의 앨리스〉에 영향을 미친 것으로 알려졌다.

28) '상류층'과의 이런 교제의 증거가 바로 잠자리-무희 인물이다(탈리오니의 《라 실피드》 및 크릴로프의 우화 《잠자리와 파리》를 영상화한 이후 작품과 비교하라).

〈그림 10〉〈동물들의 사적이고 광적인 삶의 장면들〉의 삽화

〈그림 11〉 〈동물들의 사적이고 광적인 삶의 장면들〉의 삽화

게 아니라 때로 사랑에 빠진 체하는 것이다. 의견이나 감정, 취향이나 열정을 지녀서는 안 된다. 단지 필요한 것은 짐짓 당신이 곤충인 체하는 것, 깊은 곳에서 생각할 수 있고 뭔가를 느낄 수 있는 곤충인 듯이 연기하는 것이다.[29]

마스크는 자연스럽고 본질적인 형태의 표현, 말하자면 어떤 숨겨진 진실의 표현이 아니라 감각의 진실과 세계 사이에 가로놓인 스크린이 된다. 이런 맥락에서 포즈 역시 마찬가지로 열정과 사유의 거짓 표현에 적합한 인위적 기호의 영역에 할당된다. 표정은 이전에 속했던 광기와 값싼 왜곡에서 벗어나서 열정의 자발적인 표현체로 변모한다. 비로 이런 역전된 대립이 스타레비치의 영화에서 패러디가 성립될 수 있도록 만든다. 그랑빌을 따라 스타레비치는 곤충에 양가적 특성을 부여했는데 그 점이 '고귀하고', '진실된' 것과 저열하고 공허하며 거짓된 패러디적 분신 사이에서 균형을 이룰 수 있게 했다. 낮은 것 속에서 높은 것을 뒤집는 이런 현상은 본질상 불명확함을 특징으로 하는 러시아의 세속 멜로드라마의 특징이었다. 1910년대의 세속 멜로드라마는 놀랄 만큼 용이하게 소극에 가까운 자기패러디로 바뀌었다.

1910년대 스타레비치의 인형에 표정이 없다는 점은 그의 패러디를 일그러진 표정을 특징으로 하는 소극이나 익살극으로부터 떨어뜨려 놓는 듯하다. 그 결과 스타레비치의 패러디는 소극적인 코믹함에 결코 이르지 않는다. 〈카메라맨의 복수〉는 오늘날 지극히 세련되고 세속적인 것처럼 보이지만 익살극의 색채는 띠지 않는다. 그러나 1920년 들어 상황은 바뀌었다. 세속 멜로드라마는 결정적으로 '고귀

29) P. Musset, *Scénes de la vie privée et publique des animaux*, Paris, 1842, p. 117.

함'의 자질을 상실했다. 그리고 이로부터 패러디의 성격도 변했다. 한편으로 스타레비치는 더욱 대담하게 낮은 민중 영화(〈팡토마〉)의 외적 자질을 수용하기 시작했고 패러디의 대상이 되는 장르와의 양가적 관계를 잃어버린 자신의 영화에 더욱 적극적으로 표정을 도입하기 시작했다. 처음에는 이상한 잡종이 나타났고(〈거미 발톱 아래서〉에서 곤충은 열심히 표정을 짓는다), 그 이후에는 우리에게 좀더 익숙한 형태(〈여우 이야기〉에서 표정을 짓는 사자, 고양이, 여우)로 이동했다. 이와 동시에 발생했던 것은 대중영화 코드로부터 애니메이션의 독립 그리고 고유한 애니메이션 코드의 확립이었다.

마지막으로 언급할 것은 대중영화에서는 이미 오래전에 실효를 상실한 '표정 대 조각상'의 대립이 애니메이션의 영역에서는 여전히 기능한다는 사실이다. 흐르자놉스키[30]의 〈유리로 된 아코디언〉이나 라마트[31]의 〈지옥〉을 기억하라. 거기서 '긍정적' 주인공은 표정을 갖지 않는다(〈지옥〉에서는 직접적으로 조각상과 연결된다). 표정은 온전히 '부정적' 인물, 즉 비웃음과 찬탈의 대상에게 할당된다. 스타레비치가 수용했던 문화적 코드는 문화의 집단적인 무의식 속에서 여전히 의미심장하다.

— 1988

30) [옮긴이 주] 안드레이 유리예비치 흐르자놉스키(A. Kryzhanovsky, 1939~)는 저명한 소비에트-러시아의 애니메이션 작가이자 감독이다.

31) [옮긴이 주] 레인 아우구스토비치 라마트(R. Raamat, 1931~)는 저명한 에스토니아 출신 애니메이션 작가이자 감독이다.

제3장

쿨레쇼프 실험과 배우의 새로운 인류학

이 논문은 몽타주 현상의 발생을 탐구하기 위한 또 하나의 시도이다. 그러나 이번에 내가 선택한 관점은, 가령 "'완전' 영화와 '몽타주' 영화"에서와는 완전히 다른 것이다. 첫째로, 나는 전통적으로 '몽타주의 아버지'로 간주된 러시아 감독 레프 쿨레쇼프의 창작에 집중했다. 두 번째로, 이것이 가장 중요한데, 나는 분석을 통해서 일반적으로 단편들을 자르고 붙이는 것, 영화발화를 구성하는 일련의 단편들을 조작하는 것으로 이해되는 몽타주가 발생학적으로 언어와 언어학적 표현이 아니라 신체와 신체성에 관련된다는 점을 보여 주고자 했다. 다르게 말해서, 나는 '표현'이 신체에 뿌리박았다는 것, 당시 내 표현을 따르자면 '배우의 인류학'에 뿌리박았다는 것을 보여 주려 시도한 것이다. 심지어 나는 논문의 끝에서 몽타주를 신체를 절단하고 분절화하는 근대 문화의 전통과도 관련지었다. 본질상 논의되는 것은 몽타주의 현상학화(즉, 몽타주를 현상학화하는 것)이다.

쿨레쇼프의 이론적 유산은 대개 두 부분으로 나뉜다. 첫 번째는 몽타주의 문제에 바쳐졌는데 정당하게도 가장 독창적이고 가치 있는 것으로 여겨진다. 두 번째는 영화배우의 문제를 해명하는 문제와 관련되는데, 특히 '모델배우'(Naturshik) 이론과 리허설 방법론이 이에 해당한다. 쿨레쇼프의 저서도 이런 구분에 맞춰 구성되었다. 《영화예술, 나의 경험》(1929) 그리고 《영화감독의 실천》(1935)에서는 우선 몽타주 이론을 설명하고 그다음 배우의 문제로 넘어간다. 쿨레쇼프의 이론적 관점을 설명하는 영화사와 관련된 많은 저술에서 이런 모델은 그대로 받아들여진다. 여기서 몽타주 이론과 배우의 인류학

사이의 상호관련성은 항상 미약한 것으로 남았다. 하지만 발생학적으로 몽타주 이론이 배우의 인류학에 관한 새로운 이해에서 출발했으며 완전히 그에 기반을 둔다고 간주할 만한 충분한 근거가 있다. 쿨레쇼프와 그의 이론을 추종하는 사람들이 채택한 서술 구조가 쿨레쇼프 영화이론의 심오한 일관성뿐 아니라 그것의 진정한 의미 또한 현저히 가려 버리는 것이다.

배우에 대한 쿨레쇼프의 개념은 심오한 독창성을 띠지는 않는다. 그것은 거의 전적으로 1910년에서 1920년대 초반의 연극이론에서 차용된 것이다. 이 시기 러시아에서는 스타니슬랍스키 모스크바 예술극장의 방법론에 반대하는 적극적인 움직임이 일어났다. 배역으로의 환생과 몰입의 법칙은 전방위적 비판에 직면했고 이와 더불어 1910년대 초반에는 새로운 배우의 인류학이 적극적으로 탐색되었다. 이 새로운 인류학의 기본적 의미에 영향을 미쳤던 것은 프랑스와 델사르트[1]라는 프랑스인 그리고 에밀 달크로즈[2]라는 스위스인, 이 두 이론가의 견해였다.

---

1) **[옮긴이 주]** 프랑스와 델사르트(F. Delsartes, 1811~1871)는 현대무용학의 아버지로 불리는 인물로 당대 유행하던 정형화된 연기법에 거부감을 느끼고 과학자의 세심함과 예술가의 열정으로 동작 체계를 확립했다. 그는 인체를 정신영역(머리, 목)과 감정영역(몸통) 그리고 육체영역(하반신, 다리)의 세 부분으로 나누고 9가지의 기본 동작과 법칙을 통해 신체의 각 부분을 위한 훈련 방법을 고안했다. 또한 동작을 반대, 평형, 연속으로 나누는 체계를 개발했는데 후에 전 세계로 퍼져 체육교육의 일부분이 되었다.

2) **[옮긴이 주]** 에밀 달크로즈(É. Jacques Dalcroze, 1865~1950)는 19세기 말에서 20세까지 음악과 무용 교수법에 중대한 영향을 끼친 인물로, 독일 현대무용의 창시자로 알려졌다. 그는 신체의 움직임을 이용해 리듬을 인식하고 음악적 창조성을 확대할 수 있다고 여기고 신체적 움직임과 음악의 관계를 결합한 체계를 개발했는데 이는 근대체조를 만든 계기가 되었다. 그는 학생들에게 음악에 대한 육체적 반응의 무의식적 기술을 배우게 했다.

델사르트의 연구는 19세기에 널리 퍼졌던 인상학의 가르침에 기초한 것으로, 가령 많은 부분 엔겔의 저작에 빚졌다. 고도로 현학적인 제스처 어휘를 정련했던 저자에 따르면, 제스처 각각은 인간의 심리 상태와 직접적 관련을 맺는다. 델사르트의 연구를 특징짓는 것은 마임과 제스처의 리듬적 측면을 향한 강조였는데 이는 프로 음악인에 의해 만들어진 체계라는 점을 고려할 때 당연한 것이었다. 달크로즈는 1910년대에 지극히 유명했던 리드미컬한 체조의 시스템을 만든 사람으로, 그에 기초해 고유한 미학 이론을 구축했다. 델사트르의 사유는 20세기 초반에 러시아에 도입되기 시작했다. 아자로프스키가 이미 1903년에 델사르트의 연구에 관한 강의를 한 바 있지만[3] 진짜 유명세를 타기 시작한 것은 황실 극장의 전직 지휘자였던 세르게이 볼콘스키 공작이 델사르트의 전파자가 된 1910~1913년경이었다. 그는 델사르트와 달크로즈에 관한 일련의 논문을 잡지 〈아폴론〉에 게재했고 이후 새로운 배우의 체계를 상세히 해설한 몇 권의 책을 출판했다. 볼콘스키-델사르트-달크로즈의 체계가 1920년대의 영화사상, 특히 쿨레쇼프의 사유에 근본적 의미를 지녔기 때문에 훗날 영화인에게 사용되었던 측면만이라도 짧게 살펴볼 필요가 있다.

볼콘스키의 체계는 관례적으로 두 부분으로 분리할 수 있다. 달크로즈적 이론의 부분과 델사르트적 기술의 부분인데 이 둘은 단일한 총체로 통합된다. 1912년에 볼콘스키는 달크로제의 제자였던 장 뒤네가 쓴 《예술과 제스처》라는 책을 번역 출간했는데 뒤네의 사유를 '자신의' 것으로 받아들였다. 뒤네의 저작은 많은 부분 르 단테와 베르그송에 기초했던 이 스위스 리듬학자의 가르침을 철학적으로 개작

3) Ю. А. Озаровский, *Сущность мимического учения Дельсарта*, Голос и речь, Вып. 1, Янв., 1913, С. 5.

한 것으로 볼 수 있다. 뒤네는 공감각(*synaesthesia*) 이론의 열렬한 주창자였는데 그는 인간을 리듬적인 '공감각의' 유도성 자극이 통과하는 동작기계에 비유했다. 인간적 감정은 외적인 움직임을 통해서 표현되는데 이때 움직임은 '귀납적으로' 인간 내부에서 이 운동을 불러일으킨 특정 감정을 유발할 수가 있다.[4] 그는 "모든 종류의 감정은 그것이 어떤 것이든지 간에 그에 상응하는 하나의 신체적 움직임을 지니며 바로 이 움직임을 통해서 모든 예술적 창작에 수반되는 복잡한 공감각적 번역이 완성된다"[5]고 주장했다. 예술적 효과를 위해서 모든 움직임은 리드미컬해야만 하며 음악은 신체적 움직임에 대한 공감각적 대응물이 된다.

> 음악적 조합을 통해 감정을 표현하는 능력의 본질은 다름 아닌 소리 움직임을 찾아내는 것에 있다. 즉, 그것의 섬세한 리듬이 기쁨이나 고통을 느끼는 사람의 신체 움직임에 대응할 수 있도록 만드는 것이다.[6]

바로 이로부터 뒤네는 음악의 미메시스적 성격에 관한 사유를 끌어내는데 이 음악이란 삶 속의 현상이 동반하는 내적 리듬에 의해 '촉발된' 것이다. 뒤네에 따르면 리드미컬한 신체 움직임은 '분절적이어야만' 하는데, 즉 일련의 포즈를 통해 고정되어야만 하는 것이

---

4) 틀림없이 윌리엄 제임스(W. James)에게서 차용한 이 생각은 1910~1920년대 러시아에서 지극히 유명했다. 에이젠슈테인도 이를 여러 번 인용한 바 있다. 에트킨트에 따르면, "제임스의 저명한 역설은 한 러시아의 한 심리학도에 의해 바꿔 말해졌다: 우리는 슬프기 때문에 우는 것이 아니라 울었더니 슬퍼진다. 우리는 놀라서 무서워지기보다는 떨다 보니까 무서워지는 것이다"(А. Эткинд, *Толкование путешествий*, М., 2001, С. 130).

5) Ж. Д. Удин, *Искусство и жест*, СПб., 1912, С. 73.

6) Там же, С. 95.

다. "진정한 예술성을 드러내기 위해서는 … 리듬이 — 경험된 것이든 상상된 것이든 — 부동의 형태 속에 결정화되어야만 한다"7) 고 선언하면서 그는 인간의 표현적인 움직임과 멜로디를 기록하는 음악의 기보법 사이에 유비를 확립했다. 뒤네에 의해 음악은 예술의 메타언어의 위치로 옮겨진 것이다. 그가 쓰기를,

> 이로써 우리는 모든 멜로디란 연쇄적으로 이어지는 지점들이라는 나의 유연한 정의를 미학의 전 영역으로 전파할 수 있게 되었다. 보다 일반적인 표현을 써서 말하자면 결국 그것은 다음과 같은 것이다. 모든 예술작품은 일련의 연쇄적으로 이어지는 지점들이다.8)

뒤네는 예술에 관한 다음과 같은 전형적 정의로 저작의 결론을 맺는다. 예술이란 '스타일화된 자연스러운 리듬을 통해 모종의 감정을 전송하는 것'9) 이다.

자신의 논문 "예술의 질료로서의 인간: 음악-신체-춤"과 "인간과 리듬: 자크 달크로즈의 학파와 체계"(1912) 에서 볼콘스키는 프랑스 이론가의 몇몇 테제를 더욱 정련했다.

> 예술창작의 첫 번째 조건은 낯선 리듬을 채용하는 것이다. 그것이 목소리에 있건, 신체적인 동작에 있건, 영혼의 감정에 있건 관계없이 말이다.10)

이때 이 낯선 리듬은 배우에 의해 무의식적인 자동화의 상태에

---

7) Там же, С. 22.

8) Там же, С. 100.

9) Там же, С. 220.

10) С. Волконский, *Человек на сцене*, СПб., 1912, С. 150.

이를 정도로 내면화될 수 있어야 한다.

> 의식은 오직 그것이 무의식적인 것으로 바뀌었을 때 제 역할을 수행한다. 즉, 의식을 통해 획득된 모든 것은 그와 다르게 행동하는 것이 공학적으로 불가능해지는 어떤 지점까지 변모해야만 한다.[11]

볼콘스키의 배우를 고든 크레이그[12]의 '초-인형'과 구분 짓는 것은 그의 리드미컬한 동작이 단순히 감독의 의지에 기계적으로 복종한 결과가 아니라는 점이다. 그것은 내적 충동, 즉 의식적 충동에 의해 무의식에까지 다다른 어떤 것이다. 그의 체계에서 델사르트적인 부분, 즉 '공학적인' 부분은 본질적으로 (마치 음악의 악보와도 같이) 제스처의 단편을 정확하게 기록하는 일 그리고 각 제스처의 심리적 내용을 드러내는 일에 조준되었다. 마임의 어휘를 분류하는 일에 미쳐있었던 델사르트는 제스처를 극단적으로 쪼개야 한다는 주장에서 뒤네보다도 더욱 단호했다.

> 델사르트는 각 기관의 상호독립성이 표현성의 본질적 조건이 되어야 한다고 생각했다. 다른 기관에 의한 어떤 간섭도 인상을 약화시킬 뿐이다.[13]

---

11) Там же, С. 127.

12) **[옮긴이 주]** 에드워드 고든 크레이그(E. G. Craig, 1872~1966)는 영국 현대 연극의 선각자이며 저명한 무대미술가이자 이사도라 덩컨의 연인이기도 했다. 그는 상징주의의 양식화된 연극, 즉 양식무대의 이론과 실제 작업을 주도한 연출가였다. 1908년 모스크바에서 전위적인 무대연출로 〈햄릿〉을 공연해 화제가 되기도 했다. 그가 말하는 '초인형'(*über-marionette*)은 치밀한 계산과 법칙에 따른 구성이라는 과제에 걸맞은 일종의 재료로서의 연기자를 가리킨다.

13) С. Волконский, *Выразительныйчеловек Сценическое воспитание жеста (по Дельсарту)*, СПб., 1913, С. 79.

제스처를 기록함에서 기하학적 정확성을 얻기 위해서 델사르트는 그것들을 세 가지 방향에 따라, 즉 넓이, 높이 그리고 깊이에 측면에서 묘사하고 생산할 것을 제안했다.

> 모든 인간은 그 자신의 고유한 우주의 중심이다. 그의 '중심성'은 세 가지의 기본적인 방향을 따라 역동적으로 전개될 수 있는데 이 세 방향은 또한 우주의 공간을 측정하는 척도가 되는 세 가지의 '독립적인' 방향에 조응한다.[14]

이때 인간은 중앙으로부터 밖으로 나가 의지력의 우세를 표현하는 '열린' 상태로 진입할 수도 있고 중심 안으로 수축해 들어올 수도 있다(한편, 이 '닫힌' 상태는 사고, 이성의 우세함을 표현한다). 한편, 델사르트에 따르면 평온함은 감정의 영역에 속한다. 볼콘스키는 스승을 따라 모든 인간의 동작을 '정상적인', '외향적인'과 '내향적인'이라는 세 범주에 따라 기술했다. 《표현적 인간》에서 볼콘스키는 세 방향에 따라 인간이 취할 수 있는 모든 '분절적' 동작이 갖는 의미를 상세하게 분석했다(그는 자신의 체계 중 이 분야를 '기호학'이라 불렀다). 그러나 볼콘스키의 저작의 가장 중요한 내용은 개별 동작들의 '결합의 법칙'에 관한 탐구이다. 그는 4가지 결합의 원칙을 공표했다. ① 동시성 ② 연쇄성 ③ (전체적/부분적) 대조, ④ 병렬. 제스처는 최초의 지점, 즉 중앙과의 관계를 통해서만 의미를 획득하고 제스처들의 결합은 방사상(放射狀)의 동작 방향을 통해서만 의미를 얻는다(델사르트에게 그의 세 가지 '축'이 그토록 중요했던 이유가 여기에 있다). 방사상의 방향에서 제스처 상호 간의 대립은 '구문의' 사슬을 조직하기 위한 근원적 표현 원칙이다. 볼콘스키는 이런 대

---

14) С. Волконский, *Отклики театра*, Пг., 1914, С. 123.

립의 많은 예—가령 "수직 방향으로 몸통으로부터 뻗어나가거나 혹은 몸통 쪽으로 들어오는 머리가 수평으로 팔꿈치로부터 뻗어나가는 손과 맺는" 대립과 같은—을 제공했다.[15] 볼콘스키는 다양한 제스처 결합의 연쇄 원리에 따라 배우의 동작을 구축할 것을 제안했고 "동시성의 상황에서 불가피해지는 불명료함에서 벗어나 그와 같은 순수 법칙을 따르는 것만이 동작의 진짜 조직적 발전에 다름 아니라고" 주장했다.[16] 그에 따르면 이는 자연의 법칙, 즉 공학의 법칙에 따른 것이다.

> 중력 법칙이 자명한 것처럼 신체 동작의 법칙도 자명하며 따라서 표현성의 법칙도 그러하다. 하지만 일단 법칙이 자명한 이상 그것을 준수하지 않는 것은 거짓을 만들어 내게 된다. 당신의 예술이 진실해지기를 원한다면 법칙을 공부하고, 숙련하고, 준수하라.[17]

새로운 배우의 인류학의 본래적인 윤리학이 정초되는 기반이 바로 이것이다. 동작의 법칙은 자연(공학)의 법칙과 등가를 이루며 (그런 점에서) 전통적인 예술창작에서의 주의주의(主意主義)에 대비된다. 그것은 진실이 거짓에, 자연이 예술에 대립되는 것과 마찬가지이다. 볼콘스키가 쓴 다음과 같은 선언은 1920년대 미학에서 중심적인 중요성을 지닌다.

> 인간은 기계이다. 그렇다. 이 기계는 감정에 의해 움직여지고 감정에 의해 '주유(注油)된다'. 그것은 기계이기 때문에 공학의 일반법칙을 따른다. 하지만 당신은 이것을 기억해야 한다. 만일 당신이 감정(즉,

---

15) Там же, С. 152.

16) С. Волконский, Отклики театра, Пг., 1914, С. 169.

17) Там же, С. 178.

감각) 없이 어떤 기계를 만든다면 당신은 삶의 캐리커처만을 생산하게 될 것이다. 반면, 당신이 잘못된 기계로 감정을 만든다면 아무것도 남지 않을 것이다. 당신은 단지 삶의 부재를 얻게 될 뿐이다.[18]

기계와 '감정'의 이런 이상한 결합은 볼콘스키의 생각을 후기 구성주의로부터 결정적으로 분리시키는 동시에 후기 에이젠슈테인의 탐구에 가깝게 접근시킨다. 우리 앞에는 굽이쳐 흐르는 사유의 물결이 놓여 있는바, 그것은 과거의 인상학으로부터 팬터마임과 발레에까지 이르는, 하지만 1920년대 기계주의를 향한 발걸음을 이미 예감하는 사유의 흐름이다.

새로운 배우의 인류학은 비상한 속도로 러시아에 퍼져 나갔다. 수많은 달크로즈식 리듬 무용 센터가 문을 열었고 《리듬 체조 강의》(1913~1914)라는 간행물을 펴내기까지 했다. 무시나-아자로프스카야는 페테르부르크에 '무대 표현 학교'를 설립했고 이후에는 델사르트의 체계에 기초해 미래의 종합예술을 촉진할 목적으로 '단일 예술'이라는 조직을 결성하기도 했다. 페테르부르크의 예술 엘리트들이 이 조직에 가담했다. 유리 아자로프스키는 〈음성과 말〉이라는 델사르트식 잡지를 간행했다. 하지만 역시 가장 대표적인 주창자는 자신의 체계에 관해 수백 번의 강연을 했던 볼콘스키였다. 러시아 발레의 유행과 이사도라 덩컨의 순회공연은 새로운 인류학의 전파를 한층 촉진했다. 한동안 발레는 배우를 위한 (넓게는 인간 자체를 위한) 새로운 인류학적 모델의 원칙적 표현으로 여겨졌다.

볼콘스키와 동료들의 생각은 연극을 거쳐서 영화계에 침투했다. 그들의 영향이 남긴 최초의 흔적은 1916년경에 발견된다. 1918~1919년 즈음에 이미 영화제작자 중에는 델사르트와 달크로즈를 따

18) С. Волконский, *Выразительный человек*, С. 132.

르는 수많은 추종자 그룹이 존재했다. 우연하게도 그들 중에 적극적으로 소비에트 권력을 지원하는 영화제작자 그룹이 존재했으며 그 결과 그들은 10월 혁명 이후에 곧바로 영화계에서 핵심적 지위를 차지하게 되었다. 누구보다도 먼저 거명해야 할 인물이 혁명전 영화계의 유명 감독이자 배우였던 블라디미르 가르딘이다. 그는 1918년에 '전 러시아 사진 및 영화 위원회'〔РСФСР(ВФКО)〕의 의장이었다. 화가이자 배우였으며 볼콘스키 시스템의 동조자였던 바실리 일린은 그의 동료이자 오랜 친구였다.

가르딘은 1916년에 새로운 배우를 교육시키는 일에 관심을 가졌고 일린과 함께 '영화예술 스튜디오'의 건립을 계획하였다. 1916년 12월 15일자 일기에 가르딘은 다음과 같이 적었다.

> 오늘 바실리 세르게이비치 일린이 전 세계를 정복할 영화제작자의 새로운 군대가 될 우리 스튜디오에 관한, 끝나지 않는 토론을 계속하기 위해 들렀다.[19)]

그는 당시에 영화에 대한 자신의 태도를 이렇게 표명했다.

> 나는 영화에서 벗어나지 않았다. 하지만 나는 제작이 아니라 스튜디오를 꿈꿔왔다. … 나는 무엇보다도 작업의 방법론을 찾는 일에 관심이 있다.[20)]

전쟁 때문에 스튜디오는 일을 시작하지 못했다. 혁명 이후 가르딘은 전 러시아 사진 및 영화 위원회의 수장으로서 최초의 국립영

---

19) В. Р. Гардин, *Воспоминания*, Т. 1, 1912~1921, М., 1949, С. 143.

20) Там же, С. 139.

화학교를 개관했고 스스로 교장을 맡았다. 가르딘의 애초 계획은 실로 거대한 것이었다. 각각 1천 명씩의 학생을 보유한 10개의 학교를 열고 이를 기초로 영화제작자들의 새로운 '군대'를 만드는 것, 그리고 비록 분명하게 선언된 것은 아니었지만 아마도 새로운 인류학적 유형의 인간을 만들려는 것이 그의 의도였다. 학교의 건립이 상당 부분 볼콘스키의 새로운 인류학을 향한 가르딘의 열정에 기인한다는 점은 의심의 여지가 없다. 강사진의 면면을 살펴보는 것으로 충분하다. 우선 세르게이 볼콘스키가 초빙되어 '표현적 인간의 체계'라는 강좌를 맡았다. 수년 후 가르딘은 1919~1920년에 행해진 볼콘스키의 강좌를 회상하며 이렇게 적었다.

> 학생들은 자신들의 팔과 다리를 내향적, 보통-외향적, 중심-내향적 위치에 가져다 놓느라 분주했다.[21]

그리고 또 일린이 있었다. 그에 관해 쿨레쇼프는 자신의 회고록에서 이렇게 적었다.

> 일린은 델사르트 학파의 열렬한 숭배자였다. 그는 기회가 있을 때마다 델사르트의 가르침을 우리 작업에 적용했다. 게다가 그는 스스로 그것을 발전시키고 완벽하게 만들었다. 우리는 일린의 작업에 완전히 매료되었다.[22]

또 다른 곳에서 쿨레쇼프는 자신을 델사르트의 체계로 이끌어 준 주인공이 바로 일린이었다고 증언했다.[23] 또 한 명의 강사로 니콜

---

21) Л. Кулешов, *Хохлова А. 50 лет в кино*, М., 1975, С. 74.

22) 예를 들어, Е. Громов, *Л, В. Кулешов*, М., 1984, С. 103를 보라.

라이 포레거가 있었다. 그는 1920년대에 유행했으며 '새로운 인류학'과 명백하게 관련을 맺었던 기계 무용의 창시자였다. 한때 볼콘스키의 체계와 관심사를 함께했던 발렌친 투르킨이 교장을 맡았다. 학교는 델크로즈식의 '메트로-리듬' 이론을 창안했던 보리스 페르디난도프가 이끄는 '숙련-영웅 극장'(Опытно-геройческий театр)과도 긴밀한 접촉을 유지했다. 한동안은 쿨레쇼프의 작업실도 이 극단의 건물에 자리 잡기도 했다. 1918년 이후 가르딘의 후원을 받았던 쿨레쇼프(가르딘은 그에게 '전 러시아 사진 및 영화 위원회'의 뉴스와 재편집 부서의 책임을 맡겼다)가 학교에 나타날 것이 기대되었다. 쿨레쇼프는 다른 강사보다 더욱더 정통적으로 델사르트주의를 강의했다.

미래의 소비에트 영화이론은 영화학교를 둘러싸고 그 한가운데서 형성되었다. 심지어 우리는 '국립영화기술학교(ГТК)-국립영화연구소(ГИКа) 이론'과 같은 어떤 것을 말할 수 있을는지도 모른다(영화학교는 1922년에 영화기술학교로 이름이 바뀌었고 그 후에는 국립영화연구소로 불렸다). 이 집단 이론의 핵심적 사유를 정의하기 전에 우리는 다음과 같은 질문에 답해야만 할 것이다. 어째서 영화 사상사는 이 중대한 이론적 집합체를 무시했을까? 여러 이유를 들 수 있다. 이 집단에 참여했던 많은 이에 관한 문서화된 기록이 존재하지 않는다. 가령, 가르딘은 1949년에 회고록에서 자세히 밝히기 전까지 자신의 이론적 발견을 출판하지 않았다. 일린의 생각에 관해서는 사실상 아무것도 알려진 것이 없다. 1922~1923년경에 좌익예술전선(LEF)의 입장을 받아들였던 쿨레쇼프와 혁명전 예술 전통에 긴밀한 끈을 유지했던 그의 예전 동료들(무엇보다, 가르딘) 간에는 눈에 띄는 거리가 생겨나고 있었다. 이와 더불어 간과할 수 없는 것

23) Л. Кулешов, Хохлова А, Указ., соч, СС. 74~75.

은 사적인 충돌이다. 1920년대 초에 쿨레쇼프와 일린 사이에는 균열이 발생했다. 훗날 쿨레쇼프는 자신의 회고록에서 이를 일린의 스콜라주의적인 델사르트주의 탓으로 돌렸다.[24] 당연히 이 다툼에서 사적인 동기들을 제외할 수 없을 것이다. 1925년에 투르킨이 쿨레쇼프를 향한 노골적인 공격을 담은 저서 《영화배우》를 출간한 이후 투르킨과도 단절이 왔다. 결국 1925년, 그러니까 쿨레쇼프의 이론이 바야흐로 대중적 인기를 얻기 시작했던 바로 그때에 영화학교 멤버들은 흩어지기 시작했고 이전의 단일함의 흔적은 이후의 논쟁과 개인적 다툼 속에서 사라져 갔다.

가르딘은 영화학교 역사의 첫 단계에서 중심적인 인물이었다. 그는 1913년 〈행복의 열쇠〉를 작업하던 시절에 이미 새로운 유형의 배우를 창조해야 할 필요성을 개념화하고 있었다. 그는 중심 배역 중 하나에 비전문 배우 알렉산드르 볼코프를 초빙했고 볼코프 연기의 핍진성에 경탄했다. 가르딘은 훗날 볼코프를 '영화사상 첫 번째 모델배우'[25]라고 불렀다. 인상학과 인상학적인 캐릭터 구축이 영화에서 갖는 중요성에 최초로 생각이 미친 것이 바로 그때였으며 이에 따라 그는 배우를 세 가지 그룹으로 나눴다. 감정적 유형, 이성적-기계적 유형 그리고 기계적 유형이 바로 그것이다. 동시에 그는 배우들과의 공동 작업에서 인상학과 반사학(*reflexology*)의 오랜 지식들을 사용하기 시작했다. 일기에서 확연히 드러나는 것처럼 1916년경 가르딘의 영화이론은 완벽하게 형성되었다. 모델배우를 향한 그의 지향은 이미 명백했다. 실제로 1916년에 가르딘은 이 용어를 이미 광범위하게 사용했다(아마도 러시아 영화사에서 최초일 것이다). 가르딘은 모든 행동을 4가지의 '생리적' 단계로 나누고 배우의 연기를 하

24) Там же.

25) В. Р. Гардин, Указ., соч, С. 52.

나의 '분절 구'로부터 다른 분절 구로 이동하는 식으로 구축했다. 1916년 5월 18일의 일기에 그는 다음과 같이 적었다.

> 오늘 촬영은 매우 어려웠다. 모든 초고를 위해(그리고 내면적 삶의 공학을 시간적으로 계산하기 위해) 결정적으로 채택된 클로즈업 몽타주 조합의 촬영에서 나는 각각의 요소를 형상화하는 개별 기호를 내가 모든 체계의 기초로 삼는 4가지 형식으로 조합하고자 했다.
>
> 1. 느낌 (인상) - 내적, 외적 자극
> 2. 인지 - 정위(정향)
> 3. 이해 - 제동
> 4. 명명 - (음성적) 반응 - 말[26]

연기를 이처럼 작은 생리적 구절로 나누려는 지향(가르딘은 이 과정에서 눈의 움직임에 커다란 의미를 부여했다)은 가르딘으로 하여금 배우를 여러 다른 방식으로 프레이밍해서 분할해 보여 주는 클로즈업 숏들을 광범위하게 사용하도록 만들었다. 그리고 그것은 부분적으로 델사르트의 '상호독립적인 기관들'과 유사한 것이었다. 연기의 요소를 4부분의 정밀한 형식에 따라 배치하려는 지향은 정확하게 고려된 '클로즈업 몽타주 조합'의 필요성을 창출했다. 가르딘 자신이 이런 이론적 작업의 중요성을 완벽하게 인식했다.

> 바로 이것이 내가 최초로 몽타주 조합의 가능성 그리고 연기라는 것을 배우의 신체 기관의 표현적 움직임으로 바꿔 놓을 수 있는 가능성을 떠올리게 된 방식이었다.[27]

---

26) Там же, С. 134.

27) Там же, С. 120.

이런 정식화는 지극히 흥미롭다. 왜냐하면 거기서 우리는 여전히 몽타주와 배우의 신체에 관한 사고가 뗄 수 없이 연결되었음을 발견할 수 있기 때문이다. '몽타주 조합'의 가능성은 "연기를 배우의 신체 기관의 표현적 움직임으로 교체하는 것"과 직접적으로 관련된다. 몽타주는 그렇게 배우의 행동을 조직화하는 영화적 형식으로 이해되었던 것이다.

가르딘은 동시에 카메라 렌즈 앞에 선 인간 행동에 관한 '기초적인 강의'가 이루어지는 영화학교를 세우고자 하는 생각에 사로잡혀 있었다. 그가 선언하기를,

> 언젠가 극장에 의해 오염되지 않은 새로운 인간이 영화에 나타날 것이다. 우리는 그와 더불어 그 안에서 실험할 수 있게 될 것이다.[28]

이렇듯 1916년에 이미 가르딘은 모델배우로서의 영화배우 그리고 몽타주의 질료로서의 영화배우를 향한 접근법을 고안했다. 1919년경에 이르면 가르딘의 생각은 점점 더 공공연하게 표명된 델사르트적 성격을 획득한다. 이와 함께 몽타주 범주에 대한 보다 확장된 정련이 이루어졌다. 쿨레쇼프가 영화학교에 오기 이전부터 이미 가르딘은 몽타주에 관한 특별 강좌를 개설했을 뿐 아니라 영화를 "영화적 단편들의 리드미컬한 교체, … 영화에서 가장 중요한 계산법이라 할 몽타주 계산법을 기초로 영화 속으로 통합되는 각각의 단편"으로 정의한 바 있다. 가르딘에 따르면,

> 이런 정의에서 출발해, 나는 작품을 감독할 때 무엇보다도 창작되는 영화의 리듬을 감지하는 법을 가르칠 수 있는 창조적인 작업을 수립

28) В. Р. Гардин, Указ., соч, С. 138.

하고자 시도했다. … 리듬은 끝없는 테마이다. 움직임 그리고 특정 한 계산법에 따라 끝없이 다양한 방식으로 속도와 슬로우 모션을 교체시키는 것이 리듬의 형식이며 또 그것들을 기록하는 것이 '영화'라는 말 속에 포함된 기술과 의미가 될 것이다.[29]

이렇듯 몽타주 역시도 리듬적 단초 속에서 이해되었던 것이다. 즉, 달크로즈와 볼콘스키의 영향하에서 영화는 이제 리듬의 '기록'으로 천명되었다.

모델배우에 관한 가르딘의 약속된 실험은 사실상 '벨벳 스크린'[30]을 통한 일련의 연습의 형태를 취했다. 이 스크린의 도움으로 그는 필름 숏을 연상시키는 형태를 지닌 창문을 만들었다. 배우는 이 창문 안에 얼굴을 가져다 놓는데 그는 자극에 대한 반응을 정확하게 복제하는 법을 정련해야만 했다. 이 과정에서 가장 커다란 관심은 눈의 움직임에 주어졌는데 그것은 복잡한 도식을 통해 기록되었다. 그 결과 가르딘은 "프레임 안에 사람의 머리를 배열할 수 있는 1,245가지의 구성"을 정련했다.[31] 프레임을 대상으로 한 이런 실험은 모든 강조점을 클로즈업과 배우의 마임으로 옮겨 놓았다. 리드미컬한 몽타

29) Там же, С. 192.

30) [옮긴이 주] 벨벳 스크린(бархатная ширма)이란 배우연기의 미장센을 필름이나 촬영 없이 영화 스크린에 가깝게 만들기 위해 가르딘이 고안한 특별한 장치이다. 영화 스크린을 본뜬 1×3아르신(0.71 × 2.13m) 크기의 사각 프레임에 벨벳 스크린을 붙이고 위와 옆에 조명을 단 것으로 마치 클로즈업 숏 같은 느낌을 주도록 고안되었다. 1922년에 영화학교를 방문해 이 장치를 본 독일의 기자는 이렇게 썼다. "… 그들은 추위와 모자란 조명, 비좁음과 먼지 속에서 이것을 만들어 냈다. 〈팔 없는 라파엘〉의 문제는 여기서 해결되었다. 즉, 필름 없이 찍는 것이다." 영화학교 시절 가르딘의 여러 영화적 실험에 관한 상세한 내용은 다음을 참조하라. Борис Смирнов, *Школа Мастеров*, К 90~летию ВГИКа. URL: http://ttk.625-net.ru/files/605/531/h_6d04f833a559d77d0d202d5d bd19626d

31) Там же, С. 203.

주의 측면은 여기서 원칙적으로 이론의 영역에 남으면서 거의 부재했다고 할 수 있다. 벨벳 스크린의 방법론은 훗날 쿨레쇼프에 의해 격렬한 비판을 받은 바 있다. 그러나 바로 이 방법론이 가르딘이 착수한 노선의 직접적 결과였다는 점 그리고 그것이 그의 영화이론의 근원, 즉 '반응 단계'의 가장 꼼꼼한 기록을 담은 1916년의 클로즈업으로 되돌아가는 것이었음은 의심할 여지가 없다. 그러나 어느 정도까지 그것은 마찬가지로 볼콘스키의 몽타주이기도 했다. 아무튼 그것은 볼콘스키가 자신의 강좌에서 다루었던 바로 그 실험의 잔재였다. 이미 1913년의 강연(그 해는 가르딘의 첫 영화가 나온 해이기도 하다)에 관한 노트 중 한 곳에 다음과 같이 적혔다.

> 세르게이 볼콘스키는 9개의 얼굴을 스크린 위에 보여 주었다. 그들 각각은 보통—보통(지극한 평온)부터 기이한—기이한(환희)에까지 이르는 각종 표현에 대응되었다. 이 9개의 전형적인 표현은 9개의 전형적인 시선과 조응했다. … 눈썹과 눈꺼풀에 따라 각기 9개의 표현에 결부된 이 9개의 시선은 다시 총 81가지의 전형적인 눈 표현을 산출했다.[32]

이 스크린과 가르딘의 실험 사이의 유사성은 놀랄 만한 것이다. 당연히 124가지 구성은 볼콘스키의 81가지의 눈 표현의 유형학을 엄청나게 세밀하게 연구한 결과물이다. 아울러 지적할 것은 볼콘스키의 얼굴이 화면 위에 시연되었다는 것 그리고 그 같은 '유사-영화'에 대응되는 것이 바로 가르딘의 벨벳 스크린이었다는 점이다.

가르딘 이후 잠시 동안 쉬플린스키가 교장을 맡았고 다시 그 자리는 발렌친 투르킨이 물려받았다. 이론의 영역에서 그의 입지는 보

32) Ю. А. Озаровский, *Голос и речь*, No. 3, 1913, С. 26.

다 극단적 성격을 띠었다. 투르킨의 이론적 진화는 가르딘보다 더욱 재구하기 어렵지만 부분적으로는 공통점을 지닌다. 1918년에 투르킨은 〈영화-신문〉이라는 모스크바 신문의 주도적인 인물 중 한 명이었다. 거기서 그는 논문 "배우와 모델배우"를 발표했는데 가르딘의 용어를 극도로 선언적인 형태로 사용했다.

> 내가 공표하고자 하는 첫 번째 진리는 스크린 위에서 배우는 곧 모델배우와 같아진다는 것이다. 스크린 위의 배우가 가치를 갖는 것은 그가 무대적인 연극성의 넝마를 벗어던진 채 교회의 문 앞에 모인 거지들에게 특징적으로 나타나는 그런 진짜 생생한 삶의 연극성으로 응축되어 하강할 수 있게 되기 때문이다.[33]

〈영화-신문〉에는 훗날 상당한 중요성을 갖게 될 두 편의 논문이 더 실렸다. 안나 리(안나 자이쩨바셀리바노바의 필명)의 논문 "스크린과 리듬" 그리고 쿨레쇼프의 몽타주에 관한 최초의 사유를 담은 논문 "영화예술"이 그것이다. 투르킨은 신문의 리더로서 두 사람 모두의 대부였다. 그 두 논문은 달크로즈적인 영화이론에 관한 거의 최초의 선언이었다. 안나 리는 거의 문자 그대로 볼콘스키를 반복하는 구절로 자신의 글을 시작한다.

> 우리의 감각, 취향, 가슴, 지성, 모든 것이 예술가의 과제와 조화롭게 섞이고 진동하고 구축될 필요가 있다. 이는 우리가 예술적 의도를 읽어 주기를 바라면서 예술가가 제공한 각종 상징과 기호가 리드미컬하게 실현되었을 때만 가능해진다. … 즉, 그가 리듬, 특히 스크린의 리듬에 관한 지식으로 무장했을 때에만 가능한 것이다. 가수가 계이름을 외우듯이 배우는 모든 우연성과 싸울 수 있어야 한다.

33) *Кино-газета*, No. 29, Июль, 1918.

왜냐하면 예술과 우연성만큼 서로에게 적대적인 것은 아무것도 없기 때문이다(볼콘스키).[34]

안나 리는 배우의 리듬에 해당하는 영화적 대응물을 찾아야만 할 필요성을 느꼈지만 몽타주를 고안해내지는 못했다. 그녀의 결론은 극단적으로 순진해 보인다.

배우가 연기하는 동시에 카메라(카메라맨)는 마치 메트로놈이 일정한 템포를 구축하듯이 작동한다. 연기하는 배우의 속도 단위는 작동하는 카메라의 속도 단위가 일치하지 않기 때문에 리듬의 불일치를 만든다. … 그러나 우리가 여기에 세 번째 리듬, 즉 극장과 영사기의 리듬까지 보탠다면 그 결과는 리듬적 눌변이 될 것이다.[35]

안나 리는 세 가지 리듬을 혼합할 수 있도록 해 줄 '움직임의 공동 계수(係數)', '보편적 항수', '혼합 단위'를 찾아낼 것을 제안한다. 안나 리의 사유의 흐름은 매우 흥미롭다. 배우의 새로운 인류학은 긴급하게 영화의 리듬 법칙을 발견할 것을 요청하는바, 그것은 영화의 자연적인 '메트로놈', 즉 카메라의 크랭크 봉(棒), 영화 안무법의 잠재적인 '리듬발생기'에서 찾아져야만 한다. 논문에서 발견되는 다음과 같은 언급은 우연이 아니다.

(스크린 위의 — 얌폴스키) 춤이 갖는 그로테스크한 결과는, 심지어 프로가 추었을 때조차도 스크린 위에는 리듬이 없다는 점을 확증하고 강조해 준다는 점이다.[36]

---

34) *Кино-газета*, No. 29, Июль, 1918.

35) Там же.

36) Там же.

쿨레쇼프의 논문은 안나 리의 글에 앞서 쓰였다. 그러나 그것은 "스크린과 리듬"에 대한 직접적 응답을 담았다. 이 논문에서 아직 몽타주와 리듬의 문제는 배후에 놓였다. 논문의 대부분이 (〈영화 통보〉에 실린 1917년의 논문과 마찬가지로) 설치장식 예술의 문제에 바쳐진 것으로 보아, 이 문제가 쿨레쇼프를 완전히 사로잡지 못했음이 분명하다. 그럼에도 불구하고 당시 가르딘의 견해에 극도로 가까운 구절을 발견할 수 있다.

> 모든 개별 예술작품은 예술적 사유를 표현할 수 있는 자신의 기본적 방법을 가졌다. (미국인을 빼고는) 매우 적은 수의 영화제작자만이, 영화에서 예술적 사유를 표현할 수 있는 이 방법이 개별 정지 프레임의 리드미컬한 연쇄나 혹은 움직임을 전달하는 짧은 시퀀스, 즉 기술적으로 몽타주로 알려진 어떤 것에 의해 제공된다는 사실을 안다.[37]

쿨레쇼프의 저작에서 최초로 나타나는 몽타주에 관한 이런 정의는 아직은 여전히 순수하게 가르딘적이며 달크로즈-볼콘스키의 영향하에 물들었다. (안나 리에서 그랬듯이) 영화의 기초는 리듬이지만 그것의 실현은 몽타주에서 가능하다. 분명 안나 리의 논문은 쿨레쇼프에게 강력한 영향을 끼쳤으며 그의 이론적 진화에 특별한 역할을 했다. 그는 이론적 '결산'이라 할 논문 "영화의 깃발"(1920)에서 공공연하게 '스크린과 리듬'에 반기를 들면서 춤의 문제를 둘러싼 자신 고유의 이론을 전개하기 시작한다. 안나 리를 거명하지 않은 채, 카메라와 영화의 안무법 간의 불일치에 관한 안나 리의 입장을 진술한 후 그는 다음과 같이 주장한다.

37) Л. В. Кулешов, *Статьи: Материалы*, М., 1979, С. 13.

촬영되는 동안에 실제로 그랬던 것만큼이나 훌륭하게 춤이 스크린 위에 재현되었다고 가정해보자. 이로써 우리가 얻게 되는 것은 무엇인가? 우리가 얻게 되는 것은 춤의 예술이 영화의 필름 위에 정확하게 복제되는 상황이다. 그러나 이 경우의 영화란 단지 춤을 찍은 살아 있는 사진일 뿐이다. 스크린 위에서 우리는 발레의 예술을 얻게 되지만 거기에는 어떤 영화예술도 없는 것이다.[38]

이 논쟁은 쿨레쇼프 실험 중 하나의 기원을 설명해 주는바, 바로 '춤'이다. 하지만 마찬가지로 확실한 것은 이 논쟁이 당대 영화이론의 넓은 맥락 — 인간의 리듬적 인류학으로부터 영화의 본질로서의 리듬적 몽타주에까지 이르는 — 을 마찬가지로 따른다는 점이다. 이런 점에서 볼 때 쿨레쇼프가 매우 독창적이었다고 할 수는 없다. 가르딘이 동일한 라인을 따라 사유했고 투르킨은 같은 방향으로 진화했다. 1918년에 투르킨은 모델배우를 위해 싸우는 중이었다. 그리고 1922년에 그가 리듬적 몽타주의 가장 원칙적인 주창자 중 한 명이 된 것은 지극히 자연스럽다. 그의 견해가 표명된 1922년의 긴 구절을 인용할 수 있겠다.

영화예술을 구성하는 기본 요소는 몽타주이다. … 몰입, 분위기, 영혼의 움직임의 표현 따위는 관객에게 인상을 전해 주기 위해 배우가 사용하는 잘못된 수단이다. 영화에서 인상을 만들어 내기 위한 기본적인 수단은 몽타주이다. 몽타주는 행위의 개별 국면을 가장 강한 인상의 원칙에 따라 조합한 것이다. 행위는 공간 속에서 진행되고 시간 속에서 지속된다. 예술은 공간의 구축 그리고 시간 속에서의 움직임(행위)의 구성으로 이루어진다. 시간 속에서의 움직임(행위)의 구성이란 명확한 리듬적 도식 속에 그것을 배열함을 의미한다.

38) Там же.

> 스크린 위에서의 행위는 파편의 교체, 개별 파편 속에 있는 인간, 말, 자동차, 비행기의 움직임으로 구성된다. 모든 파편의 움직임(파편 내부, 그리고 그 사이의 움직임)은 리드미컬하게(혹은 우리가 새로운 구문론을 받아들인다면, 메트로-리드미컬하게) 구축되어야만 한다. 영화 행위의 리듬 구성이 바로 몽타주이다.[39]

이 구절에 담긴 모든 것은 영화학교 그룹과 관련된 사유의 유형에 매우 특징적이다. 즉, 모든 것은 배우에서 시작되며 그다음에는 리듬으로 그리고 최종적으로 영화의 리듬적 구성은 몽타주라는 주장으로 끝난다.

물론 투르킨의 입장은 1918년의 쿨레쇼프의 입장에 가깝다. 그러나 우리는 이것이 직접적인 차용의 결과라고 추정해서는 안 된다. 1918년에 쿨레쇼프는 가르딘과 똑같은 것을 말했다. 1922년에 투르킨은 그들 두 사람 모두를 반복한다. 우리가 여기서 보는 것은 그들 각자의 개인적인 창조성의 결과가 아니라 내가 '영화학교 영화이론'이라 부른 어떤 것의 근본적 원칙이다.

가르딘은 1918년에 모스크바에서 쿨레쇼프를 만났다. 그가 회상하기를 "쿨레쇼프는 10분 동안 몽타주라는 단어를 20번이나 말했다".[40] 아마도 몽타주를 향한 쿨레쇼프의 열정은 그가 뉴스릴 부서에 근무하게 된 것 그리고 이후 영화의 재몽타주 작업에 종사했던 것과 연관되었을 것이다. 쿨레쇼프는 이 재몽타주의 과정에서 배우 모주힌의 얼굴을 두고 한 저 유명한 "효과"를 창안했다.[41] 1919년 여름에 쿨레쇼

---

39) Стажигодский(В. Туркин) Спор о принципах или борьба за стиль?, *Кино*, No. 1, Октября 20, 1922, С. 11.

40) В. Р. Гардин, Указ., соч, С. 174.

41) [옮긴이 주] 배우 이반 모주힌을 찍은 쿨레쇼프의 유명한 실험을 말한다. 제1부의 첫 글 '완전 영화와 몽타주 영화'에서 각주 63번(옮긴이 주)을 참조하라.

프는 훗날 에이젠슈테인의 카메라맨이 된 에드워드 티세와 함께 동부 전선으로 출정해 그곳에서 뉴스릴을 제작했다. 그는 1919년 10월 전선에서 돌아왔다. 영화학교에서의 작업은 쿨레쇼프의 큰 관심을 끌었고 그는 항상 '손님으로서' 그곳을 방문하곤 했다. 1920년, 틀림없이 그가 간절히 원했던 바로 그 일을 얻었다. 그는 영화학교의 교수그룹에 배정되었던 것이다. 그때가 대략 1920년 3월 말에서 4월 초순경이었고 쿨레쇼프는 그룹에서 가장 적극적인 멤버 중 하나로서 즉각 참여하게 되었다. 4월 내내 그는 가르딘과 그의 아내 올가 프레오브라젠스카야와 함께 '신격화를 담은 86가지 장면과 3부로 이루어진 선동적 주제를 담은 영화 리허설을 위한 스케치'[42] 작업에 몰두했다. 스케치는 가르딘의 벨벳 스크린에 기초한 것이었고 5월 1일에 전시되었다. 당시 쿨레쇼프는 가르딘과 전혀 대립하지 않았으며 이 새로운 배우의 인류학을 적극적으로 습득하고자 했다. 당시 그는 영화학교에서 만난 볼콘스키의 가르침을 분명히 숙지하고 델사르트와 달크로제를 연구하는 중이었다.

쿨레쇼프는 '몽타주 전문가'로서 영화학교에 왔다. 몽타주 개념에 관한 상대적으로 모호했던 일련의 사고는 점차로 새로운 인류학을 향한 적극적 지향을 갖는 모종의 체계로서 정련되었다. 1920년은 그의 이론적 작업이 힘을 얻게 된 해로 꼽힌다. 그가 "영화의 깃발"이라는 강령적 논문을 쓴 것이 바로 그해였다. 하지만 그의 이론적 입장과 가르딘의 입장 간의 원칙적인 차이는 오래지 않아 명백해졌다. 쿨레쇼프의 주장의 출발점은 델사르트의 체계였다.

… 인간은 자연에 의해서 그가 느끼는 모든 감정이 몸과 얼굴에서 자

---

42) Там же, С. 195.

신의 특정한 기호를 동반하도록 만들어졌다. … 따라서 선생은 필히 이 과제에 부합하는 자연의 법칙을 지적해 주어야만 한다. … 연극배우를 위한 이 법칙은 델사르트에 의해 발견되었다. 그것 중에서 영화에 유용할 만한 모든 것을 뽑아내서 다시 음미해 보는 것은 나쁘지 않을 것이다.[43]

쿨레쇼프는 기호의 모방적 알파벳을 찾는 일에 천착했던 가르딘과 달리, 델사르트적 기호학에 끌렸던 것이 아니다. 대신에 그는 대립, 대조, 대응 등으로부터 의미를 도출시키는 볼콘스키의 '결합의 법칙'에 이끌렸다. 그가 벨벳 프레임의 체계를 유보적으로 비판했던 것은 바로 이런 맥락에서다.

물론 기본적으로 이 생각은 훌륭하다. 하지만 영화제작자에게 클로즈업이 갖는 의미는 오직 몽타주에 있으며 그것은 자족적 가치를 지니지 않는다.[44]

뒤이어 그는 가르딘의 방식이 지닌 오류를 지적하면서 자신의 방법론을 서술한다.

1. 올바르지 못한 실행의 예: 첫 번째 프레임에 증오의 시선을 담은 사람을 보여 준다. 두 번째 프레임에 첫 번째 사람의 시선에 응답하는 두 번째 사람의 승리에 찬 시선을 담는다.

2. 올바른 실행: 여러 번에 걸쳐 반복적으로 행해져야 함. 첫 번째 프레임은 앞선 경우와 같다. 두 번째 프레임에서 그 사람의 증오

---

43) В. Р. Гардин, Указ., соч, С. 158.

44) В. Р. Гардин, Указ., соч, С. 158.

에 찬 시선이 보이고 이어지는 프레임에서 편지를 든 손을 보여준다. 장면의 내용이 바뀐다.[45]

여기서 쿨레쇼프가 제안하는 것이 벨벳 프레임 속에서 그 자신의 고유한 모주힌 실험을 재구축하는 일이라는 점은 쉽게 알아차릴 수 있다. 하지만 이 논문에서 가장 흥미로운 것은 직접적으로 언급되지 않은 모주힌 실험이 몽타주를 위한 보편적 모델로 이해되는 배우의 몸과 뗄 수 없이 관련되었다는 사실이다.

만일 우리가 배우에게 마스크를 씌우고 슬픈 포즈를 취하도록 지시한다면 그 마스크는 슬픔을 표현하게 될 것이다. 만일 배우가 기쁜 포즈를 취한다면 우리에게 그것은 기쁨의 마스크로 보일 것이다.[46]

쿨레쇼프는 이미 델사르트-볼콘스키 체계를 순수한 몽타주의 근원으로서 재의미화한다. 인간 몸의 단편은 마치 기호처럼 서로서로 대립하며 바로 그런 대립 속에서 의미를 획득한다. 마스크를 쓴 남자에 대한 묘사는 쿨레쇼프 효과를 배우의 몸에 직접적으로 전이시킨 결과이다. 쿨레쇼프 효과에서 배우 모주힌의 마스크 같은 얼굴은 다양한 몽타주 병치 속에서 자신의 표현을 바꾼 바 있다.

결국, 쿨레쇼프는 '영화학교이론'의 복잡한 주요 사상을 완벽하게 자기화했지만 동시에 그것을 몽타주의 원칙 쪽으로 재정향시키려 노력했다. 말하자면 그는 몽타주의 원칙에 기초해 델사르트의 이론을 영화화하는 방향으로 움직였던 것이다. 논문의 결론은 이런 측면에 아무런 의심도 남기지 않는다.

45) Там же, С. 159.

46) Там же, С. 160.

모든 종류의 예술은 하나의 본질을 가졌으며 우리는 이 본질을 리듬에서 찾아야만 한다. 그러나 예술 속의 리듬은 다양한 방식으로 표현되고 성취된다. 연극에서는 배우의 제스처와 목소리를 통해, 영화에서는 몽타주를 통해서이다. 따라서 예술들은 그들이 질료를 자기화하고 리듬을 획득하는 데 사용하는 특별한 방식에 따라 구분될 수 있다. … 방금 말한 주장에 따라, 우리가 다시금 강조하고자 하는 것은 모델배우의 포즈론에서 델사르트가 지니는 의미이다. 오늘날 더욱 명백해진 것은 다른 예술의 작업 방법이 영화에 적용될 수는 있지만 그것은 반드시 영화적 방식으로 이루어져야만 한다는 사실이다. 즉, 모든 예술에 보편적으로 적용되는 사유의 법칙을 택하되, 동시에 그런 사상을 정련하기 위해서는 영화에 특징적 방식들을 찾아낼 수 있어야 한다.[47]

세련된 주장이다. 쿨레쇼프에게 몽타주는 델사르트의 포즈에 대한 전적으로 영화적 상응물이다. 양자 모두는 공통의 목적을 지니는바, 그것은 바로 리듬이다.

1921년경에 쿨레쇼프의 사유를 실험을 통해 증명해야 할 긴급한 필요성이 대두되었다(모델배우를 대상으로 한 가르딘의 실험 경향과 비교할 수 있겠다). 1921년 3월, 필름 90m를 받은 쿨레쇼프는 6개의 몽타주 실험을 촬영했다. 다음의 항목은 쿨레쇼프가 모스크바 지역 정치교육 위원회 산하 예술 지부의 사진/영화 분과에 제출한 목록에서 뽑은 것이다.

1. 한 곳에서 촬영한 춤 — 10m
2. 몽타주를 사용해 촬영한 춤 — 10m
3. 모델배우의 몰입이 그것을 불러일으킨 원인에 의존하는 것

47) Там же, С. 160.

a) 14m
b) 20m

4. 다양한 행위의 장소를 자의적으로 하나의 구성 안에 결합하는 것 — 13m
5. 다양한 인간의 신체 부위를 자의적으로 결합하여 몽타주를 통해 이상적인 모델배우를 만들어 내는 것 — 12m
6. 모델배우의 눈의 통일된 움직임 — 2m

이 6개의 실험 중에서 영화사는 단지 두 개의 기억만을 보존했다. 그것은 '창조된 인간'(5)과 '창조된 지표면'에 관한 기억이다. 나머지 것은 사실상 언급되지 않았다. 그러나 만일 우리가 실험의 모든 프로그램을 전체적으로 살펴본다면, 마지막 실험이 델크로즈-볼콘스키의 궤도에 맞아 떨어짐을 쉽게 알아차릴 수 있다. 3번 실험은 모주힌 실험을 떠올리게 하지만 부분적으로 반사학의 범주 속에서 변형된다. 1번, 2번, 4번과 5번은 서로 긴밀하게 관련된다. 우선 1번에서 우리는 춤의 몽타주 되지 않은 이미지(고유하게 영화적이지 않은 이미지)를 보게 된다. 그다음 우리는 대상의 세 가지 서로 다른 유형의 분할과 조합을 제공받는다. 춤은 한 사람의 배우에게서 촬영된 단편으로 구성된 반면, 4번과 5번 실험은 다양한 대상의 단편으로부터 한 사람의 몸이나 혹은 세계의 '육체'를 짜 맞춘다. 여기서 분할과 조합에 관한 델사르트의 생각이 명백하게 드러난다.

언급의 빈도수나 항목 사이의 위치로 판단하건대, 춤 실험은 쿨레쇼프에게 가장 중요했음이 분명하다. 비록 그것이 이후 분석에서 완전히 어둠 속에 묻혀 버렸지만 말이다. 이 실험이 갖는 중요성은 앞서 우리가 언급했던 안나 리의 논문과의 회고적 논쟁의 맥락에만 기댄 것이 아니다. 오직 춤만이 리듬의 문제를 명백하게 제기해 줄 수 있는 유일하고 본질적인 주제이다. 리듬은 몽타주의 기본적인 목적으로서 공인되었다. 하지만 모주힌 실험도, '창조된 인간'의 실험도 이 목적에 온전히 응답하지 못했던 것이다.

아울러 반드시 기억할 것은 1920년대에, 안무법(*choreography*)을 공연예술 전반을 위한 메타모델로 만들려는 경향이 1910년대보다 훨씬 더 강해졌다는 사실이다. 안무법적 리듬론에 중대한 공헌을 한 사람은 타이로프였으며 메이에르홀드의 생체역학[48]은 이와 발생적으로 연결된 것이었다. 그러나 쿨레쇼프에게 주된 중요성을 지녔던 것은 그가 친밀한 관계를 맺었던 보리스 페르디난노프의 '영웅적-실험 극장'에서 행한 실험과 이론이었다. '영화학교'와 결별한 이후에 '쿨레쇼프 그룹'이 페르디나난도프의 극장이 위치한 건물로 옮겨 갔던 것은 우연이 아니다. 회상록에서 쿨레쇼프는 페르디난도프를 자신의 스승으로 거명하면서 그에 관해 열정적으로 언급한 바 있다.[49]

1920년대 초반 경 모스크바의 극단 중에서 치호노비치의 영웅적-실험 극장 만큼 명백하게 안무법을 지향했던 극단은 없었다. 페르디난도프의 생각을 거의 부조리의 지경까지 밀고 나갔던 치호노비치는 다음과 같이 적었다.

---

48) [옮긴이 주] 메이에르홀드의 '생체역학'(*biomechanics*)은 그가 개발한 독특한 배우훈련법의 원리를 가리킨다. 전 시대의 스타니슬랍스키적 연출법(배우가 역할의 내적 사고와 감정에 완전히 자신을 일치시키는 것)에 반대했던 그는, 배우의 임무는 외적 자극에 대한 정확하고 명민한 반응을 표현해내는 것이라 주장했다. 그에 따르면, 배우의 몸이란 감정과 사고의 육체적 표현을 위한 생체역학적 기계장치에 해당하는바, 배우의 온몸을 이런 장치로서 훈련시키는 것이 가장 중요한 목표가 된다. 이에 따라 곡예서커스, 펜싱, 복싱, 발레와 기계체조, 현대무용 등 온갖 수단이 동원되며 자유로운 표현이 아닌 율동적 통제를 중요시하는 이 방식은 흡사 군사훈련과 대수학의 결합과 같았다.

49) Л. Кулешов, Хохлова А. Указ., Соч., СС. 68~69.

> 드라마 극장을 지배했던 무정부 상태는 다음과 같은 사실과 관련된다. 드라마에서 사람들은 춤을 추는 대신에 걷고, 안고, 서 있고 거짓말한다. 그들은 노래 부르는 대신에 말하고, 소리치고, 울고, 웃고 침묵한다. … 그렇게 해서 드라마 극장은 오페라나 발레보다 예술적 발전에서 뒤처져 버렸다. … 하지만, 옛 선인이 말했듯이 우리는 드라마, 발레 그리고 오페라 극장 사이의 명확한 경계를 허물도록 해야 할 것이다. 게다가 이것은 페르디난도프 체계에 대한 칭송이다. 그것은 (제설) 혼합 극장, 즉 춤과 제스처가 하나의 전체로 융합되는 극장, 노래와 춤이 하나 된 극장으로 이끌게 될 것이다. 이 극장은 미래를 위한 선명한 기회를 제공해 줄 것이다.[50]

페르디난도프는 1920년대에 유명했던 운율-리듬 체계를 창조했다. 그의 출발점은 연극이 총체적인 역동적 예술이라는 전제였다. 예술적 형식의 역동성을 조직화하려면 기계 공학의 일반 법칙에 종속되는 운율-리듬적 형식을 취해야만 한다. 페르디난도프는 모든 무대적 움직임을 음악과 시의 그것과 유사한 운율로 환원하고자 시도했다. 그는 2비트와 3비트의 움직임을 구분했다. 무대적 움직임의 운율적 조직화는 페르디난도프에게 움직임을 기록하는 문제를 안겨주었다. 그가 쓰기를,

> 극장적 기록의 토대를 결정하는 일은 온전히 극장의 문제 중 하나이다. 우리의 극장 실험실에서도 마찬가지의 작업이 수행된다.[51]

그는 또한 반사학에도 지대한 공헌을 했다. 하지만 우리에게 특

---

50) В. Тихонович, Закономерный театр, В кн. *Вестник искусств*, No. 1, 1922, СС. 12～13.

51) Б. Фердинандов, *Театр сегодня*, О театре, Тверь, 1922, С. 46.

히 흥미로운 것은 페르디난도프가 몽타주에 관한 체계적 발언을 했다는 점이다.

> 연극은 인간 신체의 예술이다. 그것은 세 가지 기본 요소로 이루어졌다. 조음적 요소(사운드-목소리), 모방적 요소(올바른 움직임) 그리고 심리적 요소(감성, 반사, 행위, 느낌 — 한마디로 감정). 거기에 더해 자신의 주요한 작업에서 인간-배우를 감싼 몽타주를 더해야 한다.[52]

비록 페르디난도프에게 몽타주가 외적 요소로서 나타나지만 그것은 또한 운율-리듬론에 속하는 것이다. "운율-리듬, 템포, 협화음, 연극적 하모니와 대위법의 동일한 법칙이 연극적 몽타주의 구성을 … 그리고 배우의 기본적인 연기를 이끈다."[53] 따라서 일종의 안무법이 몽타주와 관련해서도 역시 구성적 원칙의 자리를 차지한다. 나아가 몽타주의 원칙이 배우의 실제 연기에도 도입된다. 페르디난도프의 극장은 '규범적 극장' 혹은 '분석적' 극장이라 불렸는데 이는 그것이 움직임을 몽타주로 분할할 필요성을 주창했다는 바로 그 이유 때문이었다. 연극 애호가인 니콜라이 르보프는 "당신은 매 순간 몸의 한 기관만을 움직이면서 무대 작업을 일련의 기초적 움직임의 연쇄로 구성할 수 있다"라고 적었다. 페르디난도프의 반대자였던 이폴리트 소콜로프는 이런 '연쇄적이고 분석적인 조형예술'을 다음과 같이 묘사했다.

> 캐리커처에 이를 정도로 인위적인, 어떤 유동적인 제스처들 …, 관례적이고 도식적인 움직임들의 참을 수 없는 단조로움.[54]

---

52) Там же, С. 44.

53) Б. Фердинандов, *Театр сегодня*, С. 46.

많은 부분에서 연극은 리드미컬한 움직임들의 '기보법'의 체계와 유비적인 그 무엇으로 구축되었다.

분명 쿨레쇼프가 가르딘의 방법론에서 벗어나게 된 것은 본질상 볼콘스키의 체계에 기초해 그것을 현저하게 현대화한 페르디난도프의 운율-리듬론의 영향에 자극받은 결과이다. 1922년에 쿨레쇼프는 "규범적 극장에서 사람들은 무의식적으로 원초적인 영화적 기법을 가지고 작업한다"[55] 고 적었다. 그러나 1923년 작성된 '실험 영화 실험실을 위한 작업 계획'에는 이미 이렇게 적혀 있다.

> 시간 속에서의 작업. 운율과 리듬의 예비적 개념. 연습. 악보와 기보법. 연습.[56]

이미 1914년에 볼콘스키는 유사-안무법 교육을 위해 영화를 사용할 필요가 있음을 주장했다. 예컨대 그것은 음악원에서 "어떻게 움직여야만 하는지 또 어떻게 움직여선 안 되는지를 비춰 주는 거울, 말하자면 강력한 교육적 수단"[57] 으로 사용될 수 있다. 1920년대에 이르면 이미 영화는 안무용 기보법(즉, 무보)[58] 과 동등한 어떤 것으로 판명되기 시작한다. 당시 언론에 춤을 기록하는 데 영화를 사용할 수 있다는 생각이 등장했다.

---

54) И. Соколов, Метро-ритм Фердинандова, *Вестник искусств*, No. 3/4, 1922, С. 15.

55) Л. В. Кулешов, Указ., соч, С. 116.

56) Там же, С. 199.

57) С. Волконский, *Отклики театра*, Пг., 1914, С. 188.

58) **[옮긴이 주]** 무보(舞譜)란 춤의 동작을 부호나 그림을 사용하여 악보처럼 기록해 놓은 것을 말한다.

춤의 정확한 기록이 가능하지 않다는 것은 매우 있을 법한 얘기이다. … 이 분야에서의 탐구를 특징짓는 실패는 우리로 하여금 춤을 기록하기 위한 체계를 더 발전시키려는 생각을 접어두고 모든 희망을 영화로 돌리게끔 한다.[59]

투르킨은 영화를 변형된 안무법으로 보는 사고와 페르디난도프의 체계를 향한 지향을 온전히 공유했다. 이 문제는 1925년 그의 책《영화배우》에서 매우 중요하게 다루어진다.

몽타주의 발전된 기법은 춤을 스크린 위에 옮겨 놓는 일을 풍성하게 만들었다. 춤은 분할된 움직임의 국면들로 구성되기 시작했다. 이 움직임들은 다양한 거리에서 다양한 앵글을 통해 촬영되고 온전히 계산된 순서에 따라 교체된다. 그것의 구성적 요소는 움직임-단편(즉, 댄서의 움직임이 기록되는 영화 필름의 조각)이 되었다. 왜냐하면 스크린 위의 춤은 개별적인 단편 속의 인간의 '춤'이기보다는 차라리 교체 자체, 즉 필름의 실제 조각들의 '춤'이었기 때문이다.[60]

영화는 앞으로 보겠지만 춤의 분석적 기록이면서 동시에 리듬적으로 몽타주된 안무법이 될 것이었다. 투르킨은 계속 적는다.

춤의 문제는 현대 영화, 특히 영화 연기의 숙련을 위해 특별한 중요성을 지닌다. 영화에서 엄격한 형식의 추구는 스크린 위에서 배우의 움직임의 계산된 구성 그리고 장면의 리드미컬한 몽타주 쪽으로 움직여 간다. 즉, 그것은 스크린 위에서의 움직임들로부터 일종의 '춤'을 만들어 내는 방향으로 향해 가는 것이다. … 드라마 필름은 춤의 문화에

59) Н. М. Балет и киноматография, *Экран*, No. 22, Февраля, 21～28, 1922, С. 4.

60) В. Туркин, *Кино-актер*, М., 1925, СС. 9～10.

잠식되고자 애를 쓰며 그것이 진짜 '춤'이 될 수 있도록 리듬 속에 침윤되고자 한다. 말하자면 그것은 현대적이고 사실적인 혹은 당신이 원한다면 분석적이고 생체기계론적인 발레가 되고자 한다.[61] 〔이런 생각은 레제의 《기계론적 발레》(*Ballet mecanique*, 1924)에서 표명된 사고와 비교할 만하다.〕

쿨레쇼프가 1921년 3월 8일 자신의 몽타주 실험 프로젝트의 가장 중요한 첫 번째 시리즈로 발레리나 지나이다 타르홉스카야 춤을 촬영한 것은 바로 그 때문이다. 이후에 알렉산드르 벨렌손의 책 《오늘날의 영화》(1925)에서 쿨레쇼프는 몽타주와 무보 사이의 연결을 비교적 명백하게 지적했다.

> 모든 제스처는 지속을 갖고 그 지속은 연구되고 재생산될 수 있는 모종의 기호를 통해 기록될 수 있다. 강조된 음과 강조되지 않은 음의 교체는 시간적 운율을 창조하게 되고 그것은 운율체계와 시간의 성격을 결정짓게 된다(마치 몽타주에서처럼).[62]

그렇게 해서 1925년까지도 '춤' 실험은 몽타주와 새로운 인류학 간의 연결고리에 대한 최상의 표현으로서 그 중요성을 보존했다. 몽타주는 이제 인간에 대한 새로운 개념의 표현이었고 문자 그대로 인간의 몸으로부터 추출되었다. 즉, 인간 신체의 움직임의 기록으로서, 몸의 자연스러운 리듬의 기계적인 표현으로서 그리고 분석적으로 분할된 몸의 개념을 체현한 어떤 것으로서 말이다. 몽타주는 이제 신체의 리듬으로부터, 즉 넓은 의미에서의 몸의 새로운 존재

61) Там же, С. 10.

62) А. Белонсон, *Кино сегодня: Очерки советского киноискусства (Кулешов-Вертов-Эйзенштейн)*, М., 1925, С. 23.

태로부터 연역되었다. 인간의 신체는 극장을 위한 질료였다. 영화 필름의 '몸'으로 변형된 세계의 '몸'은 영화를 위한 질료였다. 이제 유비는 거의 절대적이며 불변하는 것이 되었다.

이후의 영화발전은 몽타주에서 운율-리듬적 요소의 부차적 성격을 드러냈다. 쿨레쇼프의 이후의 분석에서 운율-리듬은 자취를 감추고 몽타주의 의미론이 전면에 등장하게 되었다. 1929년에 쿨레쇼프는 이미 전적으로 '창조된 지표면'과 '창조된 인간'에 관련된 실험에 집중했고 이 실험을 '기술자 프라이타의 프로젝트', 즉 1918년으로 소급시켰다. 쿨레쇼프가 구성주의에 가깝게 접근함에 따라 1910년대의 인류학과의 연결 또한 은폐되었다. 1922년에 그는 알렉세이 간이 이끄는 잡지 〈영화-포트〉의 주도적 이론가 중 한 명인 구성주의의 이론가가 되었다. 이런 접근은 기계주의에 기초해 이루어졌다. 이미 볼콘스키는 인간 신체의 움직임의 규칙성, 그것의 자동적 성격을 기계와 관련지은 바 있다. 그러나 1920년대에 이런 생각은 훨씬 더 급진적 형태로 발전했다. 이와 관련해 이폴리트 소콜로프가 델사르트주의자와 벌인 논쟁은 각별히 흥미롭다.

> 무대 위의 배우는 무엇보다도 먼저 자동기계, 메카닉, 기계가 되어야만 한다. … 작금의 화가, 의사, 예술가, 기술자는 해부학이나 생리학의 관점이 아니라 기계학의 관점에서 인간 신체를 연구해야만 한다. 테일러리즘의 새로운 인간은 자신의 새로운 생리학을 가졌다. 고전적 인간, 헤겔적 걸음걸이와 제스처를 지닌 그 인간은 테일러리즘의 새 인간과 비교했을 때 동물이나 야만인과 마찬가지이다.[63]

이것은 달크로즈-볼콘스키에 대한, 그들의 고대성 숭배에 대한

---

63) И. Соколов, Индустриализация жеста, *Эрмитаж*, No. 10, Июль, 1922, С. 6.

분명한 공격이다. 소콜로프는 문제의 본질을 건드렸다.

> 미학적 제스처의 교육은 움직임의 리듬화이다. 리듬화된 제스처는 단순히 음악적 리듬에 기초할 것이 아니라 심리-생리학적이고 기술적 리듬에 기초해 구축되어야만 한다.[64]

기계주의 숭배는 음악적-무보적 모델을 포기하면서 자신의 근본을 부정하려 시도했다. 이제 모델배우는 순전히 기계적 의미에서 이해되었다. 오스카 비르는 이상적인 예로 미국의 영화배우를 지목하여 말했다.

> 그들은 전혀 배우가 아니다. 그들은 움직임의 기제이다.[65]

영화는 또 한 번 자신의 구조상 배우와 이질동상인 유기체로서 묘사되었다.

> 영화는 무엇보다도 기계이다. … 스크린 위에서 그것이 보여 주는 것은 삶의 결정적 기계화이다.[66]

알렉세이 간은 이 생각을 쿨레쇼프의 작업실에 적용했다.

> 모델배우는 기계여야만 한다. … 어째서? 왜냐하면, 조직화되지 않은 배우는 그가 움직이든지 정지하든지 간에 영화적 질료의 요소로

---

64) Там же, С. 7.

65) О. Бир, Человек и машина, Кино и театр, *Вестник искусств*, No. 3/4, 1922, С. 14.

66) Там же.

서 화면 위에서 거짓말하게 되고 절대적으로 왜곡된 관념을 주게 되기 때문이다.[67]

여기서 보듯이 간의 윤리학은 볼콘스키의 그것을 거의 글자 그대로 반복한다. 비록 그가 자연의 기계론적 법칙에 부합하는 것만을 반복하지만 말이다. 그러나 공공연한 기계주의를 향한 그와 같은 갑작스러운 이동은 사유의 연속성을 감췄다. 쿨레쇼프는 구성주의의 슬로건에 적극적으로 반응했다. 아마도 쿨레쇼프가 써서 무기명으로 〈영화-포트〉에 발표했던 논문 "국립영화학교사"에서, 가르딘은 '좌파'로부터 이탈했다는 이유로 '혹독한 비난'을 받았고 '인간적 움직임의 기계화'가 주창된다.[68] 구성주의와의 길지 않은 친교는 쿨레쇼프의 후기 작업의 진화를 이전 시기의 전통과 결별시키는 데 커다란 영향을 끼쳤다. 그러나 쿨레쇼프는 1910년대에 뿌리를 둔 새로운 인류학의 사유와 너무나 긴밀히 연결되었다. 틀림없이 바로 그 점이 쿨레쇼프와 그의 그룹 전체(푸도프킨, 바르넷, 코마로프 등)가 그토록 갑작스럽게 '메쥬라블롬 필름'으로 옮겨 갔던 사실을 부분적으로 설명해 준다. 1920년대에 가장 전통적이었던 메쥬라블롬은 혁명전 영화의 전통을 가장 잘 보존한 영화공장이었던 것이다.

델사르트와 달크로즈의 이름은 쿨레쇼프의 텍스트에서 오랫동안 남았고 이 점이 연구자들을 당황스럽게 만들었다. 1920년대 말에 그것들은 이미 이상한 시대착오처럼 여겨졌던 것이다. 이미 1924년에 알렉산드르 보즈넨스키 같은 정통주의자(그는 완전히 혁명전 러시아 영화에 속한 인물이었다)가 자기 나름대로 영화이론의 가르딘적인 흐름을 이어가면서 '인물 형상에 완전히 녹아들기 위한'[69] 최상의

67) А. Ган, Кино-техникум, *Эрмитаж*, No. 10, Июль, 1922, С. 11.
68) *Кино-фот*, No. 3, сентября, 19~25, 1922, СС. 8~9.

방법으로서 달크로제와 델사르트의 방법론을 고집스럽게 주장했던 것은 이런 점에서 의미심장하다.

지금껏 쿨레쇼프 영화이론을 평가하는 기초로 사용되었던 쿨레쇼프 후기 텍스트(1929년 이후)에서 몽타주와 1910년대의 인류학적 사유는 다소 이상한 절충주의의 인상을 주면서 서로 분리되어 있다. 운율-리듬적 접근법과 새로운 인류학은 배우를 교육시키는 법이나 리허설 방식에서 상이하지만 그 둘 모두가 1921년의 몽타주 실험과 맺는 직접적 관련성은 소실되었다.

그러나 축을 따르는 배우의 움직임이라는 생각, 결과적으로 그토록 혹독한 비판을 불러왔던 그 아이디어는 배우의 운동 방향에 관한 볼콘스키의 개념을 변형한 것에 불과했다. 이 사고는 몽타주와 몸의 움직임 사이의 이질동상의 원칙, 즉 그들 상호 간의 리듬적 공명이라는 맥락하에서만 의미를 지닐 수 있다. 모델배우의 교육 방법론, 쿨레쇼프에게 '통합적' 영화이론 영역에서의 집중적 탐구의 시기로 경험되었던 그것은 자신 안에 인류학적 몽타주의 원칙을 보존했다.

쿨레쇼프의 이론적 탐구의 역사가 우리에게 다시금 일깨워주는 사실은 다음과 같다. 수천 년 동안 인간의 신체는 대우주와 소우주 이론에서부터 18~19세기의 인상학적 가르침에 이르기까지 우주를 위한 모델이 되었다. 이 전통적인 메타모델은 중세의 총체로서의 몸으로부터 19세기의 분절된 몸에 이르기까지 진화했다. 이 진화의 오랜 역사에서 중대한 결절점이 된 것이 바로 영화라는 새로운 예술을 위한 특수한 기반인 몽타주 이념의 출현이었던 것이다.

—1986

---

69) А. Возненский, *Искусство экрана*: *Руководство для кино-актеров и режиссеров*, Киев, 1924, СС. 121~122.

제4장

육체의 진리

이 짧은 글은 1980년대 소비에트 영화의 맥락에서 소쿠로프의 영화가 갖는 새로움을 규정해보려는 내 나름의 시도였다. 그의 영화는 여기서 본질상 현상학적이고 반이데올로기적인 것, 말하자면 이데올로기의 직접적 전달자인 모든 종류의 언어적 담론에 반하는 것으로서 다뤄진다(나는 소쿠로프에 관한 다른 글에서 이 주제를 훨씬 더 상세히 다룬 바 있다). 여기서 나는 '훈육되고', '고통받는' 신체에 관해 언급한다. 푸코에게서 가져온 이 주제는 그 당시 나와 함께 작업했던 모스크바 철학자 그룹—특히 발레리 포도로가와 미하일 리클린[1]—에 의해 깊게 연구되었다. 이 글에서 훈육된 신체에 관해 언급한 것들은 내 동료 철학자들의 작업에 바치는 내 나름의 헌사이다.

알렉산드로 소쿠로프의 영화는 끊임없이 죽음의 주제로 되돌아온다. 사실 그것 자체는 특별할 것이 없다. 죽음은 인간 삶을 이루는 근원적 측면이며 따라서 언제나 예술가의 관심을 끌었다. 그러나 소쿠로프에게서 죽음은 전혀 새로운 해석을 얻는다. 죽음이라

1) **[옮긴이 주]** 미하일 리클린(M. K. Ryklin, 1948~)은 후기 소비에트 시기 꾸준히 (해체론을 비롯한) 서구 철학과 접속하면서 러시아 사상이 서구 철학과 교통할 수 있는 창구 역할을 한 철학 연구자이다. 주로 '전체주의 사회의 욕망구조'에 천착한 그의 작업은 포스트소비에트 시기 가장 주목할 만한 러시아 사상의 흐름 중 하나이다. 주요 저작으로 《테러의 논리》(1992), 《환희의 공간: 전체주의와 차이》(2002), 《진단의 시대》(2003), 《종교로서의 사회주의》(2008) 등이 있고 한국어 번역본으로 데리다, 가타리, 보드리야르, 낭시, 지젝 등과의 인터뷰를 담은 《해체와 파괴》(2009)가 있다. 발레리 포도로가는 흔히 모스크바 그룹으로 함께 분류되는 리클린의 가장 가까운 동료이다.

는 사건에서 감독의 진정한 흥미를 끄는 것은 그것의 육체적 측면이다. 죽음 이후의 육체는 텅 빈 거죽이나 먼지 더미로 변하지 않고 모종의 특별한 의미를 얻게 되는 것처럼 그려진다. 〈고통스런 무관심〉에서는 그로테스크한 방식으로 시체를 해부하는 긴 에피소드가 등장하고 〈일식의 나날들〉에서는 주인공인 의사 말랴노프가 이웃의 시체와 '교제하기 위해' 영안실로 향한다. 또 〈구하라, 지켜라〉에서는 임종을 앞둔 여주인공의 고통이 상세하게 묘사되고 그녀의 장례식 장면이 커다란 에피소드로 확장된다. 〈마리아〉에서 소쿠로프는 관 속에 누운 여주인공의 사진을 연구했다. 유럽적 전통은 진정한 의미가 인간의 신체 바깥에, 즉 그의 행동이나 생각, 희망 같은 것에 존재한다고 가정한다. 이 전통에 비춰 볼 때 주검을 향한 소쿠로프의 관심은 기이하게 보인다. 사실 그에게는 선례가 있다. 줄리아 크리스테바는 죽은 그리스도를 묘사한 홀바인의 그림에서, 헐벗은 그리스도의 금욕적 육체가 지닌 물질성이 진리에 대한 모종의 개념을 표현한다고 지적한 바 있다.[2] 중년 남자의 헐벗은 사체는 그 절대적 어조 속에서 진실의 메타포로 나타난다.

나는 소쿠로프를 홀바인의 후예로 간주한다. 소쿠로프에게 진리의 탐구는 열정에서 풀려난, 그래서 진실을 증언할 수 있게 된 시체를 둘러싸고 벌어질 뿐 아니라 그 몸을 향한 고통스러운, 거의 종교재판적인 처리를 중심으로 펼쳐진다. 〈고통스런 무관심〉에서 의사의 뽑힌 눈이 그러하고 〈더 이상은 아무것도〉에서 총상을 꿰매는 장면, 〈구하라, 지켜라〉에서 인형극 풍의 다리 절단 장면이 그러하다. 그러나 이런 육체적 고통의 계열에는—임포텐츠(〈인간의 외로운 목소리〉)에서 색광(〈구하라, 지켜라〉)에 이르는—다른 여러 종류의

2) [옮긴이 주] 크리스테바의 《검은 태양: 우울증과 멜랑콜리》(2004) 중 5장 "홀바인 〈죽은 그리스도〉"를 참조하라.

육체적 질병 또한 포함시킬 수 있을 것이다.

소비에트의 다른 많은 영화감독과 달리 소쿠로프는 육체와 고통 그리고 그와 연관된 것을 자기 영화의 중심에 놓았다. 이를 통해 그는 러시아 문화의 전통적인 터부를 깨뜨렸을 뿐 아니라 영화 내부의 모든 상황을 극단적으로 바꿔 놓았다. 가령, 고통스럽게 도덕적 문제를 풀어가는 타르콥스키의 인물들에 비하면, 소쿠로프의 주인공 다수는 말할 수 없이 동물적으로 보인다. 감독은 대체로 인물의 동물성을 강조하려는 경향이 있다(이는 특히 〈고통스런 무관심〉에서 뚜렷하다). 〈고통스런 무관심〉의 멘겐이나 〈모욕당한 자〉의 주인공이 멧돼지와 닮았음이 강조되는가 하면 〈구하라, 지켜라〉의 여주인공은 말에서 암소에 이르기까지 온갖 종류의 동물적 변신을 보여 준다.

소쿠로프의 인물이 놀라운 것은 도덕적·지성적 성찰의 능력이 현저하게 떨어질 뿐 아니라 때로는 거의 언어 구사 능력까지 박탈당해 있다는 점이다. 그의 영화의 주인공은 무엇보다도 육체, 즉 성욕을 느끼는, 고통받고 학대받아 불구가 된 육신이다. 배우를 고를 때 육체성은 절대적 기준이 된다. 예컨대, 소쿠로프는 아름다운 여체에 무관심한데 이는 형태의 조화 속에서는 여주인공의 생애가 갖는 비극적 고통이 사그라지기 때문이다. 그의 관심을 끄는 것은 젊지 않은 육체, 피곤에 찌들고 광대뼈가 튀어나온 초췌한 몸이다. 그 속에 히스테리와 불만족, 쇠잔함이 깃들었다.

육체와는 달리 말은 거짓과 비진실의 매체가 된다. 〈소비에트 엘레지〉에서 그는 보리스 옐친의 초상을 창조했다. 모든 정치인이 그런 것처럼 옐친은 다른 무엇보다 말의 인간이다. 촬영 중, 그는 당연히 자신의 정치적 견해를 말한다. 그러나 옐친의 독백 중 어느 것 하나 영화에 삽입되지 않았다. 소쿠로프의 모티프는 냉혹한 것이었다. "정치적 수사가 인간에 대해 무엇인가를 말해 줄 수 있는

가? 그건 그 자신에게 속하는 것이 아니라 집단에 속하는 것일 뿐이다." 결국 우리는 정치인의 사변 대신에 침묵하는 옐친의 롱숏을 보게 된다. 창백하게 부어오른 육신은 관객에게 그 어떤 말의 홍수보다 더 많은 것을 전달한다. 더욱 인상적인 것은 소쿠로프가 그를 죽음의 맥락(무덤은 영화의 가장 주요한 모티프 중 하나이다) 속에 집어넣는다는 점이다.

결국 인간존재의 진리는 인간의 말이나 사유에 있는 것이 아니라 종종 말이나 사유에 정면으로 배치되는 몸과 행동에 있는 것이다. 〈인간의 외로운 목소리〉에서 류바를 원치 않는 니키타의 육체는 그들의 창백한 말보다 훨씬 더 확실한 비극적 방언으로 나타난다. 〈구하라, 지켜라〉에서 무언가 알아들을 수 없는 말을 더듬거리는 여주인공은 그녀에게 일어나는 일을 전혀 파악하지 못한다. 그녀 앞에 입을 벌린 비극적 심연과 그녀를 기다리는 죽음은 그녀의 이해 범위를 넘어섰다. 그녀는 제어되지 않는 어떤 본능적 힘에 이끌려 성적인 것, 히스테리, 탐욕에 빠져든다. 그녀가 처한 상황의 비극성은 그녀의 몸, 무방비상태, 불운 그리고 고통을 체현하는 그녀의 벗은 몸에 새겨진 듯하다.

소쿠로프에게 이런 고통받는 몸의 형이상학은 결코 이데올로기와 동일시될 수 없는 권력의 문제와 관련된다. 이 감독의 가장 훌륭한 다큐멘터리 중 하나인 〈더 이상은 아무것도〉에서 이 문제는 훨씬 더 상세히 전개된다. 표면상 이 영화는 제 2차 세계대전의 연합군에 관한 것이다. 그러나 연합국의 우두머리(스탈린, 처칠, 루즈벨트)는 여기서 이데올로기의 대변자, 즉 정치적인 말의 주인으로 그려지지 않는다. (히틀러까지 포함해) 이 3명의 늙은이는 국민의 신체를 관장하는바, 즉 자국민을 전 세계적인 도살장으로 내모는 것이다. 그들이 말 대신 국민이 추는 춤으로 소통하는 것도 흥미롭다. 권력자의 언어는 국민의 몸동작이다. 권력의 정도는 이데올로기적 형식의 진실성이 아니라 사람들의 신체를 지배하는 정도, 즉 그들에게 고통을 안겨줄 수 있는 능력에 따라 결정된다.

소쿠로프는 마치 순차적인 현상학적 환원을 행하는 듯하다. 그는 모든 표면적인 것을 차례로 걷어내고 오직 육체적-물리적으로 구현된 진리만을 남기려 한다. 미셸 푸코는 현대 권력의 메커니즘을 성찰하면서 '훈육된 신체'라는 개념을 도입했다. 이 신체는 모종의 강제적 (생산적) 활동을 순순히 수행하는 몸이다. 소쿠로프는 자기 영화 구조의 눈에 띄는 지점에 '훈육된 신체'를 가져다 놓았다. 기계 장치가 되어 동일한 동작을 기계적으로 반복하는 옛 연대기의 노동자가 그렇고 무자비한 기계의 부품으로 변해 버린 군인이 그렇다. 그런 '훈육된 신체'는 그의 영화에서 자연적이고 본능적인 몸과 대립한다. (가령, 〈일식의 나날들〉에서 소대원들은 반기를 든 탈영병을 몰살한다.)

이런 대립은 〈밤의 희생물〉이라는 짧은 다큐멘터리 영화의 기초가 된다. 거기서 사열을 하는 군인의 기계적 동작은 자연력의 본능적인 역동성에 완전히 몸을 맡긴 네프스키 거리의 군중에 대립한다. 이 두 가지 신체의 결합은 권력 메커니즘의 기능을 표현하는데 그것은 신체들을 질서 잡힌 총체로서 조직하거나 아니면 무질서한 군중으로 '조직한다'. 필름의 제목이 말해 주듯이 〈더 이상은 아무것도〉 없다.

이 모든 것이 드러내는 것은 결국 '이데올로기의 종말'로 대변되는 우리 시대의 문화이다. 즉, 특정 도그마에 대한 회의뿐 아니라 모든 종류의 수사적 말에 대한 불신이 그것이다. 이는 발레리 포도로가가 말한 대로 '미시적 관계'의 차원으로 관심이 이동함을 표현한다. 미시적 관계란 정부 권력 구조의 차원에서 실현되는 명시적 관계가 아니라 수치, 강박, 성취와 관련된 인간 사이의 관계를 말한다. 이런 의미에서 소쿠로프의 영화 〈모욕당한 자〉는 지극히 본질적이다. 거기에는 경찰직에서 쫓겨나 택시 기사로 일하는 사람이 나온다. 주인공은 권력을 행사하는 자에서 권력의 희생물로, 쫓는 자에서 쫓기는 자로 바뀌었다. 그러나 일상의 삶 속에서 전직 경찰이자 현직 택시 기사인 그는 일상적인 제스처의 차원에서는 신체의 '무의미한' 행위들 속에 희석된 예의 그 굴욕과 공격의 상황을 재생한다. 그는 잠든 아내의 입에 성냥을 붓는가 하면, 차를 추적하기도 한다. 소쿠로프는 어떻게 강제적 국가 기계의 기형적 산물이 우리 일상 속의 신체적 관계의 차원에서 재생되는지를 보여 준다.

〈구하라, 지켜라〉에서 지배, 굴욕, 종속의 관계는 연애 사건을 질료로 해서 드러난다. 본능적인 사랑의 격정을 통해서 여주인공을 죽음으로 몰고 가는 권력의 '미시정치적 관계'가 또다시 개입한다.

영화의 주인공들에 관해 이제껏 언급한 모든 사항은 소쿠로프 영화의 일반 시학에 어떤 식으로든 연관된다. 본질상 그의 모든 영화는 모종의 은유적 몸이라고 볼 수 있다. 소쿠로프는 자신의 영화들의 묘사에 순전한 물리적인 조작을 가하는 것을 즐긴다. 그는 움직임을 부분으로 자주 쪼개는데 〈고통스런 무관심〉에서 '평범한' 연대기 숏을 와이드 스크린으로 늘려놓았다. 〈더 이상은 아무것도〉에서는 자신의 스타일의 핵심을 강조하면서 각각의 조각을 여러 번 확대하기도 하고 아주 작은 장면을 여러 차례 인쇄함으로서 늘리기도 한다. 그는 엄청나게 길고 정적인 화면이나 매우 긴 움직임에 기꺼이 의존한다. 이른바 카메라의 '무거운' 움직임을 사용하는 것이나 광각 렌즈를 이용해 시점을 왜곡하는 것도 그의 특징이다.

영화의 재현적 질료에 가하는 이 모든 공격적인 조작은 영화 순수주의자에게는 저열한 취향으로 여겨질 수 있다. 그러나 여기서 말하는 것은 재현을 마치 신체처럼 다루는 일이다. 그것은 나름의 3차원적 입체성과 저항력을 지닌, 분절될 수 있고 '고통'에 처해질 수 있는 육체인 것이다. 거의 육체적 물질성에 이르기까지 압축 가능한 사운드트랙 또한 마찬가지로 이야기할 수 있다. 소쿠로프는 영화의 육신 자체를 지식의 매체로 만들려는 듯, 마치 폭력을 통해 그로부터 진리를 추출하기라도 하려는 양 필름을 다룬다. 역사가 자신의 자취를 남기는 몸, 오직 고통받은 육체만이 자신 속에 진리를 담을 수 있기 때문에 소쿠로프 영화의 몸체 자체도 그러한 고통받는 육체가 되어야만 한다. 투명한 형식의 구속받지 않은 자연스러운 우아함은 감독의 관점에서는 젊은 아가씨의 육체만큼이나 내용이 없는 것이다. 인간의 일대기가 영화적 몸체의 고통스러운 일대기 속에서 재현되는 것이다.

나는 소쿠로프를 홀바인의 후예라고 부르며 홀바인의 그리스도로 되돌아가고 싶다. 그리스도는 자신의 말을 통해 세상에 왔던바, 그리스도는 곧 말이었다. 그러나 신성한 말의 힘은 무엇 때문인지 충분하지 않았다. 자신의 말이 진리가 되게 하도록 그리스도는 육체적 고통을 받아들여야만 했다. 나는 자문한다. 무엇이 더 진리에 가까운가, 신인의 설교인가 아니면 홀바인이 우리에게 보여 준 고통의 흔적을 간직한 죽은 육신인가? 20세기의 인간인 나, 말의 상대성을 우리에게 각인시킨 저 집단적 경험을 공유한 나는 이렇게 말한다. 처형당한 몸이 더 진실하다고. 왜냐하면 그것은 절대적이기 때문에. 나는 바로 그것이 예술, 인간 그리고 진리에 관한, 소쿠로프식의 드라마틱한 성찰의 결론이라고 생각한다.

— 1990

제5장

영화에서의 죽음

소쿠로프의 영화 〈세컨드 서클〉[1]에 관한 이 논문은 영화에서 현상학적 영역을 찾아보려는 다분히 극단적 시도였다. 무엇보다 먼저 논의될 것은 세계와의 관계의 형식인데 가령 촉각적 관계, 그러니까 화면 위의 신체 및 사물과 직접적 접촉을 통해 관객에게 주어지는 특정한 의미의 집합체 같은 것이 그것이다. 죽은 아버지의 시체를 다루는 일을 둘러싼 전례 없는 플롯을 특유의 강조된 사실성으로 처리한 소쿠로프의 영화는 이런 접근법을 위한 최적의 자료를 제공했다. 관객에게 영화의 모든 의미는 모종의 대상성, 즉 화면 위의 주검이 제공하는 신체적 상황으로서 제시된다. 10년이 흐른 뒤 키라 무라토바는 유사한 상황에 주목했지만 이번에는 완전히 반현상학적 원칙에 따랐다. 그녀의 영화 〈세 가지 이야기〉나 〈2등급 인간들〉에서 인물들에 의해 처리되는 시체는 이상하게도 행위에 전혀 반영되지 않는데, 즉 인물들의 행위 지평에 포함되지 않는다. 그들은 존재하지만 동시에 마치 존재하지 않는 것과 같다. 무라토바 영화의 이상함은 그녀의 인물들이 시체의 의미론적 장에 절대적으로 무감각하다는 사실에 기인한다. 물론 소쿠로프에게 가장 강력한 현상학적 대상은 시체였다. 하지만 당시 나에게는 그와 같은 의미의 모델을 다른 대상에도 적용할 수 있을 것으로 생각되었다. 물론 그럴 경우에는 의미의 영역이 달라져 버리겠지만.

---

1) **[옮긴이 주]** 이 영화의 원제는 *Krug vtoroy*로 글자 그대로 옮기면 '두 번째 원'(*second circle*)이 된다. 하지만 여기서 *Krug*(*circle*)는 솔제니친의 장편소설 *V Kruge Pervom*(*In the first circle*, 1968)이 그렇듯이, 제1옥(獄)(림보)에서 제9옥(코기토스)까지의 순례를 그린 단테의 《신곡》과의 관련성을 고려해 지어진 이름이다. 따라서 〈제2옥(獄)〉이라고 불리는 것이 적합하지만 여기서는 이 책에서 상정한 영화 제목 표기의 원칙(최초로 한국에 상영, 출시됐을 당시의 제목을 따름)에 의거해 〈세컨드 서클〉로 옮기기로 한다.

알렉산드르 소쿠로프의 영화 〈세컨드 서클〉은 온전히 죽음의 문제에 바쳐졌다. 지금껏 전통적으로 러시아 영화는 형이상학적 문제에 무관심했고(물론 타르콥스키는 예외이다), 그 점에서 이 영화는 매우 독특한 작품이라고 할 수 있다. 죽음의 주제는 〈인간의 외로운 목소리〉에서 〈구하라, 지켜라〉까지 소쿠로프의 전 영화에 존재했지만 〈세컨드 서클〉에서 이 주제는 스크린의 전 공간을 잠식하면서 비범한 감정적 힘을 지닌 채 구현된다.

플롯 면에서 이 영화는 지극히 단순하다. 그것은 병든 아버지를 방문하는 한 젊은이(그의 성은 〈일식의 나날들〉의 주인공을 연상시키는 밀랴노프이다)의 이야기를 보여 준다. 그는 너무 늦게 방문했고 아버지는 이미 죽었다. 주인공에겐 아버지의 장례를 치르는 것 외에 할 수 있는 일이 없다. 영화는 장례의 과정을 묘사하는데 이는 금욕주의적인 직설법으로 디테일에 대한 거의 다큐멘터리적 관심을 통해 그려진다. 소쿠로프의 몇몇 전작과 달리 〈세컨드 서클〉은 복잡한 문화적 하부텍스트, 인용 혹은 해독을 추동하는 상징주의를 완전히 결여한다. 영화의 플롯은 인색할 정도로 단순하고 선형적이며 명백하다. 전혀 '준비되지 않은' 관객일지라도 소쿠로프의 영화 텍스트를 읽을 수 있다. 즉, 그는 죽음의 공포를 느끼면서 이런 비인간적 사회에서 인간에게 주어진 최후의 길에 관한 악몽을 떠올리는 한편, "소비에트"식 장례에 관한 이와 같은 상세한 묘사란 결국 인간의 존재 법칙뿐 아니라 심지어 죽음까지도 망쳐놓고 마는 우리네 삶에 대한 유죄판결에 다름 아니라는 점을 이해할 수 있다.

이 모든 것은 너무도 명백하기에, 소쿠로프에 의해 그토록 강력한 비극성과 힘을 동반한 채 묘사되었기에, 영화를 보는 누구라도 중개자 없이 그것을 이해하고 느낄 수 있을 것이다. 하지만 영화의 프레임을 넘어선 곳에서 필연적으로 발생하게 되는 모종의 맥락은 특별한 비판적 코멘트를 요청한다.

1. 어떻게 죽어야 하는지를 아는 사람들

러시아 영화예술에서 〈세컨드 서클〉이 갖는 의미는 그것이 죽음을 다룬 최초의 영화라는 점에 있다. 이는 줄거리의 엔딩이나 드라마 구조상의 에피소드로서의 죽음이 아니라 현상학적 차원에서의 죽음을 다룬 최초의 영화라는 뜻에서이다. 그것이 출현했다는 사실 자체가 이미 익숙지 않은 질문을 유발한다. 영화에서 죽음이란 무엇인가?

영화는 죽음과 결부된 에피소드의 빈도가 지극히 많다는 점에서(연극은 이 점에서 비교대상이 못된다) 다른 예술과 구분된다. 프로이트는 《전쟁과 죽음에 대한 성찰》(1915)에서 이 현상에 관한 가장 뛰어난 해명 중 하나를 제공한 바 있다. 프로이트는 문학과 연극을 언급하지만 이후의 문화 발전을 보면 그의 통찰이 무엇보다 영화에 잘 들어맞는 것임이 드러난다. 프로이트는 예술이 관람자로 하여금 동일시의 과정을 통해 살아 있는 상태로 죽음을 대리 경험할 수 있도록 해 준다는 가정에서 출발한다.

> 허구의 영역에서 우리는 바라왔던 죽음의 복수성을 발견할 수 있다. 우리는 가상의 인물을 통해 죽게 되지만 또다시 살아남아 마찬가지로 안전하게 다음번 인물 속에서 죽을 준비가 되었다.[2]

영화에서 죽음이 더 많이 제시될수록 우리가 자신의 불멸성을 더

---

2) S. Freud, *Character and culture*, New York, 1963, p. 124. 러시아 번역본: З. Фрейд. Размышления о войне и смерти, *Архетип*, No. 2, 1995, CC. 17~24.

강하게 확인하게 되는 것은 바로 그 때문이다. 그러나 스펙터클의 과정에서 실현되는 죽음을 향한 이런 가상의 승리는 영화가 집요하게 따르고자 하는 어떤 조건을 전제로 한다.

가령, 프로이트에 따르면 예술에서 우리는 죽음의 우연적 성격을 강조하는 데 익숙하다.

> 불행한 사건, 전염, 고령이 그것인데 여기서 죽음의 의미를 변형하려는 우리의 경향, 즉 그것을 필수적인 것이 아니라 우연적인 것으로 제시하고자 하는 경향이 드러난다.[3]

죽음을 '우연성'으로 바꾸는 이런 경향은 영화에서 거의 필수적인 법칙이다. 거기서는 무엇보다 자주 불행한 사건, 파국, 적의 총탄, 전쟁 등으로 죽는다. 십중팔구 죽음은 우연적이고 절정기의 젊음을 앗아간다. 이런 식으로 문화는 "죽음의 작업"과 죽음의 과정을 의식의 영역으로부터 제거하고 죽음의 우연적 성격을 강화한다. 프로이트가 지적하기를, 예술에서 우리가 보게 되는 것은 "어떻게 죽을지를 아는" 사람들인바, 바로 이 앎이 죽음의 우연성과 순간성을 전제한다.[4]

---

3) *Ibid.*, p. 122.

4) 죽음에 관한 유력한 저서에서 장 보드리야르는 오늘날 자연스러운 죽음은 집단적 성격을 상실했기 때문에 의미를 잃었다고 언급했다. 전통 사회에서 자연스러운 죽음은 대개 집단적 제의에 둘러싸였던 것이다. "우리에게 고인이 있다. 그것은 단지 저곳으로 가 버린 사람이다. 그와는 더 이상 교환할 것이 없다. 그는 죽음 전까지는 브레멘이었다. … 이것은 평평하고 단차원적 죽음, 생물학적 노선의 끝, 의무사항의 청산이다. 인간은 '혼을 놓아 버렸고' 그것은 마치 구멍 뚫린 타이어, 알맹이 없는 껍데기와 같다. 이 얼마나 저열한가! 이때 모든 열정은 폭력적인 죽음에 집중된다. 거기서 어떤 희생, 즉 집단의 의지에 따른 모종의 현실 변형이 발생한다"(Ж. Бодрийяр, *Символичпеский обмен и смерть*, М., 2000, СС. 292~293).

스크린 위의 죽음이 갖는 두 번째 측면은 다음과 같다. 우리는 죽음의 순간, 즉 총탄을 맞고 주인공의 몸이 쓰러지는 것을 보지만 정작 시체는 보지 않는다. 마치 마법처럼 그것은 영화에서 사라진다. 영화 속의 죽음은 시체를 만들어 내지 않는데 이는 영화의 마법적이고 상징적인 성격을 강조한다. 영화가 만들어 낸 산더미 같은 시체는 다 어떻게 되었겠느냐는 질문은 누구의 머리에도 떠오르지 않는다.

죽음의 장면을 보여 주는 대신 시체를 숨겨야만 하는 이 필요성은 우리가 죽음과 접촉할 때 시각이 행하는 기능과 관련이 있다. 한편으로 현대의 인간은 죽음을 의식으로부터 없애 버리려 한다. 죽은 자를 둘러싼 모든 현대적 제의와 장례의 발전과정 전체가 이와 관련된다. 고인은 점점 더 적극적으로 가족으로부터 격리되어 병원에 보관된다. 병원에서 그는 죽음 전문가인 의사들에 둘러싸여 혼자 죽게 된다〔〈세컨드 서클〉에서 의사는 말랴노프에게 말한다. “병원에 입원시켜야 합니다. 그렇게 되면 모든 것이 쉬워질 거예요. …”〕. 장례식은 점점 더 신속하고 형식적이 된다. 죽음을 보지 않으려는 경향은 명백하다. 한편 반대로, 현대적 스펙터클의 필수적 특징으로 죽음을 전시하려는 경향 또한 매우 강하다. 이 모순되는 경향, 전시하려는 경향과 감추려는 두 경향은 시각의 기능에 직접적으로 관련된다. 인간은 죽음을 직접 경험하지 못한다. 그는 단지 다른 이의 죽음을 **구경하는 자**로서 그것을 이해할 수 있을 뿐이다. 그러나 **구경꾼**의 자격으로 죽음에 참여하는 일은 마찬가지로 죽음을 **이겨 내게끔**, 즉 그것을 **허구**로 바꾸게끔 허용한다. 현대 문화에서 죽음의 **은폐**가 그것을 **구경거리로 만드는 형식**을 취하게 되는 이유가 거기에 있다.

시체를 두고 하는 명상은 고인의 불멸을 확인하는 제의 과정에 포함되지 않는다. 반대로 그것은 죽음의 허구성에 대한 환상을 파괴하고 그 대신 죽음의 돌이킬 수 없음을 확증하게 될 것이다. 현대 문화와 현대의 인간에게 공포는 시체, 돌이킬 수 없는 끝을 선언하는 부동의 신체에 연결된다. 오늘날의 구경거리가 우연적인 죽음을 열렬히 강조하는 대신 죽은 자를 숨기는 이유가 거기에 있다.

바로 이런 맥락에서 〈세컨드 서클〉과 다른 영화들, 즉 영화계에서 일반화된 코드에 따라 죽음을 재현하는 다른 영화들의 극단적인 차이가 드러난다. 소쿠로프는 죽음이 발생하는 순간을 제거하는 대신에 우리를 그것의 결과, 곧 주검과 마주하도록 했다. 그렇게 해서, 문화의 가장 기본적인 마법적 메커니즘, 즉 시각의 기능을 통해 불멸을 확증하는 메커니즘이 무너지게 된다. **감독은 우리로 하여금 죽음에 대한 허구적 승리가 아니라 죽음 그 자체와 직면하도록 만든다.**

2. 제의

살아 있는 신체와 죽은 몸의 가장 기본적 차이는 살아 있는 신체는 의도성을 갖는다는 사실이다. 그것은 세계를 향해 열려 있으며 세계와 상호작용한다. 죽은 몸은 대상, 즉 사물로 바뀐다. 물론 대상도 때로는 의미론적 적극성을 띨 수 있으며 살아 있는 것에 호소할 수 있지만 살아 있는 신체는 본능적으로 시체, 다시 말해 그것이 환기하는 무서운 힘의 영역을 거부해 버린다. 산 자는 시체의 수동성을 강조해 그것을 부동의 대상으로 만드는 지경까지 죽음을 몰고 갈 수 있다. 그러나 "죽은 자를 (다시) 살해하며 시체를 사물로 바꾸고 그것을 세계로부터 단절시키는" 이런 상징적 절차는 **죽은 자의 기호화**라는 또 다른 절차를 동반한다. 이 과정은 바타이유가 희생제의를 예로 들어 분석한 바 있다. 바타이유는 희생된 동물이 '사물로' 바뀐다는 점에 주목했는데 (인간이) 그 동물의 몸을 먹게 된다는 점이 이미 그것을 증명한다. 하지만 동물을 죽이는 일이 **희생제의**가 되기 시작하면서 모든 것이 달라진다.

> 희생물로 바쳐진 동물이, 사제가 그 동물을 죽이도록 된 원 안으로 들어서면, 그것은 인간에게 닫혀 있으며 아무것도 아닌 세계, 인간이 단지 외적으로만 알 수 있는 사물들의 세계로부터 그에게 내적인 세계, 마치 섹스 중의 부인처럼 그에게 친숙한 다른 세계로 이동한다.[5]

다르게 말하면, 희생된 동물의 몸은 **사물**이기를 멈추고 **기호**가 되며 다름 아닌 기호로서 그것은 인간에 의해 먹히는 것이다. 아마도 희생제의가 죽은 몸에 기호성을 부여한다고 말할 수 있을 것이다. 희생제의는 고인에게 취해질 수 있는 가장 극단적인 상징적 절차이다. 다름 아닌 예수의 희생이 그에게 신적인 존재성을 확증했던바, 즉 그를 가능한 다른 의미의 원천으로 만들었던 것이다.

신체-사물을 **신체-기호**로 바꾸는 것, 이는 모든 죽음 제의, 특히 교회의 죽음 제의가 갖는 기능이다. 이런 제의에서는 가까운 지인들 앞에서 마지막 숨을 거두는 것에 커다란 의미를 부여하는데 모종의 신비한 령(靈)과 같은 이 마지막 숨이 그들에게 전해진다고 보는 것이다. 모든 장례 제의, 특히 통곡의 절차는 마찬가지 기능을 수행한다. 그것은 상징적 방식을 통해 허구적으로 삶을 재건하는 기능이다. 가령, 바타이유는 장례식에서 흘리는 가까운 지인들의 눈물은 "친밀함의 순간에 포착된 공통의 삶에 대한 향한 날카로운 의식의 표현이다".[6] 눈물은 이별로서의 죽음, '지속'의 파열인 죽음의 순간을

---

5) G. Bataille, *Théorie de la religion*, Paris, 1989, p. 59. 러시아 번역본: БатайЖ, *Теория реликии*: *Летература и Зло*, Минск, 2000(Прим. ред).

6) *Ibid.*, p. 65.

유표화한다. 그러나 시간 속에 고착된 사물의 익숙한 존재에 발생하는 바로 이런 파열이 정지와 중단의 순간에 삶의 본질을 드러낸다. 그것이 곧 기호가 출현하는 순간인바, 그것은 지속의 파괴, 존재의 중단을 통해 생겨나는 것이다. 장례 제의의 다른 구성 요소 역시 마찬가지로 작동한다. 그것은 삶을 새로운 의미의 차원, 즉 기호적 차원 안에서 개시하기 위해 삶을 중단시킨다.

그러나 바로 이런 변화, 즉 신체에서 기호로의 변화가 〈세컨드 서클〉에서는 일어나지 않는다. 아버지는 완전한 고독 속에서 죽는다. 아들은 죽음 앞에서 눈물 한 방울 흘리지 않는다. 영화에서 제시되는 제의성은 일반적인 경우와 완전히 반대되는 양상으로 나타난다. 가령, 새로운 삶, 즉 대문자 기호로서의 부활(요컨대 육체성의 정화)을 향한 준비라 할 시체의 염은 주검에 대한 야만적 훼손행위로 표현된다(시체는 마당으로 끌어내진다). 이는 물론 집 안에 물이 없다는 사실로 동기화된다. 하지만 단순한 논리에 따르더라도 시체를 끌어내는 것보다는 눈을 퍼 집 안으로 들여오는 것이 더 합당할 것이다. 이런 불합리함의 의미는 단 하나인바, 신체를 마치 사물처럼 다루는 것, 그러니까 시체를 기호로 승화시킬 그 어떤 가능성도 배제해 버리려는 것이다.

이 점에서 특별히 흥미로운 것은 공격적이고 냉담한 여자 관리가 체현하는 이른바 '제의 서비스'와 관련된 모든 사항이다. 그녀의 행동들은 제의의 의미를 완전히 뒤집어 놓고 시체의 온전한 사물적 성격을 강조한다. 마치 그녀는 사물을 다루듯 불경스럽게 신체를 다루는 짓을 조직적으로 수행하는 듯하다. 그녀는 시체를 이리 저리 끌고 다니고 거칠게 뒤집는다.

이 영화에서 제의는 신체를 기호로 바꾸지 않는다. 그것은 결정적으로 신체를 사물로 바꿔 놓는다. 그것은 죽음의 승화에 복무하는 대신, 죽음의 사화(死化)에 복무한다. 그것은 영원을 향한 길로서 죽음을 체험하도록 허용하지 않는다.

3. 봄과 눈멂

소쿠로프에게 아버지의 몸은 사물이다. 그 사물은 다른 사물들 가운데 자리한다. 아마도 행위가 펼쳐지는 아파트는 비었으며 거기에는 소비에트적 일상의 궁핍함이 서렸다. 그러나 이 공허함을 채우는 것은 사물이다. 낡은 가구, 그릇, 더러운 걸레이다. 이 사물 역시 각자의 자리에서 죽어 있다. 그들은 자신을 만든, 어떤 살아 있는 인간적 노동으로부터 소외되었다. 그들은 갈 데까지 갔다. 이것은 죽어 버린 사물, 시체를 집어삼킨 사물의 세계이다.

타인의 최후를 보여 주는 구경거리로 죽음을 바꾸는 데 그토록 중대한 역할을 담당하는 시각이 소쿠로프에게서 억압되었다는 점 또한 본질적이다. 영화의 구조는 마치 시각이 옥죄여 있는 것처럼 구성되었다. 사물은 신체를 집어삼킬 뿐 아니라 그것을 볼 수 없도록 막아선다. 영화의 첫 장면, 말랴노프가 죽은 아버지를 발견하는 대목에서 그의 얼굴은 더러운 그릇들이 놓인 책상에 가려 관객에게 보이지 않는다. 빈 케피르 병과 프라이팬이 몸이라는 구경거리를 가려 버린다.[7] 아버지의 주검을 침대의 머리 부분이 가리는가 하면, 문짝이 막아선다. 심지어 아무것도 가리지 않을 때는 카메라가 뭔가 불편한 '원거리'의 시점을 취해 버린다. 가령, 눈(雪)으로 (주

7) 이상하게도 주검을 가리는 이 사물들의 카오스는 나름대로 사닌의 영화 〈폴리쿠시카〉의 시학을 창조한다(이 영화에 관해서는 다음 장 "질료로서의 일상"을 보라).

검을) 씻는 그로테스크한 장면에서 그러하다.

카메라의 그와 같은 입지를 관객에게 트라우마를 주지 않으려는 소쿠로프의 기지로 간주한다면 잘못이 될 것이다. 오히려 그 반대다. 그것은 자유로운 관객의 시각을 향한 독특한 공격인바, 관객의 시각은 여기서 상처를 입고 축소되며 꽉 눌리게 된다. 감독은 우리로 하여금 관객이 될 수 없도록 만든다. 즉, 관객이라는 단어가 전제하는 외적인 사변자의 편안함을 허락하지 않는 것이다. 영화에서 주검의 제시는 완전히 독특한 원칙에 종속된다.

문제는 살아 있는 육체란 스크린 위에서 앞으로 나가려는 지향을 갖는다는 점이다. 그것은 마치 스스로 자기 자신을 제시하기 위한 자유로운 공간을 조직화하는 것처럼 보인다. 심지어 열린 문이나 창문을 통해 찍은 숏이 지배적인 영화의 경우에도 이런 관음적인 숏은 다른 쪽 방에 꽉 찬 공간, 즉 우리에게 제유적으로 제시되는 공간이 있다는 착각을 만들어 낼 수 있도록 구축된다. '전체 대신에 부분을 제시'하는 이런 방법은 때로 장애물의 반대편에 독특한 공간의 지평이 있다는 착각을 만들어 낸다. 소쿠로프는 이와는 다른 방식을 쓴다. 여기서 공간은 중립적인 '무대 밖'의 공간에 의해서가 아니라 사물, 즉 신체를 삼키고 부피를 억누르는 사물에 의해 옥죄인다.

신체는 여러 이유로 공간을 필요로 한다. 첫째로, 영화에서 몸은 구경거리로 제시되기 때문에 그것이 온전히 재현되기 위해서 부피를 필요로 한다. 메를로퐁티가 지적했듯,

> 본다는 것, 이것은 스스로를 제시하는 사물의 세계로 들어감을 의미한다. … 내가 책상 위에 놓인 램프를 볼 때, 나는 내 관점에서 발견한 자질뿐 아니라 벽난로, 벽, 책상이 각자의 관점에서 '볼 수' 있는 것 또한 그 램프에 부여한다. 내 램프의 뒤쪽, 이는 그것이 벽난로를

향해 '내보이는' 얼굴이다.[8]

우리의 지각에 주어지는 신체는 자신의 가시적 측면과 비가시적 측면의 총합인바, 이는 언제나 공간적 부피 안에서의 신체이다.

두 번째로, 살아 있는 육체는 완전히 독특한, 존재의 자족적 부피를 필요로 한다. 고프만은 이를 가리켜 '인격적 비접촉의 지대'(*personal reserve*)라고 불렀다.[9] 메를로퐁티는 중대한 관찰을 했다.

> 내 팔이 탁자위에 놓였다고 했을 때, 나는 재떨이가 전화기 옆에 놓인 식으로 내 팔이 재떨이 **옆에** 놓였다고 말할 수 없을 것이다. 내 몸의 윤곽은 일반적인 공간적 관계들이 통과하지 못하는 경계선이다. 문제는 그것의 부분들이 특별한 방식으로 상호관련된다는 점이다. 그들은 서로 나란히 펼쳐지는 것이 아니라 하나가 다른 하나에 포개져 있다.[10]

손은 책상 위의 재떨이와 관련되는 것이 아니라 그것이 속한 신체의 **부피**와 관련된다. 그것은 마치 자신의 신체의 캡슐로 싼 공간 안에 존재하는 것과 같다.

소쿠로프는 신체의 **부분이** 다른 사물의 한가운데서 나타나도록 하는 방식으로 신체의 재현공간을 조직화하는 데 성공했다. 즉, 아버지의 다리는 걸상 **옆에** 놓인 식이다. 몸은 시각이 요구하는 부피를 잃고서 개별 부분으로 흩어져 버리고 그럼으로써 자족적 재현공간으로부터 떨어져 나오게 된다. 영화에서는 그와 같은 공간을 창조하기

---

8) M. Merleau-Ponty, Phénoménologie de la perception, Paris, 1981, p. 82. 러시아 번역본: М. Мерло-Понти, *Феноменология*, СПб., 1999.

9) E. Goffman, *Interaction ritual*, Garden City, NY, 1967, p. 63.

10) M. Merleau-Ponty, *op. cit.*, p. 114.

위해 일련의 기법이 사용되는데 가장 중요한 것으로 독특한 시점과 렌즈의 선택이 있다(촬영감독은 부로프이다). 이는 각각의 대상을 '이어붙이는' 것을 허용한다. 가령, 말랴노프가 잠을 자는 장면은 특징적이다. 그의 뺨은 쓰레기와 빈병이 가득한 책상에 기댄 것처럼 보인다. 그의 머리가 갑자기 움직이고 곧 우리는 그가 책상 뒤에 놓인 침대에 누워 있음을 깨닫는다. 말랴노프가 일어섰을 때, 같은 자세로 누운 아버지의 머리가 나타난다. 살아 있는 자와 죽은 자 그리고 사물이 그런 식으로 서로 결합되는바, 마치 그들을 나누어 놓는 공간을 '압축하는' 듯하다. 〈세컨드 서클〉은 시각이 구경거리를 위한 공간적 부피를 전제로 한다는 의미에서 볼 때, 시각이 제거된 영화이다. 구경거리의 몰락, 이는 신체를 사물과 구분하는 윤곽선이 사라진 결과이다. 우리 앞에 놓인 것은 맹목의 지대를 지닌 영화이다.

4. 접촉

사물 속에서 신체를 용해시켜 버리고 경계로서의 윤곽선을 제거해 버리는 것은 영화의 시학에 근본적 국면을 도입하는데 나는 그것을 촉각성으로 정의하고자 한다. 신체의 구경거리적 특성은 여기서 접촉에 자리를 내준다. 과연 우리는 아버지의 시체를 거의 보지 못하는 대신 다양하게 시체를 처리하는 장면, 즉 그것을 만지는 과정에 함께하게 된다. 가령, 아버지의 옷을 벗기는 에피소드나 말랴노프가 얼음주머니를 아버지의 가슴에 채워 넣는 장면 등이 영화에서 그토록 중요한 위치를 차지하는 이유가 바로 거기에 있다. 하지만 아마도 영화에서 가장 중요한 장면은 초반부, 아들이 아버지의 몸에 다가가서 우리에게는 보이지 않는—시체는 프레임의 하단부 바깥에 놓였다—모종의 조치를 취하는 장면일 것이다. 본질상 우리의 주위를 끄는 것은 명백하게 전면화된 순수한 접촉의 과정이지만 그것이 시각적 맹목의 지대에서 펼쳐지는 것이다.

고인에 대해 명상하는 것과 그를 만지는 것은 원칙적으로 상이한 내용을 갖는 행위이다. 일반적으로 시각은 우리에게 낯선 어떤 것의 장면을 제공한다. 인간은 결코 자신의 얼굴을 볼 수 없다. 심지어 거울에서도 그것은 타인의 얼굴로 나타나는 것이다. 하지만 접촉은 다른 문제이다. 감촉은 완전히 특별한 성격을 갖는다. 가령, 인간이 책상을 만질 때, 책상은 마치 동시에 인간을 만지는 듯하다. 이 때문에 인간은 접촉의 행위에서 주체(만지는 자)로 나타나는 동시에 객체(만져지는 자)로도 나타나는데 그는 그 자신이면서 동시에 그 자신을 위한 타인(객체)이 되는 것이다. 사물의 세계는 접촉 속에서 또한 객체이자 주체가 된다. 책상은 손을 만지면서 주체로 바뀌고 단지 사물이기를 멈추는 것이다.

이와 같은 생각은 시체를 만질 때 사람들이 일반적으로 경험하는 전통적인 공포를 이해하는 데 중요하다. 잘 알려졌듯 죽은 사람에 대해 생각하는 것은 그를 만지는 것보다 훨씬 덜 두렵다. 시체를 건드림으로써 사실상 우리는 시체가 **우리를 건드리도록** 허용하는 것이다. 촉각성을 통해 죽은 자는 자신의 부동성, 죽음, 무거움을 드러내는 동시에 다른 한편으로 갑자기 나를 만지면서, 그것의 끝없는 비존재로부터, 무시무시한 사물성으로부터 나에게 손을 내미는 것 같다.

순수한 구경거리에는 물론 이와 같은 것이 없다. 거기서 시각은 시체를 완벽하게 죽은(차갑게 굳어 버린 사물과 같은) 것으로 만들지도 않으며 부재의 심연으로부터 접촉의 행위를 통해 살아오도록 만들지도 않는다.

다른 어떤 감각보다도, 촉각은 시체를 만지는 사람을 마비시킨다.

그것은 시체와 접촉하게 함으로써 죽은 자와의 근접에서 오는 공포의 감정을 경험하도록 만드는 것이다. 촉각성, 그것은 죽은 자를 나 자신의 내부로 가져오기 위한 가장 강력한 수단이다. 이런 점에서 그것은 죽은 자를 기호로서 편안하게 '소화하는' 방식에 대립된다.

〈세컨드 서클〉에서 촉각성의 효과는 시각의 폐쇄만으로 달성되지 않는다. 또한 영화에서 음향과 명암의 모든 세심한 유연함에 의해 달성된다. 〈세컨드 서클〉에서 (화면)의 생생한 질감은 맹목의 지대라는 콘텍스트상에서 마치 신체를 시각적으로 만지는 듯한, 거의 생리학적 효과에까지 이른다.

이와 관련해 언급해야 할 또 하나의 본질적 국면이 있다. 아버지의 신체는 많은 경우 천으로 덮였다. 이 천은 그의 몸을 덮고 가로지르며 만져댄다. 그것의 외양은 다름 아닌 촉각성의 외양이다. 왜냐하면 접힌 형태(즉, 접촉의 자국)를 통해 우리가 천 아래에 숨겨진 몸의 형태를 재건할 수 있기 때문이다. 가령, 엘 그레코나 베르니니 같은 바로크 예술가가 아마포 위에 신체의 변형 효과, 즉 그것의 탈물질화와 기호화를 담아내고자 애쓰면서, 무엇보다 먼저 옷주름의 정확한 미메시스적 재현과 그것의 신체와의 관련성을 거절했다는 점이 흥미롭다.[11] 미메시스적으로 육체 위를 흐르는 천은 촉각성의 시각적 메타포로 판명되었다. 신체의 윤곽을 덮은 천, 신체의 대상적 현전을 표현할 뿐인 그것은 곧 접촉을 향해 열려 있다. 그것은 산 자 속으로 들어가서 그와 섞여질 준비가 되었다. 바로 그것이 죽음의 공포인 것이다.

11) M. Perniola, *Between clothing and nudity: Fragments for a history of the human body*, Part 2, New York, 1989, pp. 253~255.

5. 시뮬라크르

하지만 말랴노프가 애쓰며 다루는 이 시체란 것은 대체 무엇인가? 그것은 인간인가? 어떤 의미에서는 물론 그렇다. 그것은 인간의 신체이다. 그것은 인체를 보존하며 인간의 얼굴을 한다. 그러나 다른 한편으로 그것은 인간이 아니다. 만일 생명을 인간적인 것의 근본적 자질로 간주한다면 말이다. 생명이 없는 육체, 그것은 단지 인간의 외적 형식일 뿐이다. 만일 이런 표현이 가능하다면 그것은 인간의 물리적 모방체, 즉 시뮬라크르이다.

시뮬라크르, 이것 역시 나름의 기호이다. 이 경우 그것은 인간에 대한 부동의 외적 기호가 된다. 그러나 다른 기호, 가령 희생 제의에서 육체가 변화되는 기호와 달리 그것은 내면화될 수 없다. 즉, 자기화되어 소통의 수단이 될 수가 없는 것이다. 이것은 특수한 기호인바, 말하자면 자연적인 것이 없는 상태에서 자연스러운 것을 모방한 결과이다. 장 보드리야르의 표현을 빌리면, 시뮬라크르는 유비의 타성을 실현하면서 '기의의 총제적 중립화'[12]를 과시한다. 따라서 시뮬라크르는 언어의 영역에 도입될 수 없는, 자기화될 수 없고 말해질 수 없는 기호이다. 그것은 차이 없이 생각될 수 없는 상징적이고 표현적인 영역과 관계하지 않는다. 그것은 무엇보다 먼저 차이의 부재를 선언하는 것, 즉 동일성의 왕국과 다름이 없다. 여기서 말하는 동일성이란 단지 닮음이 아니라 대상이나 존재에게 지속될 수 있는 능력, 특정한 이름에 해당할 수 있는 능력을 부여해 주는 모종의 안정성과 불변성으로 이해되어야만 한다. 시뮬라크르는 언제나 부분적으로 죽음의 영역과 관계한다. 시체는 살아 있

12) Ж. Бодрийяр, Указ., соч, С. 133.

는 몸의 시뮬라크르인데 이는 그것이 닮아서일 뿐만 아니라 자신의 불변성 속에서 동일성의 지배를 실현해 주기 때문이다.

1759년 아담 스미스는 모방의 기호적 역할에 문제를 제기하면서 하나의 대상(하나의 육체)은 절대로 다른 대상의 복사본으로 간주될 수 없다고 주장했다. 그에 따르면,

> 가령, 지금 이 순간 내 앞에 놓인 양탄자를 가장 완벽하게 모방한 양탄자란 무엇이겠는가? 물론 가능한 똑같이 제작한 또 다른 양탄자일 것이다. 하지만 두 번째 양탄자의 아름다움과 장점이 어떤 것일지라도 그것을 첫 번째 양탄자의 모방으로 설명할 수는 없을 것이다.[13]

스미스에게 하나의 말(馬)이 다른 말(馬)의 모방이 될 수 있다는 생각은 더욱더 부조리한 것으로 여겨졌다. 이로부터 그는 '자연이 내려 준 대상들'이라는 법칙을 끌어내는데 그것은 '개별적이고 독립적인 것들'[14]로 간주되어야 했다. 살아 있는 육체는 또 다른 살아 있는 육체의 복사본이 될 수 없다. 왜냐하면 그것은 살아 있고 변화하며 그로써 시뮬라크르의 동일성을 파괴하기 때문이다.

그러나 시뮬라크르를 발생시킨 현대 문명은 스미스의 이런 테제를 거부한다. 현대인의 몸은 점점 더 자주 다름 아닌 시뮬라크르로 나타나는바, 그것은 모종의 이상적 육체의 모방이 되는 것이다. 바로 이로부터 **자연스러움을 모방**하는 각종 여성용 화장술과 건강과 젊음을 모방하고자 하는 선탠 및 헬스클럽의 숭배가 나온다. 광고와 영화는 시뮬라크르의 거대한 영역이 되었다.

우리 문명의 이 모든 보편적 경향하에서 죽은 자는 산 자의 시뮬라

---

13) Ф. Юм Д., *Хатчесон*; А. Смит, *Эстетика*, М., 1973, С. 421.

14) Там же, С. 424.

크르가 된다. 이를 무엇보다 잘 보여 주는 예는 시신의 방부처리와 화장술이다. 전통 문화에서 시체는 살아 있는 육체의 시뮬라크르가 아니었는데, 즉 바로 산 자와의 관계에서 '개별적이고 독립적'이었던 것이다. 낭만주의자가 '죽음의 미'를 발명한 이후에야 시체의 방부처리는 고통의 흔적을 감추고 육신에 죽음의 미를 부여하기 위한 방편이 되었다. 필립 아레스가 지적했듯이 "죽음의 형상을 고정시키는 것이 문제였다. 아름다운 시체, 하지만 여전히 시체인 그것".[15]

그러나 19세기 말 미국에서 장례식을 위한 완전히 다른 종류의 시신 준비 절차가 생겨났다. 그것은 근본적으로 화장술의 성격을 가진 (시신에서 죽음의 흔적을 찾을 수 없도록 만드는) 대대적인 시체의 방부처리와 살아 있는 것처럼 화장하는 것을 말한다. 이제 시신의 머리를 빗기고 입술에는 립스틱을 바르게 되었다. 이제 더 이상 문제는 죽음의 형상을 고정시키는 것, 살아 있는 육체와의 이상화된 차이를 부여하는 것이 아니게 되었다.

> 오늘날 사후 화장의 목적은 죽음의 특징을 감추려는 것 그리고 시신에 친숙하고 즐거운 삶의 특징을 유지시키려는 것이다.[16]

시체는 이제 살아 있는 육체를 모방하고 그것을 흉내 내기 때문에 시뮬라크르가 되었다. 그것은 이 때문에 '개별적이고 독립적인' 것이기를 그만두었으며 복사물이 되었다. 어떤 의미에서 연극과 영화는 이 경향과 관계가 있다. 화면 속에서 죽은 자는 대개 살아 있

---

15) Ph. Aries, *Essais sur l'histoire de la mort en Occident du Moyen age a nos jours*, Paris, 1977, p. 196. 러시아 판본: Ф. Арьес, *Человек перед лицом смерти*, М., 1992.

16) Ph. Aries, *op. cit.*, p. 196.

는 배우에 의해 '연기되므로' 배우는 삶의 기쁨에 찬 모방의 모델이 된다. 만일 영화에서 살아 있는 배우가 고인을 '연기한다'면 삶 속에서는 고인이 살아 있는 사람을 '연기하기' 시작한다. 바로 이로부터 오늘날의 시신의 명백한 연극성이 나온다.

〈세컨드 서클〉에는 시뮬라크르의 문제를 둘러싼 두 개의 에피소드가 있다. 첫 번째는 방부처리사에 의해 곧장 마룻바닥에서 행해지는 시체 방부 및 화장 장면이다. 시체의 방부처리 과정에서 육체는 개복되고 시신은 삶을 모방하려는 목적하에 마치 시간의 권력으로부터 끌어내진 것과 같다. 부패를 늦추는 약품을 몸 안에 넣는다. 시신을 화장(化粧)하는 과정에서 삶의 연극적 그럴듯함이 피부에 덮인다. 이 에피소드는 장례 절차를 담당하는 담당 여공무원의 출현과 함께 살펴져야 하는데 그녀의 짙은 화장은 살아 있는 육신의 연극성을 강조하는 동시에 시뮬라크르와 시뮬라크르의 역설적 근접을 표현한다. 관청에서 나온 여인은 그 자체로 사자(死者)의 이상형이 걸어 다니는 모델인 것만 같다.

장례 준비의 이 모든 과정은 말랴노프 아버지의 아파트를 지배하는 전반적인 죽음의 공기 속에서 특히 더 기괴하게 보인다. 이 모든 과정, 전통적으로는 보는 사람 없이 진행되어야 할 이 과정(이런 감춤은 '연극적 환영'의 유지를 위해 필수적이다)이 이번 경우에는 (방부처리사의 부주의로 인해) 살짝 열린 문틈으로 보인다는 점도 본질적이다. 우리는 아버지의 얼굴을 '분장하는' 과정에서 사람들이 계속해서 고인을 뛰어넘는 모습을 보게 된다. 그리고 이 '장애물' 뛰어넘기는 결정적으로 현재 진행되는 절차의 의미를 허물어 버릴 수 있다. 시뮬라크르는 자신의 인공성의 허물을 벗게 되고 시신에 삶의 징표를 주려는 시도는 삶의 세계로부터 소외된 아버지의 육체를 더욱 강조해 줄 뿐이다.

시뮬라크르로 변해 버린 시체는 자신의 기호적 특성 때문에 모든 종류의 '내용적이고' 상징적 처리에 대립한다. 그것은 숭고화될 수 없고 상징적인 것을 통해 극복될 수 없다(그러므로 아들이 거의 실어증에 가까운 상태인 것은 우연이 아니다). 그것은 재귀적 반복 이외에 어떤 다른 의미도 자신 안에 담지 못한다. 그것은 순전히 외적인, 즉 연극적이고 표층적인 독해의 대상이 된다. 살아 있는 것이 되지 못한 채 그것은 죽음의 자질을 상실한다. 그것은 살아 있는 것으로도 죽은 것으로도 끝까지 읽히지 못한 채 단지 낯선 모방으로 남을 뿐이다. 데리다는 모방으로서의 미메시스에 지시체를 갖지 않는 흉내 내기를 대립시킨 바 있다. 이 유희는 지시체 없는 차이 "혹은 더 정확하게 제삼자 없는 절대적으로 외적인 것, 즉 내부 없는 차이를 만들어 낸다. 흉내는 지시체를 흉내 낸다. 그것은 모방자가 아니다. 그것은 모방을 흉내 낸다".[17] 이상한 일이지만 시체도 흉내를 낼 수 있다. 그것은 삶과의 차이를 표현하지만 그 모방은 지시체를 갖지 않는다. 그것은 순수한 흉내 내기이다. 시체의 얼굴을 뚫어져라 쳐다볼 수 있지만(말랴노프가 그렇게 한다) 그로부터 의미를 끌어낼 수는 없다.

시체방부사가 일을 보조하는 어린아이를 데리고 다니는 것은 흥미롭다. 죽음과 친숙한 어린아이는 말랴노프가 병원에서 아버지의 사망 진단서를 받는 장면에서도 등장한다. 이 에피소드에서 아이들의 역할은 양가적이다. 우선 그것은 죽음의 끔찍한 유희적, 연극적, '모방적' 성격을 강조한다. 시뮬라크르-신체는 일종의 무시무시한 장난감 인형이 된다.

하지만 〈세컨드 서클〉에서 아이들의 의미는 더 넓다. 제프리 고러

17) J. Derrida, *Dissemination*, Paris, 1972, p. 270.

는 《죽음의 포르노그래피》에서 20세기에 죽음이 터부가 된 것은 섹스의 영역에서 터부가 제거된 것과 맥을 같이한다고 지적한 바 있다.[18)]

과거에 아이는 어떻게 아이가 생겨나는지 모르는 대신, 장례식에 참석할 수 있었다. 오늘날은 모든 것이 반대이다. 사랑의 비밀을 일찍 깨우치는 대신 죽음, 일종의 새로운 '포르노그래피'로 변한 죽음의 문제에서만은 완벽하게 차단되었다. 시체방부 작업 과정에 아이가 동반되는 것은 이런 금지의 끝을 표상하는 것이 아니다. 오히려 그것은 시체의 변형을 표상하는 것으로서 이제 시체는 죽음에 참여하기를 멈추고 진정으로 포르노그래피적인 '문화화된' 볼거리가 되었다. 포르노에서 벗은 몸이 진정한 생리학적 신체가 아니라 사랑을 모방하는 시뮬라크르에 불과한 것과 마찬가지이다.

두 번째 에피소드는 영화 전체에서 가장 인상적인 장면 중 하나이다. 정말 자신 앞에 있는 것이 한때 자신의 아버지였던 존재가 맞는지 납득이라도 하려는 듯이, 아들이 주의 깊게 시신의 얼굴을 쳐다보는 장면이다. 이 장면의 서두에서 그는, 진짜인지 검사라도 하려는 듯이, 심지어 시신의 눈꺼풀을 손가락으로 젖혀보기까지 한다. 촬영 중에 소쿠로프는 모방의 정확한 자연주의에 지대한 의미를 부여했다. 아버지의 몸은 그의 주문에 따라 시체의 무시무시한 자연주의적 복사물로 제작되었다. 그러나 그는 얼굴과 관련해 이보다 더 나아갔던바, 아들의 화장한 얼굴의 홀로그램을 고인의 얼굴로 사용했던 것이다. 아들 말랴노프의 얼굴 자체도 두텁게 메이크업한 복사물의 형태, 즉 홀로그램으로 제시된다. 그 결과 감독은 거의 미로와 같은 시뮬라크르의 퇴적층을 얻게 된다. 사진의 부동성은 홀로그램 안에서 부피를 갖게 되고 카메라의 미세한 움직임과 고인

18) G. Gorer, *The pornography of death*; G. Gorer, *Death, grief and mourning*, New York, 1995, pp. 192~199.

의 두꺼운 화장(이는 방부처리사의 '살아 있는 화장'과 연결된다)은 그러한 효과를 배가시킨다. 그러나 무엇보다 본질적인 것은 죽은 시뮬라크르의 유희가 모방과 복사의 대상이 되는 살아 있는 얼굴, 즉 영화의 주인공인 아들의 얼굴을 두고 이루어진다는 사실이다.

죽은 아버지는 그가 부패와 비존재의 자질을 최대한 온전히 드러낼 때 진정한 살아 있는 몸의 시뮬라크르가 된다. 살아 있는 자, 아들은 죽은 자의 복사물이 된다. 이 에피소드가 불러일으키는 충격적 인상의 원인이 바로 여기에 있다. 그것은 영화의 모방적이고 재현적인 가능성을 충분히 활용하면서도 일반적으로 받아들여지는 규범을 완전히 위반한다. 여기서는 살아 있는 배우가 죽은 자를 모방하는 것이 아니라 죽은 자에 대한 묘사가 살아 있는 인간을 모방한다. 에피소드는 본질상 그 어떤 연극적 트릭도 없이, 아마도 자신의 죽음의 심연으로부터 죽은 아버지가 살아 있는 자(아들)를 연기하도록 설정된 것이다.

그렇게 해서, 첫 번째 에피소드에서 시뮬라크르가 고인을 살아 있는 자를 재현하는 인형으로 바꿔 놓는다면(그리고 이를 통해 더욱 삶으로부터 소외된다면), 두 번째 에피소드에서는 죽은 자와 산 자의 동일시가 가능하도록 이 모든 소외와 동일시의 '유희'가 복잡한 모방의 전략, 다름 아닌 '유사-차이'의 메커니즘을 기초로 일어난다. 그것의 효과는 말로 표현될 수 없다. 그것은 죽음의 경험 영역에 닿아 있는바, 희생제의에서와 같이 우리를 기호와 접촉시키는 것이 아니라 시뮬라크르의 텅 빈 껍데기를 전제하는 유사함과 불변성의 차가운 미로로 이끈다.

6. 흔적

화장과 시체방부는 몸 안에서 죽음의 흔적을 제거하기 위해서, 즉 죽음의 과정을 위장하기 위해서 도입된다. 미셸 푸코는 인간 유기체에 대한 관계의 근본적 격변은 질병을 인간의 육체에 흔적을 남기는 죽음의 작업으로서 발견해내는 것을 통해 이루어졌음을 밝혀낸 바 있다. 이로 인해 몸에 남은 흔적은 '죽음의 징후'로 바뀌었고 이는 '죽음의 통사', 과정, 연대기로 이끄는 동시에 관찰자의 시각에 **죽음에 대한 지식**을 열어 주었다. 푸코는 "죽음은 그렇게 해서 복수적이며 시간 속에서 뻗어나가는 어떤 것이 되었다. 그것은 시간이 거꾸로 돌아가기 위해 정지하는 절대적이고 특별한 순간이 아니다. 질병과 마찬가지로 그것은 분석이 시간과 공간으로 나눌 수 있는 충만한 실재를 지닌다 …"[19] 라고 적었다.

이 관찰은 영화에 매우 중요한데 이는 영화에 특징적인 순간적 죽음의 의미를 설명해 줄 수 있기 때문이다. 영화는 죽음을 '절대적이고 특별한 순간', 말하자면 인간적 지식이 통과할 수 없는 모종의 경계로서 복원한다. 영화에 허용되는 유일한 죽음의 흔적, 그것은 상처이다. 하지만 그것은 결코 죽음의 진짜 **징후**인 몸 위에 남겨진 부패한 얼룩이 아니다. 상처, 그것은 순간과 파열의 기호이다. 그것은 외적이고 (우연적) 원인에 의거함으로써 유기체 내부에서 작동하는 죽음의 작용을 제거한다. 죽음에 의해 수행되는 분해는 푸코에 따르면 지식의 획득과 친연적인 **분석적** 작용이다. 그러므로 분석을 통해 죽음을 전유하는 것은 죽음 자체의 파괴적 작용과 이질동상이다. 푸코가 분석가의 시선을 두고 '죽음이란 응시하는 눈

19) M. Foucault, *Naissance de la clinique*, Paris, 1963, p. 144. 러시아 판본: M. Фуко, *Рождение клиники*, M., 1988, CC. 218, 221.

의 시선, 삶을 풀어헤쳐 버리는 크고 흰 눈'[20]이라고 적었던 것은 바로 그 때문이다.

상처는 분석을 위한 자리를 남겨 놓지 않는다. 그것은 죽음에 대한 지식을 무효화하고 이를 통해 영화의 일반적 과제에 답한다.

뿐만 아니라 상처는 몸을 열어 놓는다. 조르주 디디위베르만의 견해에 따르면 그것은 몸 안에서 육(肉), 즉 기호적이고 상징적인 어떤 것을 드러낸다. 십자가에 못 박힌 그리스도의 몸에 남은 성흔이 그토록 중요한 이유가 거기에 있다. 그것은 "모방의 세계에서의 파열, 몸의 외피 안에서 이루어진 육의 열림"[21]이라고 할 수 있다. 죽은 몸의 묘사는 시뮬라크르인데 그것의 총체성을 파괴하는 것이 바로 상처라고 말할 수 있다. 상처는 시뮬라크르의 텅 빈 모방적 위상에 파열을 내는 듯하다. 그것은 징후로 바뀌는바, 물론 그것은 부패한 얼룩, 죽음의 징후가 아니라 육의 징후이다. 그것은 변형, 몸이 기호로 바뀌는 변형의 징후인 것이다.

〈세컨드 서클〉의 몸에는 상처가 없다. 있는 것은 죽음의 작용의 흔적, 즉 얼룩이다. 그것은 죽은 자와 아들의 얼굴에서 모두 발견된다. 아들은 마치 비존재에 전염이라도 된 것처럼 자기 내부에, 자기 피부에 상처를 가졌다. 이런 의미에서 그는 욕창과 검버섯을 띤 아버지의 분신이 된다. 방부처리와 '분장'이 그것들을 감춘다. 그 결과 몸은 시뮬라크르가 된다. 그것은 자신의 본질을 감추고 죽음의 지식에 이르는 길을 막는다. 그리고 이를 통해 화장(火葬)을 예비한다. 만일 푸코를 따라 죽음이 지식에 이르는 길이라면 죽음의 모방(심지어 고인의 경우에도)은 우리의 이해를 정지시킨다. 지식은 삶의 정지를 통해서뿐만 아니라 언제나 그것을 동반하는 위협, 즉 시뮬라크르적

20) *Ibid.*, p. 147.

21) G. Didi-Huberman, *Devant l'image*, Paris, 1990, p. 222.

동어반복을 극복하는 것을 통해서도 주어진다. 화장, 시체를 태우는 일은 무엇보다도 먼저 흔적과 징후를 제거하는 일이다. 소쿠로프가 화장 장면을 보여 주지 않는 것은 본질적이다. 고인은 그저 관에 실려 폭풍우 이는 밤에 어디론가 실려 간다.

대신에 상징적 화장은 영화의 맨 마지막에 등장한다. 말랴노프가 형편없이 먼지 낀 드럼통에다 아버지의 침대보를 태우는 장면이 그것이다. 감독은 우리에게 이 침대보와 그것을 '화장'하기 위한 과정을 상세하게 보여 준다. 무시무시한 검버섯이 핀 아버지의 피부를 닮은 이 침대보에 마치 그 부패한 얼룩이 옮겨 앉은 듯하다.

나는 이미 접촉의 기호로서의 천의 역할에 대해 말한 바 있다. 이 마지막 에피소드에서 천은 또한 흔적의 담지체로서 등장한다. 다름 아닌 그것 위에, 방부처리사가 몸에서 앗아간 바로 그 죽음이 새겨졌다.

천에 새겨진 이 얼룩은 우리를 기독교 전통의 천, 즉 베로니카의 수건[22]과 토리노의 수의로 이끈다. 이들은 죽은 그리스도의 **흔적**, 그 자취를 담은 것이다. 토리노 수의는 그 위에 새겨진 무질서한 얼룩을 상흔의 자취와 연결 짓고자 하는 집요한 연구의 대상이 되었다.[23]

---

22) **[옮긴이 주]** 이탈리아에서 '베로니카의 수건'은 '볼토 산토'(Volto Santo)라 부르는데 이는 성스러운 얼굴(*holy face*)라는 뜻이다. 이와 관련된 전설은 예루살렘에 살던 베로니카라는 여인이 골고다 언덕을 오르는 그리스도에게 다가가 가지고 있던 수건으로 얼굴을 닦아 주었고 그때 수건에 예술의 얼굴의 흔적이 그대로 새겨졌다는 것이다. 즉, 닮게 그린 그림이 아니라 신성의 직접적 자취를 뜻하며 이는 러시아 성상화(*icon*)의 유래와도 연결된다.

23) 심지어 몇몇 연구자는 천의 결에서 그리스도의 정액을 발견하기도 했다. 이는 의학적 견해에 근거해 사형수에게서 나타나는 발기와 사정의 결과로 해석될 수 있다. 불분명한 얼룩-징후는 모든 연대기를 재구축할 수 있도록, 죽음을 그것의 순차성 안에서 과정 및 작용으로서 제시할 수 있도록 만들어 준다. 디디위베르만은 "부재하는 상처의 지표(얼룩에 관한 모노그라피아)"라는 생생한 제목을 단 논

〈세컨드 서클〉에서 천에 새겨진 흔적은 영화의 마지막까지 전해져 오는, 죽음의 작용의 유일한 흔적이다. 그것은 죽어가는 아버지의 침상에 너무 늦게 도착한 아들이 발견한 것으로 우리는 그것을 볼 수 없었다. 이는 벌어진 비극에 관한 가장 생생한 담지체이다. 그리고 바로 그렇기 때문에 시신의 화장이 아니라 이 침대보를 태우는 일이 이 영화의 특별한 자리를 차지하는 것이다. 천 조각과 함께 불길 속에서 지식이, 흔적이 그리고 자신의 파괴적 작용 속에서 죽음이 사라져 간다. 마치 통곡이 파열 안에서 기호를 조직하기 위해 삶의 지속성을 멈추게 하듯이 천에 새겨진 얼룩은 기호-징후 안에서 죽음의 지속성을 멈추게 한다. 그것은 죽어가는 과정의 완결, 그 끝을 지시한다. 흔적을 불태움, 이는 끝의 끝이다.

그러나 영화에는 얼룩과 관련지어야 할 또 하나의 흔적이 있다. 그것은 말랴노프가 정리하는 장신구함이다. 그것은 어느 집에나 있을 법한, 추억이 되는 물건들을 담는 작은 '상자' 안에서 꺼낸 것이다. 브로치, 담뱃갑, 메달 리본들과 함께 뒤섞인 단추들, 이것은 삶의 흔적, 삶의 쇄락한 징표, 존재의 지속에 관한 쪼개진 기호이다. 그것들의 초라하고 평균적인 성격은 말랴노프 부친의 삶의 초라하고 평균적인 성격을 말해 준다. 그것들의 초라함은 불가해하고 무시무시한 얼룩-징후는 배경으로 더욱 눈에 띈다. 이 흔적-기호의 대비는 죽음이 자신의 드라마틱한 움직임 속에서 삶의 평균적인 행보보다 더욱 의미심장하다는 것을 말해 준다. 전통적인 기호의 이와 같은

문에서 이 천 조각이 "각각의 모든 얼룩을 육체적 접촉을 통한 드라마틱한 사건의 매 순간과 관련시킬 수 있고 … 고통의 모든 제의적 순간을 재구할 수 있도록" 허용한다고 지적했다〔G. Didi-Huberman, The index of the absent wound (monograph on a stain), A. Michelson (Ed.), *October: The first decade, 1976~1986*, Cambridge, Mass., 1988, p. 158〕.

전치는 소쿠로프가 기존의 영화적 규범, 즉 순간적인 죽음을 삶의 즐거운 긴장과 대립시키는 영화의 규범과 단절하는 또 하나의 경우이다. 영화에서의 삶, 이것은 내용을 지니는 역사이다. 죽음은 역사를 갖지 않는다. 〈세컨드 서클〉에서는 모든 것이 정반대이다. 삶이 갖지 않는 역사가 죽음에 부여된다.

7. 애도와 멜랑콜리

이제까지는 아버지의 육체에 대해서 이야기했다. 말랴노프 자신에 대해서는 단지 간접적으로 언급했을 뿐이다. 하지만 바로 그가 죽은 자와의 교섭을 경험하는 자이며, 바로 그가 영화의 '주인공'이다. 비록 '주인공'이라는 이 단어는 그에게 거의 어울리지 않지만 말이다. 소쿠로프의 인물 중에서, 나아가 소비에트 영화의 인물 중에서 〈세컨드 서클〉의 말랴노프는 매우 특별하다. 그는 마치 비존재로부터, 프롤로그의 눈보라로부터 생겨난 듯하다. 그는 죽은 아버지의 아파트로 들어서면서 마치 그 문지방 너머에 모든 인간적 반응을 버리고 온 것 같다. 그는 시체를 보고 울지 않는다. 단지 완전한 당혹과 수동성 그리고 삶에의 실제적 무기력을 보여 줄 뿐이다(〈일식의 나날들〉에서 말랴노프가 의사였음을 기억한다면 한층 눈에 띈다). 그는 아무것도 모르며 아무것도 기억하지 못한다. 자신에게 건네는 말에 거의 대답하지 못한 채 겨우 반응할 뿐이다. 대신에 그는 계속해서 무언가를 찾으려 뒤적거리는데 그 모습은 어린 아이나 동굴로 쫓긴 짐승을 떠올리게 한다. 그러나 마치 어린 짐승과 같은 이런 행동은 특이한 것이다. 그는 죽음이 자신의 내부로 침투해 삶의 고리를 끊어 버리기라도 한 것처럼 행동한다. 죽음에 의한 이런 삼켜짐은 두 가지 에피소드에서 가장 완전하게 드러난다. 이미 분석했던 장면, 즉 고인을 주인공 자신의 시뮬라크르로서 성찰해 보았던 장면(아들이 본질상 시신의 분신이 되었던 장면)과 버스에서 그가 의식을 잃음으로써 사실상 상징적인 죽음을 맛보게 되는 장면이다. 말랴노프를 소비에트 영화의 다른 주인공과 구분하는 것은 그가 본질상 살아 있는 시체, 좀비, 기계라는 사실이다.

프로이트의 《애도와 멜랑콜리》[24]는 주인공의 이런 이상한 행동을 부분적으로 해명해 줄 수 있다. 제목에 제시된 두 상태는 프로이트에 따르면 상실, 대개의 경우 가까운 사람의 죽음에서 비롯된다. 가까운 사람의 상실은 곧바로 인간에게서 사랑하는 대상에 대한 본질적인 (리비도적인 것을 포함한) 지향을 앗아 가지 않는다. 스탈린의 잘 알려진 구절에 따르자면, 사랑은 죽음을 능가한다. 일반적인 사람은 상실을 기정사실화함으로써 이런 상황에 대처한다. 즉, 그는 이런 기정사실과 싸움으로써, 결국 자유를 얻는 것이다. 기정사실화된 죽음과 대결하는 것을 프로이트는 애도라고 정의했다. 애도의 자질은 일시적으로 '세계가 곤궁'해지는 것, 즉 세계에 대한 흥미를 상실하는 것이다. 나의 모든 에너지는 세계로부터 거두어져 가까운 사람의 죽음이라는 기정사실과 싸우는 데 바쳐진다.

〈세컨드 서클〉의 세계는 그것의 극단적 곤궁함과 함께 일상적 애도의 세계이다. 그러나 애도와 더불어 그것의 '병리학적' 이면이 함께 존재한다. 멜랑콜리가 바로 그것이다. 가까운 사람을 상실한 결과 풀려나게 된 리비도는 멜랑콜리의 상태에서 다른 대상을 향하는 대신 자신의 내부를 향하게 된다. 나의 내부에서 그것은 "떠나버린 대상과 나 자신을 **동일시**하는 데 복무한다. 대상의 그림자는 나에

24) 러시아어로는 《슬픔과 멜랑콜리》로 번역되었다.

게로 투영되며 이제 나는 마치 떠나버린 대상과 동일선상의 독특한 위치에 있게 된다. 그렇게 해서 대상의 상실이 나 자신의 상실로 변모하는 것이다".[25]

만일 애도가 세계의 곤궁으로 이끈다면 멜랑콜리는 나 자신의 곤궁으로 이끈다. 〈세컨드 서클〉의 주인공의 행위는 멜랑콜리의 스테레오 타입에 해당한다. 나는 상실된 대상과 더불어 섞이면서 사라져 버린다. 그는 스스로에게서 소외되면서 사물화된다. 나의 자리는 차츰 아버지에 의해 찬탈되는데, 물론 이 아버지는 필시 말랴노프가 오랜 기간 보지 못했을 살아 있는 아버지가 아니라 죽은 아버지, 그가 동일시하는 죽은 아버지이다. 나는 타인의 죽어 버린 육체가 된다. 〈세컨드 서클〉은 아버지의 죽음을 통한 나의 죽음에 관한 이야기인 것이다.

'상실된 대상', 즉 죽은 자로부터 벗어나려는 지향은 멜랑콜리 환자의 내부에서 자신을 괴롭히는 이 대상에 대한 증오를 만들어 낸다. 그러나 결국 증오의 대상은 그 대상과 동일시되는 나 자신이다. 이렇게 해서, 나 자신의 파괴 과정이 시작된다. 프로이트의 관찰에 따르면 이 분해와 파괴의 과정, 살아 있는 자 내부에서 시작된 이 죽음의 '분석적 작용'은 자살로 끝맺음될 수 있다.

멜랑콜리의 다른 자질은 나르시스적 자폐 현상이다. 나르시시즘을 외적 세계의 거절과 자기 자신을 향한 내향성으로 이해할 수 있다면 멜랑콜리 환자는 마침 나 자신에게로 귀착되는 나르시시즘을 경험한다. 나르시시즘적 자폐 현상은 외적 세계와 교제할 능력을 상실한 말랴노프적 행위의 유아적이고 동물적인 특성들을 설명해 줄 수 있을 것이다.

---

25) З. Фрейд, *Скорбо и меланхолия*; З. Фрейд, *Художник и фантазирование*, М., 1995, С. 255.

프로이트는 멜랑콜리의 작용을 기술하는 데 다음과 같은 은유를 제안했다.

> 멜랑콜리적 콤플렉스는 마치 벌어진 상처처럼 행동한다. 그것은 사방의 에너지를 자신에게 집중시키며 … 나 자신을 완전한 곤궁의 지경까지 몰고 간다.[26]

나는 상처를 통해 외부로 향해야 할 모든 리비도적인 에너지를 나 자신에게로 퍼붓는 것과 같다. 그렇게 함으로써 '삼켜진' 나는 의도성을 상실하고 죽어간다. 이 경우 상처는 그곳을 통해 죽음이 흘러나오는 개폐장치가 아니라 삶이 그 안으로 집어삼켜지는 곳이다. 죽음의 작용은 몸 안에서 삶의 분석적 철회가 된다. 상처로 빨려 들어간 삶은 죽음이 된다.

그러나 이 모든 과정들은 진짜 육체와 관련되는 것이 아니라 기억과 관련된다. 그것들은 프로이트가 '사물들의 흔적의 왕국'[27]이라 정의한 무의식의 영역으로 흘러들어간다.

자신 속에 삶을 빨아들인 상처, 그것은 상실된 육체의 흔적, 즉 얼룩이고 징후이다. 흔적으로서의 침대보를 태우는 장면이 영화의 마지막에서 말랴노프의 자유, 즉 애도와 멜랑콜리의 세계로부터의 자유를 표상하는 것은 이 때문이다. 하지만 어디로?

---

26) З. Фрейд, *Скорбь и меланхолия*, С. 257.

27) Там же, С. 171.

8. 옥(獄)

영화에서 유일하게 공공연한 상징적 요소는 영화의 제목이다. 그것은 명백히 단테를 지시한다. 제 2옥, 그것은 사실상 지옥의 첫 번째 원이다. 단테에게서 첫 번째 옥은 림보였다. 두 번째 옥은 프란체스카 다 리민의 이야기에 대부분 바쳐진 〈지옥편〉의 다섯 번째 노래에 실렸는데, 영화와 거의 관련이 없다. 하지만 단테의 묘사 중에서 소쿠로프가 재현한 몇몇 특징을 찾아볼 수 있다. 무엇보다 먼저 그것은 시인이 제 2옥의 입구에서 만나게 되는 눈보라의 모티프이다.

추위의 시절에, 두텁고 기다랗게
눈보라가 악의 영혼들을 뒤흔든다 …
그렇게 내 앞에서, 눈보라에 쫓긴
그림자의 원이…

영화의 마지막에서 보게 되는 거대한 지옥 불 역시 단테적 연상을 불러일으킨다. 그러나 영화에서 원의 모티프가 갖는 의미는 필시 이보다 더 넓은 것이다. 아마도 단테에게 영향을 주었을[28] 《아레오파지디카》(*Areopagitica*)의 "신성한 이름에 관하여" 논장에서 다음과 같은 구절을 읽을 수 있다.

> 영혼에 관해 알려진 사실에 따르면, 영혼이 외적 세계로부터 돌아서서 자기 자신의 내부를 향하여 그 자신의 영적 힘과 대면하는 데 집중하게 될 때, 그것은 원을 그리며 움직인다.[29]

---

28) А. Доброхотов, *Данте Алигьери*, М., 1990, С. 105.

29) О Божественных именах, *Общественная мысль: Исследования и публикации*, Вып. 2, Пер. с греч.: П. Н. Путковский, М., 1990, С. 180.

원(*circle*), 이것은 니체의 '영원회귀'의 기호이다. 피에르 클로소프스키는 영원회귀가 인간의 자기 정체성의 '존재론적 보증'인 신의 죽음과 관련되었음을 보여 주었다. 신의 죽음은 나의 정체성의 상실로 이끌고 이는 정체성의 끝없는 변화, 즉 내가 계속해서 갱신되는 외양을 통해 되돌아오는 상황을 만들어 낸다. 영원회귀는 시뮬라크르의 지칠 줄 모르는 유희로 뒤바뀐다. 본질상 시뮬라크르, 복사, 모방의 출현은 다름 아닌 신의 죽음을 통해 가능해졌다. 신은 이제 더 이상 기호의 안정성과 위계를 제공해 주지 못하고 위와 아래, 좋은 것과 나쁜 것이 없는 세계에 의미론적 충만함을 가져다주지 못하게 되었다. 미국 연구가 알랭 바이스가 영원회귀를 '전 세계적인 실어증'[30], 언어적 자기표현의 총체적 불가능성으로 표현한 것은 우연이 아니다.

영원회귀의 실현은 나 자신의 망각을 요구한다. 피에르 클로소프스키는 "기억 상실증은 회귀의 발견과 합치된다. … 영원회귀의 발견은 불가피하게 가능한 모든 정체성의 순차적 선언으로 이끌게 된다"[31] 고 적었다.

하지만 프로이트의 멜랑콜리적 콤플렉스야말로 니체적 판타지의 실현이 아니겠는가? 우리가 프로이트에게서 보게 되는 것이 정체성의 상실이 아니면 무엇인가?

〈세컨드 서클〉은 신이 죽어 버린 세계, 반복불가능한 개인성의 존재론적 보증이 사라져 버린 세계를 우리에게 보여 준다. 이것은 죽은 아버지가 주인공이 자신과 동일시하는 대타자의 시뮬라크르가 되는 세계이다. 이것은 흔적들, 프로이트의 '사물의 기억의 흔적들'

30) A. S. Weiss, *Aesthetics of Exess*, New York, 1989, p. 26.

31) P. Klossowsky, Nietzsche's experience of the eternal return, *The new nietzsche: Contemporary styles of interpretations*, New York, 1977, p. 108.

이 씻기고 타버리는 세계이다. 그 결과 영원회귀의 마법적 메커니즘, 끝없는 원의 작용 속에서 개인성이 교체되는 메커니즘이 작동하기 시작한다. 제 2옥의 너머에는 제 3옥이 이어지며 그렇게 끝없이 이어진다. 따라서 마지막 장면에서 주인공의 해방은 별다른 낙관주의를 안겨주지 못한다.

영화 자체에서 패러디적 형태로(영원회귀는 우리에게 매번 새롭게 갱신되는 패러디의 교체로서의 세계를 제공한다) 이런 니체적 신화가 그려짐을 지적하지 않을 수 없다. 여기서 배우는 망각에 의해 지친 형상, 동일한 하나의 플롯의 경계 내에서 끝없이 외양을 바꿔가는 형상이다.

〈세컨드 서클〉은 사라진 고리를 영화에 다시 들여왔다. 그것은 형이상학적 차원에 놓인 죽음이다. 여기서 흔적-기억은 죽은 육체의 자취이기 때문에 의미를 얻는다. 세계는 충만함을 얻고 '세계적 실어증'에 걸려 언어를 잃는다. 말을 위한 자리는 남지 않았다. 고요함, 접촉, 결, 처리, 흔적들, 모방, 시뮬라크르의 왕국이 열린다. 그것은 다른 영화의 왕국이다.

— 1991

(2권에서 계속)

찾아보기

(용 어)

ㅁ · ㅂ

ㅅ

ㅇ

ㅈ · ㅊ

ㅋ · ㅌ

ㅍ · ㅎ

기타

찾아보기

(인 명)

ㄱ · ㄴ · ㄷ

ㄹ · ㅁ

ㅂ·ㅅ

ㅇ·ㅈ·ㅊ

ㅋ

ㅌ · ㅍ

ㅎ

미하일 얌폴스키(Mikhail Iampolski, 1949~)

얌폴스키는 현대 러시아 인문학계를 선도하는 대표적 학자 중 한 사람으로 현재 뉴욕대학에서 비교문학 및 러시아문학 전공교수로 재직 중이다. 1971년에 모스크바사범대학을 졸업했으나 유대계라는 이유로 오랫동안 직업을 갖지 못했다. 1974년부터 러시아 영화예술연구소에서 서구의 이론서적을 번역했다. 1980년대 초반 모스크바-타르투 학파에 잠시 가담했으며 1990년대 초반 러시아 과학아카데미 철학연구소에서 발레리 포도로가, 미하일 리클린 등과 함께 모스크바 철학자 그룹을 결성했다. 1991년 게티센터의 초청으로 처음 미국을 가게 되었고 이듬해 뉴욕대학에 임용되었다. 학문적 이력을 영화연구로 시작했으나 2000년 이후로는 이미지의 철학적 차원과 재현의 역사 전반을 아우르는 대작을 계속 선보이면서 포스트소비에트 시기를 대표하는 가장 영향력 있는 학자로 자리매김했다. 이와 더불어 얌폴스키는 흔히 1980~1990년대 세대를 위한 트로이카로 불리는 알렉세이 게르만, 키라 무라토바, 알렉산드르 소쿠로프의 영화를 가장 먼저 발견하고 그들의 예술적 무게에 값하는 비평적 응답과 지지를 보내준 이로, 특히 소쿠로프 감독이 자신에게 가장 큰 영향을 끼친 비평가로 꼽은 바 있다. 2009년에 무라토바 감독에 관한 단행본(《무라토바: 영화인류학의 경험》)을 출간했으며 에이젠슈테인 감독에 관한 단행본을 준비 중이다. 대표저작으로는 《관찰자》, 《악마와 미로》, 《상징적인 것의 인상학》, 《테이레시아스의 기억》, 《방직공과 환시자(幻視者)》 등이 있다. 2004년에 안드레이 벨리 인문학 상(Bely Award)을, 2014년에 칸딘스키 예술상(Kandinsky Prize)을 받았다.

김수환

서울대 노어노문학과를 졸업하고 러시아 과학아카데미(학술원) 문학연구소에서 박사학위를 받았다. 한국외대 러시아학과 교수로 재직하며 〈인문예술잡지 F〉의 편집위원으로 활동 중이다. 일본 홋카이도대학 슬라브-유라시아 연구센터와 프린스턴대학 슬라브어문학과에서 방문연구를 했다. 《책에 따라 살기》, 《사유하는 구조》, 《다시 소설이론을 읽는다》(공저), 《속물과 잉여》(공저) 등의 책을 썼고 《기호계》, 《문화와 폭발》 등을 옮겼다.

이현우

서울대 노어노문학과를 졸업하고 같은 대학원에서 박사학위를 받았다. '로쟈'라는 필명의 서평가로도 활동하며 《로쟈의 인문학 서재》, 《책을 읽을 자유》, 《애도와 우울증》, 《로쟈의 러시아문학 강의》 등의 책을 썼고 《폭력이란 무엇인가》(공역), 《개를 데리고 다니는 여인》 등을 옮겼다.

최 선

서울대 독어독문학과를 졸업하고 독일 베를린자유대학에서 박사학위를 받았다. 현재 고려대 노문학과 교수로 재직 중이다. 《벨킨이야기/스페이드여왕》을 비롯한 푸시킨의 여러 작품을 우리말로 옮겼고 현재 소련 노래시 및 오페라 장르에 관심을 갖고 연구 중이다.